21 世纪高等教育新理念精品规划教材

# 金融营销实务

主　编　李小丽　段晓华

## 内 容 提 要

本书在结合21世纪以来金融营销发展实践的基础上，以金融企业的市场经营结合金融营销人才能力培养为研究的出发点，充分融通市场营销理论体系，提出了当代金融营销实务的创新构架，综合地、有针对性地、翔实地探讨并阐述了金融三大主业银行、证券和保险类金融企业的营销思路、规律和实务流程。本书可作为各大专院校经济、管理等专业的教材，也可为商业银行、证券公司、保险公司等金融机构的工作人员制订营销计划、进行营销决策提供参考并作为培训教材。

**图书在版编目(CIP)数据**

金融营销实务/李小丽，段晓华主编. —天津：天津大学出版社，2012.1（2014.1重印）

21世纪高等教育新理念精品规划教材

ISBN 978-7-5618-4288-1

Ⅰ.①金… Ⅱ.①李…②段… Ⅲ.①金融市场－市场营销学－高等学校－教材 Ⅳ.①F830.9

中国版本图书馆CIP数据核字(2012)第009036号

出版发行 天津大学出版社
出 版 人 杨欢
地　　址 天津市卫津路92号天津大学内(邮编:300072)
电　　话 发行部:022-27403647
网　　址 publish.tju.edu.cn
印　　刷 昌黎太阳红彩色印刷有限责任公司
经　　销 全国各地新华书店
开　　本 185mm×260mm
印　　张 18.5
字　　数 462千
版　　次 2012年2月第1版
印　　次 2014年1月第2次
定　　价 38.00元

---

# 本书编委会

主　编:李小丽　段晓华
主　审:白崇行
参　编:张云翌　王伟舟　刘　月

# 前　　言

充满着机遇和挑战的21世纪，世界经济和中国经济正在发生着崭新的变化。随着我国经济持续、高速地增长，作为国民经济核心地位的金融业也进入改革与发展的关键阶段。一方面，世界经济的全球化导致金融全球化，在各国金融市场上，金融机构正在向大型化、电子化、综合化和国际化方向发展，它摒弃了以往银行、证券、保险、信托等业务严格分工的模式，逐步走向业务交叉、多元化发展的综合经营；另一方面，我国加入世贸组织后的全面开放，国内多层次金融市场体系的构建，中外银行、证券、保险等金融机构的快速增加，都对我国金融企业经营实力提出了新的挑战，其竞争的焦点，表面上是抢占市场份额，而实质上则是对金融领域人才的争夺。

金融营销自20世纪50年代在美国兴起后，已越来越受到各国金融界的重视，并已逐步发展成为当今金融企业发展战略与经营方法、人才需求不可分割的组成部分。本书按照现代高等教育基础化、信息化、实用化、国际化的要求，旨在构建金融“宽口径”知识和职业技能教育，是与金融人才培养注重实践能力与创新精神相适应的。同时，国内金融行业随着金融服务的多样化和专业化发展，对综合型、技能型人才的争夺也十分激烈。本书正是为满足当今金融领域综合型、技能型营销人才的需求而编写的。

全书共9章，在概述金融营销基本内容的基础上，主要介绍金融营销策划、战略的制定，对银行业、证券业、保险业等主要金融企业服务营销的行为分析，对金融产品开发与营销管理，银行卡营销实务，金融客户经理制度，客户沟通与产品推广以及金融行业网络营销现状，金融营销的创新形式等作了详尽的阐述。

本书创新性地提出了金融营销的实务知识体系，在金融营销的要素、架构与现实市场整合的研究方式上取得了突破性进展。本书不仅在金融营销的理论叙述上作了简明扼要的概括，而且更注重对银行、证券、保险等金融行业经营现状、营销模式、创新发展的探讨与阐述，并能根据不同行业的特点进行深度研究，富有创新性、前瞻性和实践性。教材切合我国金融行业的最新发展和实践，内容新颖、资料翔实、体系健全、案例丰富，结合模块化组合和项目式教学，具有定位准确、专业性强、特色鲜明、适用面广等特点。

本书由李小丽、段晓华主编，张云翌、王伟舟、刘月参编，具体分工如下：李小丽编写第一章（约 5 万字），段晓华编写第三章、第七章和第八章（共约 15 万字），王伟舟编写第四章和第五章（共约 8 万字），张云翌编写第六章和第九章（共约 11 万字），刘月编写第二章（约 5 万字）。全书由李小丽负责统稿，由白崇行主审。

在本书编写过程中参考了大量国内外书刊资料和业界的研究成果，并得到了有关专家的指导与帮助，在此一并表示衷心的感谢。由于时间和水平所限，教材的编写难免存在不足之处，敬请各位专家和读者给予指正。

李小丽

2012 年 1 月

# 目　录

# 第一章　金融营销概述

**学完本章后，你应该能够：**

- 了解营销及金融营销的定义、金融机构的类别；
- 掌握金融营销的主要特点；
- 了解西方金融营销思想的演变历程；
- 掌握金融营销的作用和功能。

**案例导入**

**美国大通银行的营销理念**

作为全美第三大银行财团，大通银行的金融营销理念可以从其顾客管理当中略见一二。大通银行的客户管理能遍历并摘录所有客户信息，查询其信用卡额度使用情况、服务费收取情况、银行从中赢利情况，还能比较某一客户与同类其他客户的情况。

1. 正确的关系就是一切

大通为人们呈现了这样5类"关系"：个人、小企业、中型企业、大企业及富裕的个人和家族。从这看出，这5类"关系"实质就是大通银行的5类客户。无疑，正确处理好与这5类客户的"关系"，使其满意，就是大通银行所要做的一切。简单地说，对个人客户，大通银行推出的服务内容涉及ATM、信用卡、购车贷款、教育贷款、汇兑、保险、抵押贷款、在线银行、投资建议、退休基金等方面。对小企业，大通银行服务主题为"大通以您的成功为使命"，为小企业主在生意中成功决策大力提供所需的支持，还能按照业务需要预约顾问面洽。对大企业，服务上又增加了不动产管理、公司资金管理与健康运作方案及更多的金融专家资讯服务项目。

2. 在商而不言商

大通银行收藏艺术品，所属的"大通·曼哈顿艺术博览馆"闻名全球，该行的艺术收藏品展至今已有40年历史。虽然展出的是艺术品，而显示的却是企业悠久的历史和深厚的文化底蕴，而这正是广大客户的信赖基础，也是大通银行的一笔无形资产。而且，在一些艺术展中享有特权的阶层就是大通银行的员工和客户，他们可凭大通工作证及大通银行信用卡免费进入艺术展馆参观。

可以想象，从艺术馆中走出来的员工和客户，对大通银行的信任度和忠诚度，无疑会直线飙升。

## 第一节　金融营销的基本含义

营销(Marketing),已经不是一个陌生的词语,实际上,它在不知不觉间就已渗透到了我们的日常生活中,并且影响着我们的许多决策。而营销在金融领域的推广,使得金融企业获益颇丰,那么,营销究竟是什么呢?又怎样理解金融营销呢?

### 一、营销的定义

美国著名营销学专家菲利普·科特勒把营销定义为:个人和群体通过创造产品和价值,并同他人进行交换以获得所需所欲的一种社会及管理过程。

营销的主体是一切面向市场的个人和集体。只要面向市场就会遇到营销问题。营销的客体是产品和价值。营销者既要考虑向市场提供有形或无形的产品,更要考虑向市场提供消费者所需要的价值。

营销是通过创造、出售、交换来实现的。首先是在调查研究的基础上进行开发,向市场提供能适应需求的产品和价值;然后,以适应市场需求的价格、渠道、人员、过程、有形展示及其他促销方式来进行出售;最后,以交换为核心,通过提供他人所需所欲之物来获得自己所需所欲之物,实现双赢的目标。

营销是一个社会和管理过程。它首先是一个管理过程:必须通过调查分析、制定目标和战略策略计划并对计划的组织实施、诊断和控制等营销全过程进行管理。它同时还是一个社会活动过程:企业作为社会的一个成员,在营销过程中必须履行自己的社会责任,在关注和提高消费者利益、企业利益的同时,还必须关注和提高全社会的整体利益。

**【资料阅读】**

**虚拟商业环境(一)**

乔有一片稻田,每年收获很多大米,开始他总是把维持生活后剩余的大米卖到城里,这个过程就是销售。后来,同乡有很多人仿效乔的做法,把种植的大米卖到城里,城里的大街小巷常常响起“卖大米”的吆喝声。乔的大米不如以前卖得快了,甚至出现了积压的现象。有一年恰逢发大水,乔的大米全都付之一泡。心疼之余,乔开始动脑筋想怎样让自己的大米卖得跟先前一样快。他先估算了一下,自己的大米可供50人吃6个月,然后到城里做了一番调查,从过去常买他大米的城里人中选出10家,平均每家人口在5人左右,他改变了以往流动卖米的随意性,亲自到这10个家庭中,答应把大米定期送到他们的家里。这10个家庭因此不必为大米操心,所以都非常乐意,从此不再买别人的大米,只锁定了乔。这个过程就不再是单纯的销售,而具有了营销的色彩。

### 二、营销要素组合——从4P到4C

在营销策略中,包括四大要素:产品、价格、渠道和促销(即4P:Product,Price,Place,Promotion)。4P 自 20 世纪 50 年代提出以来,对市场营销理论和实践产生了深刻的影响,被营销经理们奉为营销理论中的经典。即使在今天,几乎每份营销计划书都是以 4P 的理论框架为基础拟订的,几乎每位营销经理在策划营销活动时,都自觉、不自觉地从 4P 理论出发考虑问题。

到了 20 世纪 80 年代,菲利普·科特勒还提出在 4P 基础上加上两个 P:Power(权力)和 Public Relations(公共关系)。他认为,在国际国内市场竞争日趋激烈、各种形式的政府干预和贸易保护主义再度兴起的新形势下,要运用政治力量和公共关系,打破国际或国内市场上的贸易壁垒,为企业的市场营销开辟道路。但是,这些“P”显然都是从企业自身出发的,因此不可避免地具有“以生产为中心”的意味。

20 世纪 90 年代以来,市场进入了“用户导向时代”,企业也适时提出并树立了“全方位客户满意度”经营理念,美国营销学家劳特朋提出了新的“4C”营销理论,即客户(Client)、成本(Cost)、便利(Convenience)和沟通(Communication),以此为特征的新的营销理念将营销的中心由企业转向客户,体现了一切从客户的需要出发的宗旨,从而进一步提高了营销的效能。

从图 1.1 可以看出,4P 到 4C 的转变是分别将每一个 P 的重心从产品转向客户,生成对应的 C 的转变过程,以下分别对 4C 的每一项进行说明。

| 客户（Client） | 产品（Product） | 价格（Price） | 成本（Cost） |
| --- | --- | --- | --- |
| 便利（Convenience） | 渠道（Place） | 促销（Promotion） | 沟通（Communication） |

图 1－1　4P 到 4C 的转变

**(一)客户(Client)**

“在激烈的市场竞争中,谁拥有了客户,谁就可以生存;谁拥有了优质客户,谁就是最后的赢家。”

当生产者认识到“产品是为了满足客户的需要而存在的”,他们就不再盲目地从自己的角度出发设计产品,然后想方设法让客户接受,而是开始从客户的角度出发,建立客户中心、对客户进行分组管理、为客户量身定做他们想要的产品,总之是协调、调动全方位的资源为客户提供服务,满足客户的需要。

**(二)成本(Cost)**

从产品的角度出发,假设某种新产品在市场上没有类似的商品可以作为定价参考,那么生产者对产品的定价只能通过生产成本以及一定的利润比例加总而成,这样的定价不外乎 3 种情况:①定价过高——客户不愿光顾,于是生产者需要降价,甚至赔本,这种情况下,定价是失败的;②定价适中——这种定价无疑是成功的,但是多少带有运气的成分;③定价偏低——客户当然愿意购买,但是生产者损失的是客户本来愿意多花费的成本,也就是生产者本来可以得到的利润,这种定价显然也不是很成功的。

而从客户的角度出发,产品的价格就是客户愿意为其支付的成本,只要这不低于产品的总成本，生产者就有能力提供；如果这高于产品的总成本，那么生产者也可以理所当然地享有利润。

**（三）沟通（Communication）**

在以产品为中心的时代，生产者不得不为了卖出产品而竭力推销，而在以客户为中心的时代，企业就必须建立配套机制，尽可能地与客户沟通，了解他们的需要甚至潜在需要以及他们愿意为满足这种需要而付出的成本，由此才能够对客户进行科学的细分和准确的定位，从而为他们量身设计他们所需要的产品。

**【资料阅读】**

**客户经理制在银行的推行**

在以产品为中心转向以客户为中心以来，西方各大银行普遍推行了客户经理制。客户经理制从制度上、人力资源上和服务内容上确保银行的经营人员与特定的客户有一种明确、稳定、长期的服务对应关系，建立起银行与客户之间沟通的桥梁。

以客户为主导的客户经理制值得实施，通过柜台以外的方式灵活地与客户进行联系，实现跟踪服务、全程服务，可以主动了解和掌握客户信息，掌握经营上的主动，便于银行有效参与重要客户的市场竞争，并有效地防范可能发生的道德风险。同时，通过客户经理制的实施，便于开展商业银行业务，根据不同客户的需要和客户关系的深层次知识化发展趋势，开展专家型营销，参与客户投资理财，拓展高层次的金融新市场。

**（四）便利（Convenience）**

首先，新的营销理念以便利取代了分销，这意味着企业必须突破以往专注于销售渠道的局限性，致力于研究如何切实地提高客户的便利性。因为即使商品物美价廉，但是由于购买的过程十分复杂，客户仍然很可能选择放弃。所以，金融机构应该尽量按照客户群设立分支机构。

**【资料阅读】**

**巴克莱银行的机构设置**

巴克莱银行的机构设置分为四大部门：零售银行、公司银行、投资银行和资本市场。其中，投资银行和资本市场业务主要集中在总行，零售银行和公司银行业务在总行、大区分行、分行，分层次、分地区合理划分。零售银行内部设立零售客户部、客户服务部、理财服务部、信用卡部、产品开发部、人力资源部、公共关系部、业务支持系统部门。公司银行设置公司服务部、大公司客户服务部、人力资源部、公共关系部、财务部、风险管理部、国际业务部。

其次，分支机构的选址也是很重要的。要尽量将分支机构设立在交通便利、客户聚集的地方。主要面向个人客户的营业网点还可以设在小区密集的地方。此外，随着科技和网络的发展，如银行可在大超市、大商场等地方安装ATM，鼓励刷卡消费，并提供24小时的电话银行和网上银行服务。这些都是为客户提供便利的方式。

【资料阅读】

花旗银行的网上服务

花旗银行开展网上服务后，便要求其顾客提供所有相关信息，然后立刻输入电脑，建立一个能不断更新的主控文档。配有打印机的工作站可以随处打印出表格，标有顾客姓名以及号码的花旗银行卡也可以当场制作出来。这样，客户就可以在任何时间、任何地点通过电话或者互联网办理他们的银行业务，索取有关信息。

另外，金融机构通过大力加强产品开发，努力为客户提供全方位、多品种和"一站式(One-stop)"的金融服务，不但使客户免去了办理多种业务的麻烦，还可以降低其成本，这也是为客户提供便利的方式。

## 三、金融营销的含义和特点

金融营销是在一般市场营销学的基础上发展起来的，是企业市场营销在金融领域的发展。在市场经济体系中，金融企业是一组专门为客户提供金融性服务以满足客户对金融产品消费需要的服务性企业(商业银行是这组服务性企业的主体)，金融服务的提供者除了银行、保险公司，还包括各类证券公司、信托机构等，它的营销既与生产消费品、工业品等企业的营销有相似之处，同时又有其自身的特点和规律。

### (一) 金融营销的含义

金融营销是指金融企业以金融市场为导向，以市场需求为核心，通过采取整体营销行为，以金融产品和服务来满足客户的需要和欲望，从而实现金融企业利益目标的经营管理活动。

金融营销有3个营销必做之处：一是必须面对市场，了解市场需求，了解竞争者，通过销售比竞争对手更好的产品来满足目标客户的需求，并在长期的经营中与客户建立和发展良好的关系；二是必须注重对营销过程的管理，通过分析、计划、实施和控制来提高营销的总体水平；三是必须注重营销的社会性，兼顾消费者利益、企业利益和社会整体利益。

金融企业所提供的产品和服务具有以下特点。第一，服务的不可分割性。当一个金融企业向客户提供其产品时也就提供了相应的服务。产品的提供在时间和地点上与服务具有同步性。第二，金融产品的非差异性。当一家金融企业提供了一种产品后，其他企业很容易模仿，而且各企业所提供的产品在功能上很难有大的差别。第三，金融产品具有增值性。当人们购买一种金融产品，如保险、存款等，购买这些产品最主要的目的是能够为消费者带来一定的收益。

金融营销的目的是借助精心设计的金融工具及相关金融服务,运用金融运作理念实现营销目标并获取一定的收益。为了实现这样的营销目的,金融企业在其经营过程中所采取的营销行为可以是多种多样的,并根据金融企业所处的经营环境及其自身资源与发展目标等要求,把握应对挑战、扬长避短、趋利避害、适应环境的经营取向。

**(二)金融企业的类别**

金融部门是国民经济的综合部门,它连接生产、交换、分配与消费各个环节。金融活动是一种联系面广、经济往来关系错综复杂的社会经济活动,在国民经济发展中具有十分重要的地位。经过20多年的改革与发展,中国经济走上了一条持续高速发展之路。在发展过程中,经济的增长、资金的筹集与流动、货币市场工具的使用、资本市场的建立、通货涨缩的调控、国有企业体制改革及改革成本的摊销,几乎都涉及金融及其运行效率。金融企业是指专门经营货币信用业务的企业,它由商业银行和非银行金融机构等组成,具体包括银行、保险公司、证券公司、信托投资公司、资产管理公司、期货公司、基金管理公司、租赁公司和财务公司等(见图1-2)。

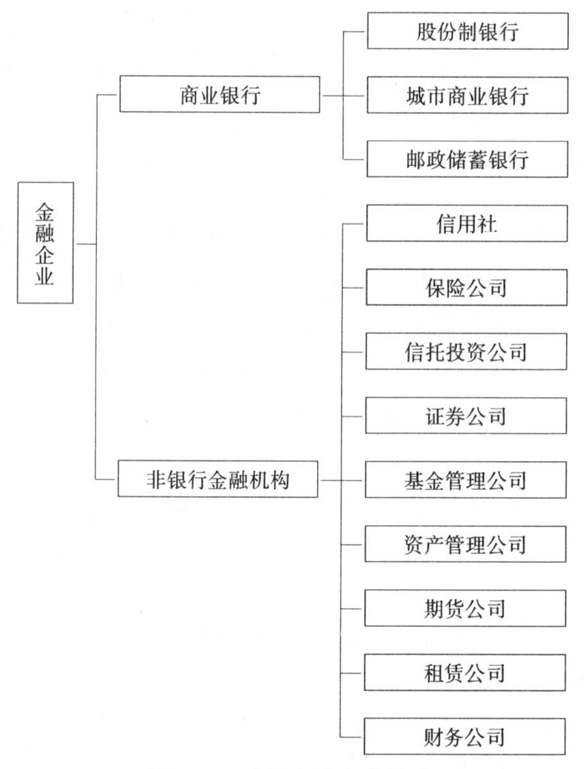


图1-2　我国金融企业构成

**1. 银行**

银行是金融企业的主要组成部分。在我国,目前银行由政策性银行和商业银行组成。政策性银行是指不以利润最大化为目标,而是为政府特定的经济政策、产业政策服务的银行。它按照政府产业导向发放贷款,从事有关金融业务。在经营业务活动中,不以利润最大化为目的,注重社会效益,保持财务上的收支平衡,是政策性银行的主要特征之一。商业银行是从事资金商业性买卖的金融企业,包括商业银行和信用社。商业银行以利润最大化为目标,按照市场导向和地域经济的需求向社会各界提供各种金融服务。商业银行以安全性、流动性、赢利性为经营原则,实行自主经营、自担风险、自负盈亏和自我约束。

**2. 保险公司**

保险公司是经国务院保险监督管理机构批准设立,并依法登记注册,从事保险业务的专业公司。保险公司以"建立保险基金、承担风险责任"为己任,在国民经济中日益显示出共济互助、分担风险的保障作用。此外,保险公司还发挥资金融通和社会管理的重要功能。按照规定,同一保险公司不得兼营人身保险业务和财产保险业务,原来既从事财产保险业务又从事人身保险业务的保险公司必须分立或新设为财产保险公司和人寿保险公司。因此,现行保险公司是由财产保险公司和人寿保险公司组成的。

**3. 信托投资公司**

信托投资公司是由国务院银行业监督管理机构批准,按委托人的意愿,为受益人的利益或特定目的,对委托人的资金或财产进行管理或处分的金融机构。信托公司经营业务即为信托业务。信托是一种信用方式和融资形式。信托业务的发展在促进社会经济发展方面发挥着重要作用。

**4. 证券公司**

证券是证明持券人有按照证券所规定的内容取得相应权益的证明书。它包括商品证券、货币证券和资本证券。证券公司是指依照公司法规定和经国务院证券管理机构审查批准的专门从事资本证券买卖的金融机构。随着我国经济体制改革和现代企业制度的建立,企业不断深化产权结构调整,股份制企业、股份合作制企业在更广泛的领域推广开来。证券公司经营的证券业务规模的不断扩大,对于推动我国直接融资的发展,保证资本市场资源配置和筹资功能的发挥,推动企业股份制改造和现代企业制度的建立,发挥着重要作用。

**5. 基金管理公司**

基金管理公司是依据法律、法规和基金合同对基金进行经营与管理的金融机构。基金的发展经历了从封闭式基金到封闭式基金和开放式基金共存的阶段。随着金融市场的成熟与金融自由化的深入,开放式基金将成为我国基金业发展的主流,因而基金管理公司将成为负责开放式基金发起设立与经营管理的专业性金融机构。

**6. 资产管理公司**

我国的资产管理公司于 1999 年设立。设立的初衷是收购国有银行不良贷款,管理和处置因收购国有银行不良贷款形成的资产。运营目标是最大限度地保全资产、减少损失。经过多年的探索与实践,资产管理公司的运作对化解金融风险、减少财政损失、促进国有企业改革脱困发挥了积极作用。

**7. 租赁公司**

租赁公司是从事租赁业务的金融企业。按照租赁业务的性质划分,租赁业务分为融资租赁和经营性租赁两种。

8. 期货公司

期货公司是专门从事期货经营的金融企业。

9. 财务公司

财务公司是以加强企业集团资金集中管理和提高企业集团资金使用效率为目的、为企业集团成员单位提供财务管理服务的非银行金融机构。

(三)金融市场和金融工具

1. 金融市场

市场是提供资源流动和资源配置的场所。市场依靠价格的信号,引领资源在不同部门之间流动并且实现资源配置。一个好的市场可以帮助社会资源实现最佳配置。金融市场是配置资金这种社会稀缺资源的场所,是货币资金融通的市场,它使资金从没有生产性机会的地方流向有生产性机会的地方,为整个经济增加生产和提高效率做出了贡献。在金融市场上交易的对象是同质的货币,货币资金在这个市场上进行的余缺调剂,不仅实现了金融资源的配置,而且通过金融资产的交易,最终又帮助实现了社会实物资源的配置。金融资产的交易过程就是它的定价过程,而金融资产的价格则反映了货币资金需求者的融资成本和货币资金供应者的投资收益,所以金融资产的定价过程也是金融市场上收益和风险的分配过程,这是金融市场运行的核心机制。

对金融市场应当从以下 3 方面理解。首先,金融市场的交易对象是同质的金融商品,即货币资金等。其次,金融市场的参与者是资金的供给者和需求者。前者拥有闲置的盈余资金,后者则面临资金不足。交易双方的关系不再是单纯的买卖关系,而是建立在信用基础上的、一定时期内的资金使用权的有偿转让。再次,金融市场不受固定场所、固定时间的限制。随着现代通信手段的发展和计算机网络技术的发展,越来越多的金融交易借助于无形市场,在瞬间即可完成。因此可以说,金融市场是办理各种票据、有价证券和外汇买卖及同业之间进行货币借贷的场所。进一步来看,金融市场不仅是指金融商品的交易场所,还涵盖了一切由于金融交易而产生的关系,其中最主要的是金融商品的供求关系以及金融交易的运行机制——价格机制,表现为金融产品的价格和资金借贷的利率。在金融市场上,利率就是资金的价格。在这种特殊价格信号的引导下,资金自动、迅速、合理地流向高效率的部门,从而优化资源配置,推动经济持续快速发展。

2. 金融工具

金融市场的运行仅仅有市场主体的推动是不够的,还需要有相应的市场客体。金融市场的客体是指金融市场的交易对象(交易的标的物),也就是通常所说的金融工具。金融工具也叫信用工具,是以书面形式发行和流通,借以保证债权人或投资人权利的一种凭证。金融工具是资本的载体,借助其可以实现资本由供应者手中转移到需要者手中。因此,也可以说金融工具是资金供应者和资金需要者之间进行资金融通时所签发的各种具有法律效力的凭证。它既是一种重要的金融资产,也是金融市场上的重要交易对象。

金融工具的数量和质量是决定金融市场效率与活力的关键因素。首先,从数量上看,金融市场主体之间的交易必须借助于以货币表示的各种金融工具来实现;否则,资金的融通就无法进行，金融市场上金融工具的种类、数量越多，就越能向不同偏好的投资者和筹资者提供选择机会，满足他们的不同需求，从而充分发挥金融市场的资金融通功能。其次，从质量上看，一种理想的金融工具必须既能满足资金供应者的需要，又能满足资金需求者的需要，同时还必须能符合中央银行金融监管的要求。金融工具的品种繁多，可按不同的标准进行分类，并且具有偿还性、流动性、风险性和收益性等特点。

### (四)金融营销的特点

#### 1. 直面营销

金融业提供的产品是无形的服务。无形的金融服务是客户在购买之前没有办法利用感觉器官来感受其价值及使用效果的，客户只有在接受服务的过程中才能感觉到金融服务的好坏及其价值。另外，金融服务的生产与消费在时空上是不能分离的，消费囿于生产过程中，两者是同步进行的。金融服务既不能被储存，也不能被运输。金融服务产品的这种无形性与不可分离性促使金融服务营销基本上采用直接销售渠道，向客户面对面地销售各类金融服务。因此，金融机构通过其各营销网点的工作人员在与顾客接触和为顾客服务过程中因地、因时、因人，自然而然地向顾客介绍其新的金融产品，往往会在不经意间使顾客改变态度，认同或接受新的金融服务产品。这种面对面的直面营销更具有针对性和渗透性。根据该特点，金融企业应加强网点规划与网络建设，方便客户接受各类金融服务。

#### 2. 更重形象

由于金融服务产品具有同质性与模仿性的特点，因而依靠产品自身的差异性来建立竞争优势是很困难的。这就促使金融营销竞争焦点从金融产品本身转移到提供服务现场的形象塑造上，攻心为上，吸引客户。现场形象“包装”由以下 3 个层面构成。①物质条件。这是指营业场所硬件，包括金融企业的地理位置、建筑物宽敞明亮程度、治安安全等级、服务设施完善方便、门面装潢、柜台设置等。②服务水平。这个层次在金融营销中尤为重要，是构成核心竞争力极其重要的因素，包括金融服务人员的衣着、精神面貌、语言态度、面部表情、行为举止、工作效率等。③信息展示。它对顾客接受服务有着重要的引导作用。这个层次主要是指各种金融产品的宣传手册获取、服务流程提示、服务项目内容与定价及广告等。

#### 3. 专业性要求强

金融客户对服务的需求往往具有多方面性，且专业性较强，要求金融营销人员具有广泛的专业知识，在金融服务过程中能够自如地处理各种问题，让客户满意，如回答客户的各种问题，消除客户的种种疑虑，甚至充当客户的投资顾问或参谋，帮助客户分析、计算、推测和谋划。为了提高服务质量，增强竞争能力，金融企业需要大量雇用各种专家型人才。从一定意义上，金融企业的竞争就是人才的竞争。

#### 4. 注重品牌营销

随着金融新产品的不断开发与品种的逐渐增多，品牌营销在金融营销中就显得比金融产品的功能营销更重要。由于同一类金融机构提供的服务，其功能都是大致相同的，顾客在接受金融服务时往往首先不是被金融产品功能带来的服务赢利或便利所吸引，而是被熟知的品牌所吸引，如招商银行的“金葵花理财”、中国民生银行的“非凡理财”就在银行理财市场中形成了自己的品牌效应。

**5. 营销风险性大**

金融企业从事的是货币营销活动，信贷、保险、投资是主要业务。由于存在利率、汇率变动，偿贷付息等因素，因而金融营销风险时刻存在，并随着业务增长而相应增长。以银行为例，银行营销是指各种货币及各种金融服务。银行对存款只有使用权，到期向储户支付利息；银行贷款业务要求贷款人按期偿还本息。到期若汇率、利率、国家财政货币政策出现较大波动，客户信用滑坡，则将诱发金融风险。一旦风险发生，若不及时消除，重则将会引起社会混乱，经济发展陷入困境；轻者导致企业倒闭，储户利益受损。因此，金融营销人员在营销活动中必须重视金融营销风险的防范。

**6. 强调整体营销**

由于金融产品及服务的特殊性，客户对金融产品及其知名度的认识是从了解金融机构开始的。顾客只有在对某金融机构产生认同和信任的基础上，才能接受其提供的金融服务。因此，金融机构市场营销比一般企业的市场营销更注重机构自身的整体营销。

**7. 全员营销**

由于金融机构的大部分员工在生产金融产品（提供金融服务）的同时就能直接面对消费者，直接了解顾客的需求，可以直接给予顾客某些方面的满足，因此，金融营销要求金融机构的所有员工在与顾客接触、服务的过程中，要借助一定的营销方式和技巧让顾客了解金融市场所具有的品质和潜在的服务，在满足顾客需求的同时，把新的金融产品推销出去。

## 第二节　金融营销的演变历程

### 一、西方金融企业营销思想的演变及发展

市场营销被普遍认为是任何组织成功的关键，而不论组织的大小或性质如何，市场营销是被经济界使用最广泛的一个概念，但同时也是被滥用最严重的一个概念。从某种角度看，它是指包括广告、品牌、包装、定价、产品管理和分销等组织功能的一般术语。在这一层面上，市场营销主要研究人们及组织做什么；而从更深的层次来说，这一术语通常是用来描述指导组织活动的一种商业哲学。它认为组织的成功来自于长期的顾客满意，并强调整个组织对于满足市场需要都应承担起责任的重要性。扩展市场营销的功能也许很容易，但要使市场营销能够真正集中于顾客这一中心及整个组织的责任则复杂得多，金融营销的产生和发展无疑证明了这一点。营销研究在金融服务领域是一个相对较新的概念。在西方国家，与一般工商企业相比，金融机构对市场营销的认识及实施是较晚的。下面以西方国家金融营销的发展历史为线索，探讨营销思想在金融服务领域的演变及新发展。

**（一）金融营销萌芽阶段（20 世纪 50 年代末至 60 年代）**

以前，人们普遍认为市场营销与金融业无关，金融业与客户之间不用进行营销活动，因为在大多数人头脑中，总认为你该去银行的时候准得去。20 世纪 50 年代中期以前，银行界对营销既不了解也不注意，银行提供自认为必要的服务，银行人员态度高傲，银行大楼庄重

威严，客户根本不是银行的核心。

直到1958年在全美银行联合会议上，才第一次提到市场营销在银行的运用。当时由于银行和其他一些金融机构正经历着储蓄方面的激烈竞争，一些富有创新精神的银行决定借鉴工商企业的做法，在储蓄等竞争激烈的业务上采用广告和促销等手段以吸引更多的新客户，不久其竞争对手也纷纷效仿。而在英国，直到20世纪60年代早期，才有少数几家银行意识到营销研究对其未来发展及当前经营活动都很重要，将营销思想引入到金融领域中来，此时金融营销还处于萌芽阶段。

整个20世纪60年代，市场营销在金融服务领域的发展非常缓慢，因为长期以来金融业务运作被看做是以产品为导向的，金融产品的无形性等特性也给金融营销带来许多困难，尽管一些银行开始采用广告等营销手段，但还没有充分认识到营销在整个企业运营中的重要作用，更别说将市场营销作为金融业经营的指导理念了。那些最早采用现代广告和促销方式的银行发现它们的优势很快为竞争者的仿效所抵消，此时，许多银行开始认识到要吸引一批顾客并不难，难的是如何使他们成为忠诚的顾客。因此金融机构开始注意服务，但把服务片面理解为职员的微笑和友好的气氛。许多金融机构开始对职员进行培训，推行“微笑”服务，移走出纳员窗口前的栏杆，以造成一种温暖、友好的环境。金融界兴起了友好服务培训和装饰改进的热潮，结果家家金融机构都变得亲切感人，客户很难依据哪一家态度好来选择金融机构，不过这个时期整个金融业的服务水平确实提高了一个层次。

**（二）金融营销发展阶段（20世纪70—80年代）**

20世纪60年代末，金融机构开始广泛地与广告和公共关系联系在一起，并且直到70年代，各种金融服务组织才逐步建立起市场营销部门，金融营销的领域也从银行逐渐发展到其他金融组织。而那时市场营销更多的是侧重于战术而不是战略，在组织活动中处于较低的地位。尽管“大萧条”给其发展带来负面影响，金融服务组织的市场营销活动在随后5年中仍然取得了飞速的发展，金融机构成为电视及各种媒体广告最频繁的使用者之一，赞助和行业间的竞争也已成为促销的重要手段，销售人员大量增长，开发新产品的速度也非常快。因为自20世纪70年代中期以后，整个西方的金融业发生了一场称之为“金融革命”的大变革，这场大变革推动了金融营销的迅速发展。许多金融机构开始意识到它们所经营的业务本质上是满足客户不断发展的金融方面的需求，营销创新成为这一时期金融营销发展的主流。金融机构为了获得新的差别优势，开始在金融工具、金融市场及金融服务项目等方面进行创新，试图向顾客提供新的、有价值的服务。保险公司不断推出新的险种；银行提供信用卡服务、上门贷款、共同基金等。它们力图通过金融创新，扩展自己金融产品线的长度和宽度，以满足更多客户更深层次的金融服务要求。然而，金融产品的创新由于没有法律的保护（金融产品专利法还未出台）而很容易被模仿，从而缩短了产品生命周期。

这一时期西方金融营销的特点是从简单地采用营销方法到广泛运用营销思想的转变，市场细分和企业定位是金融机构研究的重点，金融机构已逐渐认识到自己不可能满足所有的消费者，无法占领整个市场，而先前采用的那些营销方法并不能将其与竞争对手很好地区分开来，它们需要集中力量于自己领先的领域，并且争取在该领域成为消费者心目中的最佳选择。于是市场细分和企业定位战略成为金融机构制胜的法宝，许多金融机构纷纷选择自己的服务重点，如有的金融机构把自己定位为商人银行，业务上偏重于保守的投资银行业务,强调自己精通各种金融技术,而客户对象主要为大公司;有的金融机构把自己的服务对象限于中小企业;有的金融机构则强调规模,注意国际金融业务等。20 世纪 80 年代,西方国家的金融服务业发展迅猛,成为整个经济活动中发展最快的产业之一。作为一种组织功能,市场营销无疑已经确立了在金融服务领域的地位,而市场营销作为一种经营哲学所发挥的作用则有待进一步研究。

20 世纪 80 年代晚期,克拉克、爱德华和嘉得勒等人认为英国银行已经处于“营销主导”阶段,此时市场营销为整个金融企业提供指导性原则;而施瓦科和林齐则认为市场营销还没有发展成为金融服务领域的主体。通过对近 70 家英国银行的研究,他们发现有近 40% 的银行将市场营销描述为它们的指导理念,有超过 40% 的银行将市场营销看做是组织的一种功能,剩下的银行则认为市场营销的作用有限或对市场营销有负面的看法。近来,许多金融服务组织被认为更乐于采用市场营销的一些具体方法,而没有认识到其实质,有的评论家则走得更远,他们认为在满足顾客需求的理念和金融服务的竞争之间也许存在着根本的冲突。

尽管金融服务组织在多大程度上真正以市场营销为导向还有待研究,但毫无疑问的是,金融服务组织中市场营销活动的范围在迅速增加。那些忽视市场营销的金融服务组织应该重新思考,因为消费者个人及消费者群体的地位已经越来越重要,他们和那些潜在的消费者已经成为金融服务领域真正的主体。马克斯和斯潘瑟在金融零售业的成功及在信用卡市场上的成功都表明,这些非传统的金融服务供应商通过市场营销运作很好地占领了市场。事实上,司彼得和史密斯通过更广泛的研究得出了营销战略决策与金融服务组织绩效之间的联系。这一时期,人们对于在金融领域应用营销技巧和营销工具的兴趣日益增长,其中一个重要标志就是出现了大量有关金融营销的杂志和出版物,从英国的《国际银行营销》杂志到美国的《银行零售业务》杂志,数量众多。

**(三)金融营销成熟阶段(20 世纪 90 年代以来)**

这一时期,由于消费者个人收入和财富的增加、其他经济部门的扩张、经济全球化的趋势及技术的迅猛发展等多个因素的共同影响,在为金融行为产生大量需求的同时,也使得金融行业内的竞争异常激烈。因此,金融领域的创新不仅是产品的创新,也许更重要的是程序的创新和市场管理的创新。许多金融组织成为跨国公司,特别是美国和日本的银行,它们已经将注意力更多地放在了海外市场上。事实上,这些变化对金融营销的冲击在 20 世纪 80 年代就已经开始了,而 90 年代则表现得更为明显。

经过几十年的探索和发展,西方金融营销已经逐渐走向成熟,金融企业开始真正以市场营销为导向,以市场营销的观念指导企业的整体活动。继广告、促销、友好服务、创新和定位之后,它们将注意力转向问题的核心,开始认真思考企业的经营理念。金融营销的观念也由原来的“产品营销”、“品牌营销”、“定位营销”逐步转向“服务营销”和“整合营销”上来。它们认识到要使自己的经营业务获得良好的业绩,保持持久的优势地位,必须加强对金融营销环境的调研和分析,整合企业的所有资源,培养企业的核心竞争能力,以谋求创立和保持与客户之间长期互利的合作关系,实现本企业的战略目标。

表 1－1 整合营销与传统营销的差异

| 传统营销 | 整合营销 |
|---|---|
| 交易 | 关系 |
| 传播媒体 | 互动和沟通 |
| 单一职能组织 | 跨职能组织 |
| 大众营销 | 数据库驱动营销 |
| 强调单功能专业能力 | 强调核心能力 |
| 消费者请注意 | 请消费者注意 |
| 营销组合<br>◇产品<br>◇价格<br>◇促销<br>◇分销 | 整合传播营销<br>◇客户<br>◇成本<br>◇便利<br>◇沟通 |

美国的金融营销模式试图满足整个市场的需要，认为金融机构应采用一揽子的服务方式，将各类金融产品和服务项目进行配套，以从整体上满足和解决客户的各种需求。同时，采用有针对性的服务方式，细分客户市场，并分别用已有的或新的金融产品来满足。美国的金融机构特别注重公众舆论态度的变化，认为加强公共关系、赢得公众好评是金融机构服务的基础。因此，美国金融机构的广告费用远远超过其他国家。日本的金融营销模式则更侧重于满足有限细分市场的需要，认为伴随着金融自由化、市场准入障碍的消除和市场竞争机制的完善，金融服务业将不可避免地沿着制造业和零售业的路子发展。综合化发展金融机构并不总是处在有利的地位，那些从事专门领域服务的金融机构同样也有大量的商业机会。美、日金融机构都十分重视“关系”的培养，以建立起跨越职能、业务项目和地区乃至行业界限的人际关系。

20 世纪 90 年代以来，西方金融环境发生了重大变化，西方金融业特别是银行业处于新的转型期。10 年前占主流的银行业正面临着巨大的竞争压力，其传统优势地位面临着巨大挑战。由于信息披露制度的推广，对金融管制的放松及科技的迅猛发展，使得银行业的门槛降低，中间业务和非银行机构快速发展，银行的投资回报率远低于金融市场的投资回报率，企业融资对银行的依赖下降。同时，由于金融全球化的步伐加快，许多国家开放金融市场，企业融资转向整个国际市场，国际债券发行增加。由此，西方银行出现业务中和化的趋势，英国甚至将其名字由 Bank 改为 Banksurance。1997 年 5 月，美国财政秘书正式向国会提交金融改革方案，原则是取消银行与其他金融机构之间的法律界限，向欧洲“全能银行”看齐，银行、证券、保险和房地产企业之间，允许业务交叉，互相兼并。同时，新的组织形式大量涌现，如合约银行、网上银行等。

目前，西方国家的金融营销出现了一些新的特点。金融营销研究的重点开始由银行转向其他金融机构，金融营销研究的核心由战略转向关系。国际营销和网络营销成为新的研究热点：营销创新（包括产品创新、组织结构创新和方法创新）出现新的高潮；金融机构更加强调面对面的服务；针对高收入阶层的出现，开始重新重视零售银行业务。与此同时，其金融营销也面临着新的挑战，他们必须解决好下列问题：①如何更好地适应环境的迅速变化和保持自己的核心竞争力；②如何开展金融业间的战略合作；③如何更好地满足客户的个性化需求和提供超值服务；④如何开展内部营销；⑤如何面对金融全球化及对利率市场化做好准备。

## 二、金融营销在我国的兴起和发展

我国金融企业营销的发展以银行类企业营销为起点，逐步扩展到保险公司、基金管理公司等其他金融企业。

我国商业银行营销活动的产生和发展与我国市场经济体制的形成和金融体制的改革紧密相连，概括起来，大致可以分为以下 3 个时期。

### （一）前市场营销阶段（1984 年以前）

经济体制改革的发端和深化推动着我国金融体制改革和深化。1979—1984 年，“大一统”的银行体系逐步被打破，对四大国有专业银行金融市场范围的划分初步完成。但是这种市场划分只是人为的市场分割，并带有明显的政府行为的烙印。这种市场分割对四大专业银行起步之初的发展壮大，乃至今天相对竞争优势的形成都起到了重要的作用。但指令性的市场分割导致四大银行在其市场专营范围之内占据了自然垄断的地位，四大银行之间根本不存在任何业务上的竞争，所以在这一阶段，在我国的银行体系中仍未开展任何形式的市场营销。

### （二）市场营销的萌发期（1984—1992 年）

自 1984 年开始，我国金融体系的整体架构开始发生重大变化。随着中国工商银行从中国人民银行分设出来，中国人民银行专门行使中央银行职能。1986 年 7 月，我国第一家全国性股份制商业银行——交通银行成立。次年，中信实业银行、招商银行、广东发展银行、深圳发展银行等新兴银行也相继开业。虽然这些股份制商业银行在经营资本、机构网点、存贷规模、市场规模上远不及四大国有商业银行，但它们拥有灵活的运作机制和强烈的市场意识。此时，四大国有商业银行间业务交叉程度也不断加深。面对竞争压力，四大国有商业银行开展了带有市场营销性质的业务活动，零星的促销活动、微笑服务逐渐与四大国有商业银行业务活动相联系。但是由于在金融市场上仍处于绝对垄断的优势地位，所以四大国有商业银行虽较以往更注重广告和服务的质量，但是内在动力的不足和严格的金融管制使得四大银行在金融产品创新、市场营销战略等方面未得到明显改观。

### （三）市场营销的发展期（1992 至今）

从 1992 年开始，我国金融体制进入加快发展阶段，四大国有商业银行被全面推向市场。出于对利润的追求和同业竞争的压力，四大国有商业银行开始逐渐把市场创新作为获得竞争优势的手段。市场创新主要包括 3 方面的内容：制度创新、业务创新和服务创新。在我国，金融制度创新目前主要由国家和中央银行来进行，商业银行所依靠的竞争手段主要是业务创新和服务创新。至此，四大国有银行虽然仍占有着垄断性的市场份额，但是各家股份制银行及地方城市商业银行凭借其灵活机动的体制优势使其业务不断增长，已经对四大国有商业银行形成了巨大的冲击。

当前,随着金融市场的进一步开放和同业竞争的持续升级,我国银行市场营销也快速向前发展,出现了以下一些新的趋势。

**1. 品牌营销战略开始向个性化发展**

继1998年建设银行在上海推出住房贷款品牌"乐得家"以后的短短两年中,上海各家商业银行纷纷聘请国内外营销专家对具有本行特色的金融产品进行包装、设计,相继推出个性化的品牌产品,如工商银行的"信贷置家"和以员工姓名为品牌的"个人理财工作室"、中国银行的"一本通"、上海银行的"好当家"、农业银行的"金钥匙"、交通银行的"听汇宝"和"圆梦宝"等,国内金融市场竞争差异化的序幕开始在上海拉开。

**2. 传统文化融入营销活动内容**

根据人们对传统文化的特殊情结,各行先后以多种方式将传统文化融入营销活动之中,以此来吸引客户。例如,农业银行在2000年前夕,推出3种生肖系列彩色存单,存单背面采用汉代龙、凤、虎石刻图案,设计有福、德、寿3种款式,集使用价值、收藏价值和欣赏价值于一体;建设银行推出"龙博士"生肖储蓄卡,以便于家长将储蓄卡作为"压岁钱"的载体,既安全卫生,又蕴涵了家长对孩子的殷殷期望。中国工商银行上海分行组织高校学生参观该行的银行博物馆,使参观者在了解该行的同时,也对100多年来上海雄厚的金融文化底蕴有了直观、深刻的认识,开创了国内银行营销的新模式。

**3. 网上营销开始全面展开**

1997年,招商银行率先在深圳推出网上银行,开了我国网上营销的先河,并不断健全完善,打出"一网通"的网上金融品牌,开辟"招银大地"、"网上商城"、"个人银行"等7个栏目,实现了真正的在线金融服务,成为国内"网上第一行"。继招商银行之后,中国银行推出与1 000万张"长城卡"相结合、以"支付网上行"为品牌的系列网上银行服务;工商银行、建设银行等商业银行也相继开始积极探索网上营销新概念,网上营销已在全国范围拉开。

当前,我国银行已经开始运用营销思想来指导自身的经营实践,不断进行金融产品的创新,注重市场细分和市场定位,而这正是银行营销处于发展阶段的典型标志。同时,我国商业银行也开始注意到与有价值客户建立长期互利合作关系的重要性,积极开展关系营销,建立客户经理制度,这是银行营销进入成熟时期的标志。但我国国内金融业的竞争格局与竞争的激烈程度还没有达到银行营销成熟阶段所应有的水平:我国的投融资渠道仍旧是以商业银行为主导,其他投融资方式,如企业债券市场、股票市场、各种类型的基金远没有发展到具有和商业银行抗衡的能力,况且我国的法律还禁止商业银行进行真实意义上的混业经营。

互联网的出现,改变了保险公司进行市场宣传和推广的概念、方式和手段。随着信息化、电子化时代的到来,一种可以用于保险营销的新形式——网络营销已经在国际保险营销市场上出现。互联网络客户能够获得有关产品的更多的综合信息,能够参与多方向的、一对一的、高度分化的沟通环境。在网络营销中,消费者掌握着营销的主动权。总之,互联网改变了营销的大部分内容。网络营销正随着计算机网络技术的逐步发展、网络时代的到来,而成为一种拥有巨大潜力和美好发展前景的新型保险营销方式。

在我国,网络保险虽然起步较晚,但近年来也得到一定的发展。我国平安保险公司投资设立的PA18新概念、泰康人寿保险公司开通的"泰康在线",以及其他各保险公司和国内保险市场各类网站的纷纷亮相，充分证明网上保险已越来越受到国内保险公司的重视。

## 第三节　金融营销的作用和功能

### 一、金融营销在企业经营中的作用

市场营销是市场经济条件下以满足市场需要为前提、以经营获利为目的的各类经济组织共同性的社会行为，也是市场经济条件下社会经济运行和资源配置的重要环节和手段。现代意义的金融营销是一门专门的学问，是在逐步总结企业营销经验、吸收各相关学科理论的基础上逐步形成体系并日臻完善的。特别是近 30 年来，在以市场为导向、以消费者为中心的营销观念的引导下，金融营销不断吸收经济学、心理学、商品学、行为学、传播学和现代管理学等学科的理论知识，成为一门综合性的应用学科，对于指导金融企业的经营发挥着越来越重要的作用。

**（一）金融企业重视营销管理既是金融市场发展的客观要求，也是金融企业面对竞争提高生存与发展能力的实际需要**

金融业开始树立市场营销观念、运用营销管理手段晚于制造企业，时间大约可以追溯到 20 世纪 50 年代末 60 年代初，随着 20 世纪 60 年代零售银行业务的拓展，营销在银行业开始受到重视。自 20 世纪 70 年代以来，在金融自由化浪潮的推动下，金融业内部的相互渗透激烈、竞争加剧，各金融企业也纷纷把工作的重点转向市场，注重发挥优势、开拓领域、争夺客户，市场营销作为金融企业管理的一项职能也有着越来越重要的地位。与生产企业、其他服务性企业一样，金融企业也是以营利为目的的经济组织，也必须以满足消费者的需要为前提。尽管金融企业的营销方式与其他类型企业有很大的不同，但面对市场竞争、寻求目标市场、发现机会、发挥优势、改进服务、满足消费者的需要、扩大市场占有率、获得赢利的营销观念、过程和模式几乎完全一致。不仅如此，金融业大多数产品的服务和消费几乎是同时进行的，这要求金融企业具有更强的营销功能。

**（二）营销是金融企业管理的核心职能**

相对于人事、财务、组织、会计、监控与综合管理等内部管理职能来说，营销是现代金融企业管理的一项核心职能。一方面，随着金融业竞争的加剧，争取客户是金融企业开展业务的关键，不论是从事传统金融业务的企业还是那些新兴的金融企业（如投资银行），其绝大部分工作都是直接面向市场而展开的；另一方面，效益是企业经营的根本目的，金融企业最终是否能够取得好的经济效益，也主要看其是否赢得了客户，提供了市场所需要的服务。所以，市场（客户）既是金融企业管理的出发点，也是归宿点。营销职能的发挥就是要在正确的观念指导下，合理运用企业的有限资源，采用科学的营销手段，在服务于市场的同时为企业取得良好的经济效益。

**（三）金融企业加强营销管理也是防范金融风险的需要**

金融业是高风险的特殊行业，受经济政策、宏观经济波动、客户的信心、国际收支状况、金融产品供求状况甚至各种天灾人祸的影响，金融活动具有较大的不确定性。为了防范风险，金融企业必须强化营销职能，以市场为导向，加强对市场的分析和研究，审时度势，适时调整经营战略和营销策略，不断开发能够回避风险的各种金融产品，以实现经营的安全性和稳定性。

**（四）我国金融企业面对新的国际国内形势，也必须重视营销管理**

**1. 面对新的国际形势，必须重视营销管理**

（1）经济国际化进程加快，国际资本流动作为世界资源配置的重要形式，无论是在发达国家还是在欠发达国家都受到高度的重视。要想充分利用国内、国际两个市场、两种资源发展国内经济，我国的金融业就必须抓住机遇，充分发挥中介服务作用，为国内经济建设服务。

（2）随着国际上投资与贸易自由化的快速推进，各国特别是西方发达国家对我国开放金融服务业市场、放松金融管制的呼声越来越高，我国金融业面临的压力也越来越大。

（3）国际资本特别是国际短期资本的大规模流动，使欠发达国家脆弱的金融市场不可避免地会受到不同程度的影响或冲击，如果这些国家缺乏健全的金融体系，抗御风险的能力弱，就有可能发生金融动荡或者爆发金融危机，严重的甚至波及全球金融市场、影响世界经济与贸易的稳定增长。1994 年末、1995 年初发生的墨西哥金融危机，以及 1997 年下半年在亚洲一些国家和地区出现的剧烈的金融动荡，就是典型的例证。

**2. 面对新的国内形势，必须重视营销管理**

（1）国民经济已经连续数年持续快速增长，这要求金融业能够继续适应这一形势的需要，不断提供高效、稳健的金融服务。

（2）随着改革的推进和深化，以公有制为主体、多种所有制形式并存的经济格局已基本形成，经济主体与投资主体正加速多元化，资金的供给与需求状况已经发生了根本性变化，这对投融资体制、融资方式、金融市场的价格决定、金融企业的运作方式和金融业的监管等都提出了新的要求。

（3）金融业内在构成的质的变化，使传统金融的高度垄断地位受到挑战，在效益机制的引导下，金融业的内部竞争将日益激烈。所有这些，都使我国的金融企业面临着与以往任何时候不同的机遇和挑战，也增强了金融企业强化营销功能、提供管理水平的必要性和紧迫性。

## 二、金融营销体现的功能

**【资料阅读】**

### 虚拟商业环境（二）

乔的大米果然卖得快了，第二年，他又买了许多地种植更多的大米，大米的产量是原来的 2 倍。但随着种植面积和销售量的加大，他一个人已经没有那么多精力把种植和销售都做下来，于是他又请了两个青年做他的帮手。这两个青年，不仅仅是把大米卖出，还负责将大米送到主顾的家中，与买米的主顾联系得越来越密切，即使不送米的时候也经常到主顾的家里询问有什么要求。这就是客户经理的雏形。

从营销循环过程来看,市场营销的根本任务是如何科学、合理、经济地满足消费者的需要。金融企业的营销工作也不例外,金融营销也应当在科学、合理地发现市场,创造性地满足市场的同时,使金融企业获得赢利和发展。金融营销循环如图 1－3 所示。

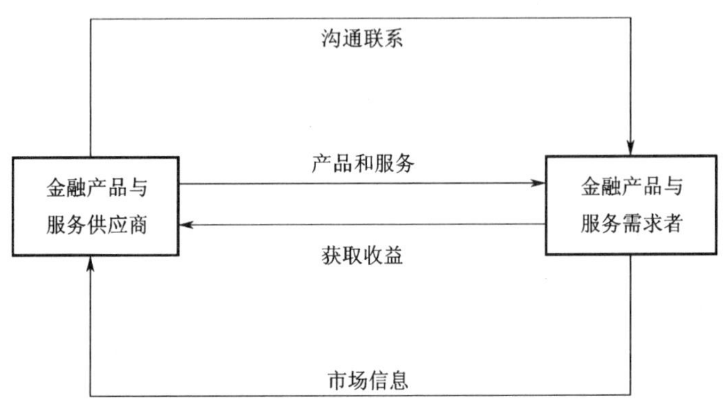


图 1－3　金融营销循环示意

总体来说,金融营销的功能包括以下 8 个方面。

**(一)金融信息管理**

金融信息管理是金融企业的一项基础工作。金融信息管理应围绕做好金融营销工作提供各种所需信息,包括客户信息、宏观经济信息、经济政策信息、法律信息、消费信息、产业发展信息、竞争者信息、国际金融市场信息、内部监管信息和其他各种信息等。金融企业作为提供公众服务的组织,特别应重视信息的搜集和管理,并不断采用科学的手段,为营销工作提供快捷便利的服务。当今社会已步入信息时代,计算机管理、网络化服务已在各国的金融界得到广泛、深入的使用,这对极大地改进金融服务质量,提高金融营销效率发挥着极其重要的作用。我国金融企业也应适应时代的要求,加快金融信息管理现代化的步伐,不断提高竞争能力。

**(二)客户需求分析**

要不断研究各类客户的金融服务需要及其动态变化情况,并从中把握商机,寻求企业赢利和发展的机会。它要求企业不仅要掌握老客户的需要,而且要善于掌握大量潜在客户的金融运作欲望。为了及时地把握商机,必须随时了解不同客户群的收入状况、可随意支配资金的数量、闲置资金状况、消费特征、金融服务偏好、投资方向、风险意识,并结合宏观经济状况的变化,分析其金融服务需求的动态变化情况。同时,也可随时关注同业竞争者的经营行为,了解它们的目标市场定位信息。掌握客户的金融需求并非易事,必须有大量专业的人员从事专门研究。

**(三)金融产品开发**

这是在对客户分析的基础上,针对不同目标市场的客户需求特征,开发相应的金融产品以满足其需要的行为。金融企业的产品可以是多种多样的,有些产品是长期一贯提供的,也有许多产品是相继开发的。金融企业不仅要不断提高服务质量、扩大那些一贯产品的使用深度，也要根据市场需求的变化，及时开发满足新的需求的新产品，发现新的市场，拓展新的业务。

**（四）制定金融营销战略**

为了确保金融营销的成功，金融企业必须根据自身的业务许可范围、自身资源状况和面临的经营环境状况，系统地制定经营战略，以达到扬长避短、趋利避害的目的。总体来说，金融企业的营销战略包括服务定位战略、市场开拓战略、形象战略、竞争战略、产品组合策略、价格策略、促销策略、渠道与网点策略，但对于不同类型的金融企业，可以根据其业务的性质和特征，制定相应的营销战略。例如，某些银行经常采取存款导向战略、大企业服务战略、批发业务战略等。

**（五）提高服务质量，维护企业信誉**

从原则上说，金融企业都是服务性的机构，即使某些有形的金融产品，也以大量的服务保证为前提，所以不断提高服务质量既是金融营销的根本任务，也是维护金融企业信誉的基本方式。金融服务大多具有无差异性，在决定客户对某家金融企业的认可中，信誉往往发挥着主导作用。所以，金融企业要维护自身的形象和信誉，树立“信誉至上”、“信誉就是市场”、“信誉就是生命”、“信誉就是成本、利润”的思想，搞好信誉管理。

**（六）防范金融风险**

金融市场的不确定性使金融企业所经营的任何产品都存在不同程度的风险，所以金融企业应将风险防范作为营销的一项重要任务。不仅要将自身经营的风险控制在最低限度，以确保经营的安全性；同时，也要使客户所承担的风险与获得的收益相对称，减少客户不应有的损失。它要求企业在金融产品开发环节中就明确产品可能存在的风险，合理地安排收益与风险的匹配关系，制定必要的风险防范预案，并在营销全过程的各个环节加强风险的防范和管理。金融企业要加强对市场的风险研究，科学评估投资风险，业务扩展必须量力而行，遵循金融市场规律，防止因资产过快膨胀而形成不良资产，导致企业倒闭。对于开办离岸业务、从事跨国经营的金融企业，还必须密切注意防范汇率风险和境外投资风险。

**（七）提高经营效益**

金融企业在向金融客户提供服务的过程中，还必须注重自身的赢利与发展，处理好社会效益与经济效益的关系，因此要注意：①应充分发挥自身资源的优势，提高资源利用效率，减少浪费；②要合理设计产品价格体系，确保适度的价差；③注重降低营销成本和消耗，对一些长期提供的一贯产品也可以实行目标成本管理，增加收益；④正确处理价量关系，保证企业在保本以上经营；⑤科学安排短期亏损和长期获利的业务，提高整体经济效益；⑥依法建立呆坏账准备金，及时化解风险隐患。

**（八）确保社会经济稳定**

金融业是高风险的特殊行业，其对国民经济影响的广度和深度都较为明显，通常也是市场准入条件较高的行业，所以在任何市场经济国家，金融业都扮演着极其重要的角色，发挥着特殊的作用，特别是表现在执行国家金融政策、发挥调控经济作用方面。由于金融影响面广、风险突出性强、危害性大，各国对金融业的监管也十分重视。因此，金融企业必须认真执行国家的法律、法规，接受金融监管机构的监管，同时应加强与行业协会的合作，开展健康有序的竞争，本着对社会公众负责、对国家负责、对股东负责、对长期发展负责的精神，尊重金融运作规律，共同维护社会经济的稳定和繁荣。

## 【典型案例】1－1

### 借世界冠军提升品牌形象

招商银行作为国内第一家全部由企业法人出资的股份制银行，其在市场化的道路上一直走在国内银行的前列。招行“一卡通”和“一网通”打造名牌的过程已经成为国内同业争相学习的对象。拿世界冠军作旗帜，对该行的产品形象和市场推广无疑都会起到很大的积极作用。以下是招商银行请世界跳水冠军肖海亮为其做市场推广的一个鲜活事例。

“肖海亮来了！肖海亮来了！”在一个阳光灿烂的下午，当世界跳水冠军肖海亮出现在招商银行理财服务暨新世纪、新形象、新服务（三新）路演武汉站活动现场时，风景宜人的武汉西北湖广场一片欢腾，老人、年轻人、小朋友争先恐后地跑上前去，簇拥着他，希望能一睹世界冠军的风采。

肖海亮，湖北武汉人，父母都是当地很有名望的体育界人士，24 岁的他已获得 4 次世界杯跳水冠军，在第 27 届奥运会上，他与老将熊倪合作获得 3 米板双人跳水冠军。然而，眼前的肖海亮清秀、谦逊、略带一点腼腆。他微笑着向大家招手，回应着观众的欢呼，完全没有世界冠军的架子。

“三新”路演活动开始了，活动第一项是由肖海亮带领小朋友们在为申奥助跑，他举着红旗，在骄阳下带着幼儿园的小朋友们环西北湖跑了起来。能和世界冠军一起跑步，小朋友可来劲了，大家一路“小跑”，唯恐落伍。在随后的申奥签名和绘画活动中，他第一个拿起笔，郑重地在白布上写下“肖海亮”三个字。刚劲有力的字体，表达了运动员对祖国的无限热爱和期盼。“招商银行举办这种民间的申奥活动，很有意义；参加这类活动，我也很高兴。”在现场，他告诉笔者：“作为运动员，能在自己的祖国参加奥运会，实在是件非常骄傲的事情，我真诚祝愿我们的祖国申奥成功。”紧接着，小朋友们拥上前去，认认真真地写着自己的名字，绘出五彩的画面。尽管他们的书画歪歪斜斜、充满童真和稚气，但瞧他们那认真的劲，感觉不亚于在参加奥运会，他们还要和世界冠军“比试比试”呢！

肖海亮兴趣十足地和大家一起参加活动，他回答主持人的提问，和观众一起游戏。看着台上台下密切配合，观众踊跃参与到活动中，肖海亮深情地说，在国内很少看到银行举办这类活动，把金融产品、服务直接送到顾客手中。他觉得，招商银行是一家充满活力的银行，产品好，服务也好。“3 年前，我就接触过招商银行，一卡通和一网通都很好用。无论在武汉老家，还是在北京训练，我都常用招商银行的产品，一卡通 IP 电话，网上银行专业版，我都会用。”谈起招商银行，这位世界冠军如数家珍。他悄悄告诉笔者：“我的奖金大部分在一卡通里。”

得知世界冠军来到招商银行的活动现场，很多人闻风而动，从四面八方赶来，希望能与肖海亮合影，期盼能得到他的签名。肖海亮爽快地答应大家的要求，不停地给大家签名，不断与观众合影。一位观众在现场答对了问题后，她表示奖品只要肖海亮的签名，这足以让人看出大家对冠军的热爱之情。

## 【典型案例】1－2

### 依托国寿品牌 打造专业保险公司

“我们将立足全国，放眼国际，把公司建成偿付能力充足，风险管控有力，法人治理完善，企业文化突出，综合竞争力较强的具有中国人寿特色的现代财险公司。”成立不久的中国人寿财产保险股份有限公司新任总裁李良温对记者说。

在谈到公司创办历程时，李良温告诉记者，创办财产保险公司是从中国人寿股改开始时酝酿的，但是正式筹建是在2006年3月份，并于2006年12月30日正式完成所有的法律手续。这是一家经国务院同意，中国保监会批准，由世界500强企业——中国人寿保险（集团）公司和全球最大的上市寿险公司——中国人寿保险股份有限公司共同发起设立的全国性财产保险公司，公司注册资本10亿元人民币，总部设在北京。公司主要经营财产损失保险、责任保险、信用保险、保证保险业务；短期健康保险业务、人身意外伤害保险业务以及上述业务的再保险业务。

李良温说，中国人寿财产保险股份有限公司备受业界和社会的关注，这是我们做好工作的前提和条件。起步阶段，将主要依托中国人寿的机构网络和64万名营销人员、12 000个营销网点、14 000多名寿险直销人员开展互动业务。为发挥中国人寿的整体资源优势，保监会已经批准中国人寿财产保险和人寿保险互为代理。技术含量高的业务和大业务将通过公司直接业务销售部门的专业人员办理。中国保险市场上中介渠道成长较快，这也将是他们业务的主要来源之一。

在谈到网点布局时，李良温说，在分支机构建设上，公司将按照“市场有潜力、经营有效益、管理跟得上、人才相适应”的原则，成熟一个发展一个，有步骤地下设机构。2007年力争完成15家省级分公司的筹建。2008年再设10家分公司，2009年设5家左右分公司，在3～5年内完成全国性的网点布局。

在谈到今后的发展时，李良温说，公司将认真贯彻落实国务院23号文件和全国金融工作会议、全国保险工作会议精神，重点开发责任险产品，为建设社会主义和谐社会服务；开发特殊风险等高技术含量产品，支持高科技发展；努力发展货物运输保险产品，支持国家进出口贸易发展；大力开发农业保险，为解决“三农”问题做出贡献。

在管理模式上公司将采用“高度集中管理＋适度授权”模式，对财务、资产、特殊风险业务、准备金、再保、信息技术、呼叫中心实行总部集中管理，强化法人调控能力。根据不同险种特点和不同省市分公司的管理能力和水平，将核保、核赔权限适当授予省级分公司和地（市）级分公司。中国人寿财险将采取全国数据大集中处理，业务、财务、再保一体化管理，实现无缝连接，数据共享。

李良温表示，中国人寿财产保险公司的方针是：快速入市，强化管控，夯实基础，谋求稳健，努力实现“三零五平六赢利”的经营目标。目前公司已经实现了保费收入零的突破。我们企望着新公司早日驶入业务发展的快车道。

李良温最后说，作为中国人寿集团的一个新成员和主业之一，公司将传承中国人寿的企业文化和精髓，从入市开始就准备携手新老客户、合作伙伴和战略投资者，共同打造境内外知名的“国寿财险”品牌，建设一个现代化的专业保险公司。

## 本章小结

1. 营销是为了创造可同时实现个人和企业目标的交易机会，金融企业利用自身资源优势，运用营销手段，提供金融产品和服务，满足客户需求，并实现企业利益最大化。这已成为现代市场经济社会金融企业发展的必然趋势。

2. 在西方金融营销经历了从无到有，从萌芽到成熟的阶段，从银行营销、保险营销到金融机构的全面营销，营销观念从“产品营销”转向“服务营销”、“整合营销”，金融营销模式及金融营销创新层出不穷，使得我国的金融企业目前正处于全面营销时代。

3. 金融业是高风险的特殊行业，金融营销在企业经营管理中担当重要的任务和功能，科学合理地发现市场，创造性地满足市场，以获得企业赢利和发展。因而，金融营销对金融企业发挥着越来越重要的不可替代的作用。

## 知识结构

- 金融营销概述
  - 金融营销的基本含义
    - 营销的定义和营销要素组合
    - 金融营销的含义
    - 金融营销的特点
  - 金融营销的演变历程
    - 西方金融企业营销思想的演变及发展
    - 金融营销在我国的兴起和发展
  - 金融营销作用和功能
    - 金融营销在企业经营中的作用
    - 金融营销体现的功能

## 思考题

1. 解释营销和金融营销的含义。
2. 解释什么是营销的4P和4C。
3. 金融营销的特点有哪些？
4. 金融营销的功能体现在哪些方面？

## 营销实战

1. 针对本章案例讨论金融企业在营销方面的具体做法。
2. 试调查一家金融企业，举例说明其各种营销方式和作用。

# 第二章　金融营销策划

**学完本章后，你应该能够：**

➢了解金融营销策划的含义与作用；

➢掌握营销环境 SWOT 分析方法；

➢掌握金融企业的目标市场营销战略，包括进行市场细分、选择目标市场及对市场进行定位；

➢理解营销组合的重要性；

➢能够具备为金融企业进行综合营销策划的能力。

**案例导入**

**美国富国银行瞄准小企业**

美国富国银行在商业银行竞争的浪潮中首先开始了对小企业业务的实践，为信贷经理开发了专门针对小企业贷款的程序软件，由信贷经理携带手提电脑去小企业主集中的社区中心、咖啡馆，当场接受借款申请，当场输入电脑审批发放贷款，大大提高了对小企业的服务效率，在中小企业贷款方面的业绩，短短 3 年内便从全美第 11 名跃升为第 1 名，占领了小企业市场约 60% 的市场份额。

富国银行还很好地利用了这个重要渠道，使得该行网上服务很快拥有 30 万小企业用户，230 万消费者用户，而且房屋财产贷款客户中 30% 都不是该行原来的客户。

## 第一节　金融营销策划的含义和重要性

凡事预则立，不预则废。

营销策划作为独立的市场营销分工，最早源于美国。而在我国，营销策划是在 20 世纪 80 年代后期才出现的，其形式主要是营销“点子”、广告创意和公关策划等。20 世纪 90 年代后，随着中国经济的高速发展，经济体制改革的深入和市场经济制度的逐步完善，营销策划的形式也逐渐成熟起来。

### 一、营销策划的含义

市场营销策划是指策划人员根据企业的资源状况，在充分调查、分析市场营销环境的基础上，制定出有目标并能保证实现的一套策略规划。营销策划是营销管理过程的一部分，这一过程通过界定准确的目标并确定达到目标的有效途径来试图控制一个企业的未来状况，包括市场营销目标、市场机会分析、市场营销定位、营销战略及策略等内容。

## 二、营销策划的重要性

从图2－1中，我们可以看出营销策划的重要性，一家金融企业发展目标的制定以及如何达成和检验都要在这一步骤确定下来。

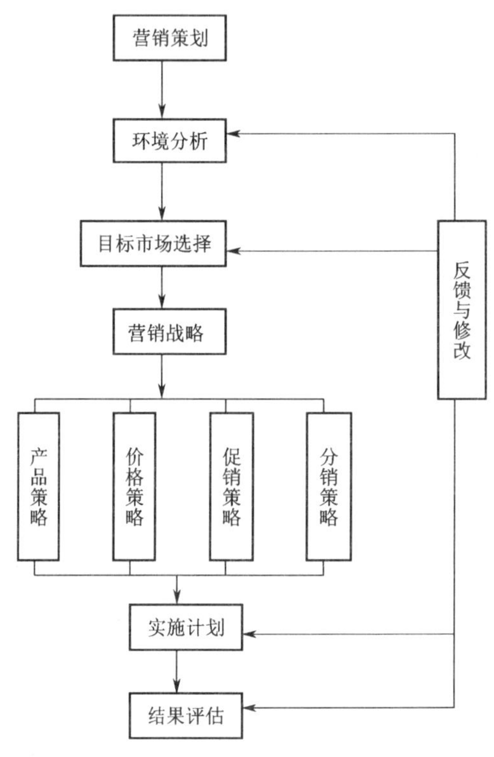


图2－1　营销管理过程模型

很多企业认为营销策划是费时、费力的，于是他们在盲目工作中消耗了远大于营销策划所需的时间和费用，因为没有目标的工作往往是低效率、甚至无效率的。

正确的营销策划可以给金融企业带来许多好处，它可以按照市场需求，通过对金融企业人、财、物等资源的重新整合和更有效的配置，提高企业的经营管理水平和经济效益，从而实现企业经营目标。此外，由于市场本身处于持续的变化过程中，所以营销策划也是一个动态的、发展的过程，金融营销人员必须能够驾驭变化，并且及时、适当地做出应对。

# 第二节　金融营销环境分析

在进行市场营销策划时，必须了解和掌握企业的环境信息，使企业的营销策划方案实施与企业的环境保持一致。

## 一、市场营销环境的构成

企业并非在真空中运作，而是处在一个复杂而又不断变化的环境中。

企业针对目标市场制定营销策略。然而，企业整个营销活动从制定营销战略、推出相应的营销策略、编制营销计划到实施的整个过程中，是受着各种因素影响和制约的。这些因素共同构成了企业的营销环境，包括宏观环境、中观环境、微观环境，如图2－2所示。

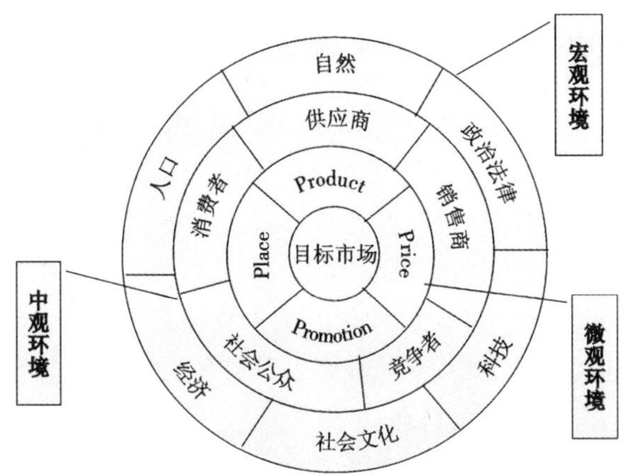


图2－2 企业营销系统与营销环境示意

### （一）宏观环境

宏观环境由政治法律环境、经济环境、社会文化环境、科技环境、自然环境以及人口环境这6大因素构成。这个大环境广泛地影响着企业及其所处的行业。

政治法律环境是指影响、约束企业营销活动现在和未来的国内、国际的政治态势和走向，以及有关已出台的和将可能出台的方针、政策、法规、条例、规章制度等信息。

经济环境是指开展营销策划活动所面临的外部社会经济条件及其运行状况和发展趋势等信息。

社会文化环境是指在一定的社会形态下所表现的文化教育、价值观念、审美观念、宗教信仰、道德规范和风俗习惯等方面的各种行为规范。

科技环境是指企业所处的社会环境中的科技要素及与该要素直接相关的各种社会现象的集合。

自然环境是指自然环境的变化发展对企业带来的威胁或市场机会，包括资源短缺和环境污染对企业带来的威胁与机会。

人口是构成市场的第一位因素。市场是由有购买欲望同时又有支付能力的人构成的。人口的多少直接影响市场的潜在容量。

### （二）中观环境/行业环境

行业环境对企业的影响更为直接。行业环境包括：上游的供应商、下游的销售者、同行的竞争者及消费者，此外还有对企业的经营产生重要间接影响作用的社会公众。

美国哈佛大学教授波特认为，一个行业中存在5种基本的竞争力量，即新进入者的威胁、行业中现有企业间的竞争、替代品或服务的威胁、供应商讨价还价的能力、用户讨价还价的能力。

**（三）微观环境/企业的内部环境**

企业内部环境指企业的内部资源情况及生产条件，包括企业的人、财、物、设备、管理、技术、经验、产品、原材料、信息、甚至市场等多种要素。

## 二、营销环境分析方法——SWOT分析方法

所谓SWOT（态势）分析，就是将与研究对象密切相关的各种主要内部优势因素（Strengths）、弱点因素（Weaknesses）、机会因素（Opportunities）和威胁因素（Threats），通过调查罗列出来，并依照一定的次序按矩阵形式排列起来，然后运用系统分析的思想，把各种因素相互匹配起来加以分析，从中得出一系列相应的结论（如对策等）。

SWOT分析是市场营销管理中经常使用的竞争环境分析工具。SWOT分析就对企业的外部环境和内部资源进行综合分析，在此基础上制订公司发展的战略计划，做到扬长避短，趋利避害，化劣势为优势，化挑战为机遇。

S——Strength，代表企业内部优势，指能使企业进行有效竞争和良好经营的某些因素或特征。通常表现为企业的一种相对竞争优势。

W——Weakness，代表企业内部劣势，指给企业经营带来不利的因素或特征，这些因素或特征的存在和发展使企业在市场竞争中处于劣势地位。

O——Opportunity，代表企业外部市场上存在的有利于企业经营发展的机会。

T——Threat，代表外部环境中不利的发展趋势给企业带来的挑战，即市场威胁。

SWOT分析方法的贡献在于用系统的思想将似乎独立的因素相互匹配进行综合分析，使得企业的战略计划制订得更加科学全面。SWOT分析法的不足和局限性是其精度不够。SWOT分析法采用定性分析法，通过罗列SWOT的各种表现，形成一种模糊的企业竞争地位的描述。以此为依据做出的判断，不免带有一定程度的主观臆断。

SWOT分析法的修正：在分析企业的内外部环境时，要尽量做到真实、客观、精确，对各因素赋予权重，弥补SWOT定性分析的不足。

由于具体情况所包含的各种因素及其分析结果所形成的对策都与时间范畴有着直接的关系，所以在进行SWOT分析时，可以先划分一定的时间段分别进行SWOT分析，最后对各个阶段的分析结果进行综合汇总，并进行整个时间段的SWOT矩阵分析。这样，有助于分析的结果更加精确。

【资料阅读】

**西方某商业银行的SWOT分析**

| 因素 | | 含义 | 需要什么行动 |
|---|---|---|---|
| 优势 | 高素质员工 | 更好的资历、效率和专业性 | 对客户的促销能力<br>留住优秀员工的计划<br>激励高成就者的成套措施 |
| | 更高的储蓄基础 | 更好的成本基础,更高的平均效益 | 成本基础的杠杆作用<br>加速自动化,降低成本<br>市场定位着重于上层或中层社会阶层 |
| 弱点 | 低级支行管理谨慎 | 经常把时间花在向总部汇报上 | 开展对支行信用评级的改进<br>更好的培训与通信设备<br>给支行经理更多授权<br>在总部安装热线 |
| | 没有海外代表 | 在关键领域丢掉任务 | 迫切、可行的研究在海外设代表处 |
| 机会 | 新兴工业的发展 | 在商业领域银行贷款增加 | 招聘新的工业人才<br>为支行经理创办工业发展研讨会<br>向政府和工业社团推介 |
| | 开拓顾客的金融需要 | 从投资、税收咨询服务中获得更多的收入,吸引新客户 | 发起对商业机会的研究<br>对4个指定国家内银行进行调查<br>进行市场研究,确认最初的服务概念<br>引入新的服务 |
| 威胁 | 竞争加剧 | 市场份额的丢失 | 加强优秀部门力量<br>制订一个营销计划<br>强调无隐藏费用<br>改进顾客服务<br>更具进取性的广告 |
| | 核心人才的流失 | 私人企业和外国金融机构攻击性猎头活动 | 提高薪金和工作条件<br>倡议内部营销<br>引入员工满意度调查 |

# 第三节 战略和策略制定

## 一、金融企业目标市场战略

目标市场战略是现代营销学核心战略之一。

对目标市场营销战略的选择应主要掌握3个步骤:市场细分(Segmenting)—选择目标

市场(Targeting)—市场定位(Positioning),简称为STP。(见图2-3)。

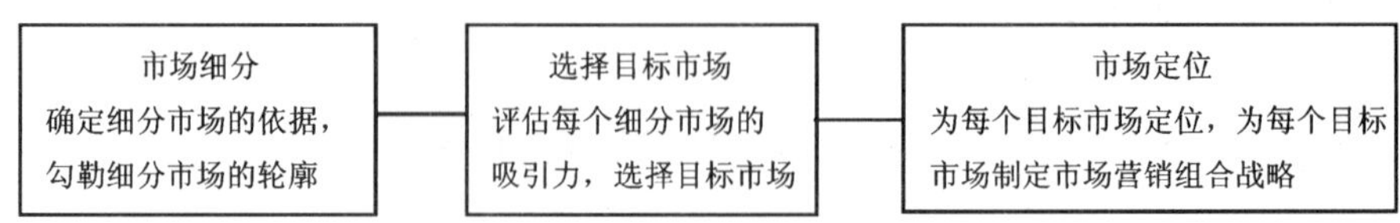


图2-3　目标市场营销战略的步骤

市场细分是现代营销理念的产物,是第二次世界大战后西方发达国家市场营销理论和战略的新发展。这个概念是由美国著名的市场学家温德尔·R.史密斯在1958年发表的《市场营销策略中的产品差异化与市场细分》一文中首先提出来的。经过40多年的发展,其理论和方法不断完善,而且被广泛地应用于金融企业的营销实践中。

市场细分:把市场细分为具有不同需要、特点或行为的购买者群体,并针对每个购买者群体采取单独的产品或市场营销组合战略。细分市场营销人员希望能借此辨认出实质上未被满足,又具有获利机会的需求。

选择目标市场:估计每个细分市场的吸引程度,选择进入一个或若干个细分市场。

市场定位:对产品进行竞争性定位并制定详细的营销组合战略。

### (一)市场细分

#### 1.细分消费者市场

细分市场不能仅靠一种方式。营销人员必须尝试各种不同的细分变量或变量组合,以便找到分析市场结构的最佳方法。可用来细分消费者市场的变量有地理变量、人口变量、心理变量和行为变量。

地理细分——按地理变量细分市场,要求把市场细分成不同的地理单位。

人口细分——按人口统计变量细分市场,如:年龄、性别、家庭规模、收入、职业、文化程度、家庭生命周期、宗教、民族、年代和国籍等。

心理细分——按社会方式、个性、生活方式、购买类型把消费者分成不同的群体。

行为细分——按购买者对产品的了解程度、态度、忠诚度、追求的利益、使用情况以及反应,把购买者细分成不同的群体。

### 【资料阅读】

#### 银行市场细分的方法

以银行为例,进行市场细分有以下几种方法。

(1)以客户的性质作为变量进行细分。按照银行客户的性质对市场进行细分主要可以分为个人类客户、公司类客户、金融机构类客户、政府机构类客户等。实际上目前我国的商业银行都是按照客户的性质来设定业务经营部门的,并以客户的性质来确定产品战略。

(2)以客户使用的银行产品作为变量进行细分。按照客户使用的银行产品进行细分可以分为存款类客户、贷款类客户、中间业务类客户。其中各类客户还可以以产品的种类作为变量进行细分。

(3)以客户所属的行业作为变量进行细分。按客户所属行业对市场进行细分是我国银行传统的市场细分方法,如公司类客户就可根据客户所属的行业细分为机械行业、电子行业、化工行业、交通运输业、商业企业等。

(4)以客户的信用状况作为变量进行细分。根据客户的信用状况对市场进行细分,可以使银行充分了解自己在经营中存在的信用风险,并为如何规避风险提供依据。

(5)以利益作为变量进行细分。以客户为银行带来的综合利益的大小作为变量对市场进行细分,可以使银行明确自己的利益是谁带来的,各自的份额是多少,谁是银行真正的上帝。重点客户是银行的衣食父母,是银行依赖的对象;一般客户是银行发展和争取的对象。

**2. 有效市场细分的条件**

企业进行市场细分的目的是通过对顾客需求差异予以定位,来取得较大的经济效益。众所周知,产品的差异化必然导致生产成本和推销费用的相应增长,所以,企业必须在市场细分所得收益与市场细分所增成本之间做一权衡。由此,我们得出有效的细分市场必须具备以下条件。

(1)差异性:指细分市场要是那些其他企业没有想到的部分,要与众不同,进行市场补缺。

(2)可衡量性:指细分市场的规模、购买力和概况是可以衡量的。

(3)可收益性:指细分市场足够大、足够有利可图。

(4)可进入性:指细分市场是企业通过营销努力可以达到的。

对许多专业市场而言,存在着这样的情况:在原来的细分市场中,需求不断扩大,而竞争又越来越集中。这时,可以考虑对市场的深度细分或重新细分。在更小的细分市场或新的细分市场中来培育目标市场,从而获得有效的发展空间。

对需求市场深度细分的关键在于根据需求变化的趋势确定进一步细分的标准。

重新细分的关键在于探求新的细分标准。对于我们所熟悉的一个需求市场,通过常规的市场细分所获得的目标市场,往往竞争者云集,竞争激烈而市场增长缓慢。所以,可以通过对消费者需求新趋向的分析,来探求和创意新的细分标准,从而对原有市场作新的细分,企业从中确定新的目标市场。市场细分程序如图 2-4 所示。

**(二)选择目标市场**

一个营销活动要取得成功,首先必须有明确的目标。目标一经确立,就要心无旁骛,集中全部精力,勇往直前。

**1. 目标市场**

目标市场是企业决定进入的,具有共同需要和特征的购买者集合。目标市场选择的条

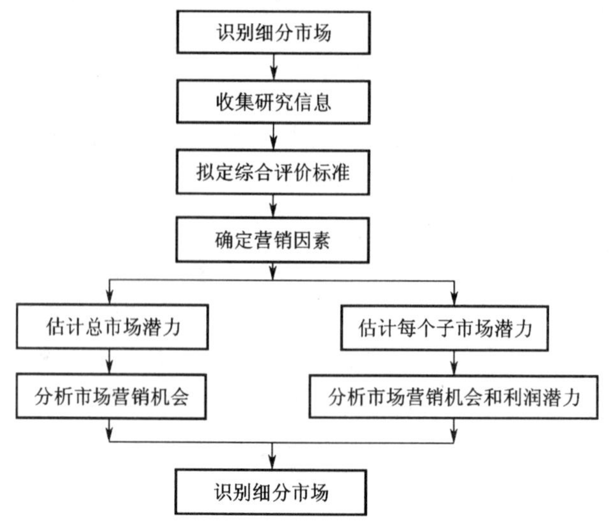


图2-4 市场细分程序

件包括:①有足够的市场需求;②具有一定的购买力;③企业具有能力满足目标市场的需求;④在选定的目标市场上,企业具有竞争优势。

2. **评估细分市场**

在细分目标市场的基础上,对细分市场的评估成为选择的前提和重要依据,评估细分市场的要素包括:①细分市场的规模和增长程度;②细分市场结构的吸引力;③企业的目标和资源。

3. **选择细分市场**

根据各个细分市场的独特性和公司自身的目标,共有如下3种目标市场策略可供选择。

(1)无差异营销:企业可以决定不考虑细分市场的差异性,对整个市场只提供一种产品。

(2)差异化营销:企业决定以几个细分市场或瞄准机会的市场为目标,并为每一市场设计独立的营销方案。

(3)集中性营销:企业将放弃一个大市场中的小份额,而去争取一个或几个亚市场中的大份额。见图2-5。

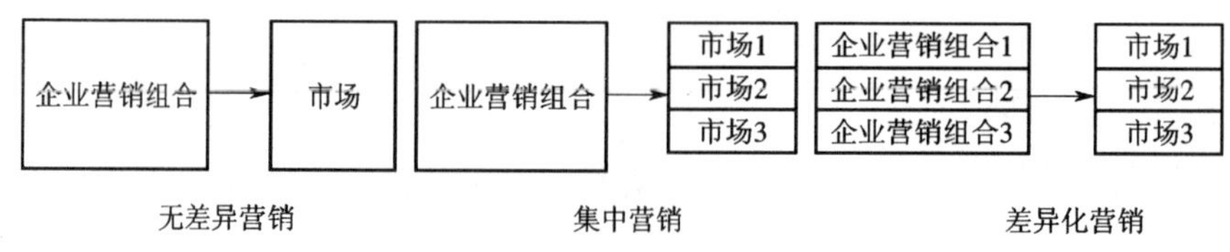


图2-5 细分市场选择方法

市场细分是确定目标市场的基础。在市场细分的基础上,企业无论采取什么策略,也无论选择几个细分市场,所确定、选择的目标市场必须具有最大潜力,能为自己带来最大利润。因此,在确定目标市场时,应该遵循以下 3 个原则。

(1)所确定的目标市场必须足够大或正在扩大,以保证企业获得足够的经济效益。这是因为消费者的数量是企业利润的来源之一。

(2)所选择的目标市场是竞争对手尚未满足的,因而有可能属于自己的市场。

(3)所确定的目标消费者最可能对本品牌提供的好处做出肯定反应。如果所选择的目标市场很大,但该市场的消费者对你的品牌不感兴趣,仍然不能获得利润。

**【资料阅读】**

**虚拟商业环境(三)**

第三年,乔又扩大了稻田,并获得大丰收,为了使销售工作适应大米的产量,乔改变了原来的做法,他开始研究市场,有针对性地选择顾主。

首先他对这座城市的人口状况作了一次调查,通过调查,他了解到,城南开发区内住着一群南方人,他们以大米为主食,对大米的需求量是城里普通居民的 3 倍。而且这群人是高科技人才,对价格的要求不高。更为重要的是,由于城南开发区离市区较远,其他米商还没有在这里设立米店,竞争性弱。

于是乔立刻决定:进入开发区。一是在开发区设立了一家分店,二是又增加两名销售人员。这一季的大米,在很短的时间内销售一空。

### (三)市场定位

#### 1. 市场定位的含义

消费者对产品的重要特征进行定义的方法,即与竞争产品相比,本产品在消费者心目中的地位。市场定位包括:产品定位、价格定位、品牌定位、广告定位等,其基础内容是产品定位,目的是树立与众不同的市场形象。

#### 2. 市场定位的方法

市场定位有以下 4 种方法。

(1)依据产品的属性及利益定位。产品有耐用、价廉、性能可靠、富有特色等属性,能满足消费者对实惠、经济、显示身份地位等不同的利益追求,因而,企业可以根据产品的不同属性及消费者的利益追求进行市场定位。

(2)依据产品或服务的质量与价格定位。企业根据产品的质量档次和价格档次,吸引相应的顾客群。产品可以定位于不同的质量/价格档次,质量和价格之间可以有不同的组合。

(3)根据产品的不同用途定位。根据产品的用途来树立独树一帜的形象,使消费者在需要使用这种功能时可以第一个想到它。

(4)根据企业的竞争地位定位。在市场竞争状态下,企业为了取得市场上的有利地位,需要对竞争对手和市场营销对象进行细致分析,从而为自己的产品和服务确定有别于竞争对手的市场形象,获得特定消费者群的青睐。

企业应根据自身的条件正确地选用市场定位的方法。值得一提的是,企业还应确立动态的市场定位思想,企业的市场定位不是一成不变的,当企业的外部环境及内部条件发生变化时,需要重新进行市场定位。

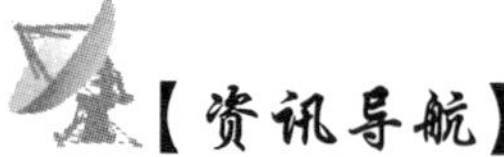


**工商银行推出中小企业融资服务品牌——“财智融通”**

2008 年4 月,中国工商银行发布其中小企业融资服务品牌“财智融通”,涵盖了工行特色产品、辐射产品和区域产品等多层次金融产品体系,满足了中小企业在不同经营环节的融资需求。

据介绍,“财智融通”将在已经成功运营的“大型超市供应商融资解决方案”、“钢贸通”、“黄金宝”、“专利权质押贷款”的基础上不断扩展,推出更契合中小企业的个性化服务和产品。截至2008 年6 月底,工行中小企业客户达到5.5 万户,贷款余额1.1 万亿元,占同期贷款余额的49.1%;截至9 月底,工行仅小企业贷款余额就突破了2 000 亿元大关。

## 二、金融营销的战略定位

营销战略是金融企业在开展同业之间的竞争时,根据自身的情况所做的总体规划和部署。

**(一)市场领导者战略**

对于一些规模较大、实力雄厚、占有较大市场份额、能控制和影响其他同类金融机构的企业,为了维护其市场领导者地位,通常采取下列措施。

(1)实施业务多样化战略,进一步扩大总体市场。

(2)实施成本优势战略,维护现有市场份额。

(3)实施地理扩张战略,扩大市场总需求。

**(二)市场挑战者战略**

在市场上不处于领导地位,但是有实力向市场领导者地位发起挑战的金融企业,具体采取以下几种战略。

1. **直接进攻战略**

通过产品价格的调整、服务质量的提高和业务的创新等，使客户得到最大的满足，从而向同一市场的领导者和竞争者发起进攻。

2. **“迂回”战略**

通过充分利用各种细分市场和分销渠道来最大限度地推销自己的产品和服务，以达到占领市场的目的。

3. **合并战略**

通过和其他金融机构的合并，利用优势互补来进一步壮大实力，扩张营业网点，不断提高其对主要市场的占有率。

**(三) 市场追随者战略**

这是拥有中等的资产规模，分支机构数量不多，没有能力向市场领导者和挑战者发起进攻，而只是追随领先者的金融机构所采取的战略。

1. **完全追随战略**

市场追随者在每一个细分市场及市场营销组合策略中模仿领先者。

2. **有距离的追随战略**

市场追随者也可与领导者保持一段距离，即与领导者有差别，但又在主要市场和金融产品创新、一半价格水平和分销网点上追随其后。

3. **有选择追随战略**

市场追随者在有显著利润的领域追随、模仿领导者，而在其他领域中保持自己的特色。市场追随者也可根据不同需要调整自己的追随步伐。

**(四)市场补缺者战略**

这是那些资产规模小、竞争实力弱的小银行所采取的战略。这类银行基于自身条件，往往避免同领导者和挑战者的正面冲突，充分利用大银行忽视和放弃的市场来开发新的金融产品和服务，起到“拾遗补缺”的作用。

在图表2-1中，市场领先者掌握了40%的市场，拥有最大的市场份额。市场挑战者掌握了30%的市场，名列第二，而且该类企业正在为获得更大的市场份额而努力。市场追随者掌握了20%的市场，该类企业只图维持现有市场份额，并不希望打破现有的市场结构。市场补缺者掌握了剩余的10%的市场，这部分市场是大企业所不感兴趣的小细分市场。

**表2-1 假设的市场结构**

| 市场领先者 | 市场挑战者 | 市场追随者 | 市场补缺者 |
|---|---|---|---|
| 40% | 30% | 20% | 10% |

【资料阅读】

**小额保险试点已成推动三农保险发展切口**

来自权威部门的最新统计数据显示，目前，我国的小额农业和财产保险、小额寿险、小额意外险、小额健康险等均有不同程度的发展，小额农业和财产险险种产品已达160多个。小额保险试点已经成为推动三农保险发展的重要切口。

恒安标准寿险指数调查报告显示，城市与乡镇的寿险总指数中，乡镇的总指数得分显著高于城市，乡镇的风险得分也比城市显著高出5.14分，而乡镇对寿险行业的印象比城市好，其指数得分要显著高出7.23分，乡镇的寿险购买意向显著高于城市。

保监会积极推动此项工作，成立了专门课题组，并于2008年6月17日下发了农村小额人身保险试点方案的通知，正式开启小额保险试点大门。鼓励符合条件的保险公司，以农村低收入群体为主要目标市场，提供小额保险产品，大力发展农村地区小额保险业务。目前，选择了9个中西部省区的农村试点开展纯保障类的小额意外险和小额定期寿险。

据悉，试点地区60%的农民2007年人均收入低于3 000元。保险公司根据试点要求，专门为农民开发缴费起点低、投保手续简便、保障相对较高的保险产品，如中国人寿的小额保险产品，其费率比城市现行产品低20%左右。

不过，农村潜在的保险需求和保险服务能力不足的矛盾一直存在，而农险经营成本高和农民支付能力不足的矛盾也在小额保险业务开展中逐步显现。因此，如何解决这些矛盾，不单是保险业一家的事情，需要各方力量形成合力。

## 三、营销组合设计

传统的营销组合包括产品（Product）、定价（Price）、渠道（Place）和促销（Promotion），也就是营销中的4Ps。

### （一）产品策略

由于产品是对应于客户的需求而产生的，所以任何一家企业都是由于其产品有需求而存在的。产品是营销组合中的关键要素，其他3个要素都是以产品为核心、以促使市场接受产品为目的。

对于目标市场来说，产品是实现最终目的的手段，是一种直接满足现有或者潜在需求的方式。金融机构可以通过改变现有的产品或设计全新的产品来满足或者更好地满足消费者不断改变的需求，一种产品的成功体现为它与其他同类竞争产品相比，在多大程度上更能满足目标市场的需要和需求。如对银行信用卡的个人客户市场进行细分，为球迷推出世界杯足球卡，为某一大学的师生推出大学信用卡，为歌迷推出明星卡，这些产品创新都能更确实具体地满足细分生产中的消费者的特定需要，所以更能被这一市场的消费者接受。随着人们生活水平的提高，对商品的个性化要求会愈来愈高，因此，金融产品的设计也必须从面向诸多存在共性的消费者的大市场转而面向具有鲜明个性和特殊需要的少数甚至个别消费者的小市场，这是金融产品创新的必然趋势。

**（二）定价策略**

定价是营销组合中唯一产生收入的要素，会直接影响银行的利润，所以银行在为其产品定价时要十分谨慎。定价战略成功的关键在于定价既能被消费者接受，拥有一定的市场份额，又能够高于产品的成本，并留有一定的利润空间。以银行的信用卡为例，银行往往通过降低信用卡这种产品的价格来吸引顾客。在激烈的市场竞争中，各银行都纷纷降低甚至免交各种手续费用来争取客源，最典型的是免费办卡、豁免年费、免费转账等；为鼓励消费者的长期消费行为，各银行又推出低透支利息和优惠积分计划等措施，以便获得长期稳定的利息收入。如此一来，虽然手续费收入在银行信用卡业务利润构成中的比例有减少的趋势，但是，借此增加顾客在特约商户的消费，提高商户佣金这部分收入将会使得商户的佣金在银行信用卡业务利润构成中的比重增大，成为银行信用卡业务的利润增长点。因此，降低价格的策略成为最基本的信用卡营销策略。

**（三）促销策略**

促销策略关注的焦点是将产品或者服务已经存在的信息传达到市场上，其主要方式有广告活动、促销活动、直接营销等。

促销也是营销组合中的重要因素，尤其是金融机构产品或服务的无形性使得消费者无法通过外观来感受其功能，也无法通过对其的使用来估量其价值，这就需要金融机构通过各种途径来介绍自己的产品或服务，将其功能和特性清晰准确地、强有力地传递给目标客户。否则，再优质的产品、再吸引人的价格、再科学的分销途径都是没有意义的。

另外，由于金融机构产品的特殊性，无论是在银行、证券公司或保险公司的各个网点，还是电话销售，顾客对产品的认知和感受都是由工作人员传达的，因此，在金融营销工作中，人员的销售能力至关重要。

**（四）分销策略**

分销策略的主要任务是使客户在需要的时间和地点获得产品，也就是说，分销策略的关键就是时间和地点。随着通信和网络的发展，时间和空间的问题逐渐在一定程度上得到了解决。证券公司的产品营销渠道趋于稳定且被大众接受，能够实现产品的信息传达、便捷购买等；保险公司在主要的人员销售渠道外，已增加有银保代理、电话销售及网络销售等；下面以银行分销渠道为例，说明目前银行业务“随叫随到”的效果。如图 2 －7 所示。

在一个营销组合中，虽然每个因素本身都很重要，但是更重要的是这四方面有机结合和相互协调，如果任何一方出了问题，无论其他三方面设计得多么周密，都只会功亏一篑。也就是说，一个营销战略的成败取决于营销组合这个整体，而不是其中的某一方面。

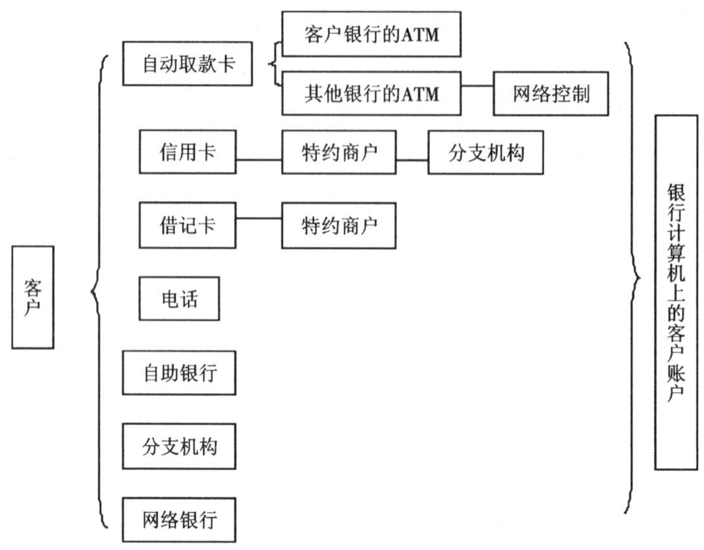


图 2－7　银行分销的主要渠道

## 【典型案例】2－1

### 花旗银行——全球发展的金融企业

花旗银行海外机构的资产与员工分别占到该行总资产和员工总数的 56.1% 和 45.6%，海外机构所产生的利润达 50% 以上。花旗银行的国际营销策略可简单概括为以下 3 种。

**1. 市场进入策略**

考虑到本国金融体系的安全，世界上很多国家都对外国金融机构进入本国或地区金融市场的程度、进入渠道、经营活动进行或多或少的限制，限制程度因各国经济发展水平、金融业的发展水平和金融监管水平而异。花旗银行的海外发展也同样遇到了这一问题。但是，花旗银行似乎从未放弃过在每一地区进行业务扩张的努力，其主要策略之一就是市场抢先，即一旦有机会就会抢在其他竞争者之前首先进入该市场，并迅速进行业务扩张。在进入一国市场后，花旗银行通常会在这一市场坚持深耕，而不轻易撤出，即使所在国家出现了经济衰退甚至是经济危机也是如此。

**2. STP 策略**

STP(Segmenting Targeting Positioning)策略是市场营销学中的一个重要策略，具体来说是市场细分、目标市场和市场定位策略。

花旗银行在进行跨国经营时，通过对客户市场进行细分，选择自己的目标市场，然后实施有效的市场定位，针对不同层次的客户，提供适合其需求的金融产品和服务。在进行市场细分时，花旗银行采用了地理区位、收入等多种细分变量相结合的细分方法。考虑到各国经济发展水平存在很大的差异，花旗银行为各国提供的金融产品和服务种类也不相同。

另外，花旗银行以收入水平、消费习惯为细分变量对各国消费者进行了细分，为不同的消费者提供各种不同的服务组合。同时，还积极发展多品种交易客户，不仅为其提供存贷款、信用卡、消费贷款服务，还提供投资信托、年金，以及保险类金融商品的综合服务。在进行市场细分后，花旗银行选择了自己的目标市场。由于花旗银行企业文化的精髓就是提高服务质量和以客户为中心，因此，它把具有较高收入的消费群体和具有较高赢利水平及潜力的企业作为自己的目标顾客。在确定目标市场后，花旗银行采取各种措施确立和巩固自己的市场定位。花旗银行在世界各地的分行建立了统一的蓝天北极星的企业品牌形象，并将其与广泛的全球业务网络、守信誉的敬业态度和开拓创新的企业精神有机地结合在一起，从而给客户留下了深刻的印象。

**3. 6P 策略**

1960 年，麦卡锡提出的 4P 理论，即以产品、定价、渠道和促销为手段组合的营销理论，奠定了现代营销学的基石。菲利浦·科特勒则在 4P 理论的基础上于 1984 年提出了 6P 理论，即在 4P 的基础上加上权力和公共关系。6P 理论强调企业不应单纯顺从和适应环境，而要能够影响自己所处的营销环境。6P 理论的成功运用是花旗银行跨国经营成功的重要原因之一。

(1) 在产品和服务策略方面。花旗银行重视金融产品的创新和开发，并且积极向世界各地推广。20 世纪 80 年代末，花旗银行首先在中国台湾地区引入消费者信用业务，包括汽车贷款和住房贷款。在印度，花旗银行首先引进交易银行业务，为印度前 500 家大企业提供了现金管理服务。此外，花旗银行还注重根据当地客户需要和实际情况进行产品创新。例如在日本，花旗银行开设了多重货币账户，以及一揽子货币产品和网上汇款业务等；在韩国，花旗银行还引入了记账卡服务。另外，在各国都设有以英语和东道国语言操作的 ATM 机。再如，当台湾当局宣布放宽两岸贸易结算业务后，花旗银行台北分行和大陆分行很快就推出了直开台湾信用证业务，大大方便了两岸的经贸往来。花旗银行服务策略的一大特色是其标准化的服务，这突出体现在它的样板分行上，目的是使世界上任何国家的客户都能享受到同样的服务。

(2) 在价格策略方面。花旗银行的价格策略具有鲜明的特色。例如，在中国，花旗银行规定，凡是存款总额低于 5 000 美元的客户，每月需交纳 6 美元或者 50 元人民币的理财服务费。而要成为 CitiGold 贵宾，享受理财服务，则每月综合账户存款余额不能低于 10 万美元。花旗银行还规定，外币现金提款将收取提款额 0. 25% 的手续费，最低 40 元人民币或 5 美元等值外币。

(3) 在渠道策略方面。花旗银行采取参股或收购方式拓展营销渠道。花旗银行在海外已有 3 000 余家分支机构，在中国已有 5 家分行。然而，为扩大在中国的影响，花旗银行仍积极参股国内的中资银行。在我国香港，花旗银行也时刻物色收购机会，除了最希望收购的银行卡业务外，还频繁与一些财务公司接触，以便能成功收购私人贷款业务。通过参股或者收购，花旗银行成功打入了所在国和地区的金融市场，同时也尽可能地节约了新建海外营业网点的成本,加快了花旗银行金融产品在全球的扩张。另外,花旗银行最先尝试了某些产品的直接销售,如20世纪70年代,花旗银行根据自己已了解的一些顾客信用的情况,首创了直接向日本顾客寄送信用卡的直销方式。花旗银行另一个获取客户的办法是战略性公司收购。例如,20世纪80年代末,花旗银行通过收购澳大利亚信用卡服务公司,从而一举获得了40万名新客户。

(4)在促销策略方面。花旗银行采用各种促销手段争夺客户。除了积极利用常用的广告媒体和各种宣传数据外,还注重市场调查和信息的搜集工作。例如,在印度,花旗银行的工作人员通过查阅电话号簿把信用卡发放给那些安装电话的人,因为只有富裕人士能装得起电话;而在印度尼西亚,花旗银行的目标则是那些拥有卫星电视接收器的家庭。成功的营销策略使花旗银行的信用卡业务赢得了广泛的客户群。

(5)在权力策略方面。花旗银行积极发展与东道国政府、组织和企业之间的关系,认为与权力机构建立良好关系是使商业活动取得成功的根本保证。在印度,花旗银行投资17亿美元购买印度政府债券;在斯里兰卡,花旗银行与当地政府共同投资设立合资银行;在我国,花旗银行帮助多家企业在美国成功地实现上市交易,推动了中国证券业步入国际市场。

(6)在公共关系策略方面。花旗银行大力提倡其海外分支机构为东道国和地区的社区服务与发展提供金融支持,以此来提升花旗银行参与当地地区事务的影响力,树立良好的公共形象。例如,在印度,花旗银行通过向5个非营利组织提供资金援助,帮助83万名妇女获得了小额信用贷款;在我国,花旗银行在复旦大学管理学院设立了“花旗银行奖学金、奖教金”,以资助和奖励该院全面发展的优秀学生和在教学科研上做出突出成绩的中青年教师。

## 【典型案例】2-2

### 电话营销保险发展状况

随着信息与通信科技的快速发展,消费者的消费方式也日新月异。如今,电话营销由于符合科技优势以及现代人追求快捷、方便的消费习惯,加上成本低、效率高的特性,正逐渐成为保险行业又一个重要销售渠道和手段。

据统计,在海外,保险公司早在20世纪70年代末就开始通过与银行合作尝试开展电话营销业务,到目前这一营销渠道已经成为不少国际知名保险公司的主要销售渠道之一。招商信诺人寿保险公司自1979年开展电话营销业务以来,目前在亚太地区已拥有3 000名电话营销人员。中美大都会保险公司20世纪80年代开始电话营销,在我国台湾地区电话营销年产能约合人民币1.8亿元,占新单保费35%以上,在我国香港占新单保费90%。起步较晚的友邦保险电话营销业务也呈强劲增势,2005年日本友邦60%新单业务、韩国友邦70%新单业务来自电话营销。

在我国内地,据不完全统计,目前大约有10多家保险公司开展电话营销业务,而且部分公司电话营销业务也已初具规模。我国电话营销保险目前有两种主要发展模式:一种是以招商信诺为代表的“单一型模式”，即保险公司利用银行等机构的客户信息拨打电话销售保险；另一种是以广州友邦为代表的“混合型模式”，即先利用信函、广告、电视、网络等媒体宣传产品，然后通过电话实现销售。

电话营销具有地域覆盖面广泛、服务人群可迅速触及社会各阶层的特殊优势，因而备受各保险公司的关注。据了解，信诺一家公司在韩国通过电话营销拥有了450万客户，占韩国人口的9.4%；其在西班牙的马德里电话中心更能覆盖欧盟各国。在我国台湾和香港地区，电话营销人员的产能是代理人的10倍左右。电话营销方式有利于中小保险公司的快速成长。目前中小公司发展的一个主要障碍就是机构扩张和布点存在困难，而电话营销采用集中管理和销售方式，无须大量铺设机构。如此一来，保险公司在中小城市即使不设机构也可开展业务，有利于公司从一开始就实现集约化经营。

# 本章小结

1. 市场营销策划是营销管理过程中的一部分，是指策划人员根据企业现有的资源状况，在充分调查、分析市场营销环境的基础上，制定出有目标并能保证实现的一套策略规划。正确科学的营销策划有利于提高企业的经营管理水平、企业的经济效益，对推动整个市场经济的发展做出贡献。

2. 营销环境分析是营销策划的前提，要对企业内外部的环境进行分析，包括宏观环境、行业环境和微观环境，学会运用SWOT分析方法，这样企业才能准确把握应该如何进行战略选择。

3. 目标市场营销战略主要从3个方面进行学习：市场细分、目标市场的选择以及市场定位策略。市场细分是指企业按照消费者的一定特性，把原有的市场分割为两个或两个以上的子市场，以确定目标市场的过程，而后企业选择进入一个或若干个细分市场，并对产品进行竞争性定位以及制定详细的营销组合策略。

# 知识结构

- 金融营销策划
  - 金融营销策划的含义和重要性
    - 营销策划的含义
    - 营销策划的重要性
  - 金融营销环境分析
    - 市场营销环境的构成
    - 营销环境分析方法——SWOT分析方法
  - 战略和策略制定
    - 金融企业STP战略
    - 金融营销的战略定位
    - 营销组合设计

# 思 考 题

1. 什么是营销策划?

2. 试述企业市场营销环境的构成。

3. 什么叫 STP 战略? 基本程序和步骤包括哪些?

4. 企业的竞争战略包括哪些具体内容?

# 营销实战

1. 联系实际,分析在金融业领域的小规模银行应该采取什么样的竞争战略才能在该市场中获取生存和发展。

2. 选择一家金融企业,运用 SWOT 分析法对其发展前景进行分析并提出建议性策划方案。

# 第三章　金融服务营销

**学完本章后，你应该能够：**

- 理解金融服务营销的定义；
- 掌握银行、证券、保险业服务营销的基本内容；
- 了解客户管理的方法和内容；
- 能够运用本章知识和技巧分析解决金融领域的服务营销问题；
- 具备一定的金融营销能力。

**案例导入**

**恒生银行的“八句服务箴言”**

获准经营人民币业务之后，恒生银行上海分行加速在上海抢占市场的步伐。在中外资银行充斥的上海滩，恒生抢占市场的一个重要手段是周到的服务。

在恒生银行上海分行员工的办公桌上，都压着一纸“八句服务箴言”：笑容生和气，高声道姓名；态度常谦和，问答简而精；工作须迅速，服务要忠诚；对客皆周到，鞠躬谢盛情。

不仅恒生上海分行是这样要求的，员工也确确实实这样做的。只要客户走向柜台，银行的柜员就立刻起身笑迎，几乎看不到顾客长时间等待。

在恒生银行上海分行行长王联章的名片上，他的直线电话、手机号码赫然在列。更让人惊奇的是，任何客户只要想要，都可以得到这张名片。

王联章说：“我们是求客户的，必须尽一切可能给客户方便。我们保证客户在任何时候可以找到他们想找的职员、领导，及时解决问题。”

从一张小小的名片，我们看到的是服务观念的差别。

恒生银行也正是凭着周到的服务，才能在香港500多万居民中拥有260多万的客户。

## 第一节　金融服务营销的兴起

“服务”原本是服务业的一个专用名词，是指一方能够向另一方提供的无形的利益。随着社会文明的发展和市场竞争的加剧，传统的产品营销模式被打破，一些原本不属于服务业范围的企业或部门也将服务的概念引入到自己的经营和管理中，使无形的服务成为争取客户、获得利润、赢得形象的一个有效工具。

20 世纪 70 年代后期,美国的服务经济快速发展,当时的美国花旗银行副总裁林恩·肖斯塔克(Lyn Sh. Stack)在 1979 年《营销杂志》上阐述了她对服务营销学的独特见解。她认为,服务营销具有许多特点且有相对独立性,服务营销学应该从产品营销思路的束缚中解脱出来,认为“服务过程就是产品,服务是一种过程而非实物”, 现在,服务营销已经发展成为营销领域的一个独立的分支。

## 一、金融服务营销的定义

金融服务营销是指金融企业通过研究客户的金融需要,以满足客户需求为导向,以服务为手段将金融产品销售给客户的各种经营活动。它本是一个大的范畴,贯穿于金融产品形成、营销、业务运行、内部组织和管理等多个方面。

在今天的金融企业营销中,服务被认为是金融产品的一种,它以无形的状态存在于有形产品的营销过程中,并延伸到有形产品的生命之外,成为一个连续的、循环的价值链。因此,金融企业对服务营销的重视程度高于产品营销,产品营销蕴涵着服务营销,服务被看做产品营销的一个总的运行环境。

金融企业力图通过向客户提供优质、高效和个性化的服务,提高客户对企业的满意度,从而保持对企业的忠诚。金融企业服务营销的实质目的有如下两个。

一是客户满意度。客户满意度是客户预想效果与感知结果之间的比较。在接受服务之前,客户往往对未来可以得到的服务有一个期望值,这个期望值是人的大脑对周围环境和历史的沿革进行判断之后所做出的一个预想。当接受服务时感知的结果超出期望值时,客户就会感到满意;反之,则不满意。银行不可能改变客户的期望值,所以要想提高客户的满意度,就必须提高客户对服务感知的效果。

二是客户忠诚度。客户对企业的忠诚表现在态度和行为两个方面。前者指顾客对企业的员工、产品和服务的喜欢和留恋的情感,又称顾客忠诚感。行为受到态度的影响,顾客忠诚感以顾客的多种行为方式表现出来,这些行为方式包括再次购买、大量购买、经常购买、长期购买以及为企业的产品和服务作有利的宣传等。导致客户流失的原因有很多,但其根本原因是客户满意度的下降。金融企业要想留住客户,让客户保持对企业的忠诚,最重要的是首先让客户满意。

### 【资料阅读】

**世界上最温柔的推销员**

乔·吉拉德被誉为世界上最伟大的推销员,他在 15 年中卖出 13 001 辆汽车,并创下一年卖出 1 425 辆(平均每天 4 辆)的记录,这个成绩被收入《吉尼斯世界纪录大全》。你想知道他推销的秘密吗? 他讲过这样一个故事:

记得曾经有一次一位中年妇女走进我的展销室,说她想在这儿看着车打发一会时间。闲谈中,她告诉我她想买一辆白色的福特车,就像她表姐开的那辆,但对面福特车行的推销员让她过一小时后再去,所以她先来这儿看看。她还说这是她送给自己的生日礼物:“今天是我55岁的生日。”

“生日快乐!夫人。”我一边说,一边请她进来随便看看,接着出去交代了一下,然后回来对她说:“夫人,您喜欢白色车,既然您现在有时间,我给您介绍一下我们的双门式轿车——也是白色的。”

我们正谈着,女秘书走了进来,递给我一打玫瑰花。我把花送给那位妇女:“祝您长寿,尊敬的夫人。”

显然她很受感动,眼睛都湿了。“已经很久没有人给我送礼物了”,她说,“刚才那位福特推销员一定是看我开了部旧车,以为我买不起新车,我刚要看车,他却说要去收一笔款,于是我就上这儿来等他。其实我只是想要一辆白色车而已,只不过表姐的车是福特,所以我也想买福特。现在想想,不买福特也可以。”

最后她在我这儿买走了一辆雪佛莱,并付了一张全额支票。其实从头到尾,我的语言中没有劝她放弃福特而买雪佛莱的词句,只是因为她在这里感受到了重视,于是放弃了原来的打算,转而选择了我的产品。

## 二、金融服务营销的特点和原则

由于金融服务营销是服务营销的一个分支,而服务营销脱胎于有形商品的市场营销,因此只有了解金融服务营销的特性后,才能采取相应的营销策略。

### (一)金融服务营销的特点

#### 1. 无形性

同其他行业的服务一样,金融企业的服务是无形的,只有在和金融产品共同运行时才表现为有形,如为客户提供眼镜、茶水等,这种有形只是服务的一个表象和寄托。

#### 2. 异质性

与金融产品的同质性相悖,金融服务具有典型的异质性。在市场经济条件下,金融服务是以客户为中心,以效益为前提的,它强调客户要为金融企业带来利润,企业的服务要与客户赢利能力的大小相对称,所以要根据客户产生利润的大小提供不同的服务。服务的异质性也叫差异性,表现为服务内容和服务形式的差异。

#### 3. 循环性

一般的服务是随着产品的销售或使用过程的结束而消失的,是一种短暂行为。但金融服务却是一个相对长期的、延伸到产品起始和终结之外的过程。金融服务从研究客户需求开始,到销售金融产品、售后服务,再到深层研究客户需求,是一个不断循环的过程,这个循环可以对一个客户实施,也可以对整个目标市场进行。

**4. 非储存性**

服务是不能储存的,金融服务也不例外,这是由服务的无形性决定的。服务不能储存,但服务的经验可以积累,积累的结果可以使服务水平不断提高,积累到一定程度可以形成服务品牌。

**(二)金融服务营销的原则**

**1. 差异化服务**

金融企业的服务分为4个层次。以银行为例:①基本服务,这是日常的、属于银行职责范围内的服务功能,如存取款;②在基本服务功能之上,对部分客户所提供的服务,如网上银行;③特殊服务,对一些高级客户,银行会额外提供一些令客户满意的服务;④定制服务,它是银行为客户提供的全面服务,这种服务具有包办的意味,但一定能使客户满意。

值得注意的是,差异化服务只是硬件设施上的区别和服务内容的多少,并非服务态度的好坏。当企业没有能力做到面面俱到时,要通过规定业务范围或提高门槛来锁定部分客户,让其他客户主动退出而非驱逐。主动退出的客户将来仍有可能成为企业的客户,而被驱逐的客户永远也不会再成为企业的客户。

**2. 亲情化服务**

最好的服务是让客户感觉不到服务的痕迹,这种服务称为"亲情化服务"。因为在为亲人做一些事情的时候,很少会有回报或感恩的念头,那种感情是超越了距离的。如果银行对待客户像对待自己的亲人一样,服务就会进入自然状态,客户会在这种亲和的服务中对银行产生一种依赖性,这与差异化服务并不矛盾,就像一个人不管怎样都不会随随便便离开亲人一样。

**3. 先进化服务**

金融企业服务首先要在服务战略、服务创新等方面具有超前意识。以变应变,才能给人以创新的形象,吸引一批具有创新意识的高端客户。其次,对某个客户进行服务时,要经常向客户提供一些客户没有想到的服务,给客户意外的惊喜和满足。同时服务的先进性还要体现在服务手段的先进,企业要善于利用先进的科技手段向客户提供快速、方便的服务。

**4. 有形化服务**

服务的特质是无形性,但金融服务可以借助于有形的产品使服务成为看得见、摸得着的有形物质,增强客户对金融服务的感知。例如,给银行卡穿上漂亮的外衣,把存折设计得更特别,等等。

## 三、金融服务营销管理内容

**(一)建立金融企业服务标准**

没有规矩,无以成方圆。金融服务营销也是如此。一个操作性强的服务标准将会大大增加企业不断向客户提供优质服务的可能性。制定金融企业的服务标准可以借鉴一种通行的服务标准制定法:SMARTS 法。这是各相关词汇的第一个字母组成的缩略词。

1. S——**明确性**(Specific)

在制定标准时,不要用模糊、笼统的词,如要求员工“有礼貌”、“电话响时要马上去接”,这样的标准不明确,明确的标准应该是,“电话响第二声时就去接”。

2. M——**可衡量性**(Measurable)

任何不可衡量的目标都是不可实现的。制定服务标准要让员工自己就能衡量是否达到标准,尽量使标准量化。例如,上述接电话的标准,员工和客户可以通过是否在响第二声的时候接电话来衡量是否达到服务标准。

3. A——**可实现性**(Achievable)

服务目标不要定得太高、太空,要让员工感到自己通过努力可以达到这个标准,否则他们是不会向这个目标努力的。

4. R——**与客户的需求一致**(Relevant to Customers)

银行的服务是以客户为中心,一切脱离了客户需求的标准都是没有意义的。制定的标准与客户的需求相一致,员工才能在执行中获得更多的客户。

5. T——**及时性**(Timely)

制定的标准要体现及时为客户提供服务,在第一时间里为客户提供的服务将会事半功倍。所以在标准的制定中应该有明确的时间限制,如“接到客户投诉,要在 20 分钟内给予答复或解决”。

6. S——**组织支持**(Supported by the Organization)

服务标准不仅是规定员工的行为,还需要有确保这些标准能够实现的措施、系统和过程,所以,服务标准的制定应该包括全体员工,从行长到普通员工都有责任执行服务标准和制度。

### (二)金融企业服务营销质量

#### 1. 零距离

零距离并不单指银行客户经理与客户面对面的接触,面对面接触只是营销过程中的一个环节,是营销人员与客户沟通的一种表象。这里的零距离是指银行与客户之间的感情处于一种没有障碍的状态。银行通过服务与客户之间形成一种互助、互需、互惠的关系,双方相互依赖、相互信任,客户的忠诚度更加牢固。

#### 2. 零投诉

所谓零投诉,并不是说没有投诉。任何事物都不可能没有瑕疵,银行服务也是如此。有时是企业的服务出错,有时是遇上了爱挑剔的客户。这时银行的服务就会出现偏差,必然会引起投诉。这里所说的零投诉是指通过纠偏的做法,使投诉带来的不良后果为零,没有客户因为投诉离开银行。金融服务的纠偏方法主要有:道歉并把他的意见留下来、立刻解决问题、给客户一定的补偿、介绍适合的产品给客户、留下客户的联系方式与他保持长期联系等。

**3. 零成本**

与前两者一样，这里并不是指银行不用付出一点服务成本，但是通过优质的服务可以用最小的成本赢得和发展客户，客户越多，服务成本分摊到每一个客户和业务的成本就越低，这个曲线越趋近于原点，服务的成功率越高。

## 第二节　银行服务营销

中国的银行业正处在一个营销地位和作用越来越突出，银行营销需要大力推广和应用的阶段。在今天的银行服务营销中，银行服务质量的高低与企业品牌、效益及客户的保有维持息息相关，已逐渐成为银行生存和发展的关键。

### 一、银行服务营销内涵

调查表明，对某一银行服务不满意的客户中有25%的客户会在最初的两年内退出，而要赢得一个新客户的花费则是维持一个老客户的5倍。在这种情况下，银行服务营销管理就显得非常重要了。银行通过服务手段的改革和创新，使银行从柜台营销转变为运用先进通信手段营销；从以金融产品为中心转变为以银行客户为中心；从被动式服务转变为主动化营销。客户服务中心克服了柜台营销辐射半径小、经营成本高、服务时间短、服务质量难把握的局限性，一切以客户为中心，提供多样化、个性化的服务，成为银行的赢利中心。

银行客户服务营销管理的战略目标是“影响顾客的行为”，其手段是瞄准“正确类型”的顾客，使其有信心购买可赢利的产品，并在“整个可赢利周期内”保留顾客。它是一种旨在改善银行与客户之间关系的一种管理思想、管理方法及管理技术，它实施于银行的市场、销售、技术支持等与客户有关的工作部门，使得银行可以更低成本、更高效率地满足客户的需求，并与客户建立起一对一的营销模式，从而让银行可以最大限度地提高客户满意度及忠诚度，挽回失去的客户，保留现有的客户，不断发展新的客户。

**（一）商业银行服务营销的核心是坚持以客户为中心**

商业银行在经营实践中，始终坚持客户至上、客户第一，把以客户为中心作为经营管理的基本理念，并贯穿到各个方面和各个环节。因此，以客户为中心，就要求商业银行必须不断研究客户需求，甚至通过相互学习和沟通创造客户需求，并及时予以满足，来提升客户利益和价值，这显然与传统商业银行通过推销金融产品来获取自身利润的经营有着本质的区别。由于不同类别客户的需求是不一样的，甚至同类客户内部之间及其在不同的发展阶段的需求也不完全一样，因此，注重提供具有个性化的“组合式套餐”服务，也就是更强调一对一的量身定做。商业银行的实践表明，能否真正坚持以客户为中心的经营理念，在一定程度上也决定着银行的生存与发展。

**(二)商业银行服务营销的实质是及时满足客户需求,在提高客户价值的过程中提高自身价值**

具体要求有两个方面:一是强调及时、有效地满足客户的现实需求,同时不断挖掘并满足客户的潜在需求,能够为客户提供一套完整的、连续的、有效的一揽子服务方案,并确保能得到落实;二是考核客户贡献度,实行差异化服务。因此,注重对客户贡献度的测算和考核,使现有资源更好地配置在能够为银行带来利润的大约20%的优质客户上。一般的标准是:对达到保本点以上、特别是贡献度较大的客户,配置专职客户经理或客户经理小组,提供具有个性化的金融“组合套餐式”服务,并享有各种服务便利;对达不到保本点的客户,实行收费服务或自助式服务,并在享受服务上受到一定的限制。

**(三)商业银行服务营销管理必须在满足客户需求和风险控制之间寻求一种均衡**

市场的不确定性和信息的不对称以及基于人的本性的道德风险,使商业银行与生俱来就具有高风险特征。商业银行都有着一整套对客户风险进行识别和测定的标准模式,除此之外,在风险管理的政策上,强调客户的地域分散、行业分散,避免某一客户业务的过度集中。因此,单一大型客户中100%的市场份额不一定是最佳的选择。值得注意的是,近年来,西方商业银行更多的是主动帮助客户进行风险识别、防范和控制,如采取信息共享、提供理财服务和投资顾问等,以达到降低客户风险从而降低自身风险的目的。

**(四)商业银行的服务营销主要是由市场部门和客户经理来完成的**

在银行经营以销售金融产品为主要特征的年代,银行市场人员主要是储蓄员、信贷员等专业产品推销员;而到了商业银行经营真正确定以客户为中心的时代,客户经理才应运而生。客户经理是银行与客户沟通的纽带和主要渠道,其基本职责是发现客户需求、进行风险识别并协调银行内部资源及时有效地满足客户需求。

一般来说,商业银行会针对不同类型的客户配备不同的客户经理,如个人客户和公司客户,贡献度和重要程度不同也会配备不同级别的客户经理,甚至对特大型优质客户还会配备一个客户经理小组。正是因为如此,客户经理的素质高低、工作成效如何,对银行业务质量和效益有着直接的影响。所以商业银行一般也都把加强对客户经理的培训、考核、激励等作为重要内容,为充分发挥客户经理的作用,不同级别的客户经理在责、权、利上一般是对称的,在对客户利润和市场开拓业绩的严格考核下,其晋升和退出通道也是明确的,从而保证了客户经理队伍的稳定和高效率。

**(五)商业银行服务营销管理是一个包括客户开发、稳定和扩大的动态过程**

客户开发始终是商业银行竞争的焦点。在客户开发方面,商业银行一般是通过自身实力、信誉、市场定位和特定服务,并借助于现代市场营销技术吸引和争夺优质客户。20世纪80年代以后,金融竞争日趋激烈并更加自由化、全球化,商业银行客户开发主要是通过地域扩张政策和大量采用新技术,客户开发成本相对比较高。因此,商业银行更注重于培育自己的优质客户,提出要与企业一道成长。相对于客户开发而言,稳定和扩大客户的市场份额,永远是银行服务营销的主题。

**（六）商业银行服务营销管理需要一个健全的文化体制背景、顺畅的分销渠道和先进的科技支撑**

商业银行在内部组织结构上也必须体现以客户为中心这一要求，根据不同类型客户而成立不同的市场部门，如个人客户部、公司客户部等。市场部门通过加强对客户经理的管理，最终实现经营理念和管理要求。在为客户服务的过程中，方便、快捷、安全始终是最基本的要求。因此，分销渠道功能健全与否至关重要。除有形网点外，服务前移的网络结算、网上结算等电子银行业务系统，以及 ATM 和 POS 机的广泛运用，更代表着适应不同客户需要的分销渠道的日益完善，提高了现代银行业服务的科技含量。电话银行中心的建立，打破了银行服务在地域和时间上的限制，使销售自动化得到了前所未有的发展。

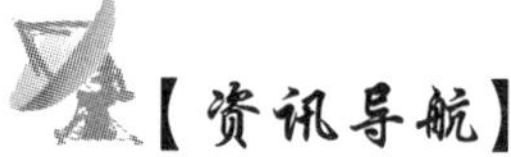

【资讯导航】

**中国民生银行承诺九成客户来电将在20秒内接听**

中国民生银行于2008年4月宣布，正式启用其全国客户服务集中处理系统，这在国内银行业尚属首例。民生银行表示，系统上线后，该行的电话服务水平（即80%的来电在20秒内接听）将提升5%～7%，平均超过90%，将高于85%这一公认的国际平均水平。

新的集中处理系统的最大亮点在于通过专业化的手段实现效率提升。此前一度令市民颇为抱怨的电话银行等候时间过长的问题有望得到解决。

## 二、银行服务营销竞争的主要类型

**（一）迅速占领型**

这类营销类型多以强势银行为主，他们主要的营销手段是努力扩大市场总份额，如通过深入市场调查、广泛了解客户需要、加强宣传攻势、开展多种多样的促销活动等，让更多的客户了解银行产品，然后利用自身的影响力、优质的服务和庞大的网点等优势，在维持现有份额的基础上，迅速占领市场。

在这一营销过程中，由于战线较长，规模较大，弱势银行在人力、网点等方面无法与强势银行抗衡，因此强势银行很容易争得更大的市场份额和利润，从而使强弱之势弥彰。

**（二）联合进攻型**

联合营销有两种：一种是银行或金融机构之间通过联合开展某项业务或服务，增强竞争能力，实现双赢；还有一种是银行与其他机构的联合。

在这方面，外资银行和股份制银行做得较多，近年来国有银行也开始尝试这种做法。联合的双方可以是一对一的，如中国建设银行与美国摩根银行合作组建了中国国际金融有限公司；也可以是一方对多方的，如民生银行深圳分行向20多家外资银行推出了各种债券类、信用类、利率类等6大类中的同业借款、银行贷款、转贴现等多项业务,广泛与外资银行在机构理财业务方面扩展合作前景。

**(三)特色定位型**

一些中小规模的银行,为了能在金融市场中占据一席之地,往往由特色定位切入。对市场进行广泛和深入调查之后,将业务的拓展目标定位在某一类或某一行业中,并在这个领域里做精做强,用特色经营获得一定量的市场份额。

有的银行根据客户定位,如定位为商人银行,主要为一些大公司做各类银行业务;有的银行根据产品定位,如定位为存款银行、贷款银行,专门做传统的存贷款业务;还有的银行定位为改革创新银行,不断为客户提供各种新的金融服务。

最近几年,一些大的国有银行也开始看重特色定位,而它的特色定位的优势在于:它有足够的力量在同一城市里同时定位很多种特色银行。如建设银行深圳分行成立的“女子银行”、“汽车银行”、“口岸银行”等。

**(四)模仿创新型**

相对于其他产品,银行产品的开发空间较小,而且银行产品的同质性决定了这种产品易于模仿。

随着科技进程的加快,银行产品的开发成本较高,这给中小银行的产品开发带来相当大的困难。于是他们就采取模仿的方式,在模仿中结合自己的客户需求稍作变动就成为一种新的产品。产品推出后,利用中小企业体制灵活的特点,加强对客户的服务反而会将它的模仿对象击倒。

模仿创新型的银行营销,不仅仅体现在产品的模仿上。强势银行的管理、服务、营销策略等都可能成为模仿的目标。对于强势银行来说,这是一种颇具威胁的营销手段。

**【资料阅读】**

### 钻市场细缝的美国小银行

美国有一家规模较小、业务与其他竞争对手雷同的银行,尽管内部工作人员从上到下都很努力,但整体经营情况却很是一般。

一次,该银行在其汽车贷款业务中,发现了一个因为内部流程改变而产生的一项竞争优势,即:以24小时完成现在竞争对手48小时才能完成的汽车贷款手续。

在竞争激烈的美国银行业,用对手一半的时间完成一笔汽车贷款业务,真是一项很具有竞争力的优势。但从长远看,这项通过改变内部流程而产生的优势,很容易被竞争者模仿。

银行负责人受这项战术优势的启发,开始实施以缩短时间为目标的战略整合,公司通过对设备、流程、人员等众多元素的整合,使公司成为美国办理信贷业务速度最快的银行。

由一项流程战术而引发的战略整合,不仅使这家银行成为美国国内众多银行中独具特色的银行,而且也使它进入了美国赢利能力最强的银行名单中。

## 三、银行服务营销系统的构成与内容

### (一)商业银行服务营销管理系统的构成

客户无须亲临银行网点柜台,无论何时何地,只要通过语音、IP 电话、E-mail、传真、文字、网络在线、视频信息等均可进入银行的业务系统,就像面对客户经理一样,便可以轻松方便获得银行所提供的各项业务处理和信息咨询等各项服务。一个功能齐备的客户服务营销包括如下四大系统。

**1. 市场管理系统**

通过营销专家彻底地分析客户和市场信息,策划营销活动和行动步骤,更加有效地拓展市场。它具有市场分析、市场预测和市场活动管理功能。市场分析能帮助市场人员识别和确定潜在的客户和市场群落,预测功能可以为金融新产品的研制、投放市场、开拓市场等决策提供有力依据,市场活动管理功能可以为银行领导提供制定预算、计划、执行步骤和人员分派的工具。

**2. 业务管理系统**

该系统不仅有效地管理传统的存款、贷款、结算、支付等业务,而且提供完善的新业务开发平台,从而多方面、深层次、高效率地管理银行的经营业务。

**3. 客户服务系统**

客户服务覆盖在线服务(包括呼叫中心)、现场服务、远程服务,兼容了人工和自动化服务,另外还包含了客户服务管理。在线服务最能体现 CRM 的特点,它是充分利用通信网和计算机网的多种功能集成,构建成一个完整的综合服务系统,能方便有效地为客户提供多种服务,如每周 7 天每天 24 小时不间断服务;多种方式(语音、IP 电话、E-mail、传真、文字、视频信息等)交流;事先了解客户信息以安排合适的业务代表访问客户,将客户的各种信息存入业务数据仓库以便共享等。客户服务管理可以有效地提高服务质量,增强服务能力,从而更加容易捕捉和跟踪服务中出现的问题,迅速准确地根据客户需求分解调研,延长客户的生命周期。

**4. 技术支持系统**

银行电子商务的运用与客户经理的根本区别在于它有强大的信息技术为后盾,用自动化的处理过程代替了原有的手工操作过程,最典型的是电子货币、电子支付、在线营销。

### (二)商业银行客户服务营销管理的核心内容

**1. 客户信息管理**

一方面将银行各部门甚至每个员工所接触的客户资料合并进行统一管理,建立一个公用的信息平台;另一方面则牵涉到银行客户价值评估体系的建立,即以客户对银行的利润贡献度为主要依据和标准,分析、评定不同层次客户的价值度,为其提供相应的价值服务。

2. **银行营销管理**

客户关系营销管理通过对不同渠道和不同营销模式接触的客户进行分辨、记录和辨识，同时对银行营销活动的成效进行综合评价，促使银行实现“宏营销”到“微营销”的转变。

3. **产品销售管理**

银行目前已全面转向客户经理制度，对于客户经理实行多种销售渠道的管理，例如电话销售、现场销售以及销售佣金等的管理，同时支持现场销售人员的移动通讯设备或掌上电脑设备的接入等，使客户经理能够即时整合和反馈销售信息，并满足客户多方面的要求。

4. **服务管理与客户关怀**

诸如网络银行终端软件安装与技术支持，以及银行柜面服务内容、网点设置、收费标准的制定及管理，通过客户关系管理系统详细记录服务全程进行情况，支持一般银行、自助银行、电话银行、网络银行等多种服务模式。

客户服务营销管理不仅将形成银行各层次管理体系的彻底变革，同时将带来整个银行营销体系的重组。它的应用涉及银行各层机构的岗位、职能的重新定位，通过银行营销组织架构的重新设计最终建立起一套崭新的扁平化营销体系，这是银行客户服务营销管理的重点和难点所在。

## 四、银行服务营销管理方案

### （一）统合银行的前后端

前端主要指多种客户联系渠道的整合，客户通过银行网点、电话银行、自助银行、网络银行等各种渠道方便无碍地与银行接触。后端指的是银行采用强大的后台资料分析系统，探索客户资料并进行深入挖掘，以作为客户管理的依据。银行通过后端将客户一般资料、近期消费趋势、交易数量和质量等进行综合分析，得出客户需要的服务，再通过前端向客户进行新服务的介绍或交叉销售，使客户形成有专职客户经理贴身服务的良好感觉。

### （二）进行客户结构分析，确定重点客户

我们首先必须明确知道有哪些客户，对我行影响较大的客户是谁，有哪些客户发展潜力较大。一般来说，寻找重点客户的基本方法是测算客户贡献度。对于公司客户和机构客户来说，按客户贡献度很容易对现有客户结构进行初步界定，并在此基础上划分为不同类别，其中重点客户的占比和贡献基本也遵循着2∶8规则。作为最基层的经营和服务机构（如支行），紧紧抓住那20%的重点客户并合理配置自身资源，可以实行一对一的营销，让他们成为忠实顾客。但对于二级分行或省级分行来说仅仅依靠那20%的客户是不够的，不能轻视那80%的顾客。

1. **对于大的机构客户的分析**

机构客户对于企业来说是一笔非常重要的资源，对于他们的科学分析与评价将会为金融企业带来可观的规模效益，应从以下几方面进行分析。

(1)行业、系统中重要客户数量和虚拟利润贡献的变化以及在整个结构中贡献度的变化。

(2)非重要客户中潜在优质客户的培育及变化。

(3)行业和系统的整体市场分析,特别是非本行重点客户和本行重点客户在他行市场份额的变化,据此检验本行的竞争力和寻找新的目标客户。

**2. 个人客户结构分析**

每个企业的个人客户情况主要体现在数量和质量上。分析个人客户的结构、偏好,增加其满意度和忠诚度,将会提升社会效应和品牌效应,维护企业的可持续发展。

(1)低效客户变化及对资源占用的影响。低效客户的大量存在严重影响了对优质客户的服务。

(2)使用专用软件分析工具,将现有重点客户按年龄、职业、收入等进行重新分类,并就其交易偏好进行归纳、分析,揭示其需求函数特征,以便制定差异化服务政策。

(3)电话银行中心通过对可识别的重要客户交易和投诉信息分析,修正现有的营销和服务漏洞,挖掘满足个性化需求的潜力。

(4)对重要客户现有金融产品使用情况进行分析,通过分析可以明确营销重点,在满足客户需求的同时,提高客户的忠诚度和贡献度。

**(三)确定客户需求,制定差异化服务营销政策**

一般来说,客户需求具有多样性、差异性和变化性等特征,因此由客户需求而导致的金融服务要求也是丰富多彩的。为便于管理,银行要不断地准确判断在客户需求中哪些是基本需求,哪些是特殊需求,并适时采取相应的政策。基本需求具有相对稳定性,银行所要做的还是围绕方便、快捷和安全,搞好优质服务,提高客户的交易量;而对于特殊群体或单个客户的特殊需求,则必须制定特殊政策,提供具有个性化的"组合式套餐"服务。

挪威联合银行提出的"由一家银行变为一百万家银行以及每个客户一家银行"的经营策略就是对客户服务差异化理念的写照,即将每个客户作为独立单元,通过行为追踪分析发现其行为模式与偏好,以制定相应的应对策略和行销方案。著名经济学家汪丁丁所倡导的大规模的个性化定制是一对一的延伸,它适用于金融产品的开发和营销,即银行根据差异化竞争战略、根据客户类型的划分来提供差异化服务。这样所对应的不同客户类型既体现了"大规模",又兼顾了"个性化"。

**1. 公司客户**

针对公司客户的需求,从企业自身资源出发制定个性化营销服务政策。

(1)公司客户的基本需求,主要包括结算、融资、现金、担保、信用评估、咨询等。现在任何一家商业银行基本上都能为客户的基本需求提供无差异服务,因此在客户选择银行时都不存在多少优势可言,如果有差别也只体现在银行品牌效应、个人关系资源和银行员工素质及服务方面。要留住优质客户,真正有意义的工作是发现客户的特殊需求,并适时予以满足,以提升客户的依赖性和转户成本。

(2)公司客户的特殊需求因公司而异。而且在一定时期内,各个客户的需求很难完全一致。就现阶段来说,公司客户的特殊需求主要包括:上市重组顾问、投资与理财、系统资金管理、低风险资产置换、借助银行的财务安排、并购中债务处理以及相互代理和基于银行客户资源的共同开发、利用等。

(3)针对不同需求可供选择的差异化营销策略有:①根据行业、系统或重要客户的需求分析以及对客户潜在需求的把握,分别制定"一揽子"服务方案,量身定做具有特色的金融产品组合;②根据服务方案制订营销方案和确定营销重点,系统大户和重点客户由省、市两级行联动营销,一对一谈判,中等客户由客户经理上门营销或通过客户网站信箱进行电子化自动营销;③协调、优化内部资源,做好为客户服务的无缝衔接,在提升客户价值的同时提升客户忠诚度;④对客户信息进行不间断收集、整理、分析,挖掘客户的潜在需求。

2. 个人客户

满足当今越来越多的个人客户的金融服务需求,已经成为各家银行的业务重点。

(1)个人客户的基本需求相对比较简单,主要包括:资金的安全和增值、代支付各种款项、取现、信息查询等。个人客户的特殊需求可以说是与时俱进、各有侧重,目前主要包括个人投资理财,养老、疾病等保险,代保管,外币兑换,住房、汽车等融资和产业投融资等。满足上述两方面需求,特别是满足个人优质客户的需求是个人金融领域服务营销管理的重点。

(2)可采取的政策有如下方面。①在满足个人基本需求方面,一是进一步健全分销渠道,调整机构组合,真正体现方便、快捷、安全的品牌形象,如有形网点布局的调整和跟进,城市自助银行服务系统的建立和 ATM、POS 自动销售机的扩大等;二是大力发展虚拟电子银行业务,通过电话银行、手机银行、网上银行业务的快速发展,进一步拓展银行服务的时空界限,减少柜面服务的压力。在满足个人特殊需求方面,重点是理财中心和个人客户经理队伍建设。②全面推行差别服务政策。在对个人客户进行细分的基础上,银行可以通过推进销售自动化、营销自动化进程,全面提升银行服务的品质,同时还必须切实将服务重点瞄准优质客户,把满足优质客户的需求作为服务政策的基本取向。对优质客户可分别采取的措施有:进行个人信用评级制度试点,增强客户的社会认知和荣誉;以贡献度标示客户身份,以便在所有网点能享受相应的特别服务;设立大户室或专门柜台,由专人提供免排队、免填单等服务;提供预约上门服务、提醒服务;在新业务和费用等方面享有优惠待遇;根据不同类型客户群配备相应的客户经理,不定期进行关怀提示等。③实行差异化营销政策。除继续推行通过媒体、广告、宣传折页等大众营销手段外,重点是在优质客户中开展营销。市场部门要根据不同客户群体提出"一揽子"金融产品组合,根据客户交易记录推测金融产品的使用范围和频率,从而确定有效的营销方案。这方面的工作,将会对个人转账、代保管和代保险等收费业务扩展和电子银行业务发展起到重要促进作用,在满足客户需求的同时,进一步提高客户的贡献度。个人优质客户的营销可以由客户经理来实行,也可以由市场部门通过电话银行中心、邮寄和客户 E-mail 等方式来实现自动营销。

**(四)市场部门的确立和客户管理职责要求**

作为一场深刻的服务变革,商业银行推行服务营销对银行内部组织结构也提出了全新要求。要求银行内部组织结构必须严格遵循以市场为导向、以客户为中心的原则,尽快摒弃以产品为原则、强调上下对口的官僚组织体系,全面推行扁平化管理。银行内部组织结构主要包括市场部门、业务支持和管理部门以及保障服务部门3个层面。3个层面的部门都是开放式的,其运作集中于统一的信息技术平台,按授权管理原则,实现信息共享和业务流程的无缝衔接。今后的市场部门将由市场管理人员、信息技术专家和客户经理一道工作,达到与客户全面接触、全程服务的境界。市场部门作为主体,其基本属性是利润中心,因此也必须遵循以利润和安全为目标、以市场为导向、以客户为中心、以服务为根本的经营指导思想。在对市场部门的考核方面,首先是利润指标,其次才是客户和业务量指标。其目的是促进市场部门扩大优质客户和有赢利的业务量,放弃低效客户和亏损业务。市场部门的数量并无一致要求,通常由客户性质决定,目前多是基于个人客户、公司客户和机构客户的性质不同而建立个人金融业务部、公司业务部和机构业务部。市场部门的内部结构大致可划分为客户服务和客户管理两个层次,前者是由客户经理完成的,而后者则是由承担管理职能的部门组成的,负责制定、执行客户关系管理的一系列政策。

客户管理是市场部门的重要职能和任务。城市行的公司、机构客户管理可以由二级分行市场部门根据客户分类(如按行业、系统和重点大户)委派中、高级客户经理牵头负责,连同分散在各支行直接为客户服务的中、低级客户经理构成若干个客户经理小组,完成服务和管理的任务。个人客户的服务和管理一般应以支行为单位进行,二级分行的重点则是抓好整体服务的营销工作。

**(五)客户经理的配备和管理**

客户经理是推行服务营销管理的基本力量,客户经理的基本职责是发现客户需求并及时予以满足,同时对客户风险进行识别,以防止和降低银行风险。商业银行一般要求是对达到保本点以上的重点客户都应有客户经理为其服务。客户经理根据素质高低可分为初级、中级、高级和资深4级,分别为贡献度不同的客户服务。由于客户的性质不同,不同的客户经理在服务范围和要求上也存在着很大差异,因此保持客户经理的相对稳定,有利于培养客户经理成为适合客户要求的专家,更好地为客户服务。为充分发挥客户经理的作用,其责、权、利应当逐步统一起来,特别在内控机制逐步完善的情况下,可以分别给予客户经理一定的业务授权,以保证其为客户更好地服务。对客户经理的考核是客户经理管理的重要环节,一般也必须遵循效益原则。但由于客户的性质不同,也可以采用体现利润指标的业务发展指标替代,以间接反映创利能力,如新增百万元以上存款客户数量、利息收入、中间业务收入等。对客户经理的考核一般按年度进行,考核结果必须与其收入和级别升降结合起来,建立完善的奖惩机制。

【资料阅读】

**中行北京分行奥运金融服务获广泛好评**

中国银行北京分行在奥运会期间开展了一系列优质高效的金融服务工作,得到奥组委、国内外宾客、媒体和社会各界的广泛好评。据统计,奥运期间,中国银行北京分行全辖网点个人业务日均交易量达16万笔,奥运现场POS日均业务量超过1万笔。

中国银行北京分行在奥运区域(包括运动员村、媒体村、主新闻中心、国际广播中心和总部饭店)设立的五个临时网点是中行北京地区奥运服务工作的最前线,也是联系中行与各国媒体记者和运动员的“窗口”。

在精心设计、格调高雅的临时网点,160余名员工每天工作时间超过12个小时,为奥运区域内的运动员、媒体记者、官员和各种机构组织提供了品种丰富、方便快捷的银行服务,包括开立账户、兑换17种外币、兑现旅行支票、进行全球汇款、保管箱等各种个人金融业务,还包括为各国奥委会、境外媒体机构提供的“奥运临时账户”等公司金融业务。

优秀的服务给各国宾客留下深刻印象,他们感叹中行员工高超的点钞技巧:“Wish I could do that fast too.(真希望我也能点那么快。)”他们对中行员工丰富的业务经验和勤勉负责的职业态度连声称赞“Professional!(专业!)”

一流的服务建立在一流的支持保障基础之上。为保证奥运期间的指挥有力,中行北京分行在2008年7月21日至9月20日建立了“分行奥运赛时指挥系统”,分行领导任指挥,专人昼夜值班,通过电视屏幕和热线电话,随时掌握网点应急情况并即时处理;为更好地集中管理奥运现场POS机具,中行北京分行抽调业务骨干组成了“银行卡奥运现场服务指挥中心”,从8月6日起至北京奥运会结束累计出动800余人次进行奥运现场巡视和保障服务;信息科技部门针对22个重点应用系统实施特别监控,自8月1日开始,每日有50多名员工赴奥运现场值守,累计加班906人次,8 600多小时!

银行出纳工作并不为大家所熟悉,但却是重要的支持保障环节。中行北京分行在奥运期间为艾玛克、麦当劳和首旅集团等奥运供应商、赞助商提供上门收款、配钞、整点服务,平均每天的清点金额在700万元以上。此外,中行北京分行调剂和购入小面额外币折合美元1.36亿元,保证了奥运期间的现金供应及退汇需求。

## 五、银行外部关系营销

外部关系营销是指银行通过服务和沟通与客户建立起长期的、稳定的关系,以实现银行利润最大化。随着社会的发展,银行业的竞争同商业竞争一样,越来越呈现出关系化营销趋势。银行与客户之间的关系不仅仅局限在一笔业务的起始和终结,更多地表现为银行与客户保持一种长期的、稳定的关系。面对多元化的市场,银行与客户的交往也不仅仅局限于一对一的银企关系，也呈现出多元化趋势。

### （一）商业银行基本的外部营销关系主体

**1. 客户**

这是商业银行赖以生存和发展的基本群体。商业银行各类产品具有极强的相互依存性和对应性。这一特点决定了银行对基本客户群的整体依赖性。维持基本客户，是商业银行多种业务平稳发展的基础。

**2. 政府**

对于商业银行来说，政府的直接权威体现在中央银行对其经营的监督和管理上。作为宏观金融秩序的维护者和金融系统运营的调控者，央行通过一系列的法规和实际的监督机制规范商业银行的运作。同时，通过货币政策、利率政策等，对商业银行运作进行引导。从社会目标上看，二者的关系是一致的，维护一个良好的金融秩序，执法者和经营者都能从中获益。

**3. 同业**

商业银行之间不仅存在竞争，也存在广阔的合作领域，如彼此沟通信息，相互示范、带动和影响，合作进入崭新的市场等等。处理好同业关系同样是商业银行面临的基本课题之一。

**4. 媒体**

商业银行同媒体的关系是双向和互动的。一方面，商业银行的行为处于媒体的严密注视之下；另一方面，商业银行通过媒体也可以获取市场信息，了解公众心态和需求，宣传自己的形象，协调与多种主体的关系。

### （二）银行外部关系营销的常见形式

**1. 参与公益活动**

这种方式一般适用于与地方政府和公众的关系营销。在外部关系营销中，银行应该适时扮演热心社会公益活动的慈善家，特别是一些影响力大、覆盖面广的公益活动，如希望工程、扶贫以及地方政府倡导的各类公益活动，银行要表现出积极的姿态。通过投资公益性活动，减少政府的财政或福利投入，授益于社会，既可以塑造良好的公众形象，又能获得政府和公众的好感，密切银行与政府之间的关系，可谓一举多得。

**2. 提供特色服务**

通过向合作方提供一些特殊的服务，渗透到合作方的内部，建立更为密切的关系。如中国工商银行与云南省昆明市政府签署了《中国工商银行与昆明市政府财务顾问协议》，充分运用现代金融服务手段支持地方经济建设，根据协议，工商银行将参与昆明市的招商引资活动，利用其丰富的融资经验、专业团队和国内外机构网络，协助昆明市政府为国内外潜在投资者投资昆明提供指引，为招商项目提供专业融资顾问意见。通过这种为地方政府提供综合金融服务的方式，积极支持地方经济建设，可使银行与地方政府保持长期友好的合作关系。

3. **公开业务关系**

对于一些新产品或具有典型意义的银企或同业合作项目,可以公开举行签约仪式。通过各种新闻媒体大造声势,体现银行的实力和关系营销能力。如公开举行授信签约仪式、在媒体上发布合作消息、公开向优质客户发布信用等级证书等,在公众面前塑造实力强、擅合作的良好形象;同时也给竞争对手施以压力,突出强势,造成竞争对手心理上的紧张。

4. **部分出让产品冠名权**

银行可以把金融产品冠之以合作者名称,满足客户的精神需要,并起到广告宣传效应。目前国内银行采取冠名权做法比较突出的是银行卡业务,许多银行都发行了各种名义的联名卡,如民生银行大连分行与迈凯乐大连商场联合发行了“民生 - 迈凯乐联名卡”,并举行了隆重的联名卡首发仪式,这是大连市目前科技含量最高、回报客户最多的一张联名卡。发卡前两天即实现了单柜发卡 1 600 张的最高纪录,存款接近 60 万元。通过银行与商场的强强联合,为广大客户的购物消费、休闲娱乐等活动提供更加方便快捷、先进安全的结算服务,为客户提供更实实在在的优惠服务。

5. **开展业务代理**

银行的业务代理有两个方面。一方面是金融同业之间的业务代理。有的银行分支机构少,影响了业务的开展,通过与其他银行合作,可把部分业务交由合作银行办理,以向合作银行付手续费的形式,实现双方的互利。银行与保险、证券等机构也可以通过代理解决我国金融机构业务授权限制的不足,实现业务的扩张。如近年来出现的银行代售保险、代发行基金和债券等,都是属于金融机构间的合作。在这种合作过程中,保险公司借用了银行的良好信誉和遍布的网点优势,而银行则从代售的手续费收入中得到实惠。另一方面是银行与客户之间的代理业务。随着银行收入结构的不断变化,中间业务越来越成为银行关注的焦点。现在多家银行都开办了煤气、电费、电话费等费用的代收代交业务,收费部门和广大个人客户免除了交费的许多麻烦,而银行也因此占领了部分市场份额,为业务的进一步发展奠定了良好的基础,并将从中间业务的收费中获得一定的收益。

6. **合作投入**

当投资项目较大,一家银行不能全部承担投资和风险时,多家银行可联合投入以增强金融支持的强度,如银团贷款,一般由两家以上的银行共同投入,共同分享利润、分担风险。在这种合作方式下,受益的常常是强势银行,中小型银行往往需要政府的干预才能同杯分羹。

7. **购买同业或企业部分股份**

这种方式一般用于强势营销。银行通过购买股权,参与企业和同业的经营,能够加深对其了解,并将银行的经营理念渗透到企业或同业,在业务合作方面更能准确把握方向,有效控制风险,同时通过这种经营渗透,能够更加直接地从企业或同业的合作中获得利润。如 2001 年 12 月,汇丰银行入股获得上海银行 8% 的股权。

8. **联手宣传**

确定一个与银行目前重点发展的业务有关的主题，选择关系营销对象，共同开展业务宣传。宣传的方式可以多种多样，如2001年末，工商银行徐州市分行为配合开办理财业务，与都市晨报联合举办了“新生活新理财”征文活动，历时两个月，时值新春之际，迎合了市民对理财知识的需求，扩大了影响。

9. **共同开发产品**

这种合作一般用于同业之间，对技术性强、开发费用较高的产品，同业间可共同开发、共享产品资源，以降低开发成本，提高产品质量。这类共同开发的产品往往具有更大的吸引力，在市场上的竞争力较强。

10. **广泛的友好合作**

除上述业务合作外，银行与客户、银行同业之间的合作逐渐呈现综合性，形式也越来越丰富多样，如汇丰银行对上海银行除入股8%外，还签署了全面技术支持协议。根据协议，汇丰银行将无偿向上海银行提供技术、人力培训以及对计算机网络系统的支持。2002年，汇丰银行根据上海银行实际情况，为该行中高层领导开设了多次管理培训班。花旗银行对中国银行也进行了技术支持，并帮助其分析经营缺陷，调整思路。这些广泛的合作，使银行业的市场竞争呈现出多元化和共赢的趋势。

## 六、我国银行服务营销存在的问题

### （一）银行承诺与客户满意度之间的差距

近年来，我国银行确定了“以客户为中心”的经营理念之后，服务营销成为各家银行关注的焦点，纷纷提出一些服务标准和要求，甚至公开向社会承诺，通过社会的监督、客户的监督促进银行服务水平的提高。

应该说，这是一种很好的要求想法，但是却忽视了现实整体环境和理想境界之间的关系。长期以来我国的银行业处于计划经济体制下，尽管经历了金融体制和机制的改革，但是在人的思想观念上还有一定的惯性，机构和体制的改革还有许多需要继续调整的地方。这些不尽如人意之处与现代银行的服务营销相比，与客户的满意度相比就显得有些滞后。而经过20多年的改革和发展，人们对服务的期望值却远远高于银行所能提供的服务水平，银行的承诺更加重了这种期望值的砝码，一旦他们从银行中获得的服务不能满足于他们的预想，就会对银行产生失望，从而动摇客户对银行的忠诚。

### （二）银行客户经理的知识水平和业务技能与服务要求之间的差距

日趋激烈的竞争，使服务的标准越来越高。目前银行解决这个问题的途径是实行客户经理制，通过客户经理制的实施，实现银行与客户之间“一对一”的沟通和服务。

这种“一对一”的服务，要求银行营销人员也就是客户经理要向客户提供“一站式”的一揽子服务。但从目前银行客户经理的整体素质看，距离这个标准还有较大的距离。因为客户经理既要有精深的金融专业知识和全面的业务技能，又要有很强的沟通和协调能力，还要有敏锐的市场洞察力和判断力。

**(三)金融产品功能与客户理想之间的差距**

随着金融市场竞争的加剧，金融产品创新的速度也越来越快，银行根据不同客户的需求，纷纷对产品进行整合或设计，推出了一系列名称不同、功能多样、具有明显特色的金融产品，在市场竞争中发挥了较大的优势。但由于技术、体制以及业务流程等因素的影响，有些产品投放市场后，并没有达到预期的效果，存在着功能不够完善、使用不便、申办手续太烦琐等问题，这些问题在一定程度上降低了客户的忠诚度，使金融服务相应打了折扣。

**(四)对外服务水平的提高和内部组织机构的臃肿滞后之间的差距**

近年来随着银行"以客户为中心"经营理念的确定，银行员工对外服务的水平有了很大提高，但由于一些银行没有建立起完善、合理的服务组织机构，疏于对服务的管理，导致了流程的不畅，使服务的整体水平大打折扣。

**(五)营销人员的服务与得到认可程度之间的差距**

有的银行在服务管理上趋于粗放，对银行服务人员的服务水准没有一个量化的标准来衡量，也就不能合理地评价每一位银行服务人员的服务水平，或者重罚轻奖，或者凭表象做出判断，从而使员工认为自己的服务得不到银行的认可，或者银行对员工的激励不公平，挫伤了员工的积极性。

【资料阅读】

### "抢"来的客户

张主任刚到分行营业部上任，就发现隔壁的广发证券并没有在她们的营业部开户。问了几个人，都说这家证券与建国路上的另一家商业银行不仅在业务上是老交情，就是两位老总之间的私人关系也是非常铁的，营业部的人都知道这个关系，所以几年来从来没有人想动证券的念头。

张主任说："你们试过没有？没有试过怎么知道不行？"下午张主任就带了一位副主任登门造访。开始，证券的老总听说是近邻来访，十分热情，因为是第一次来，张主任也不谈业务，看上去只是一次易主后的正常拜访。但接着就有了第二次，第三次，业务问题也就摆到了桌面上。可是一提到业务，证券的老总立刻面有难色，他说："我们多年来都在建国路的银行办业务，而且那家银行的行长是我的好朋友，我说什么也不能从他那里退出来。"

张主任笑着说："我们哪里敢让您做不仁不义之人呢。我们只是为你们考虑，建国路距离比较远，办理结算业务不太方便，我们是想，如果您在这边开一个户，遇有急事可以更方便一些。"

证券的老总依然没有答应，那种老交情不是一朝一夕就能攻破的。

张主任也并不着急,隔一段时间就过来坐坐,反正仅仅一墙之隔。这一墙之隔让张主任颇不服气:我家门口的生意为什么做不成?

尽管没有成为业务上的伙伴,但在张主任的心里,证券就是自己的客户,银行每推出一项新的业务,她都会记着送去一些宣传资料;召开产品推介会,她会给证券送去一份请帖;营业厅装修剪彩,她会把证券的与会者安排到最醒目的位置;甚至自己多年的剪报,凡是关于证券方面的,她都给证券的老总复印了送去……无论证券的态度多么坚决,她从来都没有放弃过。

又一天早晨,她又来到证券老总的办公室,这里她已熟悉得像自己的主任室一样了,但她从不敢有任何懈怠或随意,她心里明白,客户永远是客户,要多给他们一份尊重,他们才会更尊重你。

证券的老总刚刚上班,他也熟悉了张主任的身影,习惯了她坐一坐就走的适度。

张主任这一次来是告诉他,在今年全市举办的公众评选中,她们的营业厅荣获"青年文明窗口"称号。说完之后,证券的老总反而主动提出了业务的问题。他依然觉得不能舍弃他的朋友。张主任笑着回答:"这没什么,我们不会勉强您的,我们只是想让您尝试一下我们的服务,感受一下我们营业厅里年轻人的朝气,您可以试一个月,如果在这一个月里您或者您的下属对我们有任何不满意,我从此只跟您做朋友,不再提一个关于业务方面的词。"

一个月过去了,张主任的营业部与证券成了业务上的好帮手,她与证券的老总也成了老交情。

## 第三节　证券服务营销

### 一、概述

随着我国资本市场的发展以及证券市场相关法规、制度的健全,证券公司之间的竞争越来越激烈,营销工作在证券公司经营活动中的作用也越来越重要。如果说资本市场在发展初期是卖方市场,由证券公司说了算,那么现在的资本市场已成为买方市场,证券公司之间的竞争已出现且日益激烈。从一级发行市场到二级交易市场以及新兴业务市场(如企业并购、理财活动、投资咨询等)都存在着争客户、争业务、抢市场的激战。

**(一)证券服务营销的定义**

证券营销(Securities Marketing)是指证券营销机构通过设计与提供多样化的产品和高质量的专业证券服务,通过设计、定价、促销及分销,实现证券客户与证券企业的目标交换,并使企业与客户实现双赢的过程。

近年从券商品牌的创立到证券产品的广告策划,从券商的内部营销到外部服务与客户关系管理,从经纪人制度的建设到佣金策略的选择,随处可见现代营销学理论与国内证券业实践紧密结合的努力,其最终目的就是为了生存与发展,以客户需要为核心,为投资者创造价值并实现共赢。

【资料阅读】

### 基金营销:一场财富游戏的初级阶段

很多人没有想到,基金会如此快地出现在我们身边。广播中时常播放着基金广告。银行上挂着明显的条幅:“基金——对负利率时代的投资手段。”

“当初的确没有想到能够销售100亿元以上。”中信基金管理公司市场总监汤维清显然对于中信经典配置基金高达121亿元的募集规模十分满意。其实自进入2月份以来,尽管连续有多只基金进入发行期,但是开放式基金却连续创出了发行新高,仿佛在一夜之间就将往日的阴霾一扫而光。

在总结发行经验时,汤维清坦言:“市场环境是影响基金发行的首要因素。”很显然,基金发行中依然存在“靠天吃饭”的现象,而所谓的“天”正是变幻莫测的证券市场。

对此,一位营销专业人士评论道:同以往相比,基金营销已经有了很大的改进,但单从营销手段来看,基金的营销还处在比较初级的阶段。

**(二)开展证券营销的意义**

从理论上讲,开展证券营销具有以下4方面意义。

**1. 对证券公司的业务开展具有指导意义**

可以说,证券营销是一般市场营销理论在证券公司经营管理活动中的具体应用,但由于证券公司经营的是“证券”这种与其他产品有明显区别的产品,因此证券营销显得尤为重要与关键。这些区别主要表现在以下两个方面。第一,证券的使用价值和价值都具有特别之处。一般商品购买者的直接目的是为了获得使用价值,而证券购买者或出售者的直接目的是为了获得价值。第二,证券所代表的价值的表现形式价格具有易变性,并且证券公司经营证券业务时,是以证券产品为载体向客户提供的一种服务,对于客户(证券发行者或交易者)来说,利用不同的证券公司出售或购买的都是一样的证券产品,即对客户来说,其交易对象——证券本身是同质的,但不同的是证券公司向他们提供的服务是不同的。因为,这种服务不是简单的热情、大方、微笑、周到,这种服务可以说是一种方案安排,它既要求一般的热情、大方、微笑、周到,更重视提示、辅导、推荐、咨询,还要求方便、快捷、安全、有回报。

**2. 有利于资本市场的发展与繁荣**

证券公司是资本市场中的中介组织,其功能是联系投资者和筹资者,经营方式是向客户提供服务。因此,资本市场的健康发展要靠证券公司功能的正常发挥,而证券公司要想发挥其正常的功能,就应该重视市场调研,进行市场细分,开拓服务项目,提高服务质量,满足客户要求,这些实际上都是营销工作的内容。只有这样才能促进资本市场的繁荣和发展,使证券公司起到真正的中介作用,从而促进资本市场的发展和繁荣。

**3. 有利于在日益激烈的竞争中赢得竞争优势**

2004 年,深、沪两市共发行新股 98 家,募资 353.46 亿元,到了 2007 年,深、沪两市共发行新股 91 家,募资 3 284.14 亿元,证券公司也从 1998 年的 90 家增长到 2008 年的 107 家,证券营业网点有 4 000 多家,这些表明证券公司对客户的争夺将越来越激烈。

另外,随着科技和经济全球化的进一步发展,证券公司不但要和国内同行竞争,而且还要和国际同行竞争,甚至还有来自其他行业的竞争压力,并且在竞争中还会不断出现新情况和新问题。这就要求证券公司的一切工作都要以客户为中心,提供高质量的服务,这都有赖于证券公司竞争力的提高。因此,增强营销意识、加强营销研究是证券公司在竞争中立于不败之地的重要因素。

**4. 由暴利时代走向微利时代的现状要求证券公司重视营销**

历史上,我国股票市场不断经历着从高位到低位的波折,而且随着经济的发展和市场的成熟,证券市场已经由原来的暴利时代走向微利时代。

截至目前,以上海证券交易所为例,上证指数最高在 2007 年,是 6 124 点,而在 2012 年 1 月为 2 169 点,在大幅下降的同时,交易量大幅萎缩。在这种形势下,证券公司主要业务收入大幅度减少,经营业绩持续下滑。

我国证券公司的收入来源一直集中在经纪、投行和自营三大传统业务,证券公司手续费收入占营业收入的比例达到 59%,若加上利息收入和金融企业往来收人,则经纪业务相关收入所占比例高达 90% 以上。投资银行业务收入虽然相对稳定,但所占比重较小;自营业务和受托投资管理业务受证券市场行情的影响较大,收入很不稳定。

一个新兴行业的兴起,都会经历一段暴利时期,随着新的参与者的不断进入,供求力量会逐渐趋于平衡,行业优势会逐渐消失,利润率会趋于平均化,从暴利走向微利,这是一般的经济规律。我国证券业的发展也不例外。在我国证券行业发展的初期,具有承销资格的证券公司较少,承销费率较高而且稳定,发行方式的行政化,一级市场的供不应求,以及一级和二级市场之间市盈率的巨大落差,使得整个发行市场几乎没有风险,证券公司只要争取到承销业务,就可以稳赚不赔。正因为如此,证券公司对此趋之若鹜,竞争手段五花八门,市场秩序杂乱无章。证券公司关心的只是"公关",而不注重营销,因此在证券公司经营中也不存在营销的观念。但是,现在这种状况已发生了变化,近年来的市场状况已经显示出暴利时代结束,微利时代到来,证券公司已步入稳步发展时期。从最近两年全国证券公司承销业务的总体情况看,保本、微利是普遍现象,亏损、被套也不少见,这就要求证券公司在以后的经营过程中要注意营销工作,加强营销研究、讲究营销艺术,在市场的竞争中立于不败之地。

## 二、证券营销的主体、客体和对象

### (一)证券营销的主体:证券机构

证券营销机构在证券市场上通常称为证券经营机构,又称券商,是指依法设立可经营证券业务的、具有法人资格的金融机构,包括证券专营机构及证券公司、证券兼营机构和信托投资公司的证券部。另外也可按照其业务内容分为经营性中介机构和服务性中介机构,前者是以证券承销、代理买卖、保管为主要业务的营利性机构,主要包括证券公司、投资银行、基金管理公司等;后者主要是以股票发行和交易、企业并购等资本市场提供专业服务的营利性机构,如会计师事务所、审计师事务所、投资咨询机构、律师事务所和证券信用评级机构等。我国目前的证券营销一般由证券公司、基金管理公司、投资银行、投资咨询机构等承担,简称为券商和基金公司。证券公司的业务主要有经纪业务、自营业务和承销业务三块传统业务,近年来资金管理业务、投资银行业务、新型经纪业务等逐渐增多。

【资讯导航】

### 2007 年证券公司排行榜出炉 国泰君安总资产过千亿

中国证券业协会公布了2007年度106家证券公司会员资产管理业务及财务指标排名情况。国泰君安证券成为首家总资产过千亿的券商,而中信证券则在净利润、净资本等多项排名中稳居第一。

排名指标包括受托管理资金本金总额、总资产、净资产、净资本、客户交易结算资金余额、营业收入、净利润、净资产收益率8项。在总资产排名中,国泰君安继续稳坐第一把交椅,也是2007年度唯一一家总资产过千亿的证券公司,达到了1 053.7亿元。中信证券和海通证券分别以986.9亿和945.7亿元的总资产水平位列第二、第三名。

在净资产、净资本、营业收入、净利润这4项指标的排名中,中信证券都占据第一的位置。2007年度,中信证券净资本以406.7亿元居首位,排名第二名和第三名的分别是海通证券345.2亿元、国泰君安179.7亿元。营业收入指标排行前三的分别是中信证券、银河证券、广发证券,分别为155.7亿、144.7亿和139.0亿元。中信证券以82.59亿元位居净利润排名之首,排名第二、第三的分别是国泰君安70.1亿、国信证券68.8亿元。

在2007年证券公司净资产收益率排名中,位居首位的是湘财证券,净资产收益率高达88.93%,东莞证券和中信金通分别为81.15%、76.52%,位列第二、三名。与老牌本土大券商相比,合资券商普遍表现欠佳。106家公司中,只有2家公司上年度亏损,全部为合资券商,即海际大和证券和瑞银证券。

根据沪深交易所公开数据,2007年沪深股票、基金、权证合计成交54.7万亿元,较2006年增长约387%,其中股票交易额达到46.06万亿元,较2006年增长了410%左右。按照1.5‰的市场平均交易佣金费率计算,去年仅股票交易就给百余家券商带来了约1 382亿元的经纪业务收入。2007年股票交易额突破万亿的券商火速扩容至21家,而2006年达到这一级别的公司仅有2家。股票交易额超过千亿的券商数量也由2006年的48家增长至105家。

2007年,按股票、基金、权证交易总额计算,银河证券以69 008.56亿元名列榜首,国泰君安和申银万国以65 896.84亿元和47 920.13亿元紧随其后，国信证券、海通证券、广发证券则分列第四、五、六位。从股票交易额看，排名前三的仍然是银河证券、国泰君安、申银万国，而基金交易三甲则被银河证券、国信证券、国泰君安摘得，权证交易前三名花落国泰君安、海通证券和银河证券。

### (二)证券营销的客体:证券投资者

证券投资者是证券市场的资金供应者，既有国内投资者，也有国外投资者。正是由于有众多的证券投资者的存在才保证了证券发行的完成，同时也活跃了证券市场的交易。

证券投资者的类型甚多，投资的目的也各不相同。有的意在长期投资以获取高于银行利息的收益，或意在参与公司的经营管理；有的则意在投机，通过买卖证券的价格和时机的选择，以赚取市场差价。若加以分类归纳，证券投资者不外乎机构投资者和个人投资者两大类。

#### 1. 机构投资者

机构投资者主要有政府部门、企事业单位、金融机构和公益基金等。机构投资者在社会经济活动中的身份地位、资金来源、投资目的、投资方向虽然各不相同，但一般具有以下特点：投资的资金量大、收集和分析信息的能力强、注重投资的安全性、可通过有效的投资组合以分散投资风险、对市场影响大等。

政府机构进行证券投资的主要目的不是为了获取利息、股息等投资收益，而是为了调剂资金余缺。尤其是中央银行，通过买卖政府债券开展公开市场业务，调节货币供应量，进行宏观经济调控。

事业单位用于证券投资的资金，按照国家的规定必须是该单位有权自行支配的各种预算外资金，进行证券投资的目的是为了使预算外资金保值和增值。

公司不仅是证券发行人，也是证券投资者，它们可以用自己限制的短期资金或暂时不用的积累资金进行短、中、长期投资，企业还可以通过股票投资达到参股、控股的目的。企业也可将债券作为企业资产的组成部分，既有利于保持企业资产的流动性，又能使企业从中获取收益。因此，国内发行的许多债券，特别是短期债券多以企业为主要的发行对象。

金融机构是债券市场上主要的机构投资者。参与证券投资的金融机构可分为三大类。一是银行及保险公司。这里说的银行包括商业银行、专业银行、政策性银行等。商业银行等其他银行进行证券投资主要是为了保持银行资产的流动性和分散风险，所以大多投资期限短、质地优的证券。银行的证券投资受到政府法令制约，通常商业银行等只能投资于国债、地方政府债券和投资级企业债券，而不允许购买普通股票和投机级债券。保险公司的证券投资主要考虑本金的安全和收益率，往往投资于期限长且收益率较高的证券。但各国政府对保险公司的证券投资都加以严格管理，一般对持有国债不加限制，而对地方政府债券、企业债券则只限于高等级债券。二是证券经营机构。证券经营机构以自由资本和营运资金参与证券投资，是证券市场上最主要的机构投资者，其证券投资的目的是为了赢利，但有时也负有稳定市场价格的责任,所以在投资操作上既注重本金安全,又注重盈利性和流动性。由于证券经营机构资金实力雄厚、进出金额巨大,且有专家操作,因此它们的投资活动对证券市场的影响甚大,是影响证券市场稳定性的重要因素。三是基金管理人。证券投资基金是指一种利益共享、风险共担的集合证券投资方式,其管理人负责管理和运用基金,主要从事股票、债券等金融工具投资。

**2. 个人投资者**

个人投资者是指从事证券投资的社会公众个人,他们是证券市场最广泛的投资者。个人投资者的主要投资目的是追求利润、谋求资本的保值和增值,所以十分重视本金的安全和资产的流动性。单个的投资者受资本和投资能力的限制,其投资额不可能很大,但是由于社会公众集合的总额十分可观,因此,不能忽视个人投资者对证券市场稳定和发展的群体影响力。个人投资者的资金主要来源于储蓄。在国外,个人投资者还可以从证券公司、商业银行得到贷款用于证券投资。但在我国,这种融资投资因具有很大的投机性和风险性而被禁止。

### (三)证券营销的对象:股票、基金和债券

在本书中,我们主要以股票、基金和债券作为证券营销的主要对象。

**1. 股票**

股票是股份有限公司发给股东,以证明其向公司投资并拥有所有者权益的有价证券。这一定义有三层含义:第一,股票是由股份有限公司发行的,非股份有限公司不能发行股票;第二,股票是由投资者向公司投资入股的凭证,购买股票和向公司投资是同一个过程;第三,股票是投资者拥有所有者权益并承担相应责任的凭证。

**2. 基金**

基金是一种利益共享、风险共担的集合证券投资方式,即通过发行基金单位,集中投资者的资金,由基金托管人托管,由基金管理人管理和运用资金、从事股票和债券等金融工具投资。在我国,基金托管人必须由合格的商业银行担任,基金管理人必须由专业的基金管理公司担任。基金投资人享受证券投资基金的收益,也承担亏损的风险。

**3. 债券**

债券是政府、金融机构、工商企业等机构直接向社会借债筹措资金时,向投资者发行,并且承诺按一定利率支付利息并按约定条件偿还本金的债权债务凭证。债券的本质是债的证明书,具有法律效力。债券购买者与发行者之间是一种债权债务关系,债券发行人即债务人,投资者(或债券持有人)即债权人。债券作为一种重要的融资手段和金融工具,具有偿还性、流通性、安全性、收益性4个方面的特征。

## 三、证券服务营销的特点

证券营销同时具有有形产品营销和无形服务营销的特点,其无形服务营销方面的特点主要体现在以下方面。

**（一）无形性**

证券公司提供的服务大多是无形的，客户在获得证券公司提供的服务之前，对其服务是难以用视觉、听觉和嗅觉感知的。证券公司经常向客户提供的是某种建议或某种观念，这些服务是很难形象、直观、逼真地向客户展示的，只能用抽象的数字、计算、分析和推测，来表明所提供服务的好处和功能而招揽客户。尽管如此，证券公司的客户仍然可以从地点、人员、设备、标示、符号、宣传材料等要素来了解和判别一家证券公司所提供的服务质量。所以，证券公司要想将服务的无形性变为有形性，应当不断提供各种有说服力的证据，以使服务水平有形化。

**（二）不一致性**

证券公司作为服务性企业，在向其客户提供服务时，要特别重视服务所具有的“不一致性”的特点，且不一致性是由多种原因引起的。例如服务质量的不易控制，另外服务质量在很大程度上也是顾客个人的主观感觉，因此不一致性很难避免。而服务质量的不统一，对消费者来说，就意味着购买风险，因为他们无法确定所购买的服务是否就是他们实际接受的服务，服务的不一致性就向证券公司提出了这样一个问题，即如何保持稳定的服务品质。为了向顾客提供标准化服务、保证服务质量的一致性，证券公司应该使用现代化设备，用高素质的人员，按规定的程序向顾客提供服务，并简化服务程序，加快服务过程，减少服务差错，为顾客提供经济和心理收益。同时，营销人员还要深入了解市场需要，按照顾客的要求提供服务。

**（三）不可分割性**

证券公司服务的供应与消费是同时进行的，难以截然分开。由于证券公司的服务不能储存、搬运，必须在一定时间和场合下进行，且随着需求和供给状况的不同而不同。如对需求者来说，错过一定时间可能就不需要了，对供给者来说，错过一定的时间和场合就没有或不可能提供服务。因此，提供合适的或满足客户需求的服务的时间和场所应该受到证券公司的重视。

**（四）专业性**

证券公司的客户对服务的需求往往具有多方面性，且专业性较强，要求证券公司营销人员具有广泛的专业知识，在证券业务服务中能够自如地处理各种问题，让客户满意，诸如回答客户的各种问题、消除客户的种种疑虑，甚至充当客户的投资顾问或参谋，帮着客户分析、计算、推测和谋划。为了提高服务质量、增强竞争能力，证券公司需要雇用大量的各种专家型和研发型人才。

**（五）收益与风险的平衡性**

证券市场的风险无时无处不在，不管是对证券公司还是对客户，防范和化解风险、保持收益与风险的对称平衡性是证券市场的参与者独具的特色和重要的任务。证券公司是证券市场的主要参与者，承担着证券业务中的各种风险，因此，证券公司应加强风险控制，确保经营的安全性，对于主要由客户承担风险的业务，证券公司也要加强服务，使客户所承担的风险与其所获得的收益相称，以保证客户的利益不受损害。

**（六）非歧视性**

除需求差异之外，客户本身的其他各种差异对证券公司的服务是没有特殊要求的，所以证券公司应将服务一视同仁地提供给各种客户，而不因客户的种族、肤色、性别、长幼、长相、身材甚至宗教信仰的不同而不同，这使证券公司可以面向大众而提供广泛的无差异服务。

## 四、证券服务营销中的客户行为分析

**【资料阅读】**

### 股民的交易行为和交易心理

在证券营业部，每一次交易行为看上去似乎都是那么简单、平淡，然而股民却有着如此复杂的心理，有时候连他们自己都不能理解自己的行为。特别是在股票市场上，人类贪婪和恐惧的心理较其他消费行为而言更加赤裸裸。股市犹如一个浓缩的社会，人世间的喜、怒、哀、乐在股市里更加栩栩如生，活灵活现。

从股民的交易行为看，通常是一种认知反应和情感反应的综合。一个股民既有可能根据自己的判断来买卖股票，也有可能根据电台、电视台的股评或者身边的证券咨询人员的建议来买卖股票，更有可能是一群熟识的股民扎堆互相交流而买卖股票。而在后两种情况下，股民是可能受到情感反应的影响来买卖股票的，如证券咨询人员充满热情的广播、股民因为股票的上涨而热烈地交流、赚到钱的股民形成的示范作用等。在这些因素的综合影响下，股民就会不由自主地进行交易。资料显示，现场客户的交易冲动是远大于非现场客户的，而现场客户的交易量也是远大于同等规模的非现场客户的。从后现代主义的角度看，第二种情况属于北欧学派的“关系营销”，强调的是企业（员工、产品）和顾客之间的亲密关系形成的一种互动，而第三种情况更像是拉丁学派的“部落营销”的概念，更为强调的是部落成员之间的互动，即顾客和顾客的关系。通常给予顾客中的“交易明星”一个展示的机会，他们都会主动热情地给其他股民提供建议，并指导其交易。

就股民交易的心理而言，他们通常对自己“过度自信”，犹如美国男人自信自己的车技超过全美平均水平一样。尽管投资者想用客观的、理性的基本分析，或借助于完备的计算技术、多种统计数据指标对市场趋势进行冷静分析与研判，当他们真正决定投资的那一刻，心理作用就会凌驾于一切之上，随时会坠入盲目而非理性的心理陷阱。

**（一）证券客户的含义和分类**

证券客户，也称证券消费者，即证券企业所提供的证券产品服务的对象，包括个人投资者和机构投资者。

券商面临着形形色色的客户,各类客户对券商的服务需求也存在着差异。这种差异不仅体现在对金融产品类型和档次的需求上,还体现在对服务方式、服务渠道等方面,因此,券商可以根据顾客的差异性,将顾客市场划分为更小的子系统或顾客群体。如根据投资者投入资金的规模可以分为大户、中户、散户,也可以按年龄的不同分成不同的群体,如青年、中年、老年,还可以分为专职和兼职等;对上市公司可以按行业进行分类,也可以按技术先进性进行分类,还可以按地区进行分类等等。这样券商面临的市场就不再是笼统而模糊不清的市场,而是明晰的、有着不同特征的市场,并易于从中选出对自己最有利的一个市场作为自己的目标市场,在此基础上,制定与之相适应的营销方案或策略。所以说,券商的市场细分是整个券商营销工作的基础。

下面介绍几种不同市场细分标准下的分类。

**1. 大户、中户和散户**

根据买卖股票的数量以及投资金额的不同,把投资者分为大户、中户和散户。

大户通常是指买卖股票数量大、投资金额大、能左右行情控制市况的大额投资人。大户多由大的企业财团、信托公司、上市公司高级管理人员以及拥有大资金的集团和个人组成。一般来说,有大户参与、照顾的股票在行情看涨时上扬的幅度较大,而在行情下跌时,下滑的幅度会比较小。

中户是指财力稍逊于大户,但投资额也较大的投资人。需要注意的是,在实践中,存在这样一些投资人,他们的投资额虽然庞大,但并不是以炒作为业,他们主要依靠中长期持有股票获取利润,对于这样的投资人,我们通常把他们算在中户之中。中户多由收入中等的个人投资者组成,在股市中,中户不能像大户那样左右市场。

散户是指买卖股票数量较小的小额投资人。散户通常由低收入的个人投资者组成,他们虽然不是影响股市变化的主力,但因为散户在股市投资者中的数量较大,也是股市中不可缺少的组成部分。

**2. 基本分析投资者、技术分析投资者和消息分析投资者**

按投资者投资分析的行为不同,将其分为基本分析投资者、技术分析投资者和消息分析投资者。基本分析投资者着眼于公司获利能力,是关心股息和资本增值的投资者;技术分析投资者是着眼于市场因素及差价利润的投资者;消息分析投资者是以消息的利好与利空来决定操作的投资者。

投资者投资分析的行为不同,对于证券投资有着截然不同的影响。如果股市中多数投资者为基本分析投资者,他们注重企业经营业绩的基本面,那么股价的变化必然较为平稳。因为除非有特别的变化,否则上市公司的获利能力一般不会在旦夕之间就截然改变。更何况基本分析投资者着眼于长期目标,持股的稳定性较强。如果技术分析投资者在投资者总体中占优势,由于他们以市场变动和差价利润等因素为操作的着眼点,因而往往股价越涨越卖、越跌越抛,形成“追涨杀跌”效应。如果以探析小道消息来决定操作的投资者占有相当比重时,那么更易造成股市的急剧震荡。

3. **长线投资者、中线投资者和短线投资者**

按投资者持股时间的长短,把投资者分为长线投资者、中线投资者和短线投资者。长线投资者,如上市公司董事、长期持股的大股东;中线投资者,如参与坐庄的主力大户;短线投资者,如以赚取差价利润为目的的中小散户。

当然,持股时间长短也不是绝对的。有的投资者原先想做短线投资,但迫于股市行情的变化,不得不改做中线投资;有的投资者本打算从事长线投资,但行情发展于他相对有利,值得获利了结,因而转成短线投资。可见,所谓长、中、短线投资者实际上无法截然划分。

不管是哪种模式,券商都需要考虑"天时、地利、人和"的因素,要从战略意义上来考虑客户分类。而对客户分类理解的差异和政策的不同,就将导致企业的经营策略有所不同。这样,券商追求的"个性化服务"才有可能实现,市场中才会消除困扰大家多年的"同质化"弊病,呈现出"散户大户化、咨询专家化、客户信息化"的理性投资时代特征。

通过客户市场的细分,券商可以设计出针对不同客户群的产品和服务。假定我们可以把客户的需求分成 72 种,针对每种需求把客户分成"需要"和"不需要"两个细分市场。我们把市场动态地进行两次细分,然后再将券商所能提供的"一对一"营销产品或服务进行叠加,我们可以看出对该客户应该提供何种最佳营销方式和服务内容。一般来说,可供选择的营销战略有 3 种:一是无差别的市场营销战略,即券商在进行营销工作时,服务面向全体顾客,不分重点,为整个市场服务;二是差别市场营销战略,即券商决定同时为好几个细分市场服务,并且按照各个细分市场的特点,按照各个细分市场的不同需要,分别设计出不同的产品并运用不同的市场营销组合;三是集中市场营销战略,即券商集中全部力量,以某一个或少数几个细分市场为目标市场,为某一个或少数几个细分市场服务。无差别的市场营销战略和差别市场营销战略都是以整个市场为目标市场,为整个市场服务的。

**(二)证券客户决策过程分析**

证券客户参与证券交易过程中有一系列的心理活动变化,可分为 5 个步骤,如图 3－1 所示。

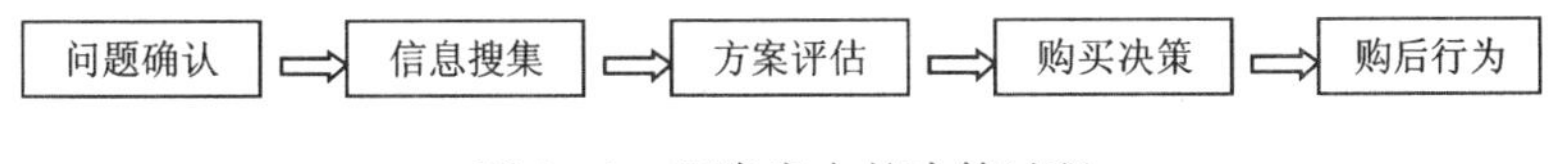


图 3－1　证券客户的决策过程

这种行为模式表明,证券客户的决策过程早在交易行为发生之前就已经开始,并且影响着事后的感受和评价,所以,证券营销者应当把注意力集中于证券营销的全过程,而不仅仅局限于证券客户所参与的交易环节。

由于任何一种证券产品的开发都必须建立在证券客户的现实需求基础之上,因而证券企业必须全面研究其所开发的产品对证券客户的影响与效果,并通过进一步分析客户的心理过程和影响因素来改进产品设计、修正影响方案。根据行为科学的刺激反应模式,证券客户在一定的外界刺激作用下其行为反应的基本模式如图 3－2 所示。

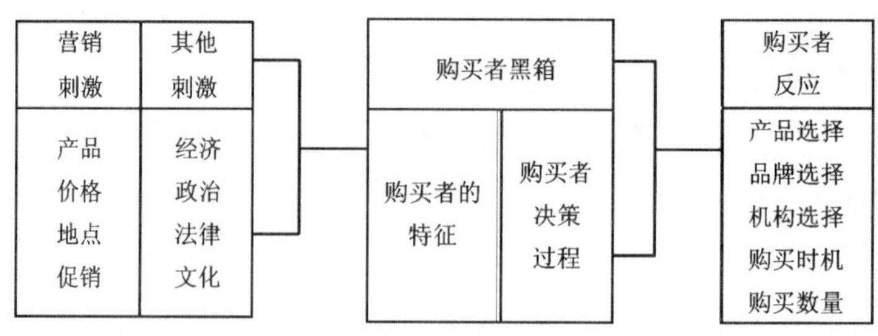


图 3－2　购买行为模式

图 3－2 显示了营销刺激与其他外界刺激作用于客户的心理黑箱而产生行为反应的过程。在上述外界刺激的作用下,营销人员可以观察到客户的外显反应,诸如产品选择、品牌选择、机构选择、购买时机和购买数量等。证券营销人员的任务就是通过比较各种外界刺激与客户反应的状况,分析客户的心理黑箱内部所发生的各种变化,以寻求改进产品与营销努力的途径和方法。

**(三)证券客户的行为特征**

对证券客户行为分类的标准很多,每一种分类方法都可以从不同侧面反映客户行为的特征。

**1. 按客户购买目标的选定程度划分**

1)确定型

确定型客户在发生购买行为之前,已经有非常明确的购买目标,对所要购买的证券的种类、品牌、价格、稳定性、赢利性、数量等均有具体要求,一旦证券产品合意,便毫不犹豫地买下。这类客户不需要别人的介绍、帮助和提示,但在实际营销活动中为数较少。

2)半确定型

半确定型客户在购买之前,已有大致的购买意向和目标,但是这一目标不很具体、明确。直至购买行为发生时,仍需经过对同类证券商品的反复比较、选择之后,才能确定购买的具体对象。例如,某客户要购买某一投资组合产品,已经有了大致目标,但对该金融产品的稳定性、赢利性等方面的具体要求尚未完全明确。为此,客户在购买过程中,需要对上述问题进行推敲、比较,并希望得到别人的参谋帮助,以便确定一个明确的购买目标。这类客户容易受他人观点的影响,成交时间长,一般需要提示或介绍,证券营销人员可见机参谋,以坚定购买决心。他们在证券购买者中为数众多,应是服务的重点对象。

3)不确定型

不确定型客户在购买之前,没有任何明确的购买目标,觉得证券市场新奇。一种好奇心把他们吸引到证券市场中来,随着他们对证券市场的了解,可能引发他们的需要,唤起其购买欲望。一旦有了购买目标,客户会马上发生购买行为,但有时可能不买任何证券产品。究竟发生购买行为与否,与证券企业整体的内外部环境及客户的心理状态有关。对这类客户,证券营销人员应主动热情地服务,尽量引起他们的购买兴趣。

#### 2. 按客户购买态度与要求划分

1)习惯型

习惯型客户一般依靠过去的购买经验和消费习惯采取购买行为,他们长期购买某品牌证券产品,环境变化、年龄增减等都不会改变这类客户的购买习惯。他们在购买证券产品时果断成交,不受新产品或主流产品的影响,购买行为表现出很强的目的性。

2)理智型

理智型客户善于观察、分析、比较。他们在购买证券产品前已经广泛搜集所需要产品的信息,了解市场行情,并经过慎重权衡利弊之后才做出购买决定。购买时又表现得理智慎重,不受他人及广告宣传的影响,挑选产品时仔细认真、很有耐心。在整个购买过程中,这类客户保持高度的自主,并始终由理智来支配行动。

3)经济型

经济型客户对证券产品的价格非常敏感。以价格高低评价产品优劣的客户,往往认为价格高的产品稳定性好,赢利性强,价格越高越要买;对相对廉价产品感兴趣的客户对同类证券产品价格的差异极为敏感,只要价格低便认为合算。因此,经济型又称价格型。

4)冲动型

冲动型客户对外界刺激敏感,心理反应活跃,在外界产品广告宣传、推销人员和其他人的影响刺激下,不去进行分析比较,以直观感觉为依据从速购买,新的金融产品、新的投资组合产品对他们的吸引力最大。

5)疑虑型

疑虑型客户性格内向,言行谨慎、多疑。他们在购买前三思而后行,购买后还会疑心是否上当受骗,或是怀疑所投资的产品不能赢利,甚至赔钱。

总之,客户在购买证券产品过程中,受购买时间、地点、环境、个性、心理及购买对象等多方面因素的影响,不同的客户会呈现出多种不同的购买行为特征。因此,要用动态的、差异化的观点对证券客户的行为加以观察、分析和判断。

### 五、证券服务营销策略

【资料阅读】

#### 国内知名无线服务供应商在美上市

国内知名无线服务供应商掌上灵通在美国纳斯达克(Nasdaq)上市,募集资金8 600 万美元,成为又一个成功登陆美国的中国概念股,更成为纳斯达克的“短信第一股”——首个手机娱乐门户网站。像掌上灵通这样的SP服务商是如何让海外投资者接受全新的商业模式的呢?

**1. 路演——将“巨大的消费市场”作为“中国故事”的主要支撑点**

“整个路演过程中我们都在给投资者灌输短信概念以及商业模式，事实证明我们成功了。对此我感到非常骄傲。”2月中旬，从香港开始，在两个半月的时间里，掌上灵通路演小组成员马不停蹄地走过了20多个城市，足迹遍及亚、欧、美三大洲。路演成功率在90%以上，也就是90%的路演都有机构认购股票。在亚洲，更是达到了100%。之所以如此成功，主要归功于三个方面。一是“电梯销售”是指推荐中必须在三分钟内把公司的赢利模式解释得很清楚，让投资者一目了然。二是将“巨大的消费市场”作为“中国故事”的主要支撑点。推荐过程中公司花费很多精力去解释中国为何能产生这么大的产业，1毛钱短信能做如此大的产业。分析掌上灵通所在的短信行业，目前无限娱乐内容已经形成了具有150亿元的庞大市场规模。三是在故事中让投资者理解什么叫“中国特色”。结合国民经济背景文化，用这群海外投资者身边熟知的案例和中国的产业结合起来，帮他们理解。

**2. 渠道——选择世界顶级的承销商**

本次营销选择了瑞士信贷第一波士顿、摩根大通银行、Piper Jaffray投资银行以及里昂证券的亚太区市场为其渠道。也正因为这些投资行具有非常了解其客户的优势，所以在开始做演路之前，又有针对性地对其进行了销售辅导。

**3. 价格——附加值将产品多卖了2美元**

据悉，灵通的预定募股价仅为每份10～12美元。在投资者的追捧下，灵通上市前一天敲定为募股价为每份14美元。掌上灵通咨询有限公司3月5日于美国纳斯达克市场首日挂牌上市，当天收盘价格即上涨24.4%。首次公开发行(IPO)超额认购了18倍，股价的大幅攀升，募资达8 600万美元，超过此前预期，反映了国际投资界对掌上灵通等中国高科技股的浓厚兴趣。

### (一)证券营销渠道

#### 1. 我国的证券发行渠道

证券发行是指政府、金融机构、工商企业等以募集资金为目的，按照法律规定的条件和程序，向投资者出售代表一定权利的有价证券、募集资金而展开的经济活动。

发行人也就是发行主体，是指为筹措资金而发行证券的政府、金融机构、工商企业等，它们是证券的供应者和资金的需求者。发行人的多少和发行证券数量的多少，决定了发行市场的规模和发达程度。

一般而言，发行人主要包括以下4大类。

(1)政府。中央政府为弥补财政赤字或筹措经济建设所需资金，在证券市场上发行国库券、财政债券、国家重点建设债券等，这些就是国债。地方政府可为本地公用事业的建设发行地方政府债券。但在我国目前禁止地方政府发行债券。

(2)股份公司。对筹建中的股份有限公司而言，发行股票是为了达到法定注册资本从而设立公司；而对已经成立的股份有限公司而言，发行股票和债券的目的是为了扩大资金来源。满足生产经营发展的需要。

(3)金融机构。商业银行、政策性银行和非银行金融机构为筹措资金,经过批准可公开发行金融债券。

(4)企业。非股份公司的企业经过批准,可在证券市场上发行企业债券筹集资金。

我国证券交易所的业务范围主要包括:组织管理上市证券;提供上市证券集中交易的场所;办理证券集中交易的清算交割;提供集中交易的上市证券的交易信息;对券商进行管理,制定上市证券交易规则(采取自律式证券管理体制的国家);办理集中证券过户;证券市场管理部门许可或委托的其他证券业务。

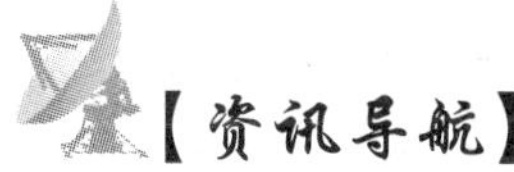

### 【资讯导航】

**多只基金近日发行 基金迎来发行热潮**

基金市场近日迎来发行热潮。据悉,信达澳银基金旗下首只混合型基金——信达澳银精华灵活配置基金日前在建行、交行、招行、华夏、中信等渠道发售,发行期为1个月。

据该基金拟任基金经理王战强介绍,该基金的特点在于加入了信达澳银基金自主研发的战略资产配置模型(SAA)和策略灵活配置模型(TAA),分别用以先于市场进行预测、进行大类资产配置以及对配置结果进行微调,从而有效指导投资。

另外,泰信基金公司旗下第五只基金产品——泰信优势增长灵活配置混合型基金也开始发售,投资者可通过工行、农行、中行、建行、交行、光大、招行等银行及各大券商网点进行认购。尽管面临同期多只新发基金的挑战,泰信基金公司仍表示,目前很多股票已经进入价值投资区间,新基金将通过四大策略选时、选股、选券,把握好此次长期收益的时机。

另据了解,由宝盈基金旗下封闭式基金基金鸿飞转型而来的宝盈资源优选基金也开始发售,投资者可通过建行、中行、农行、邮储、招行等网点和宝盈基金直销中心申购。从投资策略来看,该基金采用"自上而下"进行资产配置和行业配置以及"自下而上"精选个股的积极投资策略。

此外,海富通基金旗下的海富通中国海外精选基金也已开始进行公开募集。据了解,该基金将以在中国香港特区、美国等市场上市的,具有"中国概念"的股票为主要投资对象,其中投资股票的比例不低于60%,银行存款及现金等高流动性资产不超过40%。

**2. 我国的证券营销渠道**

我国的证券营销渠道主要由承销、具有股票承销资格的证券经营机构、承销团等要素构成。

1)承销

当一家发行人通过证券市场筹集资金时,就要聘请证券经营机构来帮助它销售证券。

证券经营机构借助自己在证券市场上的信誉和营业网点，在规定的发行有效期限内将证券销售出去，这一过程称为承销。它是证券经营机构的基本职能之一。根据证券经营机构在承销过程中承担的责任和风险的不同，承销又可分为代销和包销两种形式。

代销是指证券发行人委托承担承销业务的证券经营机构（又称为承销机构或承销商）代为向投资者销售证券。承销商按照规定的发行条件，在约定的期限内尽力推销，到销售截止日期，证券如果没有全部售出，那么未售出部分退还给发行人，承销商不承担任何发行风险。在代销过程中，承销机构与发行人之间是代理委托关系，承销机构不承担销售风险，因此代销佣金很低，代销发行比较适合于那些信誉好、知名度高的大中型企业。它们的证券容易被社会公众接受，用代销方式可以降低发行成本。

包销是指发行人与承销机构签订合同，由承销机构买下全部或销售剩余部分的证券，承担全部销售风险。对发行人来说，包销不必承担证券销售不出去的风险，而且可以迅速筹集资金，因而适用于那些资金需求量大、社会知名度低且缺乏证券发行经验的企业。与代销相比，包销的成本也相对较高。包销在实际操作中有全额包销和余额包销之分。

全额包销是指发行人与承销机构签订承购合同，由承销机构按一定价格买下全部证券，并按合同规定的时间将价款一次付给发行公司，然后承销机构以略高的价格向社会公众出售。在全额包销过程中，承销机构与证券发行人并非委托代理关系，而是买卖关系，即承销机构将证券低价买进然后高价卖出，赚取中间的差额。对发行人来说，采用全额包销方式既能保证如期得到所需要的资金，又无须承担发行过程中价格变动的风险，因此全额包销是西方成熟证券市场中最常见、使用最广泛的方式。

余额包销是指发行人委托承销机构在约定期限内发行证券，到销售截止日期，未售出的余额由承销商按协议价格认购。余额包销实际上是先代理发行，后全额包销。

2）具有股票承销资格的证券经营机构

承销商是股票发行人和投资者之间的桥梁，它对于筹资活动的顺利进行和规范运作具有重要作用。因此，并非所有的证券经营机构都具有股票承销资格。根据 1996 年 6 月颁布的《证券经营机构股票承销业务管理办法》的规定，证券经营机构必须取得中国证监会颁布的《经营股票承销业务资格证书》，才能从事股票承销业务。未取得资格证书或资格证书已失效的证券经营机构，除作为分销商并以代销方式从事股票承销外，不得从事股票承销业务。

3）承销团

对于一次发行量特别大的证券，例如国债或者大宗股票发行，一家承销机构往往不愿意单独承担发行风险，这时就会组织一个承销集团，由多家机构共同担任承销人，这样每一家承销机构单独承担的风险就减少了。在我国，大宗股票和部分国债的发行也经常采用承销的形式。

国务院 1993 年 4 月发布的《股票发行与交易管理暂行条例》规定：拟公开发行股票的面额超过人民币 3 000 万元或者预期销售金额超过人民币 5 000 万元的，应当由承销团承销。主承销商由发行人按照公平竞争的原则，通过竞标或者协商的方式确定。

承销团的结构取决于发行规模、发行地区和上市地区的选择。当发行规模较小，且仅在一个国家发行、上市时，仅选择该国家的一些承销商组成承销团就够了；当发行规模很大，并且在几个国家同时发行、上市时，就可能需要根据实际情况组成多个承销团。

承销团的发起者为证券承销的主承销商，一般由实力雄厚的大型证券经营机构充当。发起者的任务包括：①组建承销团；②代表承销团与发行者签订承销合同和有关文件；③决定承销团内各成员的承销份额；④负责组织签订内部成员的合同和有关文件；⑤选择证券分销商和零售商；⑥负责稳定发行市场的证券价格。

在选定承销团成员后，承销团发起者应负责签订成员间的分销协议，以明确各自的权利和义务。分销协议大致包括：①本次证券发行和担保情况的介绍；②分配各成员推销的证券数量及应得报酬；③各成员应承担的职责；④各成员保证推销其份额的许诺；⑤承销团及其合同的终止时间。

与单个机构进行证券承销相比，承销团方式具有很多优点：①承销团可突破单个机构的规模限制，能满足大额证券发行的需要；②承销团由数量众多的机构组成，可以分散包销发行风险；③多个成员促销可加快证券发行速度。

### 中信证券上半年净利增13% 承销收入接近翻番

2008年8月8日券商龙头中信证券半年“成绩单”亮相，公司1—6月实现净利润47.69亿元，同比增长13.33%，每股收益0.72元。

在上半年证券市场持续走低的情况下，中信证券营业收入与净利润仍较上年同期有所增长，实现营业收入109.13亿元，同比增长2.57%；净利润47.69亿元，同比增长13.33%，其中证券承销收入达9.32亿元，同比增长96.94%。

半年报显示，中信证券截至6月底的总资产为233 343 988 619.97元，比2007年年末增长23.04%；基本每股收益0.72元，比去年同期降低48.99%，但由于报告期内公司实施了10转10派现金红利5元的利润分配方案，总股本由3 315 233 800股增至6 630 467 600股。

中信证券表示，公司及子公司运营情况较好，且公司控股比例较去年同期增加，促进了公司业绩的平稳增长；执行新的所得税税率，所得税费用同比下降均是公司业绩保持持续增长的重要因素。尽管经纪业务额减少，但承销业务收入同比提升、自营业务实现赢利且同比增长也是支撑中信证券业绩的重要筹码。

分业务来看，受A股市场股票基金交易额较2007年同期下降28.41%的影响，上半年中信证券实现代理买卖证券业务净收入46.16亿元，同比减少30.44%，但经纪业务市场份额持续上升，合并市场份额为8.69%，同比上升了0.88个百分点。

报告期内，中信证券股票主承销业务完成新股、定向增发和配股共7单项目，公司合计股票主承销金额271.45亿元；债券主承销业务完成金额321.33亿元。与去年同期相比，中信证券证券承销收入大幅增长96.94%,几乎翻番。

中信证券上半年基金业务和资管业务市场份额也双双实现增长,共实现收入18.64亿元,同比增110%;同时,在大盘深幅调整近半成的情况下,公司通过调整持仓结构,兑现浮盈,实现证券投资收益59.23亿元,净收益24.13亿元,同比增长17.28%,但公允价值变动收益仍然为负,上半年共损失约35.05亿元。

### (二)证券营销形式

#### 1. 组合承销

1)财务顾问业——投资银行的"一揽子式服务"战略思路

随着国内承销业务、经纪业务竞争的日益白热化,大型投资银行已经把眼光投向新的业务领域——财务顾问业,把其作为稳定的新利润增长点。大型投资银行开展财务顾问业有其自身的优势:企业更欢迎承销加顾问的一条龙服务(没有承销资格,对顾问公司业务的开展还是有较大的影响),而且大型投资银行在资金实力、人才储备上有较大的优势。

大型投资银行实施财务顾问拓展战略的重点在于启动售后服务项目,为企业提供一揽子服务。理由是:售后服务市场很大,企业上市后,诸如项目投资、生产管理、财务运作、资产重组、市场开发、人才培训、海外融资等一系列"售后服务"项目,迫切需要专业机构的辅导。我国上市公司改制的时间短,进入资本市场的时间更短。成功上市只是开始的第一步,其后企业将面临着上市后的规范化运作,改制后的内部管理、资产管理、信息披露与交流、财务与投资的运作等一系列陌生的课题,而这些正是大型投资银行的专业优势所在。

大型投资银行开展售后服务的具体思路是:投资银行内部各部门须就企业的发展及上市工作协调步调。参与其中的部门包括:投资银行部、研究所、财务部及上市公司改制意见,并形成项目建议书,进行项目操作,待上市工作完成,就售后服务形成项目计划书,统一实施。

2)路演

路演(road show)是指股票承销商帮助发行人安排的发行前的调研活动。一般来讲,承销商先选择一些可能销出股票的地点,并选择一些可能的投资者,主要是机构投资者。然后,带领发行人逐个地点去召开会议,介绍发行人的情况,了解投资人的投资意向。有时,会计师和投资顾问也参加这一活动,而大多数情况下,只有一些基金经理人参加这一活动。承销商和发行人通过路演,可以比较客观地决定发行量、发行价及发行时机等。我国2003年在香港地区发行的债券就采用了此种形式。

#### 2. 中小券商的策略联盟和证券经纪营销

我国证券业的现状是中小券商数量众多,市场竞争激烈。而我国商业银行基本上是以四大国有商业银行为主,占据了大部分的市场份额,竞争类型基本上为多寡头垄断。显然,证券业的竞争激烈程度要远远高于银行业。而证券业的竞争又以经纪业务竞争最为激烈。在经纪业务中,由于中小券商基本不拥有品牌优势并且业务单一,在业务拓展方面的难度要远远高于实力大券商,因此通过对中小券商在拓展经纪业务这一个课题来阐述金融营销渠道的拓展和创新是很有意义的。

中小券商在运用策略联盟手段进行业务拓展,基本有如下 4 种方式。

1)中小券商和 IT 公司或者知名证券资讯网站订立策略联盟推广网上交易

近几年来,中小券商基本上走以发展网上交易为主要手段的竞争策略。正是这个领域,即证券电子商务,才兴起策略联盟的经营模式。因为证券商和 IT 公司、证券资讯网站在证券电子商务方面,各自拥有不同的关键性资源,但拥有一部分共同的目标客户群体。如果证券公司和 IT 公司结成策略联盟,证券公司就可以借助 IT 公司的技术资源、交易平台和相关的服务来提升网上交易的技术含量,而 IT 公司显然也可以借助证券公司伺机进入证券经纪业。如果证券公司和证券资讯网站结成策略联盟,一方面能够拓展证券公司的潜在客户群体规模,另一方面能够为从事网上交易的客户提供及时的资讯服务,真正为客户着想。而证券资讯网站显然也很乐意这样做。仅从营销渠道角度来说,中小券商与电子商务类 IT 公司结成策略联盟后,可以以最小的代价在最短的时间内推出多种新型的证券电子经纪业务,在现有可用的全部电子通道(电话、传真、电视、手机、传呼机、机顶盒、远程自助和互联网等)上提供证券专业服务,为现有客户和潜在客户提供更为方便、快捷、多样的服务及交易模式,并成为券商核心竞争力的一部分。而中小券商和资讯网站的联盟,提升了券商的服务质量,尤其是提高了对网上交易客户的服务水准。

2)中小券商与咨询公司结成策略联盟

证券经纪业的竞争还要求券商提供给客户充足和优质的信息服务和咨询服务。一方面,中小券商因为实力限制或者观念使然,信息部门和咨询机构十分简陋,无力满足客户在信息和咨询方面日益增长的需要。另一方面,证券市场上的证券咨询机构,虽然与券商的各营业部已有一定合作关系,但这种合作显然十分简陋并且档次很低。如果中小券商和证券咨询机构组建策略联盟,就可进行更紧密的合作。在策略联盟中,证券咨询公司可以根据券商的要求,从资讯服务、投资咨询服务和数据服务 3 个方面为其量身定做多层次、全方位的信息产品,提升券商的质量,并相互不重叠地开发客户,拓展营销渠道。

3)中小券商与有实力的商业银行、保险公司、基金管理公司结成策略联盟

如前所述,中小券商与商业银行等其他金融机构的直销部门在业务上可以相互补充,且不构成竞争关系,因此有结成策略联盟的天然条件。比如证券公司的经纪人和保险公司的经纪人可以更紧密地协作,共同开发客户,这种模式虽然在平安证券公司有过尝试,但总的来说,并没有得到更多重视和更大的发展。

4)中小券商与电信公司和房地产开发商建立广泛的策略联盟

在证券电子商务的讨论中,一直有"是网民转化成股民,还是股民转化成网民"的争论,因此券商和当地电信公司结成策略联盟,可以进行捆绑式促销。而券商和房地产开发商进行合作,深入小区推广业务,显然扩大了券商的客户源,即拓展了营销渠道。

【资料阅读】

**国联证券的投资银行业务概览**

业务简介：

国联证券投资银行总部于2002年成立，依托国联集团的强大支持，立足无锡，在全国范围内开展综合的投资银行业务，主要包括：证券承销和保荐业务、企业收购兼并和重大资产重组等财务顾问业务和创业投资管理业务。国联证券是中国证监会核准的首批保荐机构之一。

主要业绩：

部门成立以来，已成功主承销（保荐）了9个项目，其中宁波东睦（600114）是国内首家外资控股IPO的上市公司，浙江卧龙集团收购ST丹江（600173）是国有控股上市公司净壳收购、股权分置改革及向新控股股东定向增发等三项业务合为一、互为实施条件的一个高度复杂的经典收购案例。

**1. 主承销（保荐）项目**

2004年4月14日，宁波东睦（600114）顺利发行4 500万股。

2004年5月11日，宁波东睦在上交所上市交易。

2004年6月22日，霞客环保（002015）顺利发行2 000万股。

2004年7月8日，霞客环保在深交所中小企业板上市交易。

2006年10月19日，新中基（000972）成功向机构投资者非公开发行5 450万股。

2007年2月15日，韶能股份（000601）成功向机构投资者非公开发行14 100万股。

2007年4月27日，中国证监会批准华泰股份（600308）向大股东定向增发，收购大股东的优质资产。

2007年8月18日，银鸽投资（600069）成功向机构投资者非公开发行5 460万股。

2008年4月28日，恒邦股份（002237）顺利发行2 400万股，5月20日，恒邦股份在深交所上市交易。

2008年6月5日，冀东水泥（000401）成功向机构投资者非公开发行25 000万股。

**2. 副主承销项目（股票）**

安徽长江装备股份有限公司、无锡商业大厦股份有限公司、河南中孚实业股份有限公司、安源实业股份有限公司、天津天士力制药股份有限公司、浙江尖峰集团股份有限公司、黑色牡丹（集团）股份有限公司、浙江卧龙高科技股份有限公司、北京燕京啤酒股份有限公司可转债。

**3. 股权分置改革保荐项目**

华发股份（600325）、华泰股份（600308）、创元科技（000551）、滨州活塞（600960）、内蒙华电（600863）、中达股份（600074）、西藏圣地（600749）、莫高股份（600543）、天目药业

(600671)。

**4. 主承销项目(公司债券)**

2007 年 10 月 12 日,韶能股份(000601)公开发行公司债券 6 亿元。

**5. 副主承销项目(企业债券)。**

2002 年江苏交通控股公司企业债、2003 年苏州工业园区企业债、2005 年天津泰达集团企业债券、2006 年厦门路桥企业债券。

### 3. 证券电子商务

随着互联网在证券行业的应用和发展,国内网上证券交易逐步形成和发展,并产生了证券电子商务的概念。而传统经纪业务模式下形成的券商营销运作在新的经营环境下发生了巨大的变化,同时也面临着一系列的挑战。证券公司应从营销观念的转变、营销对象的重新分析和认识、营销运作方式的优化、营销战略管理和人才管理等方面进行相应的研究和思考。

证券电子商务是指通过各种电子通道,利用技术手段将原来在常规方式下开展的各种证券业务,以电子化的方式在线开展,并依托技术的发展而产生一些创新业务。

**【资料阅读】**

**网上经纪人引领证券创新服务**

国内在线服务领域中,华夏证券率先提出了网上经纪人的概念。

通过华夏证券网,投资者可以根据自己的投资偏好和网上经纪人的业务特长选择属于自己的经纪人。由经纪人为投资者提供投资指导,包括投资策略、进行大盘与个股分析、投资时机选择等等,过去在大户室都无法享受到的专家服务在华夏证券网大多能得到实现。投资者可以根据华夏证券网公示的网上经纪人资料,选择适合自己投资风格的经纪人。华夏证券网设有专家咨询室接受客户的直接提问,原来举办一次大型投资报告会既耗时又费力,现在只要拥有鼠标、键盘与屏幕就能成功举办一次全国范围的网上投资报告会。

客户同网上经纪人进行交流的渠道与工具有个人主页的网上留言、BBS、网上聊股室、短信息服务等,投资者可以进行任意的组合选择。无论是通过网络还是手机,都可以得到网上经纪人的个性服务。网上经纪人的个人主页是信息发布平台,亦是与客户沟通的主要渠道。网上经纪人的个人主页最高访问量达到 23.37 万人次。在互联网上,经纪人的任何行为都记录保存下来,作为客户对经纪人评价的依据。客户不再被动地成为服务的接受着,在网络时代也成为服务的发起者与评价人。

在华夏证券网上。每位网上经纪人都有自己的客户群,每个客户群以网上经济人为中心在证券投资方面相互交流投资心得、学习投资知识,共同受益,共同进步。目前华夏证券网 120 位网上经纪人共有 94 000 余名客户,人均约 800 名。

目前网上经纪人的发展还有点小缺陷。由于没有实现与交易数据的直联，网上经纪人在评价自己成果时，尚要采用传统方式进行，略显烦琐。可喜的是公司经济业务管理平台的建设将帮助这一问题得到解决，打通传统服务与网络服务的鸿沟，在营业部运用各种手段开展证券经纪服务，丰富华夏证券经纪服务内容，提升服务层次，华夏证券经纪业务发展的美好明天将展现在我们的眼前。

### （三）证券营销策略

券商的促销策略可以采取多种方式，除了传统的人员促销外，主要是广告、营业推广和公共关系3种具体形式。

#### 1. 广告

券商的广告促销活动就是券商利用各种广告媒体来宣传自己的业务、优势、特点，从而提高自身的名声和信誉，确立自己良好的企业形象，扩大本公司的业务量和市场占有率，增加赢利。一般来说，如果券商追求的是一种长期目标，就应该做以本公司的形象为主的广告；如果追求的是短期目标，就应该做以证券产品或提供的某种服务为内容的广告。

#### 2. 营业推广

营业推广是指券商为了刺激需求而采取的能够迅速产生鼓励作用并达成成交目的的促销措施。企业通过直接显示和利用产品、服务、购买方式与环境的优点、优惠或差别性以及推销、经销奖励来促进销售的一系列方式方法，迅速刺激需求，鼓励购买。如券商在证券发行前的“路演”等，通过营业推广，可直接有效地激发消费者的购买欲望，加速销售量的增加。在进行营业推广中，要解决好确立营业推广对象、选择营业推广形式、制定营业推广方案这几个问题。

1）确定营业推广对象

企业营业推广的对象主要有投资者或用户、券商、经纪业务人员三类。

（1）以投资者或用户为对象。对投资者主要通过有奖销售、服务促销、购物折扣、优惠券等形式鼓励老投资者多买，吸引新投资者，争夺其他品牌的投资者；对投资者通过展销、业务会议等形式告之本产品可为其带来的利益。

（2）以券商为对象。对券商主要通过在销售地区举办介绍会，提供广告津贴、人员培训，争取与券商建立固定的业务关系。

（3）以经纪业务人员为对象。对经纪业务人员主要通过销售竞赛、红利提成及各种精神奖励措施，鼓励推销员大力推销新品种，开拓新市场，发现潜在投资者。

2）选择营业推广形式

为了实现营业推广目标，企业可以在多种营业推广形式中进行选择，根据市场类型、营业推广对象、竞争形势以及各种营业推广形式的成本及效果等因素做出选择。如举办产品展览、制作现场广告、提供产品体验、举办优惠活动、增加售后服务等。

3)制定营业推广方案

营业推广方案是营业推广的实际指导,也是实际推广的依据。在营业推广方案中,除了包含前面所提到的确定营业推广对象、选择营业推广方式之外,还应该包括营业推广的目的、费用预算、时间安排强度、效果预测等多方面的内容,通过制定详细、周密的营业推广方案,可以使推广达到促进销售或提高证券公司知名度的目的。

**3. 公共关系**

公共关系并非只是企业市场营销的一部分。一方面,任何社会组织都有必要进行公共关系活动,并非只是营利性组织的专利;另一方面,证券经营机构经营活动的各方面都需要公共关系,公共关系可以发挥多方面的作用和功能。

在券商的营销活动中,公共关系是通过协调券商和相关公众之间的关系,以争取公众对企业的理解与合作,从而增强券商营销能力、扩大其市场份额的一种促销方式。其主要功能和作用是增进社会各界同券商的联系、了解和合作,为券商树立良好的形象,提高券商声誉、创造良好的营销环境,开展创造性的销售活动。同时,券商通过开展公共关系促销,还有利于化解危机。

## 六、证券营销的变化与新发展

### (一)我国证券营销的变化

我国证券市场正在发生变化:①证券业务更趋市场化;②投资者更加理性化;③科学技术尤其是电子网络的发展对证券市场的影响越来越大;④加入 WTO 使我国证券市场和世界经济的关联性越来越强;⑤管理层对证券市场的规范发展日益重视;⑥政策法规的出台对券商的规范化经营提出了更高的要求;⑦券商之间的竞争越来越激烈。这些变化对我国券商的营销工作提出了更高的要求。综观近年来我国证券营销的发展,我们认为,我国证券营销的变化主要体现在证券营销环境的变化、证券营销人员的变化和证券营销对象的变化等方面。

**1. 证券营销环境的变化**

第一,竞争的方式发生了变化。过去,很多人认为证券营销的对象就是股票、债券等有形产品,而忽视了"服务"。但真正的营销应该是在证券市场从卖方市场转变成买方市场时,从刚开始的客户不请自来的火暴场面,到各券商为抢夺客户资源不顾你死我活的竞争,大家在为抢占有限的客户资源和市场而使用种种技能去打击竞争对手,总想置他人于死地而独生的时候开始的。而在当今的社会状况下,如何将传统的对立型竞争,转变成一种合作型竞争,使得券商与券商、券商与客户之间形成一个多赢的局面,才是最根本的问题。

第二,竞争的社会背景发生了根本变化。在今天的经济条件下,社会价值取向发生了根本变化,以前各券商在竞争中惯用的返佣、返点的竞争方式在逐步退出;而如何更好地为客户服务,使其在需求上得到满足,在资产上能够有效地保值和增值是目前证券企业所要用心关注的。

第三，竞争环境日趋激烈。在知识经济时代，世界经济一体化、全球化趋势不断加强，国内券商机构不仅面临国内同行的竞争，同时也将面临来自国际大企业的竞争，竞争更加激烈，竞争对象也发生了根本变化。知识竞争和人才竞争、服务的竞争是竞争的根本。所以，券商既要适应硬环境的竞争，更要适应软环境的竞争。

**2. 证券营销人员的变化**

从券商的发展看，传统的营销人员大部分由原来内部的富余员工转变而来，或者是由以前从事保险推销的推销人员而来。但是经过证券市场低迷洗礼后，这些人员由于各种原因已经流失殆尽，而接替他们的是营业部里的部分客户经理。他们通过各种手段“拉”来客户，然后根据客户的资金量或成交量进行一定比例的提成。但是这样做的弊端就体现在：开发客户就无暇服务，服务客户则无法开发，再加上短期的功利主义，使得客户流失速度比开发速度还快。同时，每个人的有效客户资源是有限的，其后续发展潜力大体上呈现出一个下降趋势。因此，现阶段，通过充分发挥网络技术在证券营销中的作用，并将顾客关系管理、服务营销、内部营销等理念用于指导企业的发展与员工的培训，要求营销人员在实际操作中灵活应用，将在很大程度上提高员工的素质和券商的持续竞争优势。

**3. 证券营销对象的变化**

在证券营销过程中，客户的文化层次在不断提高，智力水平普遍较高，需求也在不断地变化与提升。那么如何在竞争中保持不断提升的水平，如何更好地面对这些客户呢？首先就是要对现有的客户群体和未来潜在的客户群体进行分析。知识经济时代，人们的文化水平和修养都比较高，人们更加追求自由和个性化发展，在进行投资时，都有自己独特的投资意识、习惯和方式，同时也可以通过信息高速公路及各种媒体得到大量的相关信息，选择领域很大。因此，客户将根据自己的兴趣爱好来选择较为个性化的投资品种和方式。那么，我们就需要了解客户的这些需求，以最小的成本付出让其不断提高满意度，让客户与我们更贴近。如开发适合不同人群需要的证券产品，进行有针对性的市场细分以及开展证券知识培训和定期开展证券产品咨询等活动。

**4. 证券营销趋势的变化**

目前，证券营销的趋势发生了重大的转变，从一般的证券销售转变为整合营销（包括信息营销、关系营销、网络营销等）。此举不仅是券商企业营销运作领域的事，它也逐步被提到企业长远发展的战略高度，其地位将日益突出。我们应该视整体营销为一种新机遇，加强各领域中支柱企业的强强联手，例如同中国移动合作的证券手机短信服务，同电信的宽带上网，同银行的银证通等等，都是一种有益的尝试，可以做到客户资源共享、利益共得、吸引投资者、打造自己的核心客户群体。

同时，在营销过程中，券商也应该有整体的转变，包括文化理念、营业部门、组织结构与设置等都要作相应调整，这也有助于营销活动的开展，有利于提高券商企业形象，有利于吸引更多优秀人才。

### (二)证券营销的新发展

#### 1. 证券交易无形化

建立以现代技术为依托的无形化交易系统,已成为世界各国证券市场发展的潮流。无形化的交易系统就是改变传统的交易方式,采用计算机实行交易的自动撮合,并且变有形席位为无形席位,即投资者利用计算机终端可以自行进行交易。目前,在美、欧以及一些新兴证券市场,如新加坡、韩国、我国的深圳和上海大多实行了电子指令交易方式,与此同时,世界上各大证券交易所如伦敦证券交易所、香港联合交易所都在向自动化交易系统发展。辛辛那提(Cincinnati)股票交易所是美国目前少有的一所全自动交易所。另外,加拿大最大的股票交易所——多伦多股票交易所(Toronto Stock Exchange,简称 TSE)从 1990 年以来,已经开发出了集交易和市场监控于一体的一系列应用软件,使其成为世界上最先进的自动化股票交易所之一,为了达到完全自动化的目标,TSE 目前已计划在经纪商的办公室建立交易商工作站,提供对交易的远程访问,最终取代交易厅。

在证券交易自动化发展趋势下,证券市场网络化正在迅速发展。证券市场是市场经济的前沿,具有高风险、高智力等特点,利用网络发展证券市场是大势所趋。现有的证券市场正在广泛利用网络技术迅速扩张,证券市场旧的组织方式受到冲击,并开始形成新的网络市场。各著名的证券交易机构网点遍布全球各区域,除了发达国家和一些国际金融中心以外,发展中国家和地区的证券市场也在兴起,形成了全球 24 小时不间断交易的世界性证券市场一体化。

#### 2. 全球市场一体化

全球金融市场一体化,是国际金融发展的一个重要趋势。在一体化过程中,全球性金融管制放松的浪潮以及现代信息技术在金融业中的应用和推广,促进了这一趋势的发展。20 世纪 80 年代,证券业借助电子信息技术跨越了各民族传统和经济法规的限制,证券市场得以迅速国际化。据美国西北大学经济系莫维兹教授统计,全球 50 多个最大的自动交易系统覆盖了 16 个国家和地区,由于时差和部分系统夜间开业,从运行时间上把全球证券市场连成一个日夜不停的一体化市场,其中有 7 个大系统是跨国界的自动交易系统。与此同时,第四市场也迅速朝国际化发展。迄今为止,一个以路透社为信息传输骨干的无国界的电子证券市场业已形成,这一体系已在 129 个国家和地区装置了 20 万个终端。虽然全球证券市场一体化还有许多障碍,但已成为不可逆转的潮流。

#### 3. 证券衍生产品化

证券衍生产品化,是伴随着国际债务危机、金融管制放松和国际资本流动加快而逐步发展起来的。在金融证券市场信息化、国际化的环境下,投资风险日益加剧,为了规避、分散和降低投资风险,不断满足投资者和筹资者日益增长的新需求,金融工具不断推陈出新,证券衍生品种层出不穷。20 世纪 70 年代以来,各种证券期货、期指等证券衍生产品迅速发展,成为国际金融市场的重要品种。可以预见,随着金融衍生产品市场的发展,一系列新的证券衍生产品将会不断出现。

**4. 投资者机构化**

随着市场规模的扩大,愈来愈多的小投资者将其资金转向集资投资性的证券,使得此类型的投资机构得以成长。成熟市场中投资者结构已发展到以机构投资者为主,新兴市场将逐步由以分散的小投资者为主转向以机构投资者为主。

**5. 证券制度的国际化**

各国政府放松管制,WTO各成员国的资本在全球范围内流动,对外开放本国证券市场和国际金融市场,使各国证券市场的制度原则、交易方式和惯例等逐步趋同。一是证券发行操作顺序与国际惯例一致;二是按国际市场的需要统一股份制公司的会计规则;三是国内证券公司向国际市场延伸,在把本国投资者带向国际领域的同时,又把国际投资者引入国内,衍生出二级市场的国际化;四是基金业务国际化,共同投资基金和单位信托基金的兴起为证券市场注入了新的活力,推动了世界证券市场的进一步国际化。

# 第四节　保险服务营销

## 一、保险服务营销的含义

从营销学的观点出发,保险营销就是在变化的市场环境中,以保险为商品,以市场交易为中心,以满足被保险人需要为目的,实现保险企业目标的一系列活动。这一基本概念包含了以下4方面的核心内容。

**1. 保险商品的起点是投保人的需求**

每个人一生下来就会有各种各样的需要,如生理需要和社会需要,对保险商品的投保人来说,他的需要是客观存在的。

**2. 保险营销的核心是社会交换过程**

保险营销要能够顺利进行,其核心是要提供满足这些需要和欲望的保险商品,并在公平合理的原则下进行交换与交易,从而使交易双方满意,使保险商品的营销活动得以最终完成。

**3. 保险营销的手段是整体营销活动**

现代营销学强调整体性的营销活动,也就是说,不能把营销仅仅当做推销或促销,或者只是当做一项有任务就去"完成",有危险就去"急救"的临时性的工作,而应把营销当做一项长期的、周密的、细致的、整体的工作来进行。因此,营销的手段应包括市场调研和预测、市场分析、产品设计与开发、产品定价、渠道的选择、促销组合的运用等。保险营销的手段也应强调整体的营销活动。

保险作为一种商品,其营销既有一般商品营销的共性,也有自己的特点。相较于其他商品营销,保险营销更加注意主动性、人性化和关系的维系。离开了主动性,保险营销就会陷入停滞,趋向灭亡;不注重人性化,保险营销就会缺乏活力,使保险营销缺乏吸引力;忽视与各方面维持良好的关系,就会使自己举步维艰,难以维系。

【资料阅读】

**奥运保险**

中国人保财险

根据《北京奥运行动规划》估算,北京筹备和举办2008年奥运会将会带来近3 000亿元的保险需求,由此产生的保险费将达3亿元。

早在2005年,中国人保财险就已经和北京奥组委签订协议,正式成为北京2008年奥运会保险合作伙伴。按照协议的要求,PICC将在签订协议后的3年内享有排他性的特别专属权。这就意味着,除2008年奥运会外,残奥会、北京奥组委、中国奥委会及参加2006年冬奥会及2008年奥运会的中国体育代表团所有保险产品均会由PICC提供。

奥运保险保障体系覆盖了整个北京奥运会和残奥会的活动、人员和财产,包括奥运大家庭在内的大约15万相关人员(其中4万多名奥运大家庭成员、11万名注册志愿者),近8 000辆机动车和北京及京外的所有奥运场馆。

财产险方面,北京奥运会单项最高保险保额为34.5亿元,参照对象为北京奥运会单体价值最高的建筑——鸟巢,34.5亿元的保额为鸟巢造价的1.5倍。

人身险方面,按照国际惯例,团体人身保险单每名运动员可获30万元的保额,但对出征奥运的中国军团额外增加了70万元,这样中国运动员就获得了每人100万元的保额。

## 二、保险营销的主体、客体和对象

### (一)保险营销的主体

保险营销的主体是指保险商品的"生产"者和推销者,包括各类保险公司、保险代理人和保险经纪人。

#### 1. 保险公司

截至2008年上半年,全国共有保险集团公司8家、保险公司103家、再保险公司6家、保险资产管理公司9家。其中,寿险公司59家(含5家专业养老保险公司和4家健康险公司),中资寿险公司34家,外资、合资寿险公司25家;产险公司44家,中资产险公司29家,外资产险公司15家。初步形成了国有控股(集团)公司、股份制公司、专业性公司、外资保险公司等多种组织形式、多种所有制成分并存,公平竞争、共同发展的市场格局。

**2. 保险代理人**

保险代理人是指根据保险人的委托，在保险人授权的范围内代为办理保险业务，并依法向保险人收取代理手续费的单位或者个人。在现代保险市场上，保险代理人已成为世界各国保险企业开发保险业务的主要形式和途径之一。保险代理是代理行为的一种，是保险人委托保险代理人扩展其保险业务的一种制度。

1）保险代理人类型

保险代理人一般分为专业代理人、兼业代理人和个人代理人 3 种。

A. 专业代理人

专业代理人是指专门从事保险代理业务的保险代理公司，《保险代理机构管理规定》称其为保险代理机构，其组织形式可以是合伙企业、有限责任公司或股份有限公司。

保险代理的业务范围包括：代理销售保险产品；代理收取保险费；代理保险和风险咨询服务；代理保险公司进行损失的查勘和理赔。在实际执行中，既可以代理上述全部业务，即代理保险展业、承保、理赔和防灾防损全部 4 个环节的业务，也可以只代理其中某一方面某一环节的业务。前者称为全权代理，后者称为非全权代理，究竟采用哪一种方式取决于保险人的授权。

B. 兼业代理人

兼业代理人是指受保险人委托，在从事自身业务的同时指定专人为保险人代办保险业务的单位。兼业保险代理人成立的条件是：具有所有单位法人授权书；有专人从事保险代理业务；有符合规定的营业场所。

兼业代理人的主要形式有以下几种。

a. 业务经办单位代理。利用业务经办单位的职能作用和优越条件为保险人代理与本身业务有直接关系的保险业务，如渔业监管部代理渔船保险业务，学校的学生处代理大学生平安保险业务。

b. 企业主管部门或企业代理。企业的主管部门受保险人委托兼办所属企业的保险业务，或企业代办企业内部的保险业务，如代理职工养老保险、家庭财产保险等。

c. 金融部门代理。恢复国内保险业务初期，保险公司主要依靠银行代办保险业务，现在金融代理也依然是招揽保险业务的一个重要渠道。由于银行与各行各业接触广泛，又有一定的经济手段，所以，它可以代理多种保险业务，例如企业财产保险、家庭财产保险等。

兼收代理人的业务范围一般限定在代理销售保单和代理收取保险费上。

C. 个人代理人

个人代理人是指根据保险人委托向保险人收取代理手续费或佣金，并在保险人授权的范围内代为办理保险业务的个人。

2）保险代理人与保险公司的关系

保险代理人是保险人的代理人，它的法律地位等同于保险公司的法律地位。法律上把保险代理人看做保险公司的代表，保险代理人的一切行为都代表着保险公司并由保险公司负法律上的责任。

保险代理人接受保险公司的委托而获得办理保险业务的权利。由于保险代理人进行的是民事活动,因此其权利的产生必须符合法律程序,并受法律保护。所谓符合法律程序,就是代理人与保险人双方必须签订代理合同或以法律上承认的方式实施委托。一般说来,保险代理人的权利有:有权根据保险代理合同规定的代理范围独立地开展业务活动,有权根据代理合同规定的标准得到劳动报酬,有权拒绝行使违法代理事项。

保险公司通过签订代理合同赋予代理人以应有的权利,同时也规定了自己的权利。保险公司根据业务的需要,有权选择代理人,有权授予代理人代理保险业务的种类及业务范围,有权要求代理人按照保险人规定的条款、费用、实务手续开展业务活动,有权监督、检查、指导保险代理人代理业务的情况。

保险代理人和保险人各自的权利,实际上就是各自对对方的义务,它们双方的权利和义务则集中反映了保险代理人与保险人之间的关系。这种关系决定了保险代理人一方面要依附保险公司,作为保险公司的代表发挥作用;一方面又是一个经济组织,以其独立的人格特征自主地从事保险营销活动。

### 【资料阅读】

#### 英标理财顾问来华传道授业

2007 年 7 月 1 日至 5 日,3 位来自英国标准人寿的资深保险专家前往青岛、南京、天津和北京等地,为恒安标准人寿近千名销售精英进行培训,分享从业经验。

在英国,采用职员制提供寿险服务已经非常成熟,大量的职业理财规划师成为金融服务业的主流。就英国标准人寿而言,公司业务收入主要来自两个渠道:经纪人和职员制销售人员。2006 年,职员制销售渠道贡献了英国标准人寿总体业务的 13%,并被评为英国最佳销售团队。

此次来华培训的布赖恩·帕金森,是英国标准人寿客户管理有限公司总监,主要负责私人客户管理、直销渠道和团体客户渠道的管理,拥有 20 年金融服务行业的销售及管理经验。他带领的西恩·劳恩丝及大卫·迪可恩两位资深客户经理,在客户服务方面享有盛誉。

据介绍,英国标准人寿的客户经理平均生产力在 2006 年时是 650 万元人民币,预计到 2007 年这个数字将达到 950 万元,这样的业绩是国内寿险销售人员所无法企及的。那么,他们的秘密武器是什么? 布赖恩认为,首先,永远不要忽视终端客户,使客户成为工作的中心和重点;其次,提高所有销售渠道和人员的专业能力。

布赖恩介绍,在英国,客户经理对客户的服务主要集中在投资、养老规划、税收规划等几个方面,一个合格的客户经理必须能够理解客户的需求,针对不同的客户提供合理的建议,具备在整个理财规划综合领域提供全面咨询和整体建议的专业能力。因此,所有想要进入寿险销售行业的人必须要考一个财务规划证书(FPC),这是监管部门要求的;另一个更高层次、为中高端客户服务所必需的是高级财务规划证书(AFPC)。入行之后,客户经理为了争取服务更多的客户,还会根据所服务的领域和层级不同,去考取一些分类更细的专业资格。

恒安标准人寿在国内首推职员制的营销模式,在寿险行销方面历来注重引进国际先进技术和理念。此次培训更是用资深专家专业的技术和成熟的寿险服务理念,为职员制的发展进行"营养"补充,推动职员制理财顾问更好地为中国消费者提供专业的高素质的财务规划服务。

**3. 保险经纪人**

保险经纪人是基于投保人的利益,为投保人和保险人订立保险合同提供中介服务,并依法收取佣金的单位。保险经纪人由来已久。保险起源于海上保险,保险经纪人则是与海上保险同时发展起来的,在保险营销中扮演着重要的角色。

与保险代理人不同的是,保险经纪人是以自己的名义进行保险中介服务的,它不依附于某一个固定的法人或自然人,而是具有独立法律地位的单位。它要有一定的条件和资格,有一定的资金作为保证金,并能以自己的名义享有民事权利,承担民事义务。保险经纪人因过错给投保人、被保险人造成的经济损失由自己承担法律后果。

一般来说,保险经纪人被视为投保人的代理,处于保险人或保险代理人的相对地位,其代理活动基于投保人或被保险人的利益。但保险经纪人的立场,在实务上容易产生混淆。产生混淆的原因是:首先,为投保人服务,却向保险人收取佣金。所以,保险经纪人又非完全意义上的被保险人的代理人。如前所述,保险合同订立后,保险经纪人首先向保险人索要酬金。其次,保险经纪人往往代理保险人收取保险费。再次,由保险经纪人的过错或疏忽而使被保险人的利益受到损害,保险经纪人要负民事法律责任,给予经济赔偿。

**4. 保险公估人**

保险公估人也称保险公证人,它是以独立于保险人与被保险人之间的保险合同之外的第三者的身份,凭借丰富的专业知识和技术,本着客观、公正的态度,向保险人或被保险人收取费用而为其进行保险标的查勘、鉴定、估损及赔款计算、洽商并给予证明的人。保险公估人包括调查人、鉴定人、估价人和理算人等。

保险公估人既不代表保险人,也不代表被保险人,而是独立的法人。保险公估人是为保险供求双方服务的,但一般由保险人出面邀请进行公证,公证费用由保险人支付。

在我国,保险公估人可以以合伙企业、有限责任公司或股份有限公司的形式设立。

**(二)保险营销的客体**

保险营销的客体就是保险商品,是保险营销主体在实施营销活动中,向保险需求方提供和交易的商品。

一种商品若能够在市场上顺利流通,必须既具有一般商品的共性,又有其特殊性。理想的保险商品,既要满足保险服务提供者的需要,又要满足保险需求者的需要。因此,优良的保险商品应具备:①是被保险人真正需要的;②能保证被保险人的利益不受侵害;③费率合理公正，能令双方接受。

保险商品的多寡及其规范与否，是保险市场发达与完善程度的重要标志。目前，发达国家保险市场上可购买的保险商品达数百种，随着保护消费者权益活动的高涨、消费者地位的上升以及保险企业现代营销观念的增强，保险市场将会日趋完善和发展，保险商品也将更加多样、丰富多彩。

**（三）保险营销的对象**

客户资源是企业最重要的战略资源之一。拥有客户就意味着企业拥有了在市场中继续生存的基础，而拥有并想办法保留住客户是企业获得可持续发展的动力源。企业在其建立初期对客户的重视程度一般比较高。但是，当企业发展到一定规模以后，对客户的认识往往容易发生转变，认为自己在产品的研发设计、生产制造方面已经积累了一定的经验，而客户仅仅是一个使用者，于是在实际工作中就有了欺骗客户、藐视客户的现象发生。这样，企业在不自觉中就走了下坡路。在市场充分而有效的调节下，以客户为中心的经营理念，伴随着客户关系管理（CRM）的先进工具和方法，已经逐步成为广大企业的行为和思想的准绳。对于营销观念中的两个核心观念顾客与竞争，保险企业首先要获得顾客，将顾客变为客户，并且要想方设法留住客户。只有这样，才能取得营销的成功。

## 三、保险服务营销的本质特点

保险服务营销除了具有服务行业的共同特点之外，保险服务还具有其自身的一些特点，如服务的非渴求性、潜在的需求性、交易的长期性、等价交换的特殊性等。

非渴求性是指保险商品往往是顾客不了解、不知道或虽然知道却没有兴趣购买的商品。保险商品的非渴求性质，决定了保险公司必须加强推销工作，使消费者对保险商品有所了解、产生兴趣，才能形成购买的行动。

潜在的需求是指风险对任何人、任何部门或是团体都是一种客观存在。但风险的威胁往往使人不易察觉，具有一种隐蔽性的特点；人们实际也会或多或少具有一定的风险意识，感受到风险对自己的威胁，但由于风险是属于未来的，而且何时、何地、发生何种程度的风险损失都具有偶然性，因此人们往往把保险需求搁置一旁，只有发生或看到了风险事故带来的后果，才恍然大悟。保险需求所具有的这种特点被称为保险需求的潜在性。为此，保险营销人员要把顾客的这种潜在需求变为现实的、有效的需求，就需要付出比其他商品营销人员更多的精力与时间。同时也要求保险营销人员具有相当的保险专业知识，能够从专业角度唤醒顾客潜在的风险意识和保险意识，使他们真正认识到保险商品的功能，理解参加保险的重要性，尽快将潜在的需求变为现实的有效的购买。

交易的长期性特点主要从人寿保险体现出来。人寿保险合同是一种长期性的合同，保险合同期限的久远性，使得保险消费者对保险商品的作用不能真正或充分了解，甚至误解保险，认为交了许多保险费，所得到的只是一张若干年才能兑现的保险单。因此很多人不会主动向保险公司购买保险，而需要营销人员做大量的促销工作。

等价交换是商品交换的基本原则,保险商品等价交换的特殊性是指在购买保险商品时,从个别投保人的角度,有些人交了保险费,未得到赔偿;而有的人所得到的赔偿金远远超过所交纳的保险费,似乎违背了等价交换的原则。但是在保险交换的总体上,双方明显地体现了等价交换的原则。

保险商品的上述特性,决定了保险营销的根本方向是全面提高保险服务质量,而保险服务质量的提高依赖于提供保险服务的人员。

## 四、保险营销人员的专业素质

### (一)必备的5种专业保险知识

**1. 投资理财知识**

投资理财知识主要包括股票、基金、外汇、期货、房地产、黄金、投资策略和投资产品的相关知识。

**2. 法律知识**

法律知识主要包括保险法规、税法、民法、合同法等。

**3. 产品知识**

客户更喜欢能为其提供大量信息的保险业务员,更愿意相信精通保险产品、表现出权威性的保险业务员。

**4. 公司知识**

公司知识主要包括公司的历史、规章制度、服务项目以及公司在同行中的地位等。掌握公司知识,既能够满足客户在知情权上的相关要求,又能够配合公司的整体目标开展工作。

**5. 市场知识**

保险业务员掌握的市场知识应当是非常广泛的,保险业务员应努力掌握市场营销及产品推销的策略与方法、市场调研与市场预测的方法、消费心理及购买行为的基本理论等专业知识。

### (二)6种应具备的良好职业道德

**1. 保密**

对客户进行初步核保的过程中,保险业务员会掌握客户的收入状况、身体状况、信誉状况等诸多隐私信息,都应为客户保密。

在涉及保险标的、保险金额、保险最高给付额和受益人等直接关系到投保人、被保险人及其受益人的切身利益的问题时,应为客户恪守秘密,这也是《保险法》及一般商业行为要求保险业务员必须遵守的准则。

**2. 诚实**

保险业务员对待客户应诚实,具体包括以下6个方面。

(1)如实向保户介绍所在保险公司的情况和自身的情况。

(2)如实向保户介绍公司各个险种,帮助保户客观评估其保险要求。

(3)清楚、全面地给保户讲述保单的构成、填写要求。

(4)帮助保户全面了解他在投保后所享有的权利和要履行的义务。

(5)如果保户有要求,则要客观地比较公司各个相类似的险种情况。

(6)准确收取客户的保险费。

**3. 信用**

保险业务员在发展业务过程中,切忌轻易许诺,不该说的不说,不能答应的别答应。

说出的话都应实实在在地兑现。如同保户相约面谈,不论何时,一定要守时,宁可早到也不可迟到或缺席。

保户询问时,知道多少就回答多少,不清楚的查明之后再做回复。

**4. 忠诚**

保险业务员的忠诚具体包括以下 2 个方面。

(1)从业清廉。有一部分保险业务员因受眼前一点小利益的诱惑,不惜欺骗公司、同事甚至客户。长此下去,得不偿失。

(2)不收受贿赂。保险业务员除获得其应得的佣金之外,不得从投保人、被保险人处获得任何形式的回扣或其他任何名目的报酬,也不得出于扩大业务量的需要,给予投保人、被保险人任何形式的回报和报酬等。

**5. 敬业**

保险业务员的敬业,具体有以下 2 个方面的要求。

(1)对保险推销工作要有高度的热忱和强烈的进取心。有了敬业精神,才能使自己的聪明才智得到充分发挥,才能不断努力、实现更高的目标,最终成为金牌业务员。

(2)对保险推销工作要专心致志。只有这样,才能义无反顾,不断提高自己推销的技巧,不断吸收新知识;才能做到不管工作如何细小也全力以赴,才能以成果为第一要务,完成终极目标;才能自我激励,坚持到底。

**6. 客户永远是上帝**

保险业务员应该遵循"客户永远是上帝"的原则,具体包括以下 3 方面要求。

(1)一切行动均围绕着客户进行。不论是售前,还是售中、售后,保户都是自己的行为向导。保险业务员与客户之间不是简单的推销与接受推销的关系,更应建立起相互依存的朋友关系,帮助客户解决各种生活难题,凭着周到的服务建立起牢不可破的客户网络。

(2)不轻易否定客户。否定别人,实际上就是否定自己。一味地否定别人只会错失良机,丧失更多成功的机会。

(3)不为自己找借口。找借口实际上就是否定自己的能力。一旦设定目标,就要锲而不舍,坚决完成。

## 五、保险营销专业技巧

### （一）客户开发技巧

**1. 客户开拓的要点**

保险营销员应培养正确的心态，做好被客户拒绝的准备，注意平时不断培养自己承受压力的能力，不因客户拒绝和某种看法而沮丧。

保险营销员应随时随地发现并联系客户，例如从朋友、有影响力的人物、宣传单、保户介绍、报纸及通过直接拜访等获得潜在保户名单，选出那些符合条件的人。

保险营销员应把要拜访的人作系统的整理，随时更新客户名单，不断开发新的客户。

保险营销员每做完一次拜访后，都应详细作记录，包括对方的生日、身体状况、爱好、宠物名字、汽车品牌等，以便探索进而推测客户的购买心理，成功地促成成交。

每当客户情况改变时，新的需要也随之产生，比如，家庭责任增加，工作责任增加，个人所得增加，事业所得增加等，这些都将改变客户对保险的需求。

客户的开发是一项重要的、系统而长期的工作，因此应制订相应工作计划。特别是一些随意拜访、陌生拜访，最初的访问目的只是熟悉对方，交换一下名片，随着拜访次数的增加，才能逐渐发展成为保户。因此，保险业务员要制订一个长期的工作计划，循序渐进，不断挖掘客户资源。

**2. 发掘保户的方法**

（1）亲缘法。亲缘法是选择自己的亲朋好友作为准保户。在保险业务员身边能成为准保户的人有很多，这些人包括亲戚、邻居、朋友、同学、校友、老师、前公司的上司、同事等。亲缘法是每一位新保险业务员首先要采取的方法，它有利于保险业务员练习保险的推销技巧，克服心理上、技巧上的困难，培养自信心，有利于保险业务员建立人际关系，尽快产生业绩。

（2）保户介绍法。保险业务员可以请求现有保户介绍他认为有可能买保险的潜在保户，这种方法效果很好。

（3）陌生拜访法。保险业务员可以直接向不认识的人介绍和推销保险，它是一个保险业务员走向成功的基本功，是保险业务员立志于保险事业的起点，它肯定有很多意料不到的困难，但它也会使保险业务员在短期内迅速增长保险销售知识、技巧，快步走向成功。

（4）影响力中心法。保险业务员可以在某一特定范围内首先寻找并争取有较大影响力的中心人物为保户，然后利用中心人物的影响与协助，把该范围内可能的潜在保户发展成为保户。由于人们对于在自己心目中享有一定威望的人物是信服并愿意追随的，一些中心人物的购买与消费行为，就可能在他的崇拜者心目中形成示范作用与先导效应，从而引发崇拜者的购买与消费。

（5）资料查阅法。保险业务员可以通过查阅各种信息资料来寻找准客户，这样可以用较小的代价获得较丰富的回报。目前保险业务员能利用的资料有统计资料、工商管理公告、报刊资料等。

(6)个人观察法。保险业务员可以根据自己对周围环境的直接观察和判断来发现准保户,比如在与人聊天、看电视、吃饭、旅游时都可以寻找准保户,这个方法能够扩大视野,跳出原有的推销范围,直接面对市场,减少中间环节的干扰,提高寻找准保户的准确性和成功率。

(7)合作推销法。保险业务员之间可以两人合作,也可以多人合作寻找准保户,这样做有时会收到很好的效果,它的最大优点便是保险业务员能够扬长避短,尽快取得准保户的信任,解决准保户的疑难问题。

(8)调查表访问法。保险业务员可以利用事先印制的带有保险公司标志的调查表在街头、厂矿、办公楼、居民区进行随机访问,这样做不仅有利于在短时间内收集众多准保户的资料,而且可以兼做广告。

(9)利用互联网法。利用互联网能方便快捷地找到准保户,而且其丰富的资源是其他媒介所没有的。保险业务员可以通过建立个人网站、利用公众聊天室或群发邮件等及时了解准保户的动向,并较快取得联系。

**(二)编制保险计划书**

保险建议书是向客户说明人寿保险公司提供的保障内容,用来解决客户家庭经济问题的最有效方式。目前由于人寿保险产品的种类繁多,划分又细,各家公司竞相推出各种类型的保险险种,因此,保险营销员要仔细研究险种,依照客户需求的具体内容、客户的年龄和客户的交费能力,编制出最适合客户的家庭经济现状及将来的保险计划,挑选出最适合客户的险种。

**1. 客户需求分析**

在编制保险建议书之前,首先要对客户作需求分析。需求分析也就是寻找客户的购买点。保险营销员首先要了解客户需要的是什么,通过这份保险能满足他什么需要。

在前期工作中,保险营销员掌握很多宝贵的客户资料,如年龄、职业、经济收入、家庭状况等。不同层次的人群有不同的保险需求。一般地,人到中年,最关注的是孩子的健康成长及接受良好的教育、步入老年的父母的身体健康状况;而上了年纪的老人除了关心自己的身体外,恐怕大部分精力都放在儿孙身上了。因此,对不同的客户,要准确地把握购买点。

客户购买的是他的需要,而非保险营销员所推销的,所以保险营销员要站在客户的立场上分析问题,提供解决的方案。保险营销员必须掌握并熟知每个商品的特色,用易于理解的方式把保险产品介绍给客户,以便于客户做出选择。

一份周全的保险建议书,应该是一份完整的投资理财计划书,它可以为客户带来完善的保障,使他能够买到最需要的东西。同时,一份周全的保险建议书,会让客户对保险营销员产生信赖感,愿意为保险营销员介绍他的亲朋好友、帮助保险营销员顺利地扩大市场。另外,一份周全的保险建议书会让客户感受到公司良好的服务质量,令客户满意,也有助于公司建立卓著的信誉,形成良好的口碑。因此,掌握保险计划书的设计方法至关重要。

**2. 设计保险计划书的要点**

保险计划书的设计要点具体如下。

（1）合理搭配保险责任。对于客户而言，在不同的年龄或不同的行业，所面临的风险不同，对保险的需求也不同，因此在设计保险计划书时，要分析客户面临的主要风险是什么、次要风险是什么，然后再确定承保责任。

（2）适当设计保费。设计保费应当是根据客户收入状况来定，因为保费太高就可能会给客户的日常生活造成一定的影响，很有可能影响最后的签单。一般客户认为收入的10%左右为合理保费。如有稳定收入的人，其交费方式可设计为年交，对一些经济收入不稳定的客户最好建议趸交。

（3）先保障后储蓄。保障型的险种只需要花很少的钱就可以得到巨额的赔付。但它有两个非常关键的问题：一是核保时比较严格，不容易通过；二是在年轻时购买，其保费相当便宜，然而随着年龄的增长，保费会成正比例地急剧增加。储蓄型的险种就不存在以上问题，所以向客户说明的时候，就要明确地将利害关系告知他们，以便他们根据实际情况慎重地作出选择。

（4）夫妻互保。应该在与对方进一步接触后要求认识其家人，以家庭为单位进行展业，让夫妻双方互相投保，互为受益人，这才是真正完整的家庭保障计划。

（5）先大人后小孩。家长都疼爱自己的孩子，总怕闪失出现，认为孩子应有点保障。实际上这样做并没有实质性的好处。因为，小孩没有经济能力，而父母一旦发生任何意外，那可就损失惨重——父母没投保，得不到赔付，而小孩的保费也可能还没有交完，以后谁替他交保费？这个问题没有得到家长足够的重视。所以保险业务员一定要坚持这个原则来为有小孩的客户设计保险计划书，相信稍明事理的家长都会接受这个建议。

**3.7 项保险计划书的必备内容**

保险计划书的必备内容具体有以下7项。

（1）封面。封面内容包括计划书名称、客户姓名、保险业务员编号及姓名和特别说明，如“本建议书仅供参考，详细内容以正式条款为准。”

（2）公司简介。具体内容包括公司的历史、现状和未来。

（3）设计思路与需求分析。在设计计划书之前，首先要对客户作需求分析，了解客户需要什么，并通过这份计划书来满足。

（4）保单特色。具体内容包括计划书的综合特点、综合保障利益。

（5）保险利益内容。比如保险金额、保险费、保险期限、交费方式及各项保险利益的详细说明、效益分析等。

（6）辅助资料。辅助资料包括其他有助于提高这份计划效果的资料、宣传彩页或剪报。

（7）结束语。在计划书的最后可以加上名人名言、公司营业部、地址、姓名、资格证编号、联系电话等。

**（三）递送保单**

推销人寿保险，送出保险单的过程非常重要。

保户签单及保户所交的保费划到公司之后，通过公司契约部的处理，正常情况下，几天之后就可以领到保单正本了,保险营销员不要因为忙于开拓新市场而把保单压在公文包里,迟迟不给保户送去。要知道保户交钱之后,在没有看到保单正本之前,心里始终是不踏实的。

为了与保户保持稳固的联系,在整个销售、服务过程里,有很多地方需要特别计划、特别用心,其中之一就是递交保单。

从统计中我们可以知道,计划周详且迅速地递交保单,对于保单续保率相当重要。而保单续保率高,营销员的收入也高,同时也意味着保户的保单不会失效,保户仍继续拥有风险保障。

当然并不是领到保单后,第一件事就是去送给保户,要在安排工作计划的时候把送保单的时间写进去,比如说每个周末的下午专门去送保单,让保户能安安心心地度过周末,使买保险这件事成为一个愉快的经历。

**1. 递交保单的功能**

递交保单的功能是:可再次向保户介绍该保单的功能,使保户更加认同;可让保户考虑下次的加保;可征求介绍新保户等。

1)重申保险需求

客户在购买保险后,通常会怀疑自己所作的购买决定是否正确,甚至会觉得后悔,这是因为他们的决定是需要被肯定的,所以保险营销员要向客户重申保险需求,使客户更加认同,心情平静下来,并对自己所作的决定感到安心。

2)建立信任感

客户有时会抱怨:“营销员在推销的时候总是无处不在,但是每当需要他的时候,他又在哪里呢?”所以保险营销员要经常与客户保持联络,诚恳地为之服务,使客户明白保险营销员是真正关心他的。这样不但可以建立客户对保险营销员和公司的信心,确立保险营销员的专业形象,还可以提高保单的续保率。

3)征求介绍新客户

客户对保险营销员的服务满意,自然乐于介绍新客户。当完成一次推销后,紧接着要向客户征求介绍新客户。著名的保险营销员乔伊·葛多佛曾指出:“卓越的营销员的销售成绩有80%来自营销员忠实客户的推荐和重复购买。他们是透过全面的售后服务才有此成就的。”

4)推销新的保险

随着时间和环境的转变,客户的家庭状况、职业以及保险需求都会有所改变。常与保户保持密切的联系,便可得知客户的现状。保险营销员要把握从转变中带来的机会,为客户检查已有的保险计划,推销新的保险,以确保客户获得适当和足够的保障。

**2. 递交保单的时机**

递交保单的时间越早越好,最好是一接到保单,马上与保户联系,约时间送交保单。因为这时保户对自己要买保险的原因还记得很清楚,对自己的决定很满意,而又显出保险营销员的办事认真、积极。

保险营销员可以趁这个机会向客户要他的一些亲朋好友的资料,以便再开发一些新的保户,甚至可以向他销售第二张保单。

**3. 递送保单的步骤**

递送保单也是销售的一个过程,它的步骤如下。

(1)检查保险单及有关文件是否有误。

(2)将有关的资料记录在保户档案卡内。一般的保险营销员都会建立自己的保户档案卡,在卡上列出保户的个人信息、家庭状况、会谈时间及情况、潜在的保险需求、保户的保险利益、保险单号等。汇总这些资料,可协助保险营销员分析最适合的市场、成交的比率等。

(3)准备保险单及保险单封套。将名片放入保险单内,准备一个精致的封套,以示重视。

(4)电话预约。当保险单准备妥当,就要尽快给保户打电话,一定要亲自送至客户手中。

(5)送交保险单。在送交保单时,可以再次恭祝保户,同时应按照保户的情况,向他解释这一法律文件,使保户明白自己的义务和权利;要将保险用语人格化,使之生动,对保户产生持续性的影响。同时,要为自己的服务做出承诺,告诉保户,他将得到最优质的服务,随时可获得最新的信息。要让保户在"保险单送达书"上签字,同时解答保户的疑问,增强保户的信心。

(6)要求介绍。递送保单,是要求介绍的好时机。要求介绍即请保户为保险营销员介绍新的客户。在进行要求介绍时,保险营销员应该让保户感受到自己高品质的服务;同时也让他知道,与他同样处境的人也需要帮助,要让他了解保险营销员的工作,了解保险营销员能为他推荐的人提供最佳服务。

在得到准保户的姓名之后,最好能多了解一些关于准保户的有用的信息资料,这将有助于保险营销员正确地评定和选择准保户,了解他们的保险需求,找准切入点。

**(四)保全服务**

这是售后服务的一项重要的专业内容,做好保全服务是保险营销员的义务,享受保全服务是保户应有的权利。以下是一些常见的保全服务项目,仅供参考。

**1. 合同撤销权的行使**

投保人在收到保险单后10日内,且未发生保险金给付时,可以提出撤销申请。投保人应备妥下列文件,到公司办理:①撤销保险单申请书;②保险单;③第一期保险费收据;④投保人身份证件;⑤若委托他人办理,需提供授权委托书及受托人的身份证件。

**2. 保险合同的变更**

在合同相应期限内,投保人如有相关内容的变更,应及时提出申请,并备妥下列文件,到公司客户服务部办理:①保险合同内容变更申请书;②保险单;③投保人(或被保险人)身份证件;④若委托他人办理,应提供授权委托书及受托人的身份证件。

3. **保险合同效力恢复**

保险合同中止后,投保人可在2年之内申请复效,并备妥下列文件,到公司客户服务部办理:①保险合同复效申请书;②保险单(附最后交费凭证);③健康告知书;④若非投保人亲自办理,则还需提供授权委托书及受托人的身份证件。

做好保全服务,会使保户对保险营销员及其所代表的公司有更强的信心,有助于保险营销员的事业拓展。

**(五)理赔实务**

**(一)什么是理赔**

理赔是指被保险人在保险合同有效期间内发生保险事故时,受益人或被保险人依照保险合同申请保险金给付,保险公司依照保险合同的规定,受理、调查并给付保险金的过程。有关理赔的关键术语有以下3个。

1. **申请人**

理赔申请人可以是投保人、受益人、被保险人或委托代理人。如为委托代理人,须出具授权委托书。

2. **申请时间**

理赔申请人在保险事故发生后应立即通知保险公司,最长时限为10日,并在通知后尽快备齐所需文件,申请给付保险金。

3. **索赔时效**

保险利益关系人向公司请求给付保险金的权利,一般自保险事故发生之日起5年内不行使而消失。如因具体险种有异,以条款约定为准。

**(二)理赔流程**

一般理赔流程包括报案、申请、审核、结案4个环节。人寿保险理赔的一般流程如图3-3所示;汽车保险理赔流程如图3-4所示。

1. **报案**

报案是指被保险人发生保险事故后,投保人、被保险人或受益人立即就保险事故发生的时间、地点、原因、经过和结果等通知保险公司的过程。

2. **申请**

申请人填写保险金给付申请书,备齐所需文件,向保险公司申请给付的过程。

3. **审核**

审核是指保险公司针对保险索赔申请,判明是否符合保险责任,并计算保险给付金额的过程。

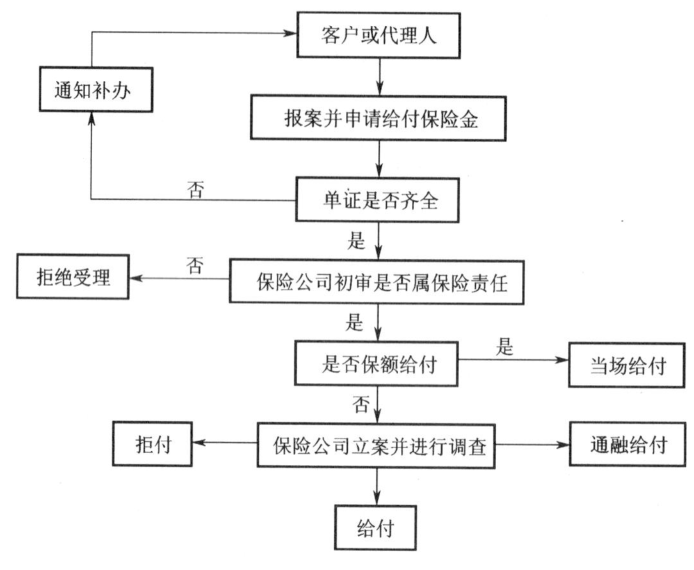


图 3－3　人寿保险理赔的一般流程

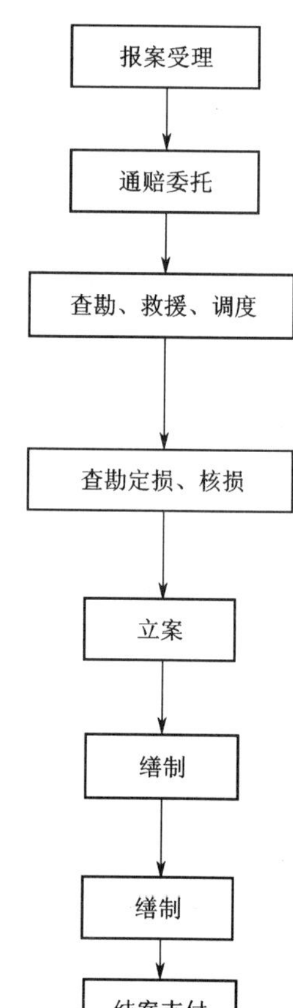


- 了解并记录客户报案信息，核实承保情况
- 初步告知客户索赔程序和注意事项
- 客户需要并符合通赔处理条件的案件办理委托事宜
- 现场查勘调度、道路救援调度、人伤救助调度
- 核实出险车辆，勘查事故现场，进行案件调查，了解出险经过核实保险责任，确定损失（车辆损失、物损、人员伤亡费用等）疑难案件请求相关单位协助
- 指导客户填写《索赔申请书》，告知客户理赔流程，根据出险案件类别告知客户索赔所需单证
- 协助客户办理索赔委托、赔款支付等手续
- 根据查勘定损、核损、案件调查情况，预估损失，进行立案操作
- 缮制人员收集客户索赔资料，对不同案件所需单证进行审核，初步认定属于保险责任、单证齐全的，缮制赔案
- 对上门客户指导填写《索赔申请书》，告知索赔流程和注意事项
- 协助客户办理委托索赔、赔款支付等手续
- 根据查勘定损、核损、案件调查情况，预估损失，进行立案操作
- 已审批的案件作结案处理
- 财务人员向客户支付赔款（或提交银行转账到客户指定账户）

图 3－4　汽车保险理赔流程

4. **结案**

结案即保险公司对受益人提出的索赔申请经审核后做出的理赔决定，一般包括给付、通融给付、拒付。

**（三）提出理赔申请时应备的文件**

1. **申请身故保险金**

申请身故保险金应备以下文件。

（1）身故保险金给付申请书。此申请书应由受益人填写并签名，须注意以下几种情况。①如受益人为2人以上，应由受益人共同签名。②如受益人未满18岁，应由其法定监护人填写并签名。③如未指定受益人，由其法定继承人共同签名。④如受益人先于被保险人死亡，且未指定其他受益人的，则由被保险人法定继承人共同签名，并须出具受益人死亡证明；如受益人后于被保险人死亡，则由受益人法定继承人共同签名，并须出具受益人死亡证明。

（2）公安部门或卫生部门所属县、区级（含）以上医院出具的被保险人身故证明书，如为境外死亡，须出具当地公证部门的死亡证明书。

（3）受益人身份证明与户籍证明。

（4）保险单原件。

（5）最后一次交费收据。

2. **申请残疾保险金**

申请残疾保险金应备以下文件。

（1）残疾保险金给付申请书。该申请书应由被保险人填写并签名。

（2）本公司指定医院开具的被保险人身体残疾程度鉴定书。

（3）被保险人身份证明。

（4）保险单原件。

（5）最后一次交费收据。

（6）残疾如为意外所致，须提供意外事故证明文件。

（7）如为工伤，须提供劳动部门工伤事故调查报告。

3. **申请重大疾病保险金**

申请重大疾病保险金应备以下条件。

（1）重大疾病保险金给付申请书。该申请书应由被保险人填写并签名。如果被保险人不能书写，则由被保险人委托代理人或法定继承人填写申请书；如果委托代理人申请，须出具委托证明。

（2）本公司指定医院出具的诊断证明、手术证明、病理检验结果、心电图以及本公司对被保险人患重大疾病鉴定所需的其他有关文件等。

（3）被保险人身份证明。

（4）保险单原件。

(5)最后一次交费收据。

**4. 申请意外伤害医疗保险金**

申请意外伤害医疗保险金应备以下文件。

(1)医疗保险金给付申请书。该申请书应由被保险人填写并签名。

(2)意外事故证明文件。

(3)卫生部门所属县、区级(含)以上医院出具的详细诊断书(包括诊断全称、简单病史和治疗过程),治疗费用结算明细表,门诊、急诊证明文件、治疗费用原始收据(药费原始收据应附处方)。

(4)被保险人身份证明文件。

(5)保险单原件。

(6)最后一次交费收据。

**5. 申请住院医疗保险金**

申请住院医疗保险金应备以下文件。

(1)医疗保险金给付申请书。该申请书应由被保险人填写并签名。

(2)本公司指定医疗机构出具的详细诊断书(内容包括诊断全称、简单病史和治疗过程),住院费用结算明细表,门诊、急诊证明书、住院费用原始收据(药费原始收据应附处方)。

(3)被保险人身份证明。

(4)保险单原件。

(5)最后一次交费收据。

**6. 注意事项**

(1)以上各类险种有关证明、资料或单据的要求如与具体险种中的规定有异,应以具体险种为准。

(2)免交保险费申请同残疾保险金申请规定。

(3)公司指定医院为卫生部门所属县、区级(含)以上医院。职工医院、民办医院、军队医院和康复医院不得作为指定医院。

(4)在申请意外伤害保险金给付时,如无法确定其为外来的、突然的、非本意的使被保险人身体受到剧烈伤害的意外伤害时,受益人须提供更详细的证明文件,如交通部门的记录或鉴定及检验报告(如X光片等),以确定其属于意外伤害保障范围;如有必要,需到公司指定的医疗机构验伤。

(5)在申请住院医疗保险金给付时,如果被保险人在两家以上医院就诊,必须同时提供每家医院的诊断证明书。

(6)在保险金给付申请书的事故经过栏中,应详细填写事故时间、地点及经过。

(7)申请人提供住院证明书时,如果投保人、被保险人本人为医生时,不得为被保险人作诊断证明。

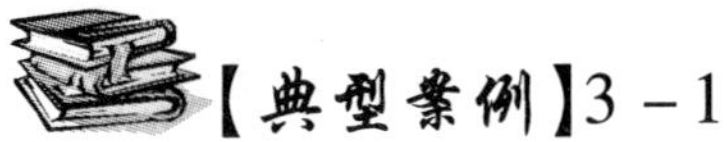

【典型案例】3－1

**"个性化"服务"零距离"竞争——民生银行广州分行个性化服务**

创新产品、服务客户，这是银行业寻求发展的必由之路。

不同的客户有不同的业务需求和服务需求。能否满足客户的个性化需求成为判断一个企业竞争力的重要标志之一。

为客户提供个性化服务，在无差异中求差异，民生银行广州分行始终把为客户服务放在银行发展的首位，在个性化服务中走出一片天地，在珠江三角洲竞争激烈的金融业中拥有了自己的一片市场。

**1. 不争贷款比服务**

作为主要由非国有企业作为投资主体组建的民生银行，具有目前国内银行中较完善的法人治理结构体系，真正体现出所有权和经营权彻底分离的现代企业运作要求，从而在体制上实现了与国际企业银行的接轨。广东是我国经济和金融改革的前沿阵地，中、外资银行之间的竞争是"零距离"的较量。民生银行作为一家新兴的股份制商业银行，需要大力发展存贷款业务规模，但单纯与国有大银行争夺贷款是不明智的。只有走个性化服务这条路，用具有民生特色的产品和服务吸引客户，才是提升市场竞争力的突破口。因为在当今社会，个性化越来越成为人们追求的个性自由、体现存在价值的一种需求，是一种社会进步的显现。对金融行业来说，个性化服务一方面表现在产品提供上，就是为每一个或每一类客户量身定制符合不同需要的金融产品；另一方面表现在服务档次和服务质量上，就是对同样的金融产品服务，要做到"更快、更好、更安全"。

为打好个性化服务这张牌，民生银行广州分行一直牢牢把握"创新"二字，在理念创新、产品创新、服务创新、管理创新、培训创新等方面做文章。以立体的攻势实现民生银行个性化服务方略。

**2. "客户"为"本位"**

"创新"恐怕是每一个置身于激烈市场竞争环境下的企业必需的选择。有些企业花费许多资金和投入，创造出一种产品或者是服务，却不一定能受到广大客户的欢迎。有的企业在基础服务还没有达到要求的情况下，片面地把个性化服务理解为为"个别人"服务。基本服务都做不好的企业，客户又怎能相信它能做到更好的服务呢?

据民生银行有关负责人介绍，以"服务大众"为理念的民生银行所理解的个性化服务是首先要做好大众服务，在这个基础上才能根据客户需求逐渐实现"差异化"、"个性化"服务。

为此，广州分行在各支行全面推行了柜台站立服务、微笑服务、双手服务、限时服务。也就是说，任何一个顾客光临民生银行营业柜台，营业员首先要起立迎候、微笑接待，在接递单据时必须双手，办理业务必须在规定时间内完成。看起来很简单的动作，传递的是民生银行超倍的关怀和敬业，赢得的是客户的满意和信任。民生银行的规范化服务赢得了客户的高度赞扬和专业人士的认可。从2004年3月份开始，广州分行在所辖各支行开展了轰轰烈烈的“文明、安全、优质、规范化达标活动”，支行营业柜台要实现环境设置、CI形象、礼仪服务、操作规程全面规范的要求。

为做好客户服务的基础工作，培训成为民生银行员工的“熔炉”。民生银行广州分行采取多层次、针对性、定期组织员工进行业务培训，开展业务技能比赛，提高员工素质。在民生银行，记者看到每一个员工都有一张“培训积分薄”，记载着每一个员工参加培训学习的情况。培训积分作为员工考核的重要依据。据介绍，分行的培训教室经常是被预订爆满。一到周末，民生银行的会议室、接待室自然又成了培训室。从现代营销技巧到市场分析研究，从金融科技应用到金融产品创新，从管理规则学习到法律知识考试，从思想政治教育到企业文化建设，几乎所有的员工都在不同程度上接受培训。在民生银行广州分行有一个说法，“培训是员工最大的福利”。

**3. 用人性化产品凸显竞争实力**

去银行办理业务，就像去理发店，习惯了在某一家理发店理发的顾客是不会轻易更换理发店的。作为一家新银行，靠什么吸引那些已经是其他银行客户的客户呢？民生银行广州分行走出了一条人性化产品的创新的道路。

随着我国商业信用的发展和金融体制的深化，商业票据已成为企业间不可或缺的结算、融资工具。传统的银行承兑汇票、商业承兑汇票结算方式均是由卖方企业承担贴现利息。如果卖方也不想承担这一费用，双方只能回到传统的现金结算方式上去，造成买方资金占用多，利息负担沉重，买方极不乐意，且存在一定的支付风险。这到底能不能有一个双赢、“两头都甜”的解决方案呢？为满足企业购销活动中的融资需求，民生银行广州分行推出了买方付息票据贴现业务。该业务是指卖方企业在销售产品后，将卖方支付的商业汇票转让给银行，并由买方支付票据贴现利息的业务行为。对卖方企业而言，可以及时足额收到贷款，巩固买卖双方的合作关系。对买方企业而言，通过贴现业务可以置换银行贷款，降低财务费用。产品推出后引起市场强烈反应，吸引了南航股份、广石化、TCL、攀兴、穗恒运、佛塑集团等一大批优质大型客户结盟民生银行，买方付息票据贴现业务在广州分行推出4个月以来，显示了旺盛的市场活力，广州分行共办理买方付息贴现业务13.5亿元，为企业带来了可观的经济效益。

为顺应现代企业及企业集团发展与管理需要，民生银行广州分行2004年上半年又推出了“民生集团网”服务，架起了客户与银行间的安全通道，使客户在任意时间和地点，足不出户就可以享受到安全、高效、快捷的各种金融服务，是公司理财的强大助手，又是集团企业无时不在、无处不有的资金结算中心和财务管理中心。

在市场开拓过程中，民生银行广州分行了解到，一些客户急需一种简便、快捷的方式查询账户变动情况。为此，在总行的帮助和支持下，民生银行广州分行于2002年5月及时推出了“账户信息及时通”服务，获得该项服务的客户，只要账户资金发生变化，银行即刻向客户指定的手机发送短信，告知客户资金变动和账户余额，即“只要资金动，短信通知您”。通过现代信息技术在银行服务中运用，有效解决了传统银行服务中信息传递滞后的问题。

"账户信息即时通"不仅适用于公司客户,还适用于个人储蓄客户,并适用于任何账户资金的变化。"账户信息即时通"服务推出两个月的时间,广州市区已有3 000 多位客户开通了该项业务。许多客户就是冲着民生银行的该项特殊功能的服务而选择民生银行开立账户的。

**4. 变"坐商"为"行商",量体裁衣服务客户**

传统的银行是扮演"坐商"角色,一般是等客上门,这样一个行规在民生银行早已被改变了。民生银行广州分行的一位领导说:"规则重要,改变规则更重要。如果我们不能根据市场需求及时改变我们的产品规则、营销方式规则,我们就不能把握市场先机,就没有生存和发展的空间。"

民生银行广州分行营销的新规则就是变被动为主动,上门为企业提供个性化服务。他们形象地把银行比作医院。做公司业务类似于当中医,中医对每个病人都是个性化服务,通过望、闻、问、切,开出不同的方剂。分行领导要求业务人员对每一户企业提供个性化服务,如对生产性企业提供扶持、建立销售体系的运作方案;对上市企业提供上市资金运作方案;对整改企业提供企业并购方案。据了解,民生银行广州分行2004 年4 月推出新产品"集团网"后,在两个月时间内由客户经理上门向58 家企业推荐产品。由于产品的卓越性能,其中40 家企业签订了集团网合作协议,短时间内网上交易量接近20 亿元。民生银行广州分行正是靠这种走出去的行商做法,把民生银行的个性化服务送到每一家企业的案头,让越来越多的企业了解民生、信任民生、结盟民生。

## 【典型案例】3 -2

### 服务彰显"太平人寿"品牌

作为一家有着70 多年海内外发展历史的老牌民族寿险公司,太平人寿深谙"人寿保险经营的是诚信服务",并将其始终落实在企业经营管理的各个方面。2001 年国内复业伊始,太平人寿就制定了"诚信正直、客户为先"的企业核心价值观。围绕该核心价值观,从内部管理、产品开发、运营服务、团队建设、销售管理等各个方面,形成了太平人寿诚信经营的企业文化体系。

**1. 条款不再"晦涩难懂"**

一直以来,作为格式化合同的保险条款以"晦涩难懂"著称,甚至被称为"天书条款"和"霸王条款"。消费者很难从十分专业的条款中直观地了解自己应享有的权益和应承担的义务,以致因理解有误导致一些形形色色的纠纷。针对这种情况,中国保险监督管理委员会于2004 年4 月向全行业发出了条款通俗化的倡议。

2004 年8 月,"太平人寿保险条款通俗化"座谈会分别在青岛、成都两地举行,邀请两地不同年龄、不同教育背景、不同性别的市民参加座谈会。据了解,由保险公司自发举办,邀请普通百姓参与保险条款的通俗化讨论在青岛市尚属首次。这些参与座谈的普通市民对太平人寿修改后的条款进行了可读性测试。他们从保单版面设计、内容结构设置、语言表达方式,甚至字体大小和语句长度等诸多方面,对测试版的条款提出了许多中肯的意见。

青岛一位刘姓市民表示,通过参加这样的座谈会,自己对保险由不了解变为了解和感兴趣,同时还改变了过去对保险的一些片面的看法。对太平人寿真诚听取公众意见、有效落实条款改革的实际行动,市民给以了充分的肯定。

目前,太平人寿经过反复研讨和修改后的"白话保单"已经在市场上销售。新的保单便于客户理解责权利,覆盖了国内大多数人群,利于保险意识的传播,也促进了国内保险市场的进一步发展。太平人寿白话保单,缩短了公司与客户的心理距离。在太平人寿的保险合同书内,"致保护书"和"理赔须知"两部分内容构成了太平人寿保险合同的有效成分,这两部分内容详细告知客户投保和理赔的注意事项与流程,直观地让客户知晓寿险公司的业务运作流程,便于客户"按图索骥"。有媒体评价太平人寿此举为"公开、透明:维护保险诚信从提醒开始",认为太平人寿是"在用实际行动执行《保险法》关于诚信原则的规定"。

**2. 电话回访百分百**

太平人寿提出了对投保客户实行100%回访的要求,每一位代理人,在客户签单后都不忘提醒客户:"为了确保您的利益,为了向您提供更好的服务,公司会在合同生效后的10日内对您进行电话回访。"这个看似"不可能"完成的工作,3年多来不仅被完成了,其中还发生了诸多饱含真情的故事。

有些客户在购买保险时比较盲目,并不清楚自己购买的产品到底能提供什么保障。为了帮助客户购买到符合其实际需要的保险产品,回访人员总是在回访时反复向客户说明并解释客户购买的保险产品的保险利益。太平人寿上海分公司电话回访员小胡,在回访时了解到客户肖某由于其先生在一年前生病过世,下有子女需要抚养,上又有老人需要赡养,家庭负担较重,因此原先购买的产品不太适合其实际需求,于是小胡另外为她推荐了几款低费率、高保障的保险产品。第二天,太平人寿又安排专人按预约时间上门为客户服务。客户非常感动,不仅对太平人寿的产品表示认同,对服务感到满意,尤其对太平人寿这种为客户着想、对客户负责的态度表示由衷的钦佩。

3年多来,太平人寿客户回访制度不仅杜绝了一些销售人员的违规现象发生,也有力地保障了客户应得的合法利益。

太平人寿认为,客户回访是"防火墙",回访能帮助客户消除疑问,保证销售业务品质;客户回访是"反射镜",通过与客户直接的沟通和交流,可以了解问题,掌握客户的实际需求;客户回访是服务的"推动力",回访工作是公司服务体系的一个重要环节,优质的客户回访将提升、完善公司整体的服务水平,从而推动公司业务的健康发展。

## 本章小结

1. 服务被认为是金融业务的一个方面。金融服务营销是金融企业通过研究客户的金融需要,以满足客户需求为导向,以服务为手段将金融产品销售给客户的各种经营活动。其实质目的一是客户满意度，二是客户忠诚度，一切服务营销皆围绕此目的而展开。

2. 银行服务营销伴随着金融业市场化和全球化的进程成为银行经营竞争的关键。银行服务营销包括市场管理、业务管理、客户服务及技术支持等系统，银行根据自己的竞争类型与定位，同时需要制定专业的营销方案，并开展多种形式的银企外部营销。

3. 证券业的营销在目前资本市场变化复杂的情形下日益激烈起来，从专业证券服务、证券产品营销、经纪人制度建立到证券客户管理、券商营销策略、方式等，无不影响到证券机构的经营与利润。

4. 保险营销伴随保险业发展较早，相对自成体系，即以保险为商品，以满足被保险人需要为目的，实现保险企业目标的一系列活动。而保险产品的特殊性质，使得保险营销具有服务的非渴求性、潜在的需求性、交易的长期性、等价交换的特殊性等特点和营销难点，因而对保险营销员的专业素质和营销技巧有着专门的要求，以达到服务于客户的目的。

5. 金融机构客户关系管理在于减少企业的成本，赢得更多的顾客，提供全方位服务，实现顾客价值最大化，提高客户满意度，保持和发展更多的客户，最终达到企业利润的最大化。

## 知识结构

- 金融服务营销
  - 金融服务营销的兴起
    - 金融服务营销的定义
    - 金融服务营销的特点和原则
    - 金融服务营销管理内容
  - 银行服务营销
    - 银行服务营销内涵和竞争类型
    - 银行服务营销系统的构成与内容
    - 银行服务营销管理方案
    - 银行外部关系营销
    - 我国银行服务营销存在的问题
  - 证券服务营销
    - 证券服务营销的定义和特点
    - 证券营销的主体、客体和对象
    - 证券服务营销中的客户行为分析
    - 证券服务营销策略
    - 证券营销的变化与新发展
  - 保险服务营销
    - 保险服务营销的含义和本质特点
    - 保险营销的主体、客体和对象
    - 保险营销人员的专业素质
    - 保险营销专业技巧

# 思 考 题

1. 金融服务营销有哪些特点?
2. 银行营销竞争的类型和营销管理方案有哪些方面?
3. 证券营销的渠道和方式是什么?
4. 保险营销员如何开拓客户?
5. 如何理解金融机构的客户关系管理?

# 营销实战

1. 任选一金融企业,了解其近期有哪些为客户服务提出的办法和思路。

2. 选择一个金融产品(理财产品、股票、基金或保险)进行调查,列举企业的市场营销策略。

# 第四章　金融产品开发与营销管理

**学完本章后，你应该能够：**

➢ 了解金融产品的概念和种类；
➢ 熟悉金融产品开发与创新的含义与意义；
➢ 掌握金融产品创新的方法；
➢ 掌握金融产品的生命周期及其营销策略；
➢ 能够具备基本的金融产品分析及营销管理能力。

**案例导入**

**大额可转让定期存单的创造**

大额可转让定期存单（简称 CDs）最早产生于美国。美国的 Q 条例规定商业银行对活期存款不能支付利息，定期存款不能突破一定限额。20 世纪 60 年代，美国金融市场利率上涨，高于 Q 条例规定的上限，资金从商业银行流入金融市场。为了吸引客户，商业银行推出可转让大额定期存单，购买存单的客户随时可以将存单在市场上变现出售。这样，客户实际上以短期存款取得了按长期存款利率计算的利息收入。可转让大额存单提高了商业银行的竞争力，而且也提高了存款的稳定程度，对于发行存单的银行来说，存单到期之前，不会发生提前提取存款的问题。

CDs 主要特点是流通性和投资性，具体表现在：CDs 具有自由流通的能力，可以自由转让流通，有活跃的二级市场；CDs 存款面额固定且一般金额较大；存单不记名，便于流通；存款期限为 3～12 个月不等，以 3 个月居多，最短的 14 天。

第一张大额可转让定期存单是由美国花旗银行于 1961 年创造的。其目的是稳定存款、扩大资金来源。由于当时市场利率上涨，活期存款无利或利率极低，现行定期储蓄存款亦受联邦条例制约，利率上限受限制，存款纷纷从银行流出，转入收益高的金融工具。大额可转让定期存单利率较高，又可在二级市场转让，对于吸收存款大有好处，于是，这种新的金融工具诞生了。大额可转让定期存款存单除对银行起稳定存款的作用、变银行存款被动等待顾客上门为主动发行存单以吸收资金、更主动地进行负债管理和资产管理外，存单购买者还可以根据资金状况买进或卖出，调节自己的资金组合。

## 第一节　金融产品的开发

在现代营销学里，产品是指可以向市场提供的能满足消费者需要与欲望的一切东西。它可能是有形的，也可能是无形的。当代社会，金融产品与人们的生活联系日益紧密，然而对于金融产品的理解未必相同。

### 一、金融产品的概念和特征

**（一）金融产品的含义**

金融产品是金融企业通过精心设计选择的金融工具和与之相配套的金融服务向客户提供的能够满足其需要的某种金融性运作理念。

以信用卡为例，持卡人不仅可以朝前消费，同时也是身份的象征；对银行来说，则是一种针对个人消费的信贷工具，可以带来利息和费用收入；对信用卡组织，如 VISA、银联等，它是一个用信息技术支持的组织网络；对商家来说，既可以吸引顾客、促进销售，又是可以降低结算风险的手段；对监管当局来说，它是以个人信用为基础的金融工具。从信用卡再推及其他金融产品：储蓄、贷款、票据、债券、信托、股票、保险等，可从效用定义金融产品，也可从服务定义金融产品。

从金融产品的概念中不难看出：

金融产品 = 金融运作理念 + 金融工具 + 金融服务

金融企业属于服务性企业，通过所依赖的金融工具，有货币、存单、支票、信用证、信用卡、证券、保险等，加上与之相配套的各种服务实现向客户提供所需要的获益保证。

**（二）金融产品的特征**

金融机构通过提供金融产品以满足客户的需求。在金融营销组合中，其他要素是以金融产品为核心的，因此，了解金融产品的特性，在此基础上增加附加利益和服务，才能获得金融产品的竞争优势。具体来说，金融产品具有以下特征。

**1. 金融产品同时具有有形性与无形性的基本特征**

在自然形态上，金融产品经常是无形的。所以，如何通过某些有形的形式与特点来设计，使金融产品具有吸引客户的强大魅力，是金融产品设计开发的关键因素。随着产品标准化的概念应用于金融产品，业务推广及技术发展，以及金融产品在消费市场的渗透力增加，金融机构的营销策略集中于产品的特征，例如支票、信用卡、对账单的设计等方面。但某些更复杂的金融服务，例如个人投资理财，仍具有无形的特性，仍需要金融专业咨询人员提供顾问意见。

**2. 金融产品服务与客户关系的持续性**

金融服务与客户关系是具有持续性的，这和普通商品消费不同。金融机构与客户关系的保持，取决于相互信任以及金融机构可提供的可靠财务顾问服务等。目前，金融服务自动化增强虽然使金融机构与客户面对面联系的机会减少，但金融机构仍需重视具有全面业务知识能力的专职人员的设置，以便为客户提供咨询服务。

## 二、金融产品的分类

### （一）银行产品

商业银行提供的产品种类繁多，按业务类型的不同，可分为负债类银行产品、资产类银行产品和中间类银行产品，这是国际上通行的银行产品分类方式，图 4 –1 正是按照此种方式，概括性地描述了一般商业银行最常见的金融业务服务类型及金融产品。

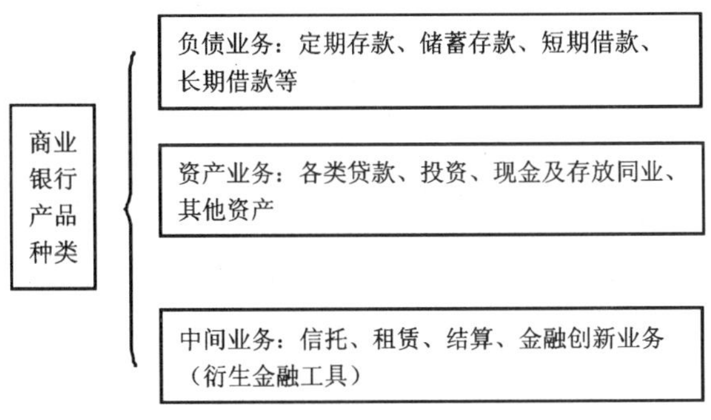


图 4 –1　商业银行产品种类

### （二）证券产品

有价证券是各种权益凭证的统称。广义的证券包括商品证券、货币证券、资本证券和其他证券，狭义的证券指资本证券。这里介绍狭义的常用的资本类的证券产品，如图 4 –2 所示。

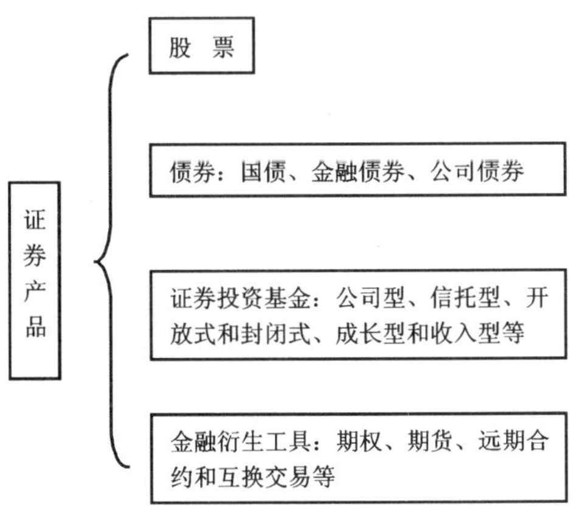


图 4 –2　证券产品

### （三）保险产品

保险产品种类非常丰富，按照基本的分类标准，以投保标的不同划分为财产保险产品和人身保险产品，如图 4 –3、图 4 –4 所示。

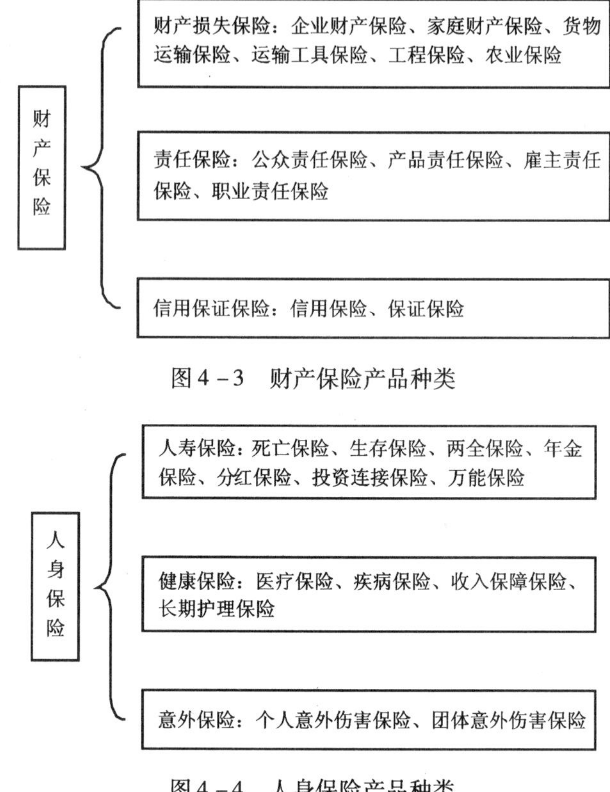


图 4－3　财产保险产品种类

图 4－4　人身保险产品种类

## 三、金融产品的开发和创新

金融产品的开发不可能永远一成不变的只关注自身行业特征，特别是 1996 年以来，随着各类金融行业的市场化改革，金融企业的竞争日益激烈，为了吸引更多的客户，强占市场，各金融企业不断推出新产品以满足客户日益多样化的需求，提高自身竞争力。金融产品的开发和创新已成为产品策略中的一个重要内容，它是金融类企业生存和发展的基础。

金融产品的创新，它泛指金融体系和金融市场上出现的一系列新事物，包括新的金融工具、新的融资方式、新的金融市场、新的支付清算手段与新的金融组织形式和管理方法等内容。

当代金融创新活动的种类很多，根据不同的分类方法，它有不同的种类。按创新的程度可以分为对传统业务活动、管理方式、机构设置的变革和新业务、新方式、新机构的创造等两类。按创新的目的，则可划分为减少或逃避各种金融管制和降低交易成本、避免风险等两大类。按与现有金融制度的关系，则可分为回避性创新和自发性创新等两类。按对创新的态度，则可分为积极进取型创新和消极适应型创新。前者指的是为了维持、开创或争夺市场份额而推出新的产品或方法、程序或手段等；后者指的是因为环境改变而不得不采取消极防御性的创新以相适应。

一般常用的分类是根据熊彼特对创新的分类法将金融创新粗略地划分为下列 5 种：①新技术在金融业的应用；②国际市场的开拓；③国内和国际金融市场上各种新工具、新方式、新服务的出现；④银行业组织和管理方面的改进；⑤金融机构方面的变革。表 4－1 是第二次世界大战以后到1997年国际金融市场上出现的主要创新活动的概览。

**表4－1 第二次世界大战以后至1997年国际金融市场上出现的主要创新**

| 时期 | 金融创新的内容 | 创始国家、地区或机构(部分) |
|---|---|---|
| 50年代初期 | 消费者贷款/分期租购 | 美国与英国 |
| 1952 | 租赁 | 美国 |
| 50年代中期 | 银行资料处理电脑化 | 美国 |
| 1957 | 信用卡 | 美国 |
| 1957 | 欧共体建立 | 欧洲 |
| 50年代(1958—1959) | 欧洲货币市场或欧洲美元市场形成 | 国际金融组织 |
| 50年代末期 | 外币掉期 | 国际金融组织 |
| 1960 | 可赎回债券 | 美国 |
| 1960 | 浮动人寿保险单 | 美国 |
| 1961 | 欧洲债券发行 | 国际金融组织 |
| 1961 | 银行负债管理产生 | 美国 |
| 1961 | 可转让存款证(可转让大额定期存单) | 美国 |
| 1963 | 发行1 500万美元欧洲债券,美国利息平衡税使欧洲货币市场发展 | 国际金融组织 |
| 60年代 | 附有认股权证的债券或可调换债券 | 美国 |
| 60年代初期或中期 | 自动转账/邮政转账服务 | 英国与西欧 |
| 60年代 | 银团贷款 | 国际金融组织 |
| 60年代 | 出口信用保险 | 国际金融组织 |
| 60年代 | 平行贷款 | 国际金融组织 |
| 60年代 | 跨国银行 | 国际金融组织 |
| 60年代中期 | 长期出口贴现 | 瑞士 |
| 1968 | 亚洲美元市场 | 国际金融组织 |
| 60年代末期 | 出售应收账款 | 美国 |
| 1969 | 银行重构协定(即"回购协议",Repurchase Agreements) | 美国 |
| 1969 | 银行商业票据 | 美国 |
| 1969 | 流动资产承兑汇票 | 美国 |
| 1960年末期 | 混合账户 | 原联邦德国 |
| 1969 | 美国政府全国性抵押协会(GNMA,1968年成立)转手证券推出 | 美国 |
| 1970 | 欧洲货币市场出现浮动利率票据 | 国际金融组织 |
|  | 美国联邦房屋贷款抵押协会建立,房地产抵押贷款证券化 | 美国 |
|  | 国际货币基金组织推出"特别提款权" | 国际货币基金组织 |
|  | 亚洲开发银行发行武士债券 | 亚洲开发银行 |
|  | 票据交换清算电脑化 | 美国 |
|  | 可转让支付命令账户 | 美国 |
| 1971 | 证券市场交易电脑化 | 美国 |
|  | 美国证券交易和自动报价协会建立 | 美国 |
|  | 浮动特惠利率 | 美国 |
| 1972 | 芝加哥期货交易所国际货币市场推出货币期货 | 美国 |
|  | 纽约证券交易所对50万美元指令使用协议利率 | 美国 |
|  | 欧共体建立蛇形浮动汇率体系 | 欧共体 |
|  | 美国通用汽车承兑公司发行中期债券 | 美国 |
|  | 可用支票的储蓄存款 | 美国 |
|  | 货币市场互惠基金(MMMF) | 美国 |

续表

| 时期 | 金融创新的内容 | 创始国家、地区或机构（部分） |
|---|---|---|
| 1973 | 芝加哥期权交易所成立并推出第一手股票期权 | 美国 |
| | 国际金融资料信息电子传送 | 国际金融机构 |
| 70 年代初期 | 外币储蓄存款 | 国际金融机构 |
| 1974 | 银行遥控服务单位 | 美国 |
| | 第一张浮息票据（浮动利率票据）出现 | 美国 |
| | 浮息债券 | 美国 |
| | 付款卡 | 美国 |
| 1975 | 电子出纳机 | 美国 |
| | 第一手利率期货出现 | 美国 |
| | 浮动房地产抵押利率 | 美国 |
| 70 年代中期 | 与物价指数挂钩的公债 | 美国 |
| | 掉期存款 | 国际金融机构 |
| 1976 | 智能卡出现 | 美国 |
| 1977 | 芝加哥期货交易所推出国债期货 | 美国 |
| 1978 | 货币市场存款证 | 美国 |
| | 自动转账服务 | 美国 |
| 1977—1980 | 综合账户 | 美国 |
| 70 年代 | 多种货币贷款 | 国际金融机构 |
| | （银行）权宜性资金管理 | 美国 |
| | （银行）全球性资产负债管理 | 购机金融机构 |
| | 银行与非银行金融机构之互相交叉与合并 | 美国 |
| 1979 | 欧洲货币体系建立 | 欧洲 |
| 70 年代末期 | 售货场所终端机 | 美国 |
| 70 年代末期 | 全球性电子财务管理服务 | 美国 |
| 1980 | 多用途电子卡 | 美国 |
| | 利率掉期 | 美国 |
| | 市政公债的发行 | 美国 |
| | 部分支付的欧洲债券 | 国际金融机构 |
| | 用债务权证发行的债券 | 瑞士 |
| 1981 | 浮动优先股 | 美国 |
| | 无息债券（折扣债券，即贴现方式发行的债券） | 美国 |
| | 新特别提款权的建立 | 国际货币基金组织 |
| | IBM 与世界银行进行掉期利率掉期 | IBM 与世界银行 |
| | 银行电话付款 | 美国 |
| | 票据发行融资或周转性包销融资 | 国际金融机构 |
| 1982 | 家庭银行或顾客私用终端机 | 美国 |
| | 证券交易自动报价与市场间交易系统联网 | |
| | 国债期货期权 | |
| | 股票指数期货 | |
| | 货币期权 | |
| | 可调整收益率的优先股 | |
| | 伦敦国际金融期货交易所成立 | 英国 |
| 1983 | 抵押债务 | |
| | 标准普尔指数期货 | 美国 |

续表

| 时期 | 金融创新的内容 | 创始国家、地区或机构(部分) |
|---|---|---|
| 1984 | 本息分销公债(即国债利息本金剥离交易) | |
| | 远期利率合约 | 美国 |
| | 自动取款凭证 | |
| | 货币市场优先股 | |
| | 欧洲货币期货期权 | |
| | 保险公司推出欧洲债券 | 英国 |
| | 英国电讯公司债券在全球公开发行 | |
| 1985 | 限顶浮动利率票据;未配对、部分支付的浮动利率债券 | |
| | 非美元零息票据;英国零息票据;可转换为付息免税零息票据 | |
| | 将军债券;寿司债券 | 日本 |
| | 东京期货交易所成立 | 日本 |
| | 变动期限票据 | |
| | 零息可转换债券 | |
| | 天堂和地狱债券 | |
| | 汽车贷款证券化 | 美国 |
| 80年代 | (银行)失衡管理 | 美国 |
| 80年代 | 金融联合体的形成 | 美国 |
| 1986 | 免损凭证;德国马克、日元、澳大利亚元、丹麦法郎、埃居免损凭证 | |
| | 综合固定利率债券 | |
| | 德国出现无息债券、浮动利率债券、利率掉期和货币掉期 | |
| | 桥贷(或内贷)票据 | |
| | 流动收益期权(LYON,由美林证券公司推出) | |
| | 指数货币期货票据 | |
| | 日元资产凭证 | |
| | 两年一次利息支付债券 | |
| | 混合浮动利率欧洲票据 | |
| | 封顶浮动利率票据 | |
| | 多头无记名债券 | |
| | 梯形息票债券和浮动利率债券 | |
| | 渐减的无记名债券 | |
| | 延期息票债券和浮动利率债券 | |
| | 国债指数化美元债券 | |
| | 股票指数认购权、认售权 | |
| | 石油指数化美元债券 | |
| | 逆无记名债券 | |
| | 浮动利率票据权证 | |
| | 法国期货交易所成立 | |
| | 剥离的美国抵押背书证券 | |
| | 剥离的美国市政公债 | |
| 1987 | 日本无权认股债 | |
| 1988 | 中国实行保值储蓄 | |
| 1989 | 日元短期利率期货 | |

续表

| 时期 | 金融创新的内容 | 创始国家、地区或机构(部分) |
|---|---|---|
| 1990 | 美林证券公司推出组合型可转换抵押证券<br>中国出现(国债)期货市场 | |
| 1991 | 债券期货期权<br>亚洲开发银行首次发行龙债<br>中国开始发行人民币B股 | |
| 1992 | 中国银行业参与货币掉期<br>中国企业在香港发行H股<br>香港流动基金调节机制(LAF)进行抵押贷款<br>中国出现有中长期认股权证的可转换债券 | |
| 1993 | 股票弹性期权<br>日本出现信用违约掉期<br>中国出现国债再投资受益券 | |
| 1994 | 恒生指数期权<br>债券弹性期权<br>货币弹性期权<br>亚洲移动期权<br>中国实行结售汇制下的有管理的自由浮动汇率制度<br>香港债务工具中央结算组(CMU)成立 | |
| 1995 | 法国退出强化收益型流动资产掉期 | |
| 1996 | 中国统一的银行同业拆借市场建立<br>中国债券公开市场业务启动<br>中国航运交易所成立并运行 | |
| 1997 | 美国联邦储备系统允许银行控股公司证券收益限额从10%上升到25% | |

## 四、金融产品开发和创新的意义

### (一)满足客户需求,扩大市场份额

随着经济的发展,客户的社会需求越来越丰富,对金融产品的需求也不断提高,原有的产品在功能上已经不能满足客户的多层次需要。在这种情况下,针对客户的新需求进行产品的开发和创新,通过新产品的新功能和新形势来巩固已有的市场,留住现有客户,并争夺竞争对手的市场或开拓新的市场,吸引潜在客户,从而提高自己的市场占有率,立于不败之地。

### (二)赢得竞争优势,提高竞争能力

金融业竞争的日益加剧,使得每一个金融企业必须不断推陈出新,才能把握主动,获得超过竞争者的连续竞争优势,从而提高自己在金融市场上的竞争力。

### (三)提高金融企业经营效率,降低成本

金融新产品的应用可以简化业务手续,节约运营成本,提高融资效率。虽然开发新产品需要一定的投入,但是通过产品销量的扩大,可以在一定范围内降低固定成本。而且,在核

心产品和基础产品的基础上开发衍生产品,或模仿其他金融企业的新产品,一般不需要较多投入,开发成本比较低。

**(四)树立金融企业形象**

金融产品的同质性,弱化了金融产品的功能优势。客户对金融产品的选择,不再仅仅局限于对金融产品功能的需求,还包含了客户对金融企业形象的需求。通过连续的产品开发与创新,使得企业的产品具有鲜明的特色,能够更多、更好地满足客户的需求,提升金融企业在客户心目中的形象。如:招商银行的“一卡通”和“一网通”两个品牌,在业界树立了技术领先银行和新锐银行的形象。

**【资料阅读】**

**奥运金融产品:国航知音中银 VISA 奥运信用卡**

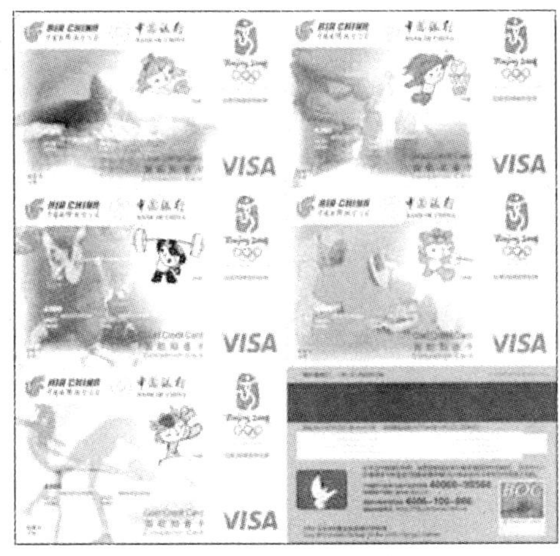


国航知音中银 VISA 奥运信用卡是国内唯一的奥运信用卡金卡,5 张卡面上分别印有五色动感福娃,其核心功能主要包括“双卡合一、双重礼遇”。

国航知音中银 VISA 奥运信用卡的特色功能与服务具体如下。

一、双卡合一,双重礼遇

您在填写申请表申请中国银行信用卡的同时,即完成了国航知音俱乐部会员的申请步骤。我们将在信用卡卡面上姓名下方凸印国航知音会员编号,并在信用卡里记录您的国航会员信息,您持信用卡即可在机场指定的终端上刷卡完成身份验证、自助 check-in 与里程累积,享受免排队一站式的自助登机体验。附属卡成功申请亦将有独立的国航知音会员账号进行里程累积。

二、双重积分,三重奖赏

1)更高的积分回馈

我们将为您在国航知音中银 VISA 奥运卡账户内建立两个积分计划:“畅游世界”与“奥运梦想”。您持卡每消费或取现 1 元人民币均可在“畅游世界”中累积 1 点消费积分,不足 1

元部分仍按1点累计，实实在在，滴水不漏；同时您还将获得我们赠送的额外50%奖励积分计入“奥运梦想”中。

2）更快的里程累积

第一重：畅游世界积分将在您每月的账单日自动兑换为国航航空里程，兑换比例为每18分兑换1公里国航航空里程，起兑标准为18分，不足18分部分将自动累积到下一期账单。

第二重：奥运梦想积分适用中银系列信用卡“月刷月缤纷”消费积分奖励计划奖励兑换规则，可由您自主兑换丰厚的积分礼品，包括国航航空里程、IP电话卡、旅游券等等，共计5大类礼品，详情请参阅《中银信用卡积分换领手册》。其中，国航航空里程的兑换比例为每16分兑换1公里，起兑点为500公里，首次兑换至少1 000公里。

特别说明如下。

（1）“畅游世界”积分自动兑换国航航空里程服务仅向国航知音中银VISA奥运卡主卡及附属卡持卡人提供，里程将分别计入主附卡持卡人各自的国航知音会员账号，该国航知音会员账号即国航知音中银VISA奥运卡正面凸印的国航知音会员卡号。

（2）国航知音中银VISA奥运卡持卡人可将“奥运梦想”积分与其名下所有中银信用卡产品积分合并进行兑换（中银联想VISA奥运信用卡除外）。

（3）已兑换成功的国航航空里程，或中国国际航空公司对其国航知音航空里程采取的管理行为，中国银行不承担责任。

（4）使用国航知音中银VISA奥运卡“奥运梦想”积分兑换礼品简便快捷，只需填妥《中银信用卡积分兑换申请表》，传真至010－66590033或邮寄至中国北京808信箱，邮编100037。该表格复印有效，您可从以下途径获取：①登录中国银行网站www.boc.cn进行下载；②到中行各地网点进行索取；③拨打中银信用卡客服热线4006695566或（010）－66085566进行索取。

第三重：刷卡购买国航或国航合作伙伴航空公司的机票，更可获得国航知音里程奖励，分期轻松购，幸福带回家。

国航知音中银VISA奥运卡持卡人可享受中国银行提供的“分期轻松购”付款方式，让您不再受指定商场和指定商品的限制，一通客户服务电话即可申请，简单方便，轻松购得倾情之物。

## 五、金融产品开发和创新的方法

### （一）创新法

随着社会经济的发展，客户对金融产品和服务的需求越来越多，仅靠目前的产品已无法满足，金融企业必须根据市场的新需求，利用新原理与新技术研究开发出一种全新的产品或服务，如网上银行、自助银行等高科技产品。这种方法的开发成本高，开发周期长，需要大量的资金和先进的技术，适宜联合开发或较大规模的金融企业独立开发。但这种新产品一旦投产后，往往带来较大的影响，从而创造较大的经济和社会效益。

**(二)延伸法**

在现有金融产品的基础上进行延伸和改进,增加一些新的服务和产品功能,使原有产品焕发新的活力,更好地满足客户需求。如“华夏丽人卡”除一般信用卡功能外,还附加了一些增值服务,如在白领女性经常光顾的名牌服装店、美容健身中心、化妆品专卖店等特约商店享受到独有的折扣和优惠等。这种方法开发力度较小,投入的资金、人力等资源也较少,且开发周期较短。

**(三)包装法**

金融企业为了迎合某些客户群体,对原有的产品进行重新包装,使其具有该特定客户群的特征。如广东发展银行发行的“广发真情卡”,为了迎合中高收入的时尚女性而专门设计了半透明造型。这种方法主要针对某种特定的客户群,开发成本较低,开发周期较短,是中小规模金融企业理想的产品创新方法。

**(四)组合法**

组合法是指金融企业将两个或两个以上的现有产品或服务加以组合与变动,以套餐的形式销售给顾客。金融企业可以对原有的服务进行交叉组合,也可以将本企业与其他金融机构之间的产品进行组合而开发新产品,使客户得到“一揽子”服务。如民生银行的“民生家园 1 +3”按揭贷款就是将普通的按揭贷款及其衍生产品组合在一起,提供给有特殊需求的客户。这种方法比较简单,易于操作,只要找准市场需求,一般都能收到很好的效果。

**(五)移植法,也称模仿法**

金融企业将市场上其他竞争对手的产品移植到自身经营上来,并结合自身特点加以调整、改进和补充,使其成为一种新的金融产品。由于金融产品具有易模仿的性质,某家金融企业开发出新产品后,其他金融企业可以进行借鉴,即拿来主义创新。这种方法最大的好处是开发成本低,风险小,周期短。

## 第二节 金融产品推介

### 一、金融产品的推介思路

当新的金融产品经过一系列准备阶段并投放市场后,消费者的接受与使用过程就开始了。由于各种新产品都会在一定程度上引起消费者使用方式与习惯的改变,因此,新产品完全为消费者所接受需要一个过程。这就需要采取多种措施,大力推广新产品,以使消费者尽快地接受并使用。

**(一)研究消费者对新产品接纳的类型,找出规律,有针对性地进行新产品的推广**

在新产品的推广过程中,由于消费者的个人性格、文化背景、社会地位、受教育程度以及经济条件等有所不同,对于新产品的看法与接受能力也有所不同。消费者可分为以下几种类型。

**1. 最早采用者**

这类消费者表现为革新型,显性“冒险”。他们的市场信息灵通,经济收入较高,对新产品非常敏感，喜欢标新立异，不保守。

2. 早期采用者

这类消费者表现为意见领导者，显性“尊贵”。他们喜欢鉴赏评论，常以领先采用新产品而自豪，一般比较年轻，生活条件优越。他们对传播和推广新产品的影响力很大。

3. 中期采用者

这类消费者表现为慎重。他们接触外界事物较多，一般经济条件较好，愿意较早跟上潮流。

4. 晚期采用者

这类消费者显性“怀疑”。他们一般性格内向，对外联系较少，经济条件较差，一般要等多数人证实了新产品的效用后才肯购买。

5. 最晚采用者

这类消费者表现为迟钝和反抗，显性“保守”。他们对新产品总是持观望和怀疑的态度，只有当新产品得到一致公认和好评后，才会采用。

一般来说，以上五大类消费者所占消费者总数的比例呈两头小、中间大的分布态势。最早采用者约占总数的2.5%左右，早期采用者约占总数的13.5%左右，中期采用者与晚期采用者约各占总数的34%左右，而最晚采用者约占总数的16%左右，且其中一般会有一定比例的反抗者，可能会完全拒绝新产品的采用。

因此，根据消费者对金融新产品的看法与接受能力的不同，银行在新产品的推广过程中，应将重点集中于最早采用者身上，即应紧紧抓住新产品的早期潜在买主，通过各种促销手段，使其成为现实的买主，以充分利用他们对新产品的传播、推广作用，在取得初步成效后，迅速推广新产品。

**（二）根据不同情况，采取适宜的推广策略**

**1. 渐进推广策略**

渐进推广策略即将新产品首先推入其原先占领的主要市场，然后逐步扩张并将新产品推广到新市场。采用这种策略的好处是：①比较稳妥，能够使产品产量的增加与市场的扩大协调起来；②有利于金融机构营销计划的不断完善，稳步提高金融机构的声誉；③即使在推广过程中出现一些问题，也能得以及时处理，不至于造成重大损失。不足之处是：新产品推广速度较慢，收益增长率较低，潜在市场的威胁较大。

**2. 急进推广策略**

急进推广策略即金融机构在新产品试销效果非常理想的情况下，将新产品全速推进到其将要占领的市场上。采用这种推广策略的好处是：①见效快；②收益增长率较高；③能有效防止竞争的威胁。不足之处是：为迅速推广新产品所花费的促销费用较大，风险也较大。

**（三）在向市场推广新产品时，要注意做好新产品的配套服务**

当新产品推向市场之前、之中与之后，金融企业均应做好与产品有关的一切配套服务措施和工具，避免出现盲目推出、运行不当、无人管理等问题。

例如，银行网上银行业务推出后，网络维护工作不到位，出现运行故障时未能及时检修，导致网络运行不稳定，客户资料丢失，甚至错账时有发生。或者是新产品推出后，与各职能部门如工商管理和电信营运等部门沟通不够，导致新产品推广受阻。

## 二、金融新产品的推介过程

金融新产品从设计、试销到全面推广一般需要经过以下 8 个阶段。

### （一）产品创意

产品创意也称为产品构思、产品策划，是指金融机构形成开发新产品的设想的过程，是产品开发与创新的第一步。新产品的创意主要来自内部和外部两个方面。内部来源一般依靠金融机构自身的研究开发部门以及金融机构雇员提出的建议；外部来源则可能来自客户、其他金融机构或是咨询公司。

### （二）方案筛选

金融机构根据自身的整体经营目标、营销能力和资源含量对创造出的新产品构思进行取舍和选择。不是所有的构思都可以付诸实施，还需要按照一定的标准筛选出那些值得开发的创意。筛选依据的标准主要是：市场需求状况、金融机构的营销目标、与现有产品的协调程度以及资金与风险承担能力分析。

### （三）样品测试

新产品开发的关键是样品测试，样品测试起到了消费者营销调研的作用。因为新产品开发的成功与否在很大程度上取决于能否满足客户的需要，所以金融机构要将“产品构思”转化为具体的产品描述，并通过测试征求客户的意见，从而了解市场对产品可能产生的反应。

### （四）经营分析

在样品测试的基础上，金融机构还要对新产品开发从财务成本上进行分析，通过预测产品的开发成本、销售情况以及利润水平，判断其是否符合金融机构的经营目标。同时，经营分析还要根据市场分析、生产可行性分析、营销策略开发等形成书面文件和建议，确定新产品的初步目标、目标市场选择和营销战略。

### （五）产品开发

金融新产品在通过测试和分析后，就进入前面开发阶段。金融产品大多是无形产品，所以它的开发要比其他企业产品的开发方便得多。一般地，金融机构在进行产品开发时会充分利用已有的操作系统与设备，金融机构只要看一下该产品或服务相对于现有的方法或程序有什么需要改进之处，当然也可能要增加另外一些工具或凭证。比如新的存款产品开发阶段要求程序员对计算机储蓄系统进行调整，涉及开立账户的表格和文件以及编写银行员工填表和处理文件需要遵循的程序。

### （六）产品试销

开发出新产品之后便可以进入试销阶段，即向少数的客户进行实验性销售。金融机构通常在一定期限内选择某一市场让客户试用该产品，并根据客户的反应来衡量产品的效果与销售前景。在试销阶段金融机构还可以利用多种方式,比如表格调查、电话询问等来收集客户的意见和其他各种相关信息,以便对产品进行针对性的改进与调整。此外,试销的好处还在于可以使雇员熟悉处于策划中的新产品。

**(七)实施或商品化**

当金融产品开发人员积累了足够的信息表明试销成功的话,金融机构会在本阶段调配资源,并通过其他营销策略将新产品全面推向市场。商品化阶段是实现产品创新目标的实践过程,也是各项营销策略的综合运用过程。

**(八)评估与检测**

这是开发新产品的最后一个阶段,在本阶段金融机构会根据原始和二手数据调研检测新产品投放市场之后客户的使用情况。有效的监测使得金融机构能够及时收集到客户对产品的反应,随时对产品的一些缺陷加以改进,或是对营销战略进行适当的调整,并有助于促进下一个产品的上市。

## 第三节 金融产品周期性与营销策略

与其他产品相同,金融产品投入市场后也会经历一个产生、发展与衰亡的过程,人们对多种不同产品销售的历史进行了研究,形成了产品生命周期的概念。所谓金融产品的生命周期,是指金融产品从投入市场开始,一直到被市场淘汰的整个过程,也就是金融产品在市场上存在的时间。不同的金融产品,其生命周期时间长短具有很大的差异。根据客户对金融产品的使用或金融产品的销售情况,各种金融产品的生命周期可以分为4个阶段,即推介期、成长期、成熟期和衰退期。在生命周期的不同阶段,客户对产品的需求是不一样的,金融产品的销售额以及利润额也不相同,因此在各个阶段金融营销有着不同的任务与特点,必须采取不同的产品策略。表4-2和4-3简要说明了金融产品生命周期各阶段的特点和相应的营销策略。

**表4-2 金融产品生命周期不同阶段的特点**

| 所处阶段 | 产品稳定性 | 购买者数量 | 销售额 | 利润 | 竞争者 |
|---|---|---|---|---|---|
| 推介期 | 不稳定 | 少 | 低 | 微利或亏损 | 少或无 |
| 成长期 | 基本稳定 | 不断增加 | 快速增长 | 不断增加 | 增加 |
| 成熟期 | 不断完善 | 多 | 较稳定 | 稳定获利 | 大量 |
| 衰退期 | 滞后、有替代品 | 下降 | 减少 | 减少或亏损 | 减少 |

**表4-3 金融产品生命周期各阶段的一般营销策略**

| | 推介期 | 成长期 | 成熟期 | 衰退期 |
|---|---|---|---|---|
| 营销目标 | 创造知名度 | 市场份额最大化 | 在保护市场份额下利润最大化 | 减少费用,尽量获利 |

续表

| | | 推介期 | 成长期 | 成熟期 | 衰退期 |
|---|---|---|---|---|---|
| 营销策略 | 产品 | 提供用户所需要的产品 | 产品扩展、服务、保证 | 品牌与模式多样化 | 逐步淘汰亏损衰弱产品 |
| | 价格 | 成本增加 | 市场渗透价 | 竞争性定价 | 减价、折让 |
| | 渠道 | 选择性分销网点 | 强化分销,防止脱销 | 密集型分销,撤销无利渠道 | 走向选择性 |
| | 广告 | 在早期的接受者和分销网点建立知名度 | 在大众市场扩大知名度 | 强调品牌差异度与好处、特色,吸引和保持一定回头客户 | 维护消费者的忠诚度和购买兴趣 |
| | 促销 | 运用多种促销手段促使人们使用 | 充分利用大量消费者需求,适度减少促销 | 鼓励使用企业的其他品牌 | 有条件使用一些特殊的销售促进方式 |

## 一、推介期

推介期是指金融产品投入市场的初期,即试销阶段。这一阶段的特点是:客户对金融产品不怎么了解,购买欲望不大,金融企业要花费大量资金来做广告和宣传;金融产品也还未定型,金融企业要收集客户使用后的意见,不断改进产品,所以也还要投入一定的产品研制费用。这一阶段销售增长缓慢,金融企业赢利很少甚至亏损。

为了减少损失,提高收益,并避免竞争者仿制而抢占市场,金融企业应该尽量缩短推介期的时间,尽早进入成长期。在推介期一般可以采用以下措施。

(1)建立有效的信息反馈机制,主动地收集客户反馈的意见和建议,并对它们进行科学的分析,及时改进产品的设计,再将改进后的产品迅速投放市场,以取得客户的信任与支持。

(2)通过广告等多种途径让客户尽量了解金融新产品的用途和特点,使客户真正体会到金融产品的方便与实惠,以激发客户的购买欲望。

(3)制定合理的价格。如果为了引起客户的注意,树立产品信誉,尽快收回投资,可以采用高价策略;而为了抢占市场、扩大销售,可以采用低价渗透策略。

## 二、成长期

成长期是指金融产品通过试销打开销路,转入成批生产和扩大销售的阶段。这一阶段的特点是:金融产品已基本定型,研制费用可以减少;客户对产品已有一定的了解,广告费用也略有下降;产品销售量呈现迅速上升的态势,利润不断增加。但是,随着其他金融企业仿制品的不断出现,产品竞争日益激烈。

在这一阶段可以采取的措施主要有以下几种。

(1)不断提高产品质量,改善服务。为了能使产品异军突起,金融企业必须不断开拓产品的新用途与特色服务,改善产品的性能,赋予其新的活力。

(2)扩大广告宣传,重点是让客户信任金融产品,为产品树立良好的形象,提高声誉。

(3)适当调整价格,增强产品竞争力。

(4)利用已有的销售渠道积极开拓新市场,进一步扩大销售。

## 三、成熟期

成熟期是指金融产品在市场上的销售已达到了饱和时期。这一阶段的特点是:金融产品已被客户广泛接受,销售量的增长出现下降。但这一阶段的成本与费用较少,所得利润较为稳定。另外,这一阶段市场竞争更为激烈,仿制产品层出不穷,价格战与促销战也愈演愈烈,最后可能引起利润的下降。

在这一阶段可以采取以下措施。

(1)改进产品性能并努力实现产品多样化与系列化,通过包装组合以提高产品的竞争能力。

(2)开拓市场,采用进攻型战略不断拓展产品市场,这又包括纵向拓展(刺激老客户使用产品频次)与横向拓展(寻找新客户)两种策略。

(3)综合运用营销组合策略以增加产品销售,如增加销售网点、降低产品价格、改变广告内容等。

很多营销的金融产品都处于成熟期,营销者必须富于创造性,通过改进和完善产品,延长产品寿命。此外,在金融产品生命周期这一阶段,还有一种产品营销策略就是系统销售。系统销售就是指金融企业为客户提供系统的产品或服务来充分地满足其不同层次的需求。在金融业,系统销售采取多项服务组合形式。威尔斯法戈银行在20世纪70年代早期推出的"威尔斯法戈金账户",使之成为一揽子账户服务的先行者。类似的计划很快在全国实施,在投放期的1个月内吸引了7 000个新的账户,是该银行正常情况下新开账户的3倍。系统销售是指协调解决消费者反映的所有问题的一种营销。该策略基于以营销为导向的管理人员的认识,即消费者不是购买产品,而是购买解决问题的方法或购买需求。

## 四、衰退期

衰退期是指金融产品已滞销并趋于淘汰的时期。这个阶段的特点是:市场上出现大量的替代产品,许多客户减少了对老产品的使用,产品销售量急剧下降,价格也大幅度下跌,利润日益减少。

### (一)金融企业在衰退期可以采取的措施

#### 1. 持续策略

当产品进入衰退期,大量竞争对手会退出市场,金融企业可以持续沿用过去的策略吸引部分老客户使用老产品。

#### 2. 转移策略

由于不同市场、不同地区客户需求的发展程度不尽相同,一些产品在这个市场上趋于淘汰,而在另一市场上可能还处于成熟期,所以可以对各个市场进行比较,将产品转移到一些仍有潜力的市场上进行销售。

#### 3. 收缩策略

金融企业缩短营销战线、精简人员、降低营销费用,把人力、物力、财力集中于某些最为有利的市场上,以获得最大利润。

4. 淘汰策略

淘汰策略即彻底得将产品驱逐出市场，用新产品取代老产品以维持或扩大市场占有率，增加产品销售。

(二)淘汰滞销产品，实现产品的更新换代对金融企业的意义

在当前金融业竞争日益激烈的情况下，及时淘汰一些滞销产品，实现产品的更新换代对金融企业来说意义深远，这具体表现在以下几个方面。

(1)提高资源的使用效益，使金融企业获得潜在赢利。一些老化的产品会占用人员、管理、时间、设备、广告预算等大量资源，如果把这些资源花在其他强势产品上，必然可以取得更好的效果。如果进行深入细致的市场调研，科学地分析客户需求，并按照合理的程序来开发、设计产品，就可以扩大产品的销路。因此，为了更为合理、充分地运用各项资源，使金融企业吸引潜在的客户，也要及时将那些滞销的产品淘汰掉，及时用新产品代替。

(2)产品淘汰可以不断提高金融企业的竞争力。在金融业务范围扩大化、竞争手段多样化的今天，只有不断地开发新产品，以代替现存的不适销产品，才能树立金融企业的信誉与形象，吸引更多的客户，在竞争中取得优势地位。

(3)激励金融企业内部工作人员不断开拓进取。如果一家金融企业总是停留在原有产品的销售上，可能会使工作人员产生惰性，不思进取，不愿从事新产品的开发活动。而金融企业如能随时对产品销售进行检测与评估并及时实现产品的淘汰，必然会对营销人员造成较大压力，促使他们经常地、更好地研究市场，了解客户的需求，不断推陈出新，向客户提供合适的产品。

(三)实施产品淘汰的方法

1. 缓慢淘汰法

如果金融企业发现某项产品已进入衰退期，但仍有一些核心客户在使用该产品，为了减轻对这些客户的冲击，可以继续沿用该金融产品，同时研制开发出该产品的替代产品并逐步向老客户推介新产品，慢慢地转变他们的购买习惯，最终用新产品替代老产品。

2. 快速淘汰法

如果金融企业发现某项金融产品销售量日趋下降、客户发生转移时，便迅速果断地停止该产品的销售，使之彻底退出市场，以避免各客户造成守旧与产品落后的印象。当然，在采取这种策略时，金融企业要有足够的能力迅速开发出该产品的替代品，以满足原有客户的需求，并不断开拓新市场。

3. 提前淘汰法

一些有远见的金融企业往往能居安思危，采用这种方法提高产品竞争力。当该产品进入成熟期时，便看到日趋激烈的竞争，投入大量的精力研制与开发新的产品，一旦发现原有产品进入衰退期，便将新产品投入市场，提前淘汰原有产品。这种策略可以使金融产品总是处在前面 3 个时期，减少产品衰老给企业带来的负面影响。

金融产品中的一些基本产品，如贷款、结算、投资、融资等，客户需求长期稳定，市场生命周期较长，一般不会衰退。但有些产品是在特殊经济条件和特定金融环境下设计开发出来

的，产品生存的形式和时间，往往随着金融环境的变化而变化。如深圳早期通过银行代收费用的单位多达数十家，客户办理交费业务时在不同的银行需要开立不同的银行账户。1996年，深圳金融电子结算中心和各家银行联手，发出“缴费自选一本通”卡，马上解决了用户多本存折、多个账户的管理难题。

## 【典型案例】4－1

### 福娃存折 灵活理财

奥运金融产品：携手奥运、成长账户。

作为北京2008年奥运会银行合作伙伴，中国银行面向广大青少年推出了全球首套福娃存折——“携手奥运、成长账户”。

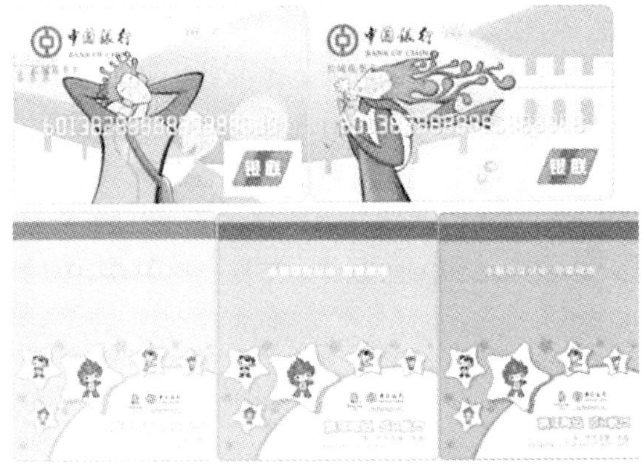

开办“成长账户”的客户除可享受普通存取款、转账、普通支付结算等基本银行服务外，还可充分发挥自己的理财智慧，灵活选择各种储蓄方案。中国银行的客户经理也会为客户提供专业的理财建议。如此新颖灵活的储蓄组合开办条件其实十分简单，凡18周岁以下未成年客户只需在父母的陪同下，累计存入一定金额以上的人民币或等值外币即可办理。成功开办的客户可以获得全球首发的福娃彩色存折和个性独特、设计新颖的长城花季卡。“成长账户”产品限量发行，具有特殊纪念意义和收藏价值。

为激发青少年通过自己平时的积累，获得参与2008年奥运机会，中国银行将对2006年6月1日至2008年6月1日期间成功开户，并且以2006年6月1日至2008年6月1日为计算期限，各项存款日平均余额达到20 000元人民币或等值外币的客户提供奥运门票抽奖活动。另外，所有“成长账户”的客户还将有机会参与中国银行量身定制的“理财讲堂”以及其他活动。

作为北京2008年奥运会银行合作伙伴，中国银行秉承“更快、更高、更强”的奥运精神，将百年品牌与百年奥运的精神与理念互融共通，以培养青少年从小树立理财意识，协助他们及其家庭实现“资金积累更快、账户收益更高、理财本领更强”的愿望。

## 【典型案例】4－2

### 2007 年银行理财产品市场综述

**1. 市场概述**

2007 年 1—10 月，共有 34 家商业银行(25 家中资银行和 9 家外资银行)推出个人理财产品 1 870 款。上半年平均每月发行理财产品约 140 款，因为受春节、“五一”的影响，月波动较大；下半年发行量较为稳定，每月均在 210 款左右。值得注意的是，10 月份理财产品发行数量受国庆节的影响不大。

**2. 产品分类**

1)信托类理财产品

2007 年 1—10 月，商业银行发行信托类理财产品共计 417 款，均为中资银行发行。在发行数量上，整体呈现上升趋势。发行数量最少的月份为 2 月，仅有 13 款；发行数量最多的月份为 7 月，达 62 款。

在理财产品平均期限上，2007 年上半年由于发行时间的不同，其差异较为明显。其中，平均期限最长的为 1 月份，平均期限为 1.17 年；平均期限最短的为 6 月份，平均期限为 0.81 年，相差 4 个多月。2007 年下半年，各月的理财产品平均期限较为稳定，基本保持在 0.92～0.99 年之间。总的来说，全年信托类理财产品平均期限呈下降趋势。

2)债券融资类理财产品

2007 年 1—10 月份，商业银行发行债券融资类理财产品共计 247 款，均为中资银行发行。发行数量最少的 2 月份仅有 8 款，发行数量最多的 7 月份达 39 款。2007 年债券融资类理财产品发行数量整体趋势呈上升趋势。

2007 年上半年债券融资类理财产品平均期限呈下降态势，下半年债券类理财产品平均期限处于窄幅波动。总的来说，全年理财产品平均期限呈下降趋势。

3)外汇货币类理财产品

2007 年各月份，外汇货币类理财产品的发行量和平均期限均呈现不规则变化。具体来看，3 个月期和 6 个月期外汇货币类理财产品的发行比重呈逐渐上升趋势。2007 年，外汇货币类理财产品预期收益率较为稳定，美元 6 个月理财产品保持在 5.1% 左右，港币 3 个月理财产品保持在 3.8% 左右。

4)QDII 理财产品

2007 年，商业银行推出 QDII 理财产品在发行速度上呈现快速上升的态势，特别是进入 2007 年 5 月份以后，发行速度明显加快，发行数量明显上升，并在 9 月份和 10 月份连续保持 25 款的最高纪录。

在期限上，2006 年 QDII 理财产品期限主要以 6 个月和 1 年期为主，产品期限偏短；2007 年则以中长期产品为主，特别是两年期的产品，目前已占到市场份额的 51%。

5)新股申购类理财产品

2007 年 1—10 月份，商业银行发行新股申购类理财产品共计 100 款，全部为中资银行发行。从总体上看,新股申购类理财产品发行数量呈上升趋势,1 月份和 4 月份各发行一款,为全年最低。9 月份发行 20 款,为全年最高。

期限方面,新股申购类理财产品期限均在 1 ~2 年,平均期限为 11.5 个月;预期收益方面,2007 年上半年发行的新股申购类理财产品预期收益较低,一般上限在 10% 左右,下半年上升到 15% ~20% 。

**3. 结构性产品**

2007 年 1—10 月份,26 家商业银行(17 家中资银行和 9 家外资银行)共推出结构性理财产品 584 款。

1)就挂钩标的物看,结构性产品的两个特征

(1)从 2007 年市场情况看,挂钩股票、基金类理财产品的数量明显增多。导致这种现象的原因主要是资本市场繁荣周期的到来、IPO 重启的新股赚钱效应的显现和 QDII、港股直通车政策的不断推出和放宽等因素的影响。

(2)从 2007 年市场情况看,新型挂钩标的物开始登上结构性产品的舞台。除传统的挂钩股票、债券、基金等产品继续强势发行外,市场上开始出现了挂钩二氧化碳排放量期货的产品。

2)依据挂钩不同标的物,2007 年银行结构性产品的收益率比较

银行理财产品预期收益率的高低与挂钩标的物的风险收益特征有关。按照不同标的物的风险大小,相应结构性理财产品收益率由高到低依次为:挂钩股票类产品、挂钩基金类产品、挂钩汇率类产品、挂钩信用类产品、挂钩利率类产品、挂钩债券类产品。指数挂钩类与挂钩价格类产品由于不同指数风险收益差异较大,因此无法量化该类产品平均风险收益特征。

3)从 2007 年挂钩标的物的不同,分析其对产品收益模式的影响

结构性产品的收益类模式一般是根据挂钩标的物的基期数值设定一个收益获得区间,按照观察日挂钩标的物是否处于收益获得区间,计算产品收益。针对不同标的物的特征,基期的选择有所不同,给予的收益获得区间也不同。

对于波动较小的市场如 LIBOR 市场,美元 6 个月 LIBOR 长期在 4.5 ~5.5 的范围内浮动,总体呈平稳趋势,因此一般挂钩美元 6 个月 LIBOR 的产品收益获得区间设定为 0 ~6,这样的收益区间设计让该类产品基本无风险可言,但预期收益率也相对较低。

对于波动较大的市场如股票市场,挂钩股票产品给出的收益获得区间是基期股价的上限或者下限。

信用挂钩类产品则相对特殊,因为承担连带担保责任的机构一般是政策性银行等高信用等级机构,所以该类产品风险极小,其收益模式也独具特色,如果不存在违约或担保方承担违约责任,投资者就可以得到预期的固定收益率。

影响该类产品挂钩标的物选择的主要因素如下。

(1)市场热点。市场热点代表了旺盛的市场投资需求,有利于理财产品的销售。2007 年投资热点是正处于牛市的证券市场,因此挂钩股票类产品较多。

(2)收益性。在顺应市场需求的情况下,银行除了考虑与热点市场挂钩,还要让设计出来的产品为投资者和银行都带来可观的收益。

(3)趋同效应。结构性理财产品市场属于垄断竞争市场,由于技术与创新性的要求较

高,进入门槛也较高,目前只有实力与规模较大的商业银行才能提供。在这样一个市场上,只要某家银行推出具有市场吸引力与竞争力的产品,其他银行就会效仿跟进,导致结构性产品市场趋同现象较为明显。

(4)客户群体。一般以高端客户为主的银行在标的物选择上会着重考虑低风险、低收益挂钩标的物。

## 本章小结

1. 产品是金融企业营销活动的对象,也是整体营销策略的起点,它是金融企业通过某种金融工具加上配套的营销理念、服务以达到满足客户需要的目的。

2. 金融产品品种繁多,根据行业分类,包括银行类、证券类和保险类的很多种类,因其是一种承诺或服务,具有无形性、多样性等特点。

3. 随着金融市场竞争的加剧,金融产品的开发和创新显得越来越重要。其方法主要包括创新法、延伸法、包装法、组合法以及移植法。新产品开发一般要经过产品创意、方案筛选、样品测试、经营分析、产品开发、产品试销、实施或商品化、评估与检测8个阶段。

4. 金融产品投入市场后也会经历一个产生、发展与衰亡的过程,根据客户对金融产品的使用或金融产品的销售情况,各种金融产品的生命周期可以分为4个阶段,即推介期、成长期、成熟期和衰退期。在生命周期的不同阶段,客户对产品的需求是不一样的,金融产品的销售额以及利润额也不相同,因此在各个阶段金融营销有着不同的任务与特点,必须采取不同的产品策略。

## 知识结构

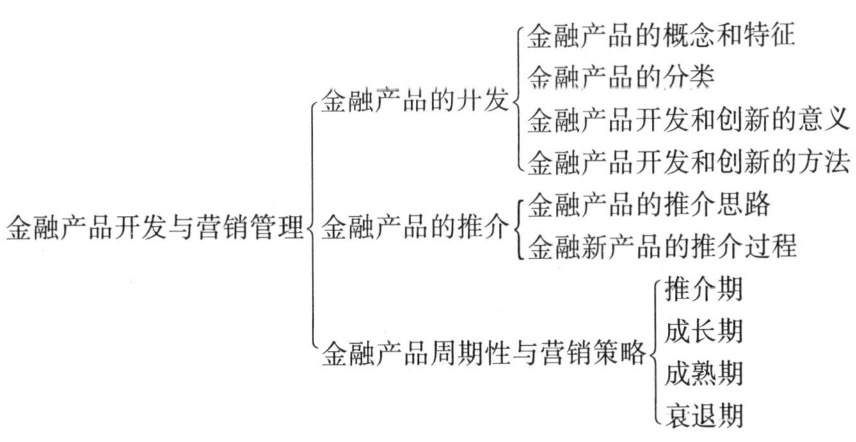


## 思考题

1. 简述金融产品的概念和种类。

2. 为什么金融机构不断进行金融产品的开发和创新?

3. 金融产品推介的思路和流程有哪些?
4. 简要分析金融产品在不同周期应采取的市场策略。

## 营销实战

1. 根据教师的指定,调查金融机构近期推出的新产品并进行同类创新比较。
2. 选择一个金融产品对其从推向市场到退出市场的过程进行综合分析。

# 第五章　银行卡营销实务

**学完本章后，你应该能够：**

- 了解银行卡的产生与概念；
- 熟悉银行卡的交易流程；
- 掌握银行卡的发卡渠道和业务处理；
- 掌握银行卡的营销策略和方式；
- 能够具备基本的银行卡的营销能力。

**案例导入**

**难与中资行抗衡外资银行卡瞄高端**

受制于央行规定必须在内地设立银行卡数据中心的限制，外资银行短期内无法向境内居民提供人民币银行卡业务。外资银行方面表示，人民币银行卡将作为外资银行今后的工作重点，并将主要丰富高端银行卡种类。待发行人民币银行卡申请获批后，将重点放在人民币信用卡业务上。

目前，为提高各自信用卡的市场竞争力，各家外资银行积极与商家结盟，以提供更多优惠。外资银行业内人士称，外资银行信用卡提供的优惠与中资银行信用卡将有很大区别，基本只有在高档场所持外资银行信用卡消费才能获得优惠，如奢侈品专卖店、五星级酒店或餐馆、歌剧院或音乐厅等场所。业内人士分析，目前内地信用卡市场竞争日趋激烈，成为中资银行的天下，若外资银行信用卡与中资银行信用卡走的是同一路线，生存空间势必狭小。外资银行利用自身高端客户资源，将信用卡也定位高端，一来客户有一定消费能力；二来也为自身开辟一条蹊径。

对此，中资银行认为，外资银行信用卡短期内不会给整个信用卡市场带来很大威胁。外资银行在短期内还难以与中资银行形成抗衡，中资银行在发卡量、客户及渠道方面都具有明显优势。此外，信用卡发行有个品牌树立的过程。他认为，外资银行发卡短期内不一定达到很高的量，而更可能是针对特定客户群体，因此，可避免与主流竞争。

## 第一节　银行卡产品设计

时下越来越多的中国人在交易中从传统的支付现金转向持卡消费，而银行卡也向多层次、多品种的综合方向发展，在简单的存款、贷款和汇款业务基础之上，其日益丰富的增值服务，如购买基金、证券、国债和理财等业务外，公用事业缴费、购物、保险、纳税、罚款等也无不令人感到快捷方便。

自1985年中国银行发放第一张银行卡至今，中国发行银行卡的金融机构和发行的银行卡、银行卡联网通用城市、银行卡特约商户的数量以及银行卡交易额均有大幅增长。截至2006年6月，中国共发行各类银行卡10.33亿张，其中借记卡最多为96%，准信用卡3%，信用卡1%。剔除批发性的大宗交易和房地产交易，中国银行卡支付的消费交易额占全国社会消费品零售总额的比重，从2001年的2.1%上升到2005年的10%。

可以说，银行卡的市场竞争已成为银行业竞争的一块新的阵地。

## 一、银行卡的基础知识

### （一）银行卡的由来与演变

#### 1. 银行卡的出现

银行卡最初表现为一种类似金属徽章的信用凭证，这一凭证称为购物卡（Shoppers' plates），持有这一凭证的人可以到指定的商店赊购商品，约期付款。它是由早在19世纪80年代，英国的“幸运衣着用品”联合商店发明并使用的。而真正由银行发行的银行卡最早可以追溯到约翰·C.比金斯时代。1946年，比金斯首创了“记账吧”的信贷方案：由银行发行能被当地商户接受的小额购物券，消费者用购物券购买商品，商户将购物券直接存入银行账户，再由银行根据购物券金额向客户收取款项。

1951年，位于纽约长岛富兰克林广场上的富兰克林国民银行（Franklin National Bank）的创始人Anthur Roth发行了第一张现代意义上的银行卡。银行将银行卡赠送给那些具有实力的、有信用的客户，并同多家商户签订接受其银行卡的协议。持卡人购买商品以后，向商户出示银行卡，商户将银行卡上的信息复印在销货账单上，然后向弗兰克林银行集中收款。富兰克林国民银行的银行卡受到广泛的欢迎，零售商纷纷加入该网络，将其作为一个新的促销商品的工具。20世纪50年代末60年代初，美国的各家商业银行开始纷纷效仿富兰克林国民银行，积极进入银行卡行业。大通曼哈顿、花旗等银行也都发行了自己的银行卡。

#### 2. 银行卡的演变

银行卡从产生至今经历了一个不断发展的历史进程，这个进程大概有以下几个阶段。

1）以商业信用形式存在的阶段

这个阶段从1901年银行卡产生直到1952年金融领域开始发行银行卡，大约经历了近40年的时间。

2）以银行信用形式存在的普通卡阶段

关于这个阶段的开始，一般认为是在1951年。这一年，弗兰克林银行发行了金融零售业的银行卡，从此，银行卡进入金融领域。

3）磁性卡阶段

磁性卡产生的时间，大约在20世纪70年代初期。在这个时期，电子计算机在银行的应用已经较为普遍，且在发达国家联网，这使商业银行业务处理的效率和准确性都大为提高。

银行业务自动化在此基础上也揭开了新的一页。AD(自动存款机)、CD(自动取款机)和ATM(自动柜员机)先后在美国、日本等发达国家使用。但目前,几乎90%以上的银行卡都为磁性卡,没有磁条的银行卡在现代社会简直是难以想象的。可以说,目前的银行卡时代是典型的磁性卡时代。

4)智能卡(IC卡)阶段

智能卡是当今银行领域的新产品。所谓智能卡,实际上就是在银行卡上安装一个拇指大小的微型芯片,这个芯片包含了持卡人的各种信息。这种芯片与磁条相比,具有更高的防伪能力,一般不易伪造,因而更加安全。我国目前正处于磁性卡的普及时期,智能卡成本高,寿命短,配套设施投资大等诸多方面限制,目前仍为数不多。然而由于智能卡本身具有很大的优势,随着诸多问题和不利因素的解决,会在不久的将来大有作为。

**3. 我国银行卡的发展**

我国银行卡的起步是从代理国外信用卡开始的。为满足境外持卡人在境内使用信用卡支付的需要,我国专门开展国际金融服务的专业银行(中国银行)开始为境外银行和发卡机构代理境外信用卡业务。

代理境外信用卡业务的经验,为我国银行涉足信用卡发卡业务奠定了基础。

**4. 国际银行卡组织**

目前,国际上较大的银行卡组织主要有5个,即威士国际组织、万事达国际组织、美国运通公司、大莱信用卡公司和JBC信用卡公司。随着中国银联股份有限公司的发展,中国银联股份有限公司已经逐步发展为世界第六大银行卡组织。

### (二)银行卡的概念

**1. 银行卡的概念**

在我国,根据《银行卡业务管理办法》(1999年)对银行卡的定义,银行卡是由商业银行(含邮政储蓄金融机构)向社会发行的具有消费信用、转账结算、存取现金等或全部或部分功能的信用支付工具。银行卡包括信用卡和借记卡。

**2. 银行卡的分类**

银行卡的种类有很多,通常可以按照以下几种标准划分。

1)按照发行银行卡的机构划分可以分为3类

(1)商业机构发行的零售银行卡。由零售百货公司、石油公司等单位发行,持卡人凭卡可在指定的商店购物或在加油站加油等,定期结账。这种信用卡发行数量最大,约占全世界信用卡总数的45%,但流通区域受到很大限制,发展空间较窄。

(2)服务行业发行的旅游娱乐卡。由航空公司发行,用于购买火车票、飞机票、船票以及用餐、住宿、娱乐等。如美国运通卡和大莱卡即属于此类信用卡。

(3)银行发行的银行卡。随着当代科学技术的迅猛发展,电子计算机在银行广泛应用,使银行信用卡的使用范围迅速扩大,这不仅减少了现钞的流通,而且使银行的业务突破了时间和空间的限制,发生了根本性变化。银行发行的常见的信用卡主要有以下4种。

a. 购物卡。购物卡是指银行组织的一批商店或交通、旅游公司等服务性企业(简称特约商户),在向持卡人提供赊销商品或劳务时,签具账单,凭账单向银行收取货款或劳务费用,同时交纳一定比例的手续费。通常银行在月底凭账单同持卡人结账。持卡人若在规定时间内偿还贷款,则无需支付利息;若超过规定期限,则必须向银行支付利息。

b. 记账卡。记账卡是银行业务电子化发展的产物。它可以通过银行在大的商业中心、旅游服务中心设置的特制的电脑终端进行自动转账和支取部分现金。记账卡是购物时可以用于记账、转账的银行卡。

c. 提现卡。提现卡是购物适用于付账、转账,并可在发卡银行所有分支机构的营业期间或设有自动柜员机的地方随时提取现金的银行卡。发卡银行及其所属分支机构、联营银行向提现卡持有者提供透支现金的方便,但通常发卡银行会对提现卡规定透支限额。

d. 支票卡。支票卡是凭信用卡签发支票付款的银行卡。支票卡一般都规定了使用期限与最高金额,在限额内,银行保证支付,超过限额则拒付。支票卡实际上是一种持卡人可以向银行透支的形式。银行与客户商定信贷限额以后,客户就能超过其存款余额并在信贷限额以内签发支票,自动取得贷款。

2)根据银行卡使用对象的不同,银行卡可以划分为单位卡和个人卡

所谓单位卡就是向企事业单位、团体、部队、学校等发行的银行卡,其使用者为单位。个人卡则是面向成年的、有稳定收入并符合申领条件的居民发行的银行卡。

3)按照清偿方式不同,银行卡可以分为信用卡和借记卡

信用卡按照是否向发卡银行交存备用金可分为贷记卡和准贷记卡两类。贷记卡是指发卡银行给予持卡人一定的信用额度,持卡人可在信用额度内先消费、后还款的信用卡。准贷记卡是指持卡人须先按发卡银行的要求交存一定金额的备用金,当备用金账户余额不足支付时,可在发卡银行规定的信用额度内透支的信用卡。

借记卡按功能不同分为转账卡(含储蓄卡)、专用卡、储值卡,借记卡不具备透支功能。转账卡是实时扣账的借记卡,具有转账结算、存取现金和消费功能。专用卡是具有专门用途、在特定区域使用的借记卡,具有转账结算、存取现金功能。专门用途是指在百货、餐饮、饭店、娱乐行业以外的用途。储值卡是发卡银行根据持卡人的要求将其资金转至卡内储存,交易时直接从卡内扣款的预付钱包式借记卡。

4)根据流通范围的不同,银行卡可分为国际卡和地区卡

国际卡是指国际上通用的银行卡,地区卡是指只能用在发行国或一定区域内使用的银行卡。如中国银行发行的人民币长城万事达卡、中国工商银行发行的人民币牡丹卡、中国农业银行发行的人民币金穗卡都属于地区卡。

5)根据持卡人所处的地位不同,银行卡可以划分为主卡和附属卡

主卡持有人可为其配偶及年满18岁的直系亲属申领不超过两种的附属卡,附属卡的所有交易款项均计入主卡账户。附属卡可应主卡持有人的要求注销。

6)根据使用对象的信用等级不同,银行卡可划分为普通卡和金卡

金卡的应缴年费和透支金额均高于普通卡。

**3. 银行卡的功能**

银行卡的各项用途和功能是由银行卡发卡银行根据社会需要和内部经营能力所赋予的。尽管各家银行所发行的银行卡的功能并不完全一致,然而所有银行卡都有以下基本

功能。

(1)转账结算功能。持卡人可通过发卡银行办理约定的卡与卡、卡与账户之间的转账业务,或者在与发卡银行建立合作关系的特约商户如证券公司、基金公司等办理银行卡与对方账户之间的款项划转。目前较为普遍的银证转账业务,就是发卡银行通过接受证券公司委托,用储蓄卡实现股民储蓄账户与证券保证金账户双向实时划转的转账结算业务。转账结算节约了社会劳动,改善了支付结算手段,极大地提高了支付效率。

与此同时,近年来各行针对个人理财需求的上升,发行了具有综合理财功能的理财卡,该卡集多个定活期、本外币存款账户于一卡,不但可以办理各账户之间的转账,而且还可办理与证券公司及基金公司之间的买卖股票及基金的资金转账等。另外,凭卡还可办理银行卡贷款融资,极大地方便了个人的储蓄和理财活动。特别是上述转账交易的完成必须借助私密性很强的个人密码的控制,更是在很大程度上保障了个人资金的安全。

(2)储蓄功能。银行卡持有者可以在相当广泛的范围内,在发行银行卡的银行所制定的储蓄网点(或营业厅、营业处)办理存款手续。使用银行卡办理存款与取款手续比使用储蓄存折更方便,不受存款地点和存款储蓄所的限制,可以在发卡银行的所有网点及联行机构通存通取,这大大地方便了银行卡持有者的储蓄活动,提高了居民的储蓄积极性。同时,凭银行卡支取现金,银行要审查持卡人身份证,核对持卡人签字,这将有助于发行银行卡的银行维护持卡人的资金安全。此外,许多发行银行卡的银行对于持卡人领用银行卡所开设的存款账户按活期储蓄计付利息,这又使得客户在享受银行卡提供的便利的同时,还可以增加收入。

(3)代收代付功能。发卡银行利用自身的营业网点、网络、人员、借记卡账户管理等优势,为政府、企业、个人提供代理资金结算的代理服务、分销服务,以代理人的身份为被代理人办理委托收付事项,以获取中间业务收入。目前,这些代收代付业务主要有代发工资业务,代收、代付、代扣各种费用业务以及代销业务。

(4)消费支付功能。持卡人凭卡可在特约商户直接购物消费,无需以现金货币支付账款,只需使用银行卡进行支付结算,在发卡银行扣减持卡人银行账户资金后,将持卡人所支付的货款划拨给特约商户。消费支付是银行卡最主要的功能,它能为社会提供最广泛的结算服务,方便持卡人与特约商户的购销活动,减少社会的现金流通量,节约社会劳动。

## 【资料阅读】

### 银行卡业务小知识

持卡人:卡的合法持有人,即与卡对应的银行账户相联系的客户。

ATM(Automatic Teller Machine):自动柜员机,持卡人可自行操作,办理查询账户金额和提取现金等业务的自助式终端设备。

POS(Point of Sales):能够接收银行卡信息,具有通信功能,并接受柜员的指令而完成金融交易信息和有关信息交换的设备。

特约商户:与收单行签有商户协议,受理银行卡的零售商、个人、公司或其他组织。

发卡行：发行银行卡，维护与卡关联的账户，并与持卡人在这两方面具有协议关系的机构。

收单行：收单行指跨行交易中兑付现金或与商户签约进行跨行交易资金结算，并且直接或间接地使交易达成转接的银行。

联网通用：经中国人民银行批准、在中国境内经营银行卡业务的商业银行利用自身的计算机网络系统、终端机具(主要是ATM和POS)、特约商户以及技术服务手段等，以相应方式与银行卡跨行信息交换系统相连，实现银行卡业务的跨行通用。

## 二、银行卡交易流程

### (一)银行卡交易的利益主体

#### 1. 持卡人

对于持卡人而言，使用信用卡具有如下好处。

(1)使用信用卡的便利性。

(2)持卡人可以随时获得信贷支持。

(3)信用卡为持卡人提供了一定的延期付款时间。

(4)信用卡为持卡人提供了一种相对较为安全的交易手段。

(5)信用卡为持卡人累计了信用。

(6)信用卡交易为客户提供了交易记录，方便客户了解账户变化情况。

#### 2. 特约商户

对特约商户来说，信用卡具有以下吸引人的特点。

(1)信用卡使持卡人购物方便，从而促使销售增长，而消费者使用信用卡比使用现金更有可能大量购物或者说更容易产生购物欲。

(2)商户可以相当容易地验证持卡购物的合法性。

(3)特约商户既不会承担信贷风险，也不会发生因接受支票而产生的风险。

#### 3. 发卡银行

对发卡银行来说，信用卡主要有以下优点。

(1)信用卡增强了银行的竞争能力。

(2)信用卡是银行能够吸引到不住在银行附近的客户。

(3)新的信用卡用户给银行其他金融产品提供了极好的发展机会。

(4)增加了银行的营业收入。

(5)特约商户为银行带来了附加存款，成为银行新的信贷资金来源。

### (二)银行卡的交易流程

#### 1. 客户购物消费

持卡人在特约商户处购物时，将其信用卡交给商户的收款员，收款员检验信用卡和持卡人的合法性。

#### 2. 交易授权

购物交易授权分为自动授权和人工授权两种。

(1)自动授权。对于自动授权,只需要收银员在POS机上刷卡,同时输入交易金额。然后要求持卡人输入密码。通过POS机自动授权成功后,打印签购单。

(2)人工授权。发卡银行和特约商户在签订协议时,商定了持卡人每次在特约商户进行直接消费的最高金额,如果持卡人消费超过限额,特约商户必须向发卡行请求授权。特约商户在接受信用卡时,如果发现持卡人有可疑之处,应同发卡银行联系,请求授权。申请授权时应详细说明持卡人姓名、身份证件号码,信用卡卡号、有效期,消费金额以及本商户编码等内容。获得授权后,将所得授权号码填写在签购单上。

**3. 特约商户结算和清算**

特约商户每天营业结束后,应认真汇总签购单金额,填写总计单,扣除支付给签约银行的手续费(一般为交易面额的1% ~5%)。

收单银行的处理中心把其特约商户的各种交易分为自己的持卡人所作的交易以及要同其他金融机构交换的交易两种。如果持卡人的账户是该银行的一个账户,处理中心就将该笔交易额从持卡人的账户过账到特约商户账户上。对于一笔交换交易,则通过信用卡授权网络将交易数据传输到发卡行的处理中心进行结账处理。

对于一笔交换交易,收单行要支付交换费给发卡行,以承认发卡行对本笔交易所作的贡献。当然,若收单行又是该卡的发卡行,就不存在交换费用。

所有的跨行信用卡购物交易,必须通过中央银行才能最终结算。

**4. 银行卡预借现金交易流程**

持卡人可在参与相同信用卡系统的人和银行里出示其信用卡,并请求预借一笔现金,银行柜员将该卡特征记到现金预借表上,经过授权后,给持卡人一笔请求额的现金。其中的授权过程与信用卡购物交易的授权过程类似。

# 第二节 银行卡发卡渠道

## 一、信用卡申请与发卡业务的处理

### (一)信用卡申请业务处理

**1. 柜面受理信用卡申请业务**

客户进入营业网点,办理信用卡申请业务。银行工作人员提醒客户阅读信用卡领用和约/协议,指导客户填写信用卡申请表。

1)提醒客户阅读信用卡领用和约/协议

银行工作人员根据客户要求进行相关产品介绍,并提供领用合约协议和相应申领表。一般情况下,客户可以拿到产品快速指南、领用协议/和约、申领表、填写指南等资料。

工作人员需要提醒客户认真阅读相应信用卡领用和约/协议,了解信用卡领用、使用、利息、收费、对账单及查款等方面的规定,进一步明确银行与客户双方的权利和义务。

2)指导客户填写信用卡申请表

申请人在阅读领用协议后明确双方权利与义务的前提下,按照要求,完整、真实、清晰地填写申请表各项内容，并在签名栏签名确认。

**2. 柜员审核相关材料**

当客户完成信用卡申请表的递交程序后，柜员需要就申请人资格、担保人资格及相关材料进行审核。

1）审核申请人/担保人资格

柜员根据《信用卡业务管理办法》的相关规定和各银行的信用卡章程，审核申请人是否具有申请相应信用卡的资格以及是否满足申领条件。

2）审核相关材料

柜员须认真审核客户提交的材料，包括：①申请表；②有效身份证件；③工作与收入证明；④居住证明；⑤资产证明材料；⑥个人征信系统查询授权书；⑦其他资料。

3）送别顾客

经办人员审核上述材料无误后，将身份证件原件交还给顾客，并送别客户，填写银行专用栏相关信息。

4）后续处理

受理网点应在规定工作日内在信用卡网上信用审批系统中录入申请表资料，并签署意见上送信息。

**3. 卡部专职人员复核**

审核人员对客户提交的信用卡申领表及申请资格、信誉状况等情况进行审查、核实、分析、评估，并给出相应意见。

调查审批前，审核人员将申请人、保证人的身份证件号输入风险预警系统中进行配对调查，如果出现该系统中禁止申办情况之一的，则应拒绝受理。

1）资信调查

审核人员应该严格把关，对申办人的每一份资料、每一份内容必须分步骤、按规定程序予以调查、核实。

2）资信评估

发卡机构确定资信调查资料无误后，对申请人的资信情况做出综合的分析和评估。调查人员把经过调查所取得的资料、数据交给参加评估的各方面专家，由有关专家对企业和个人提出看法，然后由若干专业人员或小组给出评估意见，经过对各方面意见的汇总、考评、综合分析，对某一企业或个人的信用状况得出结论，信用度评估的过程就此结束。评估结果是确定能否为申请人发卡的依据。

3）提出初审意见

根据资信调查和资信评估结果提出初审意见，包括资信评估情况、可否领卡、保证金起存金额、有效期等。

**4. 发卡行的专职人员终审**

发卡的卡部相关人员对持卡人申请表内所填写资料的真实性、准确性，能否发卡和信用等级评定等情况进行最终审定。终审有权依据有关规章制度和持卡人情况，对复审意见提出质疑、修改直至否定，但应告知复审人员。

### (二)信用卡发卡业务的处理

#### 1. 编制制卡信息和制卡清单

接到打卡通知后,发卡中心将客户申请表的各项资料输入系统,由系统自动按顺序产生信用卡卡号。

发卡中心资料员按打卡名单在规定时间内编制制卡清单。清单包括持卡人卡号、持卡人姓名的中文及汉语拼音、持卡人性别、信用卡有效期等完整资料。资料员编制完毕,经审核无误后交于制卡员制卡。

#### 2. 领卡员领取空白卡片

制卡人员收到制卡信息和制卡清单,审核无误后签收,并根据制卡清单上的实际数量,按照规定到空白卡片保管员处领取空白卡片。

#### 3. 制卡并生成密码

制卡员在开机制卡前,根据制卡机上的累计制卡数,在制卡登记簿上登记制卡累计序号,然后严格按照制卡信息进行制卡。前后两次制卡的序号应相互衔接。

制卡过程中主机随机产生信用卡密码,管理人员使用专用密码信封打印,且将密码信封交给密码发放人员签收。

制卡过程中产生的作废卡交给空白卡片保管员签收。

#### 4. 发卡部门清点签收

制卡员将制好的卡片交给发卡部门,发卡部门清点数目并进行审查。

经过审查无误后,发卡部门根据申请人申请表中所填写的领卡方式进行发卡。领卡方式分为直接邮寄和发放至网点两种。

1)直接邮寄

如果申请人选择邮寄到指定地址,则发卡部门工作人员将卡片装入填有申请人姓名和卡号的专用信封,密封后在封口处加盖发卡员名章和日期,并用挂号信的方式及时送给申请人。

2)发放至网点

如果申请人选择网点发卡,则发卡部门按照相关规定将卡片运送至相关营业网点。

#### 5. 营业网点发卡

银行前台工作人员在发卡时必须严格执行以下程序。

(1)查验领卡人的有效身份证件,确定是申请人本人领卡,禁止代领信用卡。

(2)查验领卡人提供的领卡通知。

(3)确认身份后付给申请人信用卡,并要求领卡人在发卡登记簿上签名确认。

(4)应让申请人当面在信用卡背面签字栏签名。

(5)银行工作人员在本行系统上作发卡业务处理。

### (三)信用卡开卡业务的处理

信用卡开卡常用的两种方式为电话开卡和网上银行开卡。

**1. 电话开卡**

电话开卡步骤如下。

1）拨打客服热线

客户在收到信用卡后，将进行开卡申请。客户若选择电话开卡的方式，则首先需要拨打该发卡银行的客服热线。

2）选择自助开卡

通过电话银行的语音提示系统，选择自助开卡（激活）服务，并按照提示进行系统操作。

3）输入相关信息，核实身份

根据该银行客服热线的自动语言提示，输入相关信息。

（1）输入信用卡卡号。

（2）输入个人相关信息。个人信息包括身份证号码（若最后一位为字母，则以＊代替）、卡片有效期（信用卡背面标注）、信用卡背面签名栏打印的最后三位数字、住宅号码（不需要输入电话号码区号和分机号）等，用于确认开卡人身份的真实性。

4）设置/输入电话银行密码

（1）设置电话银行密码。若首次进入电话银行系统，需要设置电话银行密码（一般为6位阿拉伯数字），并根据语言提示再次确认电话银行密码。

（2）输入电话银行密码。若非首次进入电话银行系统，则只需要直接输入电话密码即可。

5）开卡成功

客户输入信用卡卡号和相关个人信息后，电话银行会自动通过该银行的系统核实信用卡卡号和相关个人信息的真实性。若该卡为本银行的信用卡，且个人信息与系统预留信息一致，则系统自动开卡成功。

**2. 网上银行开卡**

网上银行开卡步骤如下。

1）网上银行申请注册

客户若选择网银开卡的方式，则首先需要在该发卡的网上银行注册。

2）登录网上银行

注册成功后，登录网上银行。

3）选择在线开卡服务

进入发卡银行首页后，点击“信用卡”或“银行卡”，进入信用卡或者银行卡页面，在该页面下，发卡银行提供了若干服务项目，选择在线开卡或信用卡开卡。

4）输入相关信息

在“在线开卡”界面下，按照系统的要求，进行在线操作。填写客户姓名、信用卡卡号、有效期、证件类型、证件号码、电话号码等相关信息，进行身份验证，在上述操作完成后，点击“确认”键，等待系统确认。

5）开卡成功

系统核实该卡卡号和相关个人信息的真实性，若该卡为本银行的信用卡，且个人信息与系统预留信息一致，则系统自动开卡成功。

## 二、借记卡申请与发卡业务的处理

### （一）借记卡申请业务处理

**1. 柜面受理借记卡申请业务**

客户进入营业网点，办理借记卡申请业务。银行工作人员提醒客户阅读借记卡领用合约/协议，指导客户填写借记卡申请表。

**2. 柜员审核相关材料**

柜员审核申请人有效证件、申请人资格及申请表等。

柜员审核申请表时，主要审核申请表各项内容包括姓名、地址、工作单位、电话等是否完整，同时了解客户是否要求开通借记卡的其他服务功能，特别注意申请人是否在指定位置签名。

**3. 配卡与信息录入**

柜员进行初审后，对于符合借记卡开卡条件的客户，进行及时配卡与信息录入。

在进行配卡时，柜员需要检查借记卡是否完好、磁条是否存在问题等细节；然后使用“借记卡开户交易”菜单进行信息录入处理，建立客户信息，进行开户处理。在申请表上记录银行卡卡号，加盖经办员名章。银行柜员将已经开好的借记卡和申请书客户联交与客户签收，送别客户。

**4. 后续处理**

柜员登记开销户登记簿，记录编号、银行卡卡号、申请人姓名、申请日期、申请证件号码、经办人员等信息；同时编制表外科目付出传票，销记重要空白凭证。

### （二）借记卡发卡业务处理

此处的发卡业务是指从预制卡的制作、预制卡运送至网点到客户领取借记卡的完整过程。

**1. 领取预制卡**

发卡中心指定专人负责制卡，制卡员根据制卡量填写领卡清单，交由负责人签字后向凭证保管员领取空白卡片。制卡员需对空白卡片进行写磁、印字处理，并打印制卡清单。

网点根据需要领取适量的空白预制卡，领取时应作表外登记和账务处理。

**2. 柜员审核并录入系统**

客户申请借记卡时，填写借记卡申请表，向柜员提交身份证件，经过审核无误后同意发卡。

在进行发卡时，柜员需要检验借记卡是否完好、磁条是否存在问题等细节。

柜员通过读卡器读入预制卡磁条信息（卡号）；然后在借记卡开卡操作界面下输入申请人姓名、性别、地址、币种、开户金额、身份证号码等客户资料，并按照客户要求开通相关借记卡的服务功能；之后请客户输入预设的密码，需要两次输入相同的6位数字并确认。

**3. 相关凭证的处理**

柜员进行相关凭证的处理，其操作步骤如下。

(1)在系统中将客户相关信息提交后，等待系统确认并打印开户清单。

(2)要求客户在开户清单指定位置签名并回收。

(3)在开户清单上加盖业务公章和个人名章。

(4)在申请表上记录银行卡卡号、加盖经办员名章。

(5)按照相关规定收取年费后，将借记卡、身份证件、开户清单客户联交与客户签收，并送别客户。

**4. 后续处理**

柜员凭开户清单登记开销户登记簿和表外登记簿，并将开户清单收入传票格保管，从而结束借记卡发卡业务的处理。

**【资料阅读】**

**银行卡大事记**

1985 年，中国银行发行长城卡，成为中国第一张银行卡。

1995 年 6 月，招商银行推出一卡通，率先将定活期、多储种、多币种、多功能集于一卡，被誉为我国银行卡的一个创举。截至 2004 年年底，一卡通累计发卡超过 3 000 万张，卡均存款余额超过 4 500 元，居全国银行卡首位。

2002 年 3 月 26 日，由 80 多家国内金融机构共同发起设立，注册资本 16.5 亿元的股份制金融机构——中国银联在上海成立。中国银联采用先进的信息技术与现代公司经营机制，建立和运营全国银行卡跨行信息交换网络，实现银行卡全国范围内的联网通用，推动我国银行卡产业的迅速发展，实现“一卡在手，走遍神州”，乃至“走遍世界”的目标。目前，全国已有 684 个城市实现联网通用，特约商户达 30 多万家，安装 POS 机 50 多万台、ATM 机 6.5 万台。

2004 年 1 月，上海浦东发展银行和美国花旗银行联合推出信用卡——浦发花旗信用卡，成为国内第一张引进外资技术和管理支持的信用卡。

2004 年 1 月 18 日，中国银联正式开办内地“银联”标志人民币卡在香港地区的使用业务。同年 9 月 8 日，中国银联正式开办内地“银联”标志人民币卡在澳门地区的使用业务。

2004 年 4 月 5 日，中国银行(香港)、汇丰银行等 16 家香港银行正式加入中国银联，中国银行(香港)于 4 月 30 日率先在香港正式发行银联人民币借记卡和信用卡。

## 第三节　银行卡营销策略

### 一、银行卡市场细分

银行卡市场营销的对象是具备各种各样需求的消费者。不同的消费者由于其财务状况、信用需求、行为特征、偏好等的差异,对银行产品的需求和对市场营销的反应不一样,其风险程度和赢利潜力也各异。比如有的消费者使用银行卡只为方便,对循环信贷没有多少需求;有的消费者对循环信贷的需求比较强烈;有的消费者喜欢某种回报(如消费积分、航空点数);有的消费者则喜欢社会地位感、时尚、个性等。成功的市场营销策略,能够对目标客户群体进行细分,针对每个目标客户群体的具体要求,设计和推出适销对路的产品,吸引新客户,留住老客户。比如,数据库营销往往通过对消费者信用历史的分析来细分市场,对不同的目标客户群体采用不同的产品概念和信用条款,有的放矢;又比如,广东发展银行的女性真情卡因产品设计针对女性白领的消费需求和时尚特征而广受欢迎。

**(一)银行卡客户群的特征描述**

从年龄、收入、消费习惯和信用需求等特征看,高中端客户群体应该是银行卡定位的主要目标细分市场。高端客户主要指个人金融资产价值高于50万元的客户,而中端客户指个人金融资产价值高于10万元的客户。为了进一步描述高中端客户的特征,银行对既有客户群体的特征描述如下。

**1. 高端客户群体特征描述**

高端客户人口统计特征为:①年龄主要集中在30~44岁,45岁以下人群约占高端客户的70%;②性别分布较均衡,男性比例略高(55%),无显著差异;③近90%的高端客户都为已婚人士。

从社会特征看,高端客户的学历较高,以大学本科以上学历为主,其中大专占35%、大学本科以上占47.4%。从职业特征看,国营、民营企业的高层管理人士已成为各地高端客户的重要组成部分,占35%的比例;而在北京和上海,国有企业及事业单位中的高层管理人士所占比例明显提高;同时,各地个体业主比例较高也是一个重要特征。

从用卡行为看,高端客户使用借记卡的比例为58.6%,使用信用卡的比例为41.4%;用卡习惯分别为存取现金77.1%、缴费31.4%、消费刷卡58.4%、家庭和个人贷款还款2.7%。高端客户刷卡消费较为普遍,近四成高端客户的个人月支出中有一半以上是以刷卡的形式支付的,在上海、北京更是如此。在透支习惯方面,高端客户的银行卡消费观念更为成熟,会更多地使用贷记卡,近五成客户1年透支6次以上;在透支还款的习惯方面,也显示出了高端客户较充足的现金流和良好的理财意识,有92.7%的人会在最后还款日之前归还透支款,且总体上比较保守、谨慎,有58.2%的人会在透支后的几天内还款。

**2. 中端客户群体描述**

中端客户人口统计特征为:①年龄主要集中在24~44岁,45岁以下人群约占中端客户的80%;②性别分布较均衡,男女比例基本相当;③近80%的中端客户都为已婚人士。

从社会特征看,中端客户的学历也较高,但仍以大专和大学本科为主,其中大专占41.4%、大学本科及以上占38.3%,但硕士、博士的比例低于高端客户;从职业特征看,民营企业中的高层管理人士已成为各地中端客户的重要组成部分,占27.1%;而国有企业或集体企业及事业单位的职员也成为中端客户的重要组成部分,占24.5%;同高端客户类似,个体业主也占有较高比例,占比接近15%。

从用卡行为看,中端客户使用借记卡的比例为56.7%,使用信用卡的比例为43.3%;用卡习惯分别为存取现金 74.2%、交费 33.1%、消费刷卡 82.4%、家庭和个人贷款还款 9.3%。从用卡习惯看，中端客户消费刷卡、个人贷款还款用卡的占比远远高于高端客户的占比，显示出中端客户更强烈的用卡消费需求和长期融资需求；中端客户个人月支出明显低于高端客户，日常消费中的刷卡比例略低于高端客户，总的看，有三成左右的中端客户一半以上的日常花销是通过刷卡实现的。在透支习惯方面，中端客户的银行卡消费观念较为成熟，会更多地使用贷记卡，接近五成客户 1 年透支 6 次以上；在透支还款的习惯方面，中端客户中有 91.7% 的人会在最后还款日之前归还透支款，且总体上比较保守、谨慎，有 53.9% 的人会在透支后的几天内还款，但会在银行催款时归还或只还最低还款额的人群约占 6.2%，远高于高端客户 3.9% 的比例。

### （二）银行卡的目标客户群体

#### 1. 信用卡的目标客户群体

高中端客户不同的收入水平、个人金融资产状况和消费行为决定了不同的银行卡产品需要选择不同的客户群体。从高中端客户群体的特征描述看，年轻的拥有较高收入的客户应是信用卡特别是贷记卡的最佳客户群体。

在整个高中端客户群体中，还需要通过不同的消费行为特征来选择最佳的客户群体。可以借鉴麦肯锡公司的群体细分方法——赢利能力强且风险较低——来寻找最合适的客户群体。根据行为特征、消费和信贷额度、赢利能力来细分整个客户群体，可分为：高循环客户、替代融资客户、显示社会地位、紧急取现替代客户和高消费客户，而依据赢利性和风险性的不同，可以看出高循环客户是最佳的信用卡细分市场，替代融资客户在银行有较强风险控制能力的情况下，也可以成为次佳细分市场，而其他客户则成为银行摈弃的细分市场，或者成为借记卡的细分市场。

#### 2. 借记卡的目标客户群体

借记卡中的低端产品（连线交易卡，如工商银行灵通卡、建设银行储蓄卡和中国银行长城电子借记卡等）的主要目标群体是大众客户。虽然低端产品的申请条件比较简单，只需提供有效的身份证件，但使用过程中相比高端产品却有较多的限制，如只能连线使用、必须校验密码、不能透支、无法预授权、多数不允许在境外使用、不能提供差别化定价和差异服务等，这就决定了该类产品的目标细分市场只能是大众客户群体。

## 二、银行卡营销策略

我国银行卡市场的营销之争将日趋激烈。伴随着产品的奇葩竞放，银行卡营销出现“你唱罢我登场”的局面，免年费、获积分、赠礼品、抽大奖、免息分期等各种营销活动，令人眼花缭乱，其势如火如荼。不过就其本质不外乎以下几种营销策略。

### （一）价格策略

该策略在现实操作过程中有以下表现形式。

#### 1. 豁免年费

工商银行较多采用办卡免年费的方式，最为人熟知的是 2003 年 5 月“非典”期间的新办卡免两年年费和载人航天战线的工作人员及其家属办理的国际卡免首年年费。

**2. 消费积分**

中银信用卡“月刷月缤纷”积分奖励计划的标准较低，持中银信用卡每消费或取现 1 元(或 1 美元)就可获得 1 分(或 8 分)的积分。而且还设置了航空里程、IP 电话卡、旅游券等主要礼品，不难看出这是充分考虑目标客户生活特点的产物。

**3. 馈赠礼品和刷卡抽奖**

工行举办“牡丹卡——联通 CDMA”推广活动，向连续 36 个月使用 CDMA 服务且用牡丹贷记卡交费的客户赠送 CDMA 手机。中银信用卡和中银长城人民币卡持卡人每预定并入住携程酒店 1 间/夜，即获度假产品抵用券 50 元，多住多送。此外，牡丹信用卡客户在北京市指定商场刷卡消费时，POS 机签购单上出现“8888”(后为“ *365”)即可获得现金大奖，当日名额满为止。建设银行的“龙卡拜年”活动与之类似。另外，工商银行还面向使用信用卡进行网上购物的客户推出了每月抽奖 100 名，奖品为风扇、收音机、沙滩椅、Swatch 手表的活动。

**4. 现金回馈**

招商银行 2004 年 12 月 1 日至 2005 年 2 月 28 日进行的“天天刷卡，现金回馈”大行动填补了现金回馈活动的空白。客户在活动期间坚持每天刷卡，就可获得当月消费额 6% 的现金回馈。如当月连续刷卡 16 天，也能获得这 16 天消费额 3% 的回馈金。

**(二) 服务策略**

该策略在现实操作过程中有以下表现形式。

**1. 免息分期购物**

招商银行的持卡人收到每期对账单的时候，都会发现一张免息分期购物的申请表；在招商银行信用卡网站上，免息分期的连接也非常醒目。客户可以 3 期、6 期、12 期和一次性全额支付的方式购买 IBM、索尼、三星、海尔等知名品牌的产品。

**2. 附赠保险**

招商银行向其信用卡和迷你卡等客户赠送美国友邦保险有限公司北京分公司为期 12 个月的 10 000 元公共交通意外险。交通银行上海分行的太平洋 · 携程联名信用卡的持卡人也享受公共交通意外伤害保险。

**3. 旅游服务**

2004 年 8 月，招商银行推出“1999 非常新加坡之旅”，客户可以按不到 2 000 元的价格享受优质的境外旅游服务。2004 年 9 月，招商银行添薪加火再次推出 9 999 元的欧洲游。

**4. 紧急救援**

太平洋 · 携程联名信用卡的持卡人可享受全球 SOS 紧急援助服务。上海浦东发展银行与威士国际组织合作，为其信用卡客户提供全球 24 小时紧急支援服务，服务内容包括旅行助理服务、商务助理服务、紧急法律援助和紧急医疗服务等。

**(三) 市场细分策略**

信用卡这种与个人消费紧密联系的金融产品要赢得客户，就必须高度关注不同消费群体的个性化需求,准确把握目标客户的消费特征进行市场细分;必须从面向诸多存在共性的消费者的大市场转向面向具有鲜明个性和特殊需要的少数甚至个别消费者的小市场,推出具有特殊服务功能的卡种来赢得客户。在这方面广东发展银行面向观念新潮、消费欲望强烈的时尚女性发行的真情卡具有代表性。2004 年以来这种趋势则体现在大学生卡的出现和大量联名信用卡的发行上。

**(四)推广策略**

该策略更多地利用了品牌、媒体及节目进行推广,具体表现为:牡丹运通卡投放了大量的广播广告,虽没有电视广告的气派,但更易到达目标客户。巧用广告轰炸和组织强大的宣传攻势使得该银行卡品牌开始深入人心。与此同时,各行的信用卡营销活动也纷纷上演,节目期间更是花样翻新。

**奥运金融支付“井喷”发展**

对于寻求国际化发展的金融业来说,奥运带来的更多的是现实与传统思维的碰撞。在我国迎奥办奥的热潮中,金融业迎来金融支付的“井喷”现象。

本次奥运门票全部采用刷卡形式,中国银行还公布了奥运门票刷卡设备指定供应商名单,如果将门票刷卡比作奥运催生的巨大金融支付市场的入口,那么与其相比,与奥运相关的旅游、餐饮、酒店、消费等领域更是银行卡刷卡消费的重头戏。在奥运期间从 2008 年 6 月起,实现奥运赛场馆及周边地区的商业服务网点、重点商务区、商业街区、旅游景点能够受理人民币卡和外卡的特约商户数普及率达到 90% 以上,实现刷卡消费无障碍。

其实,奥运对银行卡刷卡消费产业环境的改善,不仅仅体现在此次奥运会上,而更应该放眼未来。奥运仅是提升中国金融支付产业链成熟度的一个背后推力,奥运过后如何继续领跑才是关键。

## 三、银行卡营销方式

具体来说,信用卡的营销方式包括营业网点营销、“拿一”营销、交叉营销、直接邮寄营销、电话营销、联名卡营销、联谊卡营销、广告营销、网络营销等。下面我们对营销方式逐一介绍。

**(一)营业网点营销**

这是传统的信用卡营销渠道。由于信用卡最早是由银行发行的,而许多银行有着广泛的营业网点,营业网点与众多客户有着广泛的联系,所以通过营业网点推广信用卡是自然的选择。特别是对于规模庞大、网点众多的大银行来说,广泛、方便的营业网点是其自然的竞争优势。尤其是对于个人支票不普及、每月还款主要靠网点柜台收款的国家和地区来说,或对于社会信用体系不太发达、信用卡审批还主要靠人工面对面地核对证件和材料的国家和地区来说，营业网点营销更是具备特殊的优势。营业网点营销中，关键是要给予营销人员一定的激励。

**（二）“拿一”营销**

许多银行的信用卡部在大学校园、购物中心、商场、零售店等地方放置包含信用卡申请表的小册子，供人们自由地拿取、填写、申请。这可以让银行把信用卡推广到在其营业网点之外的客户那里。由于任何人都可以随便拿表申请，为了提高申请人的整体信用质量和批准的概率，银行必须对放置信用卡申请表的具体地点做适当选择。

**（三）交叉销售**

银行往往通过非信用卡业务掌握大量的客户资源，比如大量的活期储蓄客户、定期存款客户、借记卡客户、汽车贷款客户、住房贷款客户、其他消费信贷客户、各种金融服务客户等。通过相关的业务往来，银行仅掌握了客户的联系信息、咨询信息，而且可以选择符合银行信贷标准的客户推广信用卡，其他业务关系的存在往往使目标客户更愿意接受和使用其信用卡，因此，交叉销售作为一种市场营销方式的成功率比较高。显然，规模大、现存客户资源丰富的银行在交叉销售上享有一定的优势。

**（四）直接邮寄营销**

直接邮寄营销是指通过给目标客户寄信的方式推销信用卡。直接邮寄营销一般与数据库营销、提前批准营销结合在一起。银行从征信管理局或其他中介机构取得目标客户的联系信息和咨询信息，在进行资信评估和筛选的基础上给选中的目标客户寄信，邀请其接受本银行的信用卡并开户。由于银行能够通过个人信用报告来事先评估目标客户的还款能力，为了提高营销信件的吸引力、提高目标客户接受邀请并开户的概率，直接邮寄往往采取提前批准的方式。

**（五）电话营销**

该方式与直接邮寄营销类似，只不过营销的途径不是寄信，而是给目标客户打电话。电话营销也一般与数据库营销、提前批准营销结合在一起，在美国的信用卡行业中也被比较广泛地运用。许多银行把直接邮寄营销和电话营销结合起来，先给目标客户寄信推销自己的信用卡，对于没有反应的客户，再有选择地进一步打电话推销。

**（六）联名卡营销**

与合作伙伴联合发行联名卡，是信用卡市场营销一种非常流行的渠道。典型的联名卡合作伙伴有航空公司、保险公司、大型零售连锁店等。这种发行方式其实是客户资源的共享，因此，发行联名卡通常是一种“三赢”的市场营销渠道。

**（七）联谊卡营销**

联谊卡是一种与联名卡类似的卡片，所不同的是，联谊卡的合作伙伴一般不是商业性的公司，而是联谊性的团体，如校友会、同乡会、各种联谊性俱乐部等。它对目标客户的吸引力，一般不是提供积分或折扣性的回报，而是团体成员对其所属联谊团体的感情，因为银行会把发行联谊卡的一部分收益给予联谊团体。对于银行来说，发行联谊卡这种销售渠道的优点是可以实现规模化的发卡，速度快、批量大、成本低，而且客户的忠诚度往往也比较高。

**(八)广告营销**

通过电视、电台、报纸、杂志、广告牌等方式对信用卡产品进行广泛的宣传，把市场策划和产品设计的相关信息送入千家万户，从而树立名誉和品牌形象，推广自己的信用卡产品，是许多银行和信用卡公司常用的营销手段。信用卡组织(如威士、万事达等国际组织)也经常进行大规模的广告营销，以促进信用卡的普及。

**(九)网络营销**

这是20世纪90年代中后期开始盛行的信用卡营销方式。通过在各网站张贴广告吸引网民，网民通过点击广告可以直接连接到信用卡公司的网站进行网上快速申请；信用卡公司通过第三方中介公司大规模地散发市场营销的电子邮件来招揽顾客；信用卡公司还经常通过广告来推广自己的网站，从而吸引目标客户通过登录该网站来申请信用卡。网络营销是一种正在快速成长中的、低成本的营销渠道。

## 第四节　银行卡综合服务管理

### 一、电话客户服务中心

**(一)电话客户服务中心的职责和业务设置**

**1. 电话客服中心的职责**

电话客户服务中心(CALL CENTER，也称呼叫中心)的职责是为客户提供全方位的电话人工坐席服务，包括解答客户咨询，接受、整理客户投诉，按客户指令完成人工交易，受理客户对银行工作的建议，回复客户咨询投诉，定期对外进行专题呼出等。

**2. 电话客服中心的业务设置**

电话客户服务中心的业务设置具体如下。

1)客户咨询

接听客户咨询电话时，态度要耐心热情。对于业务资料库中已有的信息，应及时答复客户；遇到无法立即解答的问题，应由中心填制疑难问题记录单，及时提交各相关部门要求回复，并建立登记簿记录回复情况。

2)客户投诉

接听客户投诉电话时，要准确、完整记录客户信息，填制投诉记录单，接到投诉的第一时间提交相关部门，并建立相应登记簿。

3)电话交易服务

针对签约客户，向他们提供人工坐席或电话资助的账务查询、转账、银证通、存折炒股、个人外汇买卖、代理交费、账户挂失、传真等服务；针对非签约客户，向他们提供账户查询、代理交费、账户挂失等服务。

4)咨询投诉回复

有关部门将客户咨询问题的答复及对客户投诉的处理意见反馈给电话客户服务中心，

再由坐席员回复客户。

5)专题呼出

利用运营系统开办对外呼出业务,有目的地向客户提供银行各类服务信息和金融信息。

## (二)信用卡对账单

### 1. 对账单常用术语

1)信用额度

信用额度是指信用卡最高可以使用的金额。信用额度是依据客户申请信用卡时所填写的资料和提供的相关证明文件综合评定核给的。主卡、附属卡共享同一额度。

2)可用额度

可用额度是指客户所持的信用卡还没有被使用的信用额度。

计算方式如下:

| | 信用额度 |
|---|---:|
| - | 未还清的已出账资金 |
| - | 已使用未入账的累计金额 |
| + | 溢缴款金额 |
| = | 可用额度 |

3)免息还款期

对于非现金交易,从银行记账日至到期还款日之间的时间为免息还款期。免息还款期最短20天,最长60天。在此期间,客户只要全额还清当期对账单上的本期应还款金额,便不用支付任何由银行代垫给商店的资金利息(预借现金不享受免息优惠)。

4)最低还款额

最低还款额是指在规定的到期日前必须偿还的最低金额。

5)循环信用

(1)概念。循环信用是一种按日计息的小额无担保贷款。客户可以根据自己的财务状况,每月在信用卡当期对账单中的到期还款日前,自行决定还款金额的多少。当客户偿还的金额等于或高于对账单中的最低还款金额,但低于本期应还款金额时,剩余的延后还款金额就是循环信用余额。

循环信用是一种十分便捷的贷款工具,不仅让客户享受到刷卡的便捷,更是客户轻松理财的好选择。客户如果选择了使用循环信用,那么在当期就不能享受免息还款的优惠。

(2)计算。循环信用的利率由中国人民银行统一规定,日利率0.5‰,按月计收复利。

循环信用的利息计算方法如下:以上期对账单中的每笔消费金额为计息本金,自该笔账款记账日起至该笔账款还清日止为计息天数,以日息0.5‰为计息利率。循环信用的利息将在下期的对账单中列示。

6)预借现金

预借现金(取现)服务为客户提供小额的现金借款,满足客户的应急之需,让客户的资金融通更自在从容。

A. 预借现金额度

预借现金额度根据客户用卡情况设定，它包含在信用卡的信用额度内，一般为客户信用额度的30%。

根据中国人民银行的规定，每卡每日预借现金金额累计不能超过2000元人民币或1 000美元。

B. 预借现金方式

预借现金方式在境内主要有：①ATM预借现金；②银行柜员预借现金。

7）临时信用额度

当客户因出国旅游、装潢新居、结婚、子女留学等情况，在一定时间内需要使用较高信用额度时，信用卡中心可为客户提供调高临时信用额度服务，让客户充分享受弹性额度的便利。

8）滞纳金

滞纳金是指截至到期还款日未还款金额或还款金额不足最低还款额时，按最低还款额未还款部分的5%计算。

计算公式为：

滞纳金 =（最低还款额 - 截至到期还款日已还款额）×5%

**2. 解读对账单**

对账单：若客户的账户当月发生了交易（含消费、取现、还款及欠款超过了一定金额），银行将在客户的账单日后，按照指定的地址为客户寄发对账单。按账户币种对账单可分为人民币账户账单和美元账户账单。

对于账单，有以下几个术语。

（1）账单日。每月对持卡人在账单周期内交易本金、费用等进行汇总并结算利息的日期。每张卡只有一个账单日，在随新卡附上的寄卡单以及每月对账单中均有注明，每位持卡人的账单日各不相同。这里指本期对账单产生日，也是本期循环利息的结算日。客户可以根据个人情况更改账单日。

（2）到期还款日。它是指本期对账单的最后还款期限，一般而言，账单日后第20天是本期对账单的还款最后日期。

（3）本期应还金额。它是指本期对账单应还的汇总金额，其数额为：上期应还款金额 + 本期新增还款金额 - 本期已还款额。

（4）上期账单金额。它是指上期对账单应还的汇总金额。

（5）上期已还金额。它是指从上期账单日到本期账单日期间，客户所偿还并且已经入账的还款总额，还款明细列于交易明细中。

（6）本期账单金额。它是指从上期账单日到本期账单日期间，各笔交易款项及应收费用的总和，各笔明细列于交易明细中。

（7）本期调整金额。它是指从上期账单日到本期账单日期间，调整交易金额的总和，如商店退款等，各笔明细列于明细中。

（8）循环利息。它指客户名下的信用卡（含主卡、附属卡）的循环利息总和。

（9）交易明细。交易明细包括：消费日、记账日、交易摘要、交易币种/金额、其他信息等。

(10)账务处理。如果客户对对账单上所列示的账款有任何疑问,可通过24小时客服热线查询。如客户需要调阅签章单据(复印件),为避免作业时效的延误,应于交易日后的两个月内来电申请。调阅签账单据的客户需要支付一定的调阅手续费,如查证为欺诈交易,可以免除。

## 二、电话客户服务中心的业务处理

### (一)电话客户服务中心受理咨询业务

#### 1. 坐席员受理业务

客户拨打银行客户服务热线,向坐席员咨询相关信息。

#### 2. 核实客户资料

坐席员询问客户身份证件号码、银行卡卡号及其他个人信息,核实客户账户相关资料。

#### 3. 查询数据库

坐席员在确定客户身份后,在系统数据库中查找客户咨询的相关信息。

#### 4. 答复客户

在受理咨询时,答复客户分为以下两种业务处理方式。

(1)直接答复客户。如果能在系统数据中查找到相关信息,则依据资料向客户进行解答。

(2)转坐席管理员。遇到数据库中查不到的资料时,将疑难问题记录并转给坐席管理员,通过信息综合后,答复客户。

#### 5. 后续处理

坐席员产生的疑难问题记录单在转送相关部门前,必须经过坐席管理员和综合信息员两次审核后方可转发,以保证疑难问题的针对性和质量。

### (二)电话客户服务中心受理投诉业务

#### 1. 坐席员受理业务

客户拨打银行客户服务热线,向坐席员投诉。

#### 2. 核实客户资料

坐席员向客户询问身份证号码、银行卡卡号及其他个人信息,核实客户账户相关资料。

#### 3. 记录投诉内容

坐席员接到客户投诉电话后,分析客户投诉,如能化解尽量化解,转为一般咨询,并在客户投诉记录单上记录客户投诉的基本内容。

#### 4. 答复客户

在受理投诉时,答复客户分为以下两种业务处理方式。

(1)坐席员答复客户。坐席员记录客户投诉内容后,将答复问题的时间告诉客户。

(2)其他部门或客户服务中心答复客户。坐席员将客户投诉记录单转交至坐席管理员,坐席管理员将客户投诉记录单登记至对外联系登记簿后转送给综合信息员,综合信息员应在接到投诉记录单的1小时内,通过网络或传真提交至相关部门,并建立待回复投诉登记簿。

**(三)电话客户服务中心受理账务调整业务**

**1. 坐席员受理业务**

客户拨打银行客户服务热线,向坐席员反映交易差错。

坐席员询问客户身份证件号码、银行卡卡号及其他个人信息,核实客户账户相关资料。

**2. 坐席员甄别交易差错**

坐席员接到客户电话后,要对交易差错进行甄别,即判断是否为电话客户服务中心系统交易差错。

**3. 账务查询、调整**

1)电话客户服务中心系统交易错误

(1)填写疑难问题记录单。

(2)相关部门进行账务调整。

2)非电话客户服务中心系统交易错误

客户向坐席员反映的账户异常,如为非电话客户服务中心系统造成的业务交易差错(如ATM、储蓄通存通兑、电子划汇等),坐席员应将交易登记后交坐席管理员、综合信息员,再转交至相关部门进行账务查询、调整。

**4. 答复客户**

在受理账务咨询时,答复客户分为两种业务处理方式。

(1)电话客户服务中心系统交易错误。相关部门进行账务调整后,综合信息员要将疑难问题记录单交给坐席管理员,坐席管理员将其转送坐席员进行回复客户工作。

(2)非电话客户服务中心系统交易错误。这个问题可交由相关部门进行账务查询、调整后,直接答复客户。

**(四)电话客户服务中心对外呼出业务**

**1. 综合信息员受领业务**

电话客户服务中心受理对外呼叫业务时,应由综合信息管理员统一对外受领任务并经总经理批准。

**2. 坐席管理员分配任务**

综合信息管理员对外受领任务后,将任务交由坐席管理员分配给坐席员。

**3. 坐席员对外呼出**

坐席员接受任务后,按照相关程序和规定进行对外呼出。

**4. 后续处理**

对外呼出工作完成后,当班坐席管理员应填写对外专题呼出业务情况统计表上交给综合信息员，由综合信息员整理后转交相关部门。

【典型案例】5－1

### 活期账户，定期收益

长期以来，主攻公司业务的上海浦东发展银行近年来依托其借记卡——东方卡大力拓展储蓄业务，“活期账户，定期收益”就是东方卡的一项特色功能，是指持卡人与银行达成约定，在约定期限内，银行根据约定将资金在银行活期储蓄账户与定期储蓄账户之间自动转账的业务。东方借记卡可按客户开卡时约定的期限（3个月、半年、1年、2年、3年和5年），每天将卡内活期存款超过客户约定数额的部分以500元为单位自动转为定期存款，取款、消费或者其他方式使用资金不足时，银行会自动将最近转为定期的存款以500元为单位转入活期存款账户以便使用，账户的划转全部自动完成，客户不必提前约定。

这种功能比起定活两便储蓄和通知存款还要方便、划算。浦东银行深圳分行的一位客户经理笑言，虽然这项功能增加了银行的利息支出，但是对于销售人员而言却是一个极好的营销卖点，客户储蓄增多了，两者权衡下来，银行支出的利息成本还是得到了补偿。现在，东方卡所具备的这项功能已经被不少银行效仿，成为各自争夺储蓄存款的营销利器。

## 本章小结

1. 银行卡是由商业银行发行的一种信用支付工具，按照不同的标准可以有不同的分类，常用的分类是按照清偿方式不同，分为信用卡和借记卡。

2. 银行卡的大量使用在于其功能上的不可替代的优势。银行卡具有转账结算功能、储蓄功能、代收代付功能和消费支付功能。

3. 银行卡的交易流程包括4方面内容，分别是客户购物消费、交易授权、特约商户结算和清算及预借现金交易流程。

4. 信用卡的办理须经过申请、发卡和开卡3个业务流程。借记卡的办理须经过申请和发卡2个业务环节。

5. 各家银行竞争的焦点集中在银行卡业务上。如何进行市场细分和定位，采用哪种特色的营销策略和服务方式，是当今银行业市场化运作的关键。

# 知识结构

- 银行卡营销实务
  - 银行卡产品设计
    - 银行卡的基础知识
    - 银行卡交易流程
  - 银行卡发卡渠道
    - 信用卡申请与发卡业务的处理
    - 借记卡申请与发卡业务的处理
  - 银行卡营销策略
    - 银行卡市场细分
    - 银行卡营销策略
    - 银行卡营销方式
  - 银行卡综合服务管理
    - 电话客户服务中心
    - 电话客户服务中心的业务处理

# 思考题

1. 简述银行卡的概念和分类。
2. 信用卡如何申请,办理的流程包括哪些?
3. 简述银行卡的营销策略和方式。

# 营销实战

1. 试对各家银行的借记卡享有的客户权益作调查和比较。
2. 讨论目前各大银行的信用卡营销方式的优缺点。

# 第六章　金融客户经理

**学完本章后，你应该能够：**

- 了解客户经理应具备的综合素质；
- 了解客户金融服务的内涵；
- 掌握个人和公司金融产品的服务种类；
- 熟悉客户经理的绩效考核体系；
- 深刻理解客户风险管理的重要性；
- 能够具备金融企业客户开发和维护的能力。

## 案例导入

### 上海银行客户经理制

上海银行港台业务部成立之初只有7名成员，他们年轻、具备丰富的理论知识且充满活力，但他们有的刚刚走出校门，有的从未从事过市场营销工作，连基本的客户交流经验都很少，更不用说客户资源了。然而就是这样一群年轻人走到了一起，决心从零开始，用还不成熟的肩膀挑起这副重担。

要成长为一名优秀的客户经理，他们所上的第一堂课是从"会客"开始的。手里拿着崭新的名片，"客户经理"四个字格外醒目，这个让人羡慕的头衔却显得有些寒酸，身为"客户经理"的他们，有的甚至连一个客户都没有，寻找新的客户成为这些年轻人的首要任务。记不得吃过多少闭门羹，也记不得领受过多少软钉子，只知道在陌生人面前不再害羞、充满自信，原本结结巴巴不成句的自我介绍和产品营销渐渐流利起来，只记得第一次与客户握手、第一口喝上客户端来的热茶、第一次得到客户认可时的快乐心情。一位优秀的客户经理还必须对客户有十二分的真诚，才能得到客户的真心信任。2002年3月，在获知一家优秀台资企业来沪投资的消息后，上海银行港台业务部的客户经理主动出击，从初次拜访到期间的投资咨询和事务代理，他们主动为企业排忧解难，经过一年多的努力，上海银行的客户经理以其优质高效的金融服务、真诚的服务态度、积极进取的竞争姿态打动了客户的心，赢得了客户的高度信任，上海银行也成为该企业最重要的合作伙伴。

为了在竞争中赶在时间的前面，上海银行港台业务部通过市场调查及客户的信息反馈，根据不同种类客户的需求，将现有金融产品整合为标准化模块。当了解新客户的需求后，在第一时间进行产品组合，或在标准化模块的基础上进行改进，增加个性化服务，形成了一整套快速市场反应机制。例如，遇到零售业务的客户，他们就提供包括网上银行、365收款网、综合授信等标准产品组成的金融服务套餐吸引客户;遇到刚来大陆投资的港台企业,他们就提供包括土地抵押、厂房按揭、设备抵押等标准产品组成的项目融资或银团融资的一揽子金融解决方案,缓解客户投资建设的燃眉之急;遇到客户对现有的金融方案不满意,或有其他个性化服务需求,港台业务部的客户经理立即组织商量对策,在第一时间里提出新方案,并充分考虑方案的可行性和通过率。由于反应速度快,他们常常在竞争对手没有做出承诺之前,就已经获得了企业的认可,赢得了客户。

**案例评析:**一位优秀的客户经理,在对客户的服务中,首先必须有十二分的真诚,才能得到客户的真心信任;为了在竞争中赢得客户,客户经理必须具备良好的综合素质和团队协作精神,赶在时间的前面做出快速反应,赢得客户。

## 第一节　金融客户经理的职业定位与职业素养

### 一、金融客户经理的职业定位

客户经理制是金融企业开展营销活动的一种重要制度,是金融营销组织的重要组成部分,是金融企业为了达到开拓市场、争取目标客户、营销金融产品和服务、规避金融风险、实现利润最大化的目的而为客户专门配备专职经理的制度。客户经理制在国外金融企业已有近 20 年的历史。实行客户经理制有利于提高金融机构的市场营销能力,促进金融产品与服务的创新与优化,可以更好地发挥金融机构的整体功能,更有效地防范和化解金融风险。

#### (一)客户经理的含义

客户经理是金融机构中的可以集中企业内部各种资源,既代表金融企业又代表客户,主动向目标客户营销其所需要和适用的优质金融产品与服务并赢得顾客满意和信任的专职市场营销人员。时下,许多金融机构把客户经理定义为:客户经理是金融企业专司拓展黄金客户和优质客户,以拓展优质资产、推广金融产品、组织资金、收集和反馈市场信息、宣传企业形象为主要职责的市场营销队伍,是金融企业为客户提供全方位现代化金融服务,建立全新金融企业与客户的主要力量。

客户经理的这一典型含义包括以下 4 个方面的基本内容。

**1. 金融企业客户经理的主要职责是拓展优质客户和推广金融产品**

通过客户经理的市场营销工作,可以增加金融企业拥有的优质客户数量,扩张金融企业提供的金融产品规模,进而拓宽金融企业业务向社会辐射的市场范围和服务的客户基础。

**2. 金融企业客户经理是适应国有金融企业商业化进程而产生的**

客户经理的基本工作在于促使国有金融企业进一步贴近国民经济发展和人民生活水平提高的实践,将有限的资金资源用于支持能够带来较好效益的优质客户,通过自觉的高效配置,推动自身经营机制的商业化改革,加快国有金融企业的现代化进程。

**3. 金融企业客户经理将成为新时期重塑良好银企合作关系的桥梁**

建立客户经理制的目的在于为金融企业拓展优质客户,为重点客户提供优质服务。通过客户经理的切实努力,建立新型的金融企业和企业之间的合作关系,以金融企业资金壮大产业资金，以产业资金增值金融企业资金，重新推进金融企业资金和产业资金的良性循环。

**4. 金融企业客户经理担负扩大市场需求的职责**

客户经理的一项重要职责就是有效地启动和刺激市场需求。通过宣传普及金融知识，增强金融意识，启迪客户转变消费观念，把客户的潜在需求转变为现实需求；通过合理引导客户，不断扩大整体市场的金融需求。

**（二）客户经理的地位**

客户在金融企业经营体系中居于核心地位，这是由客户对金融企业的重要性决定的。对金融企业来讲，客户的重要性不言而喻。金融企业和客户实际上已经结合成一个利益共同体，可谓“荣辱与共”，客户经营得好，金融企业的贷款回收就能得到保证，金融企业的效益也就能随之提高；客户经营失败，金融企业的效益也就没了来源。可以说，没有客户就没有金融企业，谁赢得了客户，谁就赢得了市场，谁就赢得了效益。

既然客户对金融企业那么重要，金融企业就要不遗余力地开发、培育客户。金融企业开发培育、客户要依靠一支队伍。过去，金融企业眼中的客户就是存款客户、信贷客户、投资客户，这是片面的。客户是一个综合概念，金融企业客户不仅指存款客户、信贷客户、投资客户，还指结算客户、顾问客户，或综合性客户。开发培育这样的客户不是专靠哪个部门、哪个人所能完成的。客户的综合性需求需要具有综合素质的人来完成服务，这样的人才有能力作客户经理。

客户经理是金融企业金融产品的营销人员，负责建立与维系金融企业与客户的关系。客户经理是用来为客户服务、为金融企业谋效益的。他们直接面对客户，同客户打交道，他们需掌握全面的金融企业知识与技能，他们应该能够站在比较高的角度测度客户需求并满足客户需求。在一定程度上说，客户经理是一种“资源”，具有稀缺性。哪家金融企业拥有的这种资源多，哪家金融企业就能争取到尽可能多的客户。对一家金融企业来讲，客户经理数量占比可能小一些，但他们的能量却可能很大，他们是金融企业效益的主要创造者。

**（三）金融企业客户经理的职责**

客户经理是连接金融企业与客户之间的纽带。客户经理可以为客户办理授信业务、个人理财、财务顾问、业务咨询等一揽子服务。

**1. 联络员**

客户经理负责联系金融企业与客户之间的各种关系，使金融企业与客户始终保持一种密切的、胶着的依赖性。

**2. 服务员**

客户经理要保证为客户提供全方位的、“一站式”的金融服务。

**3. 理财员**

客户经理同时也是客户的财务顾问，要利用自己的专业知识和能力为客户提供有效的理财和策略方案。

**4. 情报员**

客户经理要经常听取或感觉客户的表面需求和潜在需求，研究分析这些需求，向金融企业及时反馈并提出解决办法。

**5. 推销员**

客户经理在做好服务的同时要有强烈的产品推销意识，要引导和帮助客户使用本行产品。

**6. 监督员**

客户经理要密切关注客户的财务管理状况、业务经营行为等，掌握动态，控制风险。

## 二、金融企业推行客户经理制的意义

金融企业建立和推行客户经理制，是业务经营方式的重大变革，符合金融企业改革的内在要求。

**（一）促进金融企业改革**

过去，金融企业在一定程度上履行着政府出纳机构的职能，对内不重视经济核算，对外不重视客户需求，服务等客上门，多头对外，对客户良莠不分，对客户需求及外界环境变化反应迟缓，在一定程度上造成经营效益差、资产质量低、客户素质差等问题。随着经济体制改革的不断深入，我国整体经济已经由资源约束型经济转变为需求约束型经济。金融企业既面临着外部激烈竞争的压力，又面临内部如何生存和发展的危机，正是在这种形势下，金融企业要进行全面而深刻的变革。专业金融企业向金融企业转轨，其经营策略转变为“以市场为导向，以客户为中心”，必须及时掌握市场的变化，了解客户的现实需求及潜在需求，甄别客户的优劣，为客户提供优质服务，在客户满意的基础上实现经理目标。因为金融企业只有充分满足客户的需求，拥有大量优质客户，不断改进和提高经营管理水平，才能适应激烈的市场竞争和不断变化的市场环境，才能提升自身的综合能力和可持续发展的能力。这样，不但有利于国有金融企业的深化改革，而且，对国有企业改革乃至整个经济体制改革都有着深远的战略意义。

**（二）适应市场竞争**

目前，各金融企业业务相互交错，市场竞争越来越激烈，要想在营销活动中占有一定的市场份额，知己知彼是前提。其中“知彼”主要是对竞争环境要十分清楚，包括金融政策法规和金融市场因素、客户因素、竞争因素等具体环境及政治、经济、技术、社会文化因素等一般环境。作为一般柜台人员及行政管理人员，要较全面地掌握上述情况受到时间、经历及工作职责等局限，而客户经理除了本身有此职责外，在拓展客户过程中与外界接触较多，能够及时掌握外界的政治经济环境、竞争对手的动态及客户需求，从而准确地选定目标市场，并努力弥补金融企业在产品和服务方面的缺陷，实施适当的营销策略，开展有效竞争。

**（三）防范经营风险**

按照过去的经营模式，同一客户在一家金融企业的不同部门做不同的业务，不仅金融企业多头面对客户，办理业务也十分不方便，而且各业务部门之间缺乏沟通，实行分割式的自主管理，业务风险各自敞开。从金融企业经营的角度讲，既增加了营业成本，也不能形成经营的整体合力。实行客户经理制，客户业务统一由客户部集中管理。金融企业对担任客户经理的员工要求高，每一位客户经理必须对所分管的客户负全责。这就要求其不仅要有良好的业务素质，还要有较强的社交能力和市场营销意识，要对市场进行深入细致的分析，与客户保持经常性的联系和频繁的接触，全面、准确地把握客户的需求和生产经营中任何微小的变化。面对任何异常的信号，客户经理都要及时做出反应，采取必要措施，趋利避害，消除客户经营中的风险，防患于未然。

**（四）适应社会对金融服务的需求**

随着经济的发展，金融作为现代经济的核心，其作用愈来愈得到充分发挥。这种核心作用主要是通过为社会上各种类型的客户提供产品和服务实现的。目前，受文化素质、行为习惯、思想观念、业务发展等不同条件的影响，客户对金融企业服务需求的差异也不断扩大。传统的金融企业业务工作人员因内部职能分工所限，往往只能为客户提供一两种单一的服务品种，难以满足客户日益差异化的需求，必须有一批主动为客户提供现有各种金融服务，甚至能为客户设计适应客户需求的新的金融服务品种的专门队伍，才能不断巩固和发展优良客户。经过严格选拔的客户经理队伍则可担此重任。

**（五）提高综合效益**

推行客户经理制，使客户经理直接面对每个客户，按照集约化经营的要求，把经营的重点放在有价值的客户管理上，重视产品与服务的投入产出，依靠经营效率的提高和客户价值最大化来实现金融企业利润的最大化，提高金融企业综合效益。

**（六）树立金融企业品牌形象**

客户经理通过走向社会向广大单位和个人宣传金融知识，可以提高人们的金融风险意识和法律意识，刺激社会金融需求，促进经济发展；客户经理通过向广大单位和个人提供具有本金融企业特色的金融产品和服务，可以通过频繁的、强化的公关、广告或业务联系宣传，突出金融企业整体企业形象，实现金融企业的品牌营销效应。

**（七）培养金融业营销专家和理财专家**

实施客户经理制，首先要求客户经理有比较熟练的业务技能，既要熟悉金融企业传统的存贷业务以及有关的中间业务，又能为客户提供现代金融企业创新的综合理财等多样化的金融服务，这就要求客户经理对本金融企业的金融产品和金融服务非常了解，这样才能在营销过程中实现产品的组合和开发；其次，客户经理要有足够的经验和积累，除了全面熟悉金融企业的资产、负债、经营成本、赢利等整体情况外，还必须拥有熟练的营销技巧和沟通能力，能够对市场变动情况运用金融法律法规、金融企业会计、证券投资、货币金融学等基础知识，做到能够准确回答客户的咨询。因此，推行客户经理制又是金融企业培养专业人才的良好用人机制，有利于金融企业人力资源的开发和利用。

【资料阅读】

**及时发现资产变化，适时推介理财产品**

一位客户原先办了180万元的房屋按揭贷款，某一天客户经理从CRM系统中发现他的贷款已经还清了。经了解，原来他收回了一笔债务，归还贷款后，还有多余的资金。于是，客户经理一方面主动争取他的70万元定期存款；另一方面，依据其家庭从未购买过保险的情况，为其家庭增加抗风险的能力考虑，建议他购买了20万元的既有保障功能又有投资增值功能的“千里马”分红保险。

## 三、金融客户经理的职业素养

客户经理要具有良好的综合素质，包括品德素质、业务素质、心理素质等；同时要具备优良的吸引顾客的整体形象和很强的沟通能力与艺术；要精通金融业务和营销管理理论与实务，熟知金融企业的营销战略策略与技巧。

### （一）客户经理的品德素质

客户经理的品德素质是指对客户经理在思想品德、责任感、政策水平等方面的要求，是客户经理的素质中最重要、最关键的内容。

#### 1. 诚实守信

信用不但是金融业顺利发展的基础，也是做人应恪守的一个准则。客户经理推销的不仅是金融产品，也是在推销自己，展示金融企业的形象。客户经理要诚实守信、全心全意为客户服务，不可夸夸其谈、做不实的或误导性的产品介绍与推销，不要不负责任地做出承诺，更不能急功近利，超越自身授权范围，办理不该做的、风险较大的业务。客户经理要以良好的品行和诚实的态度，给客户留下较好的印象。正如营销专家所言：“客户信赖你的产品是因为信赖你的品质。”

#### 2. 责任感与使命感

客户经理在营销金融产品和金融服务时，还负有传播企业文化的责任。这就要求客户经理具有较高的思想素质，把强烈的社会责任感和使命感融于为客户的竭诚服务之中，加强与客户的交流与沟通。

责任感与使命感，源自对金融事业的忠诚与热爱。作为一名客户经理，首先应从高尚的品德角度来认识金融事业和本职工作的重要意义。我国国有金融企业正处在一个突飞猛进的信息经济时代，作为与经济活动息息相关的金融业，它的兴衰关乎国家经济的发展。客户经理必须认识到，作为金融企业的客户经理，肩负着金融企业品牌的推介与金融产品营销策略的实施，联系城乡千家万户与广大工商企业的重任，其责任与业绩不仅关乎金融企业事业的发展，也关乎国家经济的繁荣与昌盛。只有这样正确认识，才会对金融事业及本职工作产生崇高的责任感与使命感。而崇高的责任感与使命感是客户经理做好本职工作的强大动力。

3. **道德品质与情操**

在改革开放和市场经济快速发展中，由于受外来思想意识的影响，道德（含家庭伦理道德、社会公德和职业道德）也面临一定的挑战，广大客户经理必须遵守和体现社会主义的道德品质和情操。只有树立高尚的道德品质和情操，才能得到广大客户的尊敬和信任，才能更好地赢得客户、赢得市场。

每个客户经理都需要有客户。客户信任是一种行为，而非某一需要，也就是对客户经理有信心。但只有当客户经理本身正直且具有高尚的道德情操和一定的业务能力时，这种信任才会产生并转化为现实，银企关系才会稳定。

客户经理在职能范围内掌握一定的权力，如何用好授信的权力、发挥权力的最大效能，关键是由客户经理的政治思想和道德情操所决定的。客户经理在处理业务时，无论是大客户或小客户、亲朋好友或初次认识，都要有高尚情操的诚实品德，以金融企业利益为出发点，全心全意为客户提供全方位、多功能的金融服务，保持乐于奉献，公私分明，勤政廉政的道德品质与情操。

4. **自尊、自重、自强、自律**

客户经理的工作直接关系着金融企业和客户的信誉及利益。客户经理在工作中，既有客户的要求，也有自己的要求，两者相互联系，形成金融企业客户服务的关系。讲服务，要坚持原则，把握分寸，不能过分热情，否则会让人产生“虚情假意”的感觉，也不能低声下气，更不能趾高气扬，否则有损金融企业的形象。

客户经理要取得客户的信任，就要加强自身的道德修养，深刻领会“要别人尊重自己，首先要自己尊重自己”，既要树立正确的人生观、价值观和道德观，又要严于律己，积极进取，自强不息。自尊、自重、自强、自律，就是要求客户经理在理智的良知指导下，围绕岗位职责，规范自己职业活动的行为准则。

作为金融企业与经济发展同步而设置的客户经理，在纷繁复杂的经济活动中，时常会遇到各种各样的新问题。对此，客户经理要从讲政治的高度，在坚持四项基本原则的前提下，执行政策，按规定操作规程，依章办事，严于职守，以高度的职业责任感和配套的金融产品，为客户提供综合的金融理财服务。

5. **艰苦奋斗的创业精神**

任何新事物的开始与发展，都不是一帆风顺的。要做好客户经理的本职工作也不例外。不论在经济发达地区，还是在经济欠发达甚至是贫困地区，客户经理都应发扬艰苦奋斗的优良传统，勇于迎接挑战并克服困难。在经济发达地区，金融同业竞争几近白热化，没有艰苦奋斗的精神就难以深入社会、深入企业联系客户；在经济欠发达地区，又由于交通与经济条件原因，跋山涉水，风吹日晒，挨家挨户地挖储吸存或清贷收息都是常事，这都需要客户经理具备和发扬艰苦奋斗的创业精神，并在工作中做到勤俭节约、勤跑多说，只有这样才能更好地开创新局面。

6. **爱行爱岗的敬业精神**

爱行，首先要正确认识并深入了解所服务的金融企业，忠诚于所服务的金融企业，并为之持续稳健发展、效益提高、品牌提升而奋斗。爱岗,必须正确认识客户经理的职责与任务,形成对本职岗位的认同感,敬重自己所从事的岗位,以本行为荣、以本职岗位为荣。只有这样,才能产生强烈的事业心和责任感,才能勤勤恳恳、全情投入,才能勇于竞争和挑战自我,才能在新的岗位上做出更大的成绩。

爱行爱岗不仅是对客户经理的要求,也是对从事金融工作员工的要求。但是,作为金融企业经营的前锋主力,其工作环境的特殊性、技能要求的全面性、金融产品应用的复杂性、岗位的挑战性等,对客户经理的职业道德、爱行爱岗提出了比其他成员更高的要求。所以,每个客户经理要充分认识到本职的自我价值,增强从事客户经理工作的责任感,做到敬岗乐业,勇于挑战,善于开拓。

**7. 协调能力和团队精神**

客户经理的工作涉及方方面面,其中最需处理的就是客户部门与业务支持部门之间的前台与后台的协调关系。没有金融企业业务部门以及后勤保障部门的大力支持,客户经理就无法为客户提供完整的金融产品或金融服务。客户经理承担着对外营销、对内协调的职责,在其职权范围内,在良好的金融企业内部沟通机制的基础上,要通过自身的努力实现协调一致为客户服务的业务流程。这里需要体现一种团队协作精神。客户经理以及全体员工要相互配合,相互支持。客户经理要立足本职,加强上下沟通,搞好内外协调、资源共享,真正为客户提供完善配套的金融服务。

**8. 无私奉献、全情投入的工作态度**

客户经理工作具有较强的挑战性,面对各种困难和压力,必须有无私奉献、全情投入的工作态度,才能走出好路子、创出好成绩。每一个客户经理都要培养积极乐观的情绪和高尚的情操,懂得自己的愿望和需要必须符合社会的要求和道德准则,避免因个人的希望和要求得不到满足而产生消极的情绪。

**(二)客户经理的业务素质**

业务素质,是客户经理能否办好管好正常业务、能否争取客户、能否开拓市场和能否维护并创造金融企业利益的重要因素。随着知识的综合性、整体性、网络性、更新更快、对社会群体生产与生活过程越来越深的特点,对客户经理的素质提出了更高的要求。

**1. 熟练掌握金融业务知识**

客户经理肩负向客户提供全方位金融服务以及金融企业经营管理资产负债和创造利润的重任,其服务对象以黄金客户和优质客户为主。熟练掌握金融企业专业知识,就是要求客户经理在业务工作过程中,要熟练掌握和善于运用本金融企业的本外币负债业务、资产业务、结算业务、国际业务、经营核算业务、金融产品业务等专业理论知识、营销知识、服务知识,为客户提供综合的金融理财服务。客户经理熟练掌握金融企业专业知识,既是业务拓展的必要,也是为客户提供理财服务的需要。当然,要求客户经理熟练掌握金融企业专业知识,并不等同于要求客户经理成为专家,而是要求客户经理通过专业知识的掌握和应用,为客户提供优化组合理财服务,树立金融企业品牌形象,扩展客户网络,提高客户与金融企业两者的资金营运效益与经营效益。

2. 熟悉企业的经营管理知识

现代金融企业是以黄金客户和优质客户为主要服务对象。这些客户大多数是具有相当规模的企事业单位,在一定程度上(如在理财和资金运作方面)需要金融企业的协助。目前,我国正处于经济体制转轨期,体制改革牵涉到客户经营管理的诸多问题,对于这些新情况、新问题,作为一个优秀的客户经理在熟练掌握金融企业业务知识的同时,以自身熟练掌握企业经营管理知识的优势,通过贴身服务及时为企业提供理财意见,提高企业的资金使用效率。

3. 熟练掌握经济法律法规

随着我国经济体系的完善,对于从事与市场经济活动密切联系的金融企业客户经理,通过依靠法律法规作为保障,既明晰金融企业经营管理的法律地位与合法权益,又规范自身的操作行为,这样,既有助于客户经理为客户提供服务,又有助于客户经理在复杂的社会环境与市场经济活动中保护自己,以确保金融企业的市场经营活动能持续、健康发展,不断延伸。客户经理掌握的法律知识,既有广度的要求,也有深度的要求。客户经理应重点掌握与金融企业业务、客户经营活动行为紧密结合的经济法律法规,正确运用法律以强化客户服务的实效。

4. 博学多才,知识面广

客户经理在接触客户、争取客户与服务客户的过程中,万万不能就服务论服务,就推介论推介,倘若如此接触客户,便难以增进与客户的沟通与友谊。“话不投机”往往会事倍功半。无疑,客户经理必须具备良好的专业业务知识。但作为代表推介金融企业服务的客户经理,接触的是社会各阶层不同层次的客户,知识面、生活爱好各有差异,因此要求客户经理根据客户的爱好、知识面寻找“投机”话题。同时,客户经理的知识掌握既要广泛,又要专攻,由博而专,以博促专,把握好博学与专业的有机统一,以综合、高效、专业的知识结构体现客户经理的综合素质。

5. 金融产品的综合运用与创新能力

当今,随着竞争的加剧,各家金融企业的金融产品都不断推陈出新。作为市场前锋,客户经理的一项重要职责就是将金融企业金融产品优化组合、合理配置和综合运用,积极将新产品和新服务向新老客户推荐,从而争取更多的客户、开拓更广的市场。客观事实告诉我们,金融企业不可能天天创造新的服务方式与金融产品,但也不能以此为借口而忽视创新的理念。所以,客户经理要多动脑子,不断提高、创新公关方法与服务方式,特别要善于根据不同经济发展时期的客观需要,在现有的服务方式方法的基础上不断改进,不断合理配置、优化组合金融产品和服务。

6. 部门协调与信息反馈能力

客户经理在实施经营策略和营销战略活动中与本行各部门保持着密切的协调关系,既全面推介金融产品和与之相配套的金融服务,又及时反馈金融产品和与之相配套服务的实施情况,及时修正问题的所在与新产品应用需求的开发,以使其更贴近市场,适应不同客户的需求。因此,客户经理与金融企业各部门之间、客户经理之间都必须保持密切的协调关系,围绕目标,互通信息,协调行动,共同推进。作为客户经理的信息收集与反馈,既要有针对性,又要有可操作性;既要广泛收集、丰富内容,又要及时灵敏、讲求时效。

**7. 较强的公关能力**

较强的公关能力,也是客户经理业务素质的基本条件之一。客户经理公关客户时,技能掌握与服务方式的综合应用与变通也很关键。只有知己知彼,才能百战不殆。在公关过程中,客户经理要善于协调与沟通社会关系,不仅要建立自己以亲戚、朋友、同事、同学、熟人、客户为主要对象的社交圈子,还要建立以这个圈子各种信息媒介为载体的“信息中心”,一旦发现有价值的新信息,就应马上采取行动,主动出击,上门公关,以金融企业的优质服务和热情来争取客户。当然,客户经理在公关时要讲究艺术性,根据客户的不同性质、性格等特点选择适当的时候与方式、方法,这是公关成功的关键。

**8. 良好的效益观念与风险意识**

金融企业的经营目标是获取最大的利润。客户经理的首要任务是拓展市场,扩展网络,稳定优质优良客户,挖掘存款潜力,提高信贷资金运用效能,营销金融产品中间业务,获取金融企业利益,最大限度地为金融企业创造利润。所以,客户经理在平时工作中要强化效益观念,公关客户与开拓市场都要考虑成本与经济效益;在推介金融企业金融业务时,也要重点推介经济效益高且经营风险低的业务。一般来说,效益和风险同时存在,客户经理的经营理念,一定程度上左右着客户的意向。因此,客户经理在业务操作过程中,既要讲求金融企业经营效益,又要讲求客户的经营效益,偏重于(或失落于)某一方面都是不可取的,要充分体现金融企业以诚、以信服务于客户。

**(三)客户经理的心理素质**

心理素质,是客户经理做好本职工作的根本保障。客户经理工作是一项极富挑战性的工作,它不仅需要良好的业务素质,也需要较好的心理素质。在业务工作过程中,胆怯自卑的情绪不免产生消极意念;固执己见、自以为是的情绪难以求成;急功近利、操之过急的情绪往往半途而废;墨守成规、畏首畏尾的情绪一事无成。这些不良心理的存在,直接制约着客户经理目标与业绩的实现。

**1. 健康的人生和强大的心理承受力**

客户经理的工作是要走出柜外,深入到客户中去,走街串巷、日晒雨淋,遭遇“目标客户”的闭门羹甚至冷嘲热讽都时有发生。所以,客户经理必须具有健康的体魄、旺盛的精力和强大的心理承受力。有时候,当客户经理发现“目标客户”而去公关时,“目标客户”可能会提出一些苛刻的、令人难以接受的要求,尤其是在同业竞争激烈、各种理性与非理性的竞争手段层出不穷的情况下,客户经理面对各种各样的问题与挑战,其难度越来越大。心理承受力对任何创造性成功都是必要的。

**2. 成功的信心和百折不挠的勇气**

业务的发展,很大程度上取决于对外公关。肩负业务拓展的客户经理,必须通过各种信息途径去捕捉信息、寻找机会并创造自身的价值。当然,客户经理亦非圣贤,操作也难免失误,重要的是善于总结经验,切不可因有所失误而失去了成功的信心。客户经理除了勤跑、勤说、勤动之外,还必须具备迎难而上的磨劲、韧劲以及百折不挠的勇气。当发现目标时,就要想办法与客户沟通，不能因一次的接触受冷遇而放弃，而应分析失败的原因，通过各种关系争取客户的了解，从相识到相交、相知需要一个奋斗过程，力争使客户留有深刻的印象。经过第二次、第三次，乃至无数次的沟通，使客户心悦诚服。

**3. 良好的竞争意识与服务意识**

现代商业金融企业的竞争，是金融人才的竞争，是金融产品的竞争，也是金融服务的竞争。在激烈的同业竞争中，成功的关键还在于服务，谁能为客户提供全方位的优质高效的服务，最大可能满足客户的需求，谁就能赢得竞争的主动权，谁就能赢得客户和市场。对于客户经理来说，金融服务能否做好，关键在于是否用心去做。全国劳动模范李素丽说得好："用力去做只能达到称职，用心去做才能达到优秀。"一个优秀的客户经理，除了代表金融企业向客户争取业务之外，还要能代表客户向金融企业争取资源，学会充当金融产品消费的"导游"角色，使用金融企业为客户提供的全方位、高层次的优质金融服务，做到急客户所急，解客户所疑，帮客户所需，要通过实施贴身服务来维系银企关系和争取业务市场。作为客户经理，除了腿勤跑、嘴勤说、手勤动外，更主要的是脑勤转。客户经理只有从思想意识上认清竞争与服务的对象，才能正确认识形势、订好计划、把握机遇，才能总结经验教训和应用新的公关方式方法，才能在竞争中立于不败之地，才能真正实现开拓金融市场、维系银企关系和最大限度地创造金融企业的经营效益目标。

**4. 善于应变**

客户经理在公关营销活动中，要才思敏捷、善于应变。在经营活动中，对一些刁难的客户，甚至是恶语相向的客户，要忍辱负重，切忌急于辩驳、互相争论而出现不欢而散的局面。对此，客户经理应以成熟、健康的心态，带着他"正在考验我"的心理，以婉转的语言，表述你的动机所在，化干戈为玉帛，就算效果不成，也应不损金融企业形象。对在经营活动中客户提出的一些疑难问题，一时难以回答或不清楚的，要有礼貌地请客户多包涵，并及时向有关部门人员咨询了解，解答疑难，防止出现冷场或"十问九不知"现象，更要防止出现惊慌怯场、手忙脚乱、言不由衷的被动局面。

要求客户经理善于应变，就是不论遇到任何问题，不论见何等"高官"，都要有积极向上的健康心理，克服"位低怕见官"，"急则无智慧"，遇事无所适从的胆怯心理。

## 【资料阅读】

### 真心换得客户心

这是2007年严冬的一个早晨，呼啸的北风裹挟着西伯利亚寒流在阿拉山口肆意张扬着它的魔力。这时，一列晚点的火车徐徐进站。车门一开，乘客们匆匆离站。在人流的后面，一位商人模样的中年男子顾盼着走出站口。他一出站口，一位建行员工早已等在那里，从小伙子冻得通红的脸和挂满霜花的眉毛可以看出，他在这里已经等了很久了。这情景，一下使这位远道而来的客人感动万分。小伙叫曾智辉，是建行阿拉山口支行的一名客户经理。前不久，他得知这位商户将从内地来口岸进货，并带有大额的承兑汇票。为了使资金落户于建行，他多次向知情人打听商户具体情况与到达时间，最终掌握了商户的联系方式、相貌特征及到达口岸的具体时间。这天天未亮，曾志辉就冒着凛冽的寒风前去接站。这位客户对此很感动，接下来，不但这位客商在建行开立了基本结算账户，还动员好几个在口岸做边贸生意的朋友在建行开立了账户，形成了一个不小的优质客户链。

阿拉山口口岸的客商来自天南地北。在营销中，支行员工注意观察、揣摩各类客户的心理特征，针对不同的客户采取不同的服务方式，使每位客户都能享受到建行人性化、个性化、差别化的服务。他们除了开展专车接送客户办理业务、利用人熟地熟为新客户建立口岸经商信息卡、让客户经理协助新来的客户办证等业务外，还为外地客户提供免费午休场所和代买火车票等服务。为了让客户们深入了解建行和建行业务，支行的员工常常拿着建行的金融产品资料，跑遍阿拉山口几乎所有的公司、企业。除了这种营销外，他们还经常到企业去摸底调查，给企业当参谋，帮助企业排忧解难。许多客户感慨万千："阿拉山口的金融服务很好，建行的服务更好。"

听到客户的赞誉，建行的员工们都开心地笑了——能赢得客户是他们最幸福的事。目前，阿拉山口地区60%以上的单位、企业都在建行开立了账户。

## 第二节 客户金融服务的种类

### 一、金融服务的含义

在现代社会经济中，金融的地位越来越重要，人们对商业金融企业的金融服务也提出了越来越高的要求。如工商企业要求商业金融企业代发工资、代理支付水电费、电话费等，要求商业金融企业提供投资咨询服务、资信调查服务等。商业金融企业也根据客户的要求不断拓展自己的金融服务领域，如信托、租赁、咨询、经纪人业务及国际业务等。社会经济、文化和科学技术的发展，从多方面给商业金融企业提出了创新金融服务的要求，又为商业金融企业提供了扩大金融服务的途径。如何保持竞争的优势，借鉴和吸收国际经验，不断开发新的业务领域和业务品种，是当今各国商业金融企业面临的一个新的挑战。

金融企业是经营特殊商品——货币与货币资本以及与此相关的服务的特殊企业。金融服务是为社会物质资料的生产和流通提供融通资金的服务，是金融企业有效经营货币与货币资本的成功保证和进行营销管理的一项具有决定性意义的活动，是金融企业提供的全部金融业务与其以顾客为中心的金融服务意识、服务活动、服务质量与结果的整合。具体而言，金融服务就是通过关注顾客的消费时间、职业特征、等待时间、礼貌、注意程度、正确性与能力等7个因素，满足顾客对于金融产品的要求，在顾客需要的时候能够得到其所需要的金融产品与服务。金融服务质量是金融服务体系的核心，构建完善、高效、现代化的金融服务质量管理系统是保证金融企业在激烈的市场竞争中立于不败之地的根本。

## 二、客户金融服务内容

### (一)客户金融服务内涵

客户金融服务是金融企业在其全部营销服务过程中,要能够满足顾客的明确的或隐含的需要、愿望和追求的能力总和,是企业各种构成要素的质量的综合,是顾客心目中的价值。服务的好坏是维持竞争优势的重要工具,也是金融企业的营销策略。

金融服务内涵包括两个层面。一是狭义的服务质量,是指金融营销服务活动本身范围内的相关质量,如服务人员(客户经理)的素质形象、服务态度、服务技能、服务熟练程度、服务艺术;服务环境、服务设备、服务技术;服务过程、服务程序、业务流程;服务效果、服务结果等。二是广义的服务质量,是指整个金融企业全部构成要素的质量,特别是营销服务支持系统的质量,如各职能专家与职能部门的有效支持、计算机中心及其相关系统的有效动作、企业整体的发展战略与营销战略的正确性等。

### (二)客户金融服务内容

#### 1. 三项内容

客户金融服务的三项内容是:①现场即时服务;②持续性服务;③长期的稳定服务契约关系。

#### 2. 两个方面

客户金融服务的两个方面是:①技术质量,如营销服务技巧与服务技术能力;②职能质量,如员工意识态度、与顾客的关系、内部关系、服务诚意、亲和力、员工风度与个性、与专家的关系、与当地的关系等。

#### 3. 六个层次

(1)核心层质量,即顾客最关心、最需要、最乐于获得的那一部分金融服务质量。

(2)实体层质量,即金融服务中可以用实物形态表达的金融服务质量。

(3)期望层质量,即顾客预期获得并在接受服务时能够默认的某一水平的金融服务质量,是顾客的主观质量。

(4)附加层质量,即在法定的质量标准或约定的质量标准以外,或为与竞争者相区别而添加的有关金融服务的质量。

(5)创新层质量,即能够使顾客在接受本金融机构提供的产品或服务的过程中或其后可以利用这些金融产品或服务为自己创造更高价值的那些质量因素。

(6)未来层质量,即能够在未来(顾客接受金融产品服务以后可以预测的时间内)继续为顾客创造原来未曾想过的价值的那些质量因素。

### (三)影响客户金融服务的因素

影响客户金融服务的因素包括以下几个方面。

(1)金融服务自身的特点:①无形性及其有形性的依附性;②服务的生产与消费的同时并发性;③服务难以全部标准化的异质性;服务的即时性与易逝性等。

(2)服务活动过程中的顾客因素:①外在因素,包括文化背景、社会阶层、社会参照群体、家庭、社会地位与角色等;②内在因素,包括心理的动机、感觉、态度、信仰,个人的生命周期、地位、年龄、职业、经济地位、生活方式、个性等;③购买行为因素,包括认知能力与过程、消费意识、信息搜寻、消费知识、评价、参照分析、消费决策等。

(3)营销经理、业务员因素,如素质、形象、能力及服务承诺等。

(4)营销服务环境因素,如利于营销人员发挥能力、提高顾客满意度等因素。

【资料阅读】

### 你能让我的钱增值吗?

又一个客户将账户中的钱转走了,虽然碍于情面没有清户,但那个账户已经名存实亡,只是很少一部分资金,一个月都不动一动。张行长的心里空落落的,是什么原因让他这样的客户离开了呢?他决意探个究竟。“孙经理,这一阵子怎么不见你了?”他的到来让客户有些尴尬,为了缓和这种气氛,他故意轻松地说。

“啊,是张行长,是的,好久不见了。是这样,我们,我们的公司生意不太好,所以不太走动了。”“噢,这样啊。是不是工资也发不出去了?”张行长见他吞吞吐吐的,便想让他痛痛快快地讲出来。果然,孙经理低下头好久没说话,然后抬起头,下了决心地说:“跟你说实话吧,张行长,我们其实是到其他行办业务了。”

“是什么原因想走的呢?我们可是多年的业务关系了啊。“是这样,前些时,有朋友给我们介绍了一家银行,他们不仅仅吸收存款,还帮助我们理财。所以我们,我们就把钱存在他们那里去了。”孙经理说完这些话,如释重负,毕竟张行长在他最难的时候给过他很多帮助,改弦易辙多少有点不讲义气。“那他们怎么为你们理财呢?”张行长输得不服气。孙经理于是把那家银行的产品和服务简述了一遍。“可是,这些我们也可以做到啊。”张行长还是想不通。“但是他们有一个银行与证券相通的系统,我们可以在证券与银行账户之间自由地转账,非常方便。这个,你们还没有吧?”张行长不言语了。他的很多客户都是合作了多年的老关系,原来他总以为只要真心对待客户,在客户困难的时候帮助客户,这种关系就能长久稳定地保持下去,现在看来,在经济社会,利益还是一种重要的因素,仅仅靠感情留人是落伍的了。孙经理的离去,为他敲响了警钟,他开始关注如何让客户的钱增值了。

## 三、客户金融服务种类

### (一)金融产品含义

金融产品又称金融工具,是金融市场的交易对象。金融,即货币资金的融通。资金的融通必须借助于金融工具才能实现,而各种金融工具本身必须具有流通和变现的能力。这就产生了金融工具自由转让和买卖的客观需要。于是各种金融工具就成为一种特殊的商品,即“金融产品”。所以,金融产品是资金融通过程中的载体,企业或个人筹措资金和投资者运用资金的工具,金融企业通过精心设计和选择的这些金融工具加上与之相配套的金融服务可以满足资金需求者和供应者各自不同的需要。

作为金融产品,它既要满足货币资金供应者的需要,又要满足货币资金需求者的需要,是金融企业客户精心设计和选择的运用资金、投资资金和筹措资金的工具的总称。

**(二)个人金融产品与服务种类**

(1) 个人投资产品,包括代理保险、代理债券、银证转账、银券通、开放式基金代理、代理黄金买卖、外汇理财计划等。

(2) 个人融资产品,包括个人住房贷款、个人再交易住房贷款、个人质押贷款、个人汽车消费贷款、个人耐用消费品贷款、个人住房装修贷款、助学贷款、个人消费额贷款、个人助业贷款等。

(3) 个人中间业务代理产品,包括缴费通、银校通等。

(4) 个人综合理财产品,以综合账户管理为依托的个人综合理财业务。

(5) 个人支付结算产品,包括个人支票、旅行支票、个人电子汇款等。

(6) 信用卡。金融企业信用卡是金融企业为客户提供消费信用而发行的在指定地点支取现金、购买商品、支付劳务的信用凭证,是金融企业为客户提供支付和信用手段的新型业务。信用卡的功能主要有:转账结算、储蓄、汇兑、消费贷款等。目前,我国商业金融企业主要发行的信用卡有工商金融企业的牡丹卡、中国金融企业的长城卡、建设金融企业的龙卡、农业金融企业的金穗卡和交通金融企业的太平洋卡等。另外,我国受理的国外信用卡主要有:维萨卡、万事达卡、运通行、大莱卡、JCB 卡和百万卡等。

(7) 个人外汇买卖和代理买卖。外汇的代理买卖是商业金融企业依靠自身的设施、专业知识优势为个人客户提供的外汇方面的投资服务。

(8) 个人金融衍生工具。金融衍生工具是指以另一些金融产品的存在为前提,以这些产品为买卖对象的金融产品。为个人客户提供的金融衍生工具按其自身的交易方法和特点,主要有金融远期合约、金融期货、金融期权、金融互换。

(9) 咨询服务,包括各种信息如外汇信息、证券信息、利率、汇率等,以及提供理财建议、投资咨询服务等。

**(三)公司金融产品与服务种类**

**1. 商业银行金融产品与服务种类**

商业银行是为公司和机构提供金融服务的银行,主要承担大型项目投资、为商务活动提供资金、发售债券等金融服务。

(1)现金存取服务:满足企业对现金的保存和使用需求。

(2)资产安全性服务:通过保险金箱和安全的货币存款保障企业资产的安全性。

(3)货币转移服务:向企业提供转账等付款方式。

(4)代理服务:代理各项费用的收取。

(5)金融咨询服务:提供投资、税收、租赁、兼并、收购、遗嘱等方面的咨询和建议。这是一项发展中的新兴服务。

根据职能不同,银行可分为中央银行和商业银行。中央银行是一国实行货币政策和监督管理金融业务的主管机构。商业银行则是指吸收存款、发放贷款和从事其他中间业务的营利性金融机构。

**2. 保险公司**

保险是一种准公共性质的服务。保险公司是通过向投保人收取保险费,建立保险基金,对其中因特定风险而遭遇不测的被保险人提供经济补偿或保险金给付。保险主要包括财产保险、人寿保险和再保险三大类。

**3. 证券公司**

证券公司主要承担有价证券的发行和流通。其中,一级市场为证券发行市场,承担着有价证券由发行者向投资者转移,以及资金由盈余者向短缺者转移的职能;二级市场为证券交易市场,承担着已发行的证券在投资者之间流通的职能。

与此相关联的还有作为金融衍生工具的期货、期权经营公司。

**4. 房屋互助协会**

房屋互助协会主要是为购买住房的个体消费者提供贷款业务,也从事其他金融产品和服务的金融机构。英国、美国、德国、加拿大等欧美国家一般都有房屋互助协会或类似金融机构。

**5. 信托基金公司**

信托基金公司主要从众多投资者那里募集资金,然后将筹集到的资金集中投资到证券业务上。投资决策由全职的专业基金管理人员负责,他们代表着投资者的利益。

**6. 金融公司**

金融公司主要从事金融租赁和其他分期付款信用交易,如汽车、工业建筑设备及其他商品的分期付款信用等。金融公司按照政府有关贷款方面的政策办事,遵守有关特定商品的最少保证和最长偿付期限的限制条款。

**【资料阅读】**

## 一句话营销

宋宁是深圳发展银行的一名客户经理,他的业务水平一般,平时也不太喜欢说话,但是人很厚道,有一种宽厚的执著。当初做客户经理是他自己强烈要求的。为了他这个要求,分行领导班子还有争议。有的领导认为既然他那么喜欢这项工作,就应该给他一次机会。有的领导则认为,这样一个明显不适合客户经理岗位的人,把他放在客户经理位置上是一种失策,对银行和他个人来说都没有什么好处。

于是,前者讲述了一个口吃的人卖《圣经》的故事:有人准备招聘精装版《圣经》的推销员,同时有3个人竞聘,其中一个人口吃。第一天试销,其他两个人各销售50本,而口吃者销售了170多本。原来他每敲开一户门,就告诉人家,这本《圣经》很好,不信我可以念给您听。销售过程就这么简单。听了这个故事,大家同意让他试一试,因为客户经理岗位有3个月试用期,如果3个月做不出业绩,可再作调整。

宋宁做了客户经理后，他的工作方式也很特别，他主要联系宏业集团，这个企业是一家规模很大的民营企业，生产的家用电器是国内品牌，分行一直想涉足他们的业务，无奈始终没有找到突破口。宋宁便每个星期到这个企业来一次，见到董事长他就说一句：如果您有时间，可以跟我们行长见见面吗？开始的时候，因为并没有想跟这家银行做业务，所以这位董事长并没把他放在眼里，也没把他的那句话放在心上，他只是把宋宁看作一个和其他推销行业没有区别的业务员。终于有一天，宏业的董事长开始关注这个经常来的银行员工了，终于对他的那句话答复了：好吧，跟你们行长约一下，我们见见面。后来，宋宁成了银行和企业的"明星"，大家都知道有这样一个执著的人，很多企业点名要宋宁作他们的客户经理。当然，在银行内部，也就没人再提给他调整岗位的事情了。

## 第三节　客户经理的绩效考核

客户经理绩效考核激励机制是金融企业根据客户经理的工作情况和营销业绩，对其进行分配和奖励的体系，它包括考核和分配两个方面。考核是根据金融企业事先预定的目标，确定客户经理的营销业绩。分配是在考核的基础上按照制定的规则进行收益分配。现代绩效评估理论认为，考核在现代人力资源管理中不仅仅为了议决奖惩，更积极的目的在于使员工了解金融企业的经营战略，看出绩效目标与金融企业期望之间的关系，从而不断调整工作方式和方法，达到最佳工作状态。

建立和健全银行客户经理考核管理制度，是银行加强客户经理队伍建设，提高银行素质的一项重要的任务。银行通过日常考核、定期考核、晋升考核、新客户经理招收考核等制度发现人才、合理使用人才、优化人才结构，提高优化经营管理者的水平，从而最大限度地提高、优化经济效益。新客户经理招收考核是指根据银行的客户经理计划指标，在招收新客户经理时，必须进行全面的考核，择优录取。客户经理考核的重点是对实绩的考核。

### 一、客户经理的考核

#### （一）考核的原则

客户经理的绩效考核应体现客观化、合理化、公开化、制度化、全方位、重实绩的原则，做到权责对等、兼顾合作与竞争、兼顾短期目标与银行长期利益，兼顾激励与约束，考核结果要与奖惩挂钩。

#### （二）考核的内容

对客户经理的考核可包括绩效指标、行为指标和能力指标3方面，见表6－1，并按照工作侧重对3个方面的要素指标分别确定权重。

绩效方面的考核应占较大权重，包括：工作任务指标完成情况、完成质量、工作的数量和工作效率。考核的内容应包括资产类、负债类、中间业务的效益、质量、信息反馈和业务办理速度等。

（2）行为方面应包括工作态度和客户满意度。具体内容可设立客户评价、纪律性、协调性、责任感、积极性等指标。

(3)能力方面可设立市场竞争和营销能力、新产品开发、推广能力、客户分析能力等考核指标。

表6－1　考核内容列表

| 方面 | 内容 |
|---|---|
| 绩效 | 资产类、负债类、中间业务的效益、质量、信息反馈和业务办理速度等 |
| 行为 | 客户评价、纪律性、协调性、责任感、积极性等 |
| 能力 | 市场竞争和营销能力、新产品开发、推广能力、客户分析能力等 |

**(三)考核方式和方法**

对客户经理的考核是综合评定客户经理的依据,应做到日常考核与定期考核相结合、定量考核与定性考核相结合。对客户经理的考核方式可包括日常考核、定期考核。日常考核是指银行对每个客户经理都要坚持平日的、经常性的考核,以了解客户经理的工作成绩、工作态度、文化水平、业务知识等,并做好记录,将考核结果作为确定客户经理的工资、奖金的重要依据;定期考核是指每年或每半年对客户经理进行业务水平的全面考核,考核成绩应放入客户经理的工资档案,作为晋升、使用和奖惩的依据。

【资料阅读】

**某银行客户经理考核管理办法**

第一条　为推进我行管理和服务创新,进一步树立以客户为中心、以市场为导向的经营理念,改善金融服务,满足客户要求,拓宽业务领域,增强竞争实力,根据本行人事管理制度和实际,特制订本办法。

第二条　为建立适应市场、贴近客户的营销体制,我行原各支行市场营销人员统一更名为客户经理。本办法所称客户经理是指我行深入市场、服务客户、组织资金、拓展业务、营销贷款、开发推广金融产品和对外宣传的外勤服务人员(含各支行行长、营业部总经理)。

第三条　本行客户经理分为高级客户经理、中级客户经理、初级客户经理三级。客户经理与本行签订劳动合同,为本行在册员工。

第四条　业务代办员是我行市场营销队伍的一个组成部分,协助代办规定的银行业务,与本行只存在劳务关系,不存在劳动关系。

第五条　客户经理应具备以下基本条件:具有良好的思想品德和职业道德;熟悉银行资产、负债及中间业务等主要金融业务;有一定的独立工作能力、公关协调能力和语言表达能力;有较强的市场观念、服务意识和开拓创新精神;熟悉经济、金融、财务、管理、法律法规等相关知识和金融产品知识。

第六条　客户经理主要职责与任务:开发客户;营销金融产品或服务;维护客户关系,

开发客户潜在需求;收集市场信息,为开发新产品提供预测资料;对客户信息资料进行科学的分析和管理;宣传与树立银行形象。

第八条 客户经理行为规范:忠诚本行事业,维护本行信誉,为本行及客户保密;遵规守纪,按章办事,严守纪律,不越权违规办事;加强修养,注意形象,文明礼貌,诚实守信;执行员工行为规范,提高服务工作质量。

第九条 客户经理选拔聘用主要从现有的市场营销人员中产生。全行员工均可采取自愿报名、参加考试考核,取得客户经理任职资格。任职资格可采取两种途径确定:①由市行统一组织面试和笔试,根据面试和笔试结果,确定客户经理任职资格和等级;②对考试考核不及格,但个人2006年累计日均存款在300万元以上的市场营销人员,可暂定为初级客户经理任职资格,一年后必须达到综合考试考核合格,否则,降为业务代办员。

## 二、客户经理的激励

激烈的市场竞争突出地体现在人才的竞争上,人力资源与物力资源、财力资源和信息资源成为现代企业经营管理中的重要控制因素。商业银行的客户经理是商业银行拓展市场、营销产品的一支"生力军"。客户经理的工作业绩与商业银行的市场份额与利润密切相关。称职的客户经理是银行的优秀人才,是银行的直接创利来源。因而如何更好地发挥客户经理的积极性和创造性,开发其拓展客户、营销产品或服务的潜力,是推行客户经理需要解决的重要问题,而建立正确的客户经理激励机制是该管理中的核心问题。商业银行激励机制包括物质激励机制和精神激励机制。

### (一)客户经理的物质激励机制

物质激励是客户经理激励机制的基础。建立客户经理的物质激励机制,就是要建立科学合理的考核分配机制。

#### 1. 客户经理考核分配的原则

1)公平性

所谓的公平是指在考核分配中,员工的付出与回报表现为员工心理上的对等关系,所激励的人员对考核结果基本认同。保持考核的公平是激励机制的基本要素,但公平不等于均等,客户经理的收入分配既要与本人的能力相称,又要与金融企业内部其他人员的报酬相称。

美国管理学家亚当斯提出的公平理论认为,员工的工作动机,不仅受其得到的绝对报酬的影响,还受到相对报酬的影响。即一个人不仅关心自己所获得的绝对报酬,而且也关心自己收入的相对值,相对值就是自己与他人的收入的比例以及自己现在与过去收入的比例,如果他发现相对值是公平的,就会心情舒畅地努力工作,否则会满腹怨言。

2)合理性

在对客户经理业绩考核之后,决定客户经理收益分配的关键因素是分配制度。金融企业是遵循分配制度进行收益分配的。合理的分配制度是公平分配的。这就要求金融企业在制定分配制度时,一定要考虑到其实施的合理性,要使制度的规定、奖惩的幅度等符合人们的心理承受能力、社会规则、环境默认程度。如果分配的标准能够控制在这些范围之内,人们就会认为它是合理的，就会按照这个标准确定自己的努力方向；否则，则会被认为是不合理的，客户经理会感到按照这个规则，即使自己付出很多也不会有理想的收入分配，他就会放弃努力。

3）科学性

考核分配制度涉及的内容很多，在运作上应该是一个有机的结合。考核与分配的方法要科学，如考核指标要量化，量化的指标要有实现的可能。对客户经理的考核要在调研的基础上设定，这些指标对客户经理来说，既不能太高，让人可望而不可即，又不能太低，可以随手拈来。目标太高，容易使客户经理失去信心，太低又不利于激发客户经理的潜力。考核指标权重要根据金融企业的发展战略而定，考核分配机制要具有导向作用，通过考核的侧重点，引导客户经理沿金融企业的整体发展战略开展业务。

4）全面性

客户经理队伍是金融企业的一支独特而很重要的团队，它对金融企业的业务经营起着举足轻重的作用。因此，很多金融企业是把客户经理作为一个单独的系列进行考核和分配的，但是这并不是说，客户经理的考核和分配可以不考虑其他部门、人员和业务指标，那样很容易失之偏颇，不利于全行经营的整体发展。因此客户经理的考核和分配一定要综合全行因素，统一策划和进行。考核与分配的全面性，一是要考虑全部人员的贡献度，二是要考虑所有工作在收益中的权重。考核与分配的全面性是其公平、合理性的前提。

**2. 客户经理的收入分配办法**

客户经理的收入分配是按客户经理责任利润的大小确定其个人收入的多少的。

客户经理个人收入 = 基础工资 + 绩效工资 + 行为考核评估

其中：

（1）基础工资是客户经理的最低收入保底线，由客户经理所在的经营行每月派发，基础工资可以凭一定时间段客户经理创造的责任利润来确定其不同的工资等级。

（2）绩效工资 = 责任利润 × 计酬比例

计酬比例是指每万元责任利润的工资含量，具体的比例应依各行的实际拟定。

**3. 客户经理的行为考核评分**

客户经理的行为考核评分是由客户经理所辖的经营行根据客户经理的系列管理制度，对其日常工作行为、执行管理制度情况、职业道德体现等进行综合考评，用百分比表示。评审人员可以是来自本银行的管理层人员，也可以是来自客户经理所管理的客户，还可以是来自平行层次的其他客户经理等。客户经理工作表现越好，百分比越高，其实得的效益工资就越多。

**（二）客户经理的精神激励机制**

在 20 世纪 80 年代中后期兴起的一种科学的管理即“人本管理”。它最大的特点在于：是注重对人力资源开发的一种科学的“人性化”的管理，是激发人的创造性和潜能的一种“动力源”管理。概括地说，它强调精神激励对员工管理的不可替代的作用，强调对人的需求层次中更高层的、自我实现价值的管理。人的积极性和创造性等方面的潜能需要给予适当的刺激，使其产生积极的动机，促使其以更加努力的行动去实现组织与个人共同的目标。

在我国,思想行为学就是结合管理政治思想工作的精华创立的激励管理学。实践表明,对人的精神激励是很多成功的企业吸引人才、留住人才、开发人才增值功能的良好手段。因此,对商业银行客户经理的管理引进精神激励机制管理是对物质激励不足或不完善的最佳辅助,同时也是非常必要的管理手段。

这种精神激励机制要求商业银行要构建具有银行向心力和凝聚力的企业文化精神,需要科学的管理机制及管理水平,使银行员工能够置身于令人心情愉悦的、友好的、协调合作的工作氛围,享受比较好的福利、薪金及社会保障,享受培训、升职等发展机会。只有这样,客户经理才能发挥更好的市场拓展能力,为银行创造更大的经济效益。

**1. 创造激励机制的精神氛围**

创造激励机制的精神氛围一方面要突出商业银行的经营理念,并以此经营策略作为全行员工不懈努力的奋斗目标,尤其是具体的量化经营指标、市场开发的方向等,强化员工特别是客户经理的盈利意识;另一方面要建立共同的企业价值观,始终不渝地热爱自己的银行,对银行的发展要充满信心,并以此规范自己的行为,凭着这种信念和价值观去拓展业务。

**2. 建立具体的精神激励制度**

可以从以下 3 个方面对客户经理进行全面的精神激励,以达到激励机制的目的。

1)对客户经理实行等级制管理

根据一定时间内客户经理的素质高低、业绩大小,从高到低依次定为特级客户经理、高级客户经理、中级客户经理、客户经理、助理客户经理等级别,并相应体现工资及待遇上的级别差别,享受不同的物质待遇;不同级别的客户经理管理不同层次的客户,对重要客户、有潜力的市场客户,可以派出级别较高的客户经理;对大型的集团公司,可以派出高级别的客户经理任组长、其他较低级别的客户经理为组员的客户经理派驻小组,进行跟踪服务,为客户设计不同的产品及服务组合,进行重点管理;对不同级别的客户经理进行不同层次的授权,低级别的客户经理不能涉及相关的信贷业务,高级别的客户经理可以在信贷方面、金融服务优惠条件方面、提供客户金融产品价格方面有较大的自主权等。

2)客户经理的及时晋升制度

客户经理比商业银行其他人员更贴近客户、了解市场。而客户经理在与客户的沟通及客户关系维护的过程中,相对应的客户经理级别不但是客户经理开展客户关系活动的心理制胜的支撑点,也是让客户充满对银行的信任感、被重视感的重要条件。同时,根据市场细分的对称性经营原理,不同的客户要配备不同的客户经理、如果客户经理的晋级制度执行得好,并辅之以适度的岗位流动,会使银行的市场拓展由点至面地打开,也会争取到更多的忠诚客户。此客户经理的及时晋级制度在某种程度上也是激励客户经理继续努力工作的最好形式。

3)典型激励法

在定期的考核中,树立客户经理的优秀典型,对业绩突出的客户经理进行不同形式的隆重嘉奖,也不失为一种较好的精神激励法。比如,搞客户经理的“明星”竞赛或优质勋章活动,让获奖的客户经理对全辖的客户经理做经验介绍,树立业务典型,全行宣传。

## 第四节 客户风险管理

风险与收益是永远相伴的,金融企业要获得这个“收益”,就必须承担一定的风险。但风险并不是无法避免的,它可以被化解、被转移、被减小。金融企业应该加强对客户风险的监控与管理,以做到以最小的风险代价获得最大的客户“收益”。

金融企业客户包括个人客户和公司客户,其中公司客户是金融企业的客户主体,而且就风险性质与内容看,客户风险主要来自公司客户。因此,本节主要讨论公司客户的风险与其管理。

### 一、客户风险的类型和特点

风险,是指在特定的客观情况下,在特定的期间内,某种损失发生的可能性。由于客户与金融企业是一种合作关系,所以说客户本身的风险也就是金融企业的风险。

**(一)客户风险的类型**

客户风险实际上就是从客户角度来考察金融企业可能面临的金融风险。客户风险大致可划分为外部风险和内部风险两大部分。内部风险是企业自身因素引起的风险,包括客户的经营风险和管理风险。

**1. 外部风险**

外部风险,即外部环境因素的变动导致的客户风险,包括宏观风险和行业风险。

(1)宏观风险。宏观风险主要是指由于宏观环境变化而导致的风险。造成公司客户宏观风险的主要因素有政治法律因素、经济因素、国际因素等。

(2)行业风险。行业风险是指行业内部的诸多不确定因素的作用使企业面临的各种风险。行业结构、发展状况、未来发展趋势、竞争格局、替代性、依赖性和周期性等因素都会直接影响企业的经营状况,都可能成为企业承受风险的重要原因。行业风险主要包括竞争风险、管制风险、替代性风险、依赖性风险、阶段性风险、结构风险等。

**2. 内部风险**

内部风险又称企业自身风险,是指由企业内部存在的各种不确定因素给企业带来的风险。企业自身风险是公司客户风险的核心部分,也是难度最大的一部分。对于企业来说,自身风险较为直观,但其成因又较为复杂,企业自身往往难以把握导致经营风险的各种复杂的潜在因素;对于金融企业来说,企业的内部经营与管理是客户自身的动作内容,金融企业不可能对客户的每一项经营的决策与管理都有具体的参与或干预,这就增加了金融企业对公司客户的内部经营风险监控的难度。

企业自身风险分为企业经营风险和管理风险

(1)经营风险。经营风险是指客户在生产经营过程中可能遇到的风险。企业的规模、发展阶段、经营策略、产品性质与特点,原材料的采购,产品的生产和销售等环节构成了企业经营的全部内容。这些环节上的任何一点出现问题都会给企业的经营带来风险。

(2)管理风险。企业管理的成效会直接影响企业的总体效益。影响管理成效的因素是众多和复杂的,企业管理体系的许多重要环节出现问题都可能使企业面临风险。管理风险主要有组织形式的风险、管理层风险、员工的风险、关联企业的风险等。组织形式的风险是指企业组织形式的不合理以及组织形式的变动使企业的赢利能力受影响所带来的风险。管理层的风险是指由管理层的素质、经验、经营思想和作风、人员稳定性等给企业带来的风险。员工的风险是企业员工素质的高低和劳资关系的融洽程度给企业带来的风险。关联企业的风险是指企业的母公司或子公司、主要供应商、经销商、零售商等出现经营风险时,给企业带来的风险。

**(二)客户风险的特点**

现代市场经济是风险经济,任何经济行为、任何企业的经营活动都不可避免地要面对多种外显的或潜在的风险,因而都存在风险防范与风险控制问题,具有风险问题的一般特点。而从金融企业的角度看,客户风险又具备不同于一般经济风险的特征,具体如下。

**1. 偶发性**

由于客户所处的外部经营环境包含多方面的复杂因素,客户内部的经营与管理机制也是一个复杂的系统,因此客户风险是众多不确定因素随机组合发生作用的结果。人们几乎无法确知客户风险会在何时、何地,以何种形式出现,也无法预测其危害的程度、范围的确切情况,因而客户风险的发生总是表现出相当的偶然性。

**2. 破坏性**

客户风险一旦发生,不仅会使客户蒙受经济损失,而且也会危及金融企业的经济利益,使金融企业的经营活动受到极为不良的影响。当代金融企业发展的新趋势表明,在金融企业拓展经营范围、扩大对客户的产品销售和金融服务的全方位经营时,与企业的关系越来越密切,除了传统的信贷与结算业务之外,可能还是企业的投资者或者说是股权的拥有者,企业也可能是金融企业股东。在这种复杂的业务合作和交叉的股权关系下,如果客户因风险而造成损失,风险传递的结果给金融企业带来的损失会更大。金融企业与企业共同承受损失的同时,又会进一步危及整个社会的经济效益。当今世界经济与金融领域发生的一系列恶性事件说明,客户风险的破坏已经远远超出了人们基于传统银企关系观念的认知程度。

**3. 连带性**

由于金融企业与客户是以金融产品和服务为纽带形成的风险共担的稳定合作关系,因此客户的任何风险发生后所造成的损失必然会连带性地给金融企业带来经济损失。这种风险传递效果迫使金融企业为维护双方共同的经济利益,只能积极地与客户共同商讨化解和规避风险的对策,从而就使金融企业与企业的合作关系进一步加强,双方的共同利益关系得到更进一步的巩固。

**4. 不对称性**

就对风险与损失的关注程度而言,企业与金融企业具有不对称性。企业可以只关心自身的损失,但金融企业却不能仅仅关注自身可能的损失,还必须关注有关风险可能给客户带来的损失。即使在某一风险并不一定会危及金融企业收益的情况下,金融企业也必须严谨地对待和帮助客户处理面临的风险。这是因为在全方位经营理念下,金融企业必须从长期合作的角度出发,培养和扶持客户,在保证客户正常经营与发展的前提下,维持和扩大金融企业的客户数量或市场规模,以获取更长远的利益。

**5. 周期性**

企业的经营活动总是在既定的国家经济与政府政策环境中进行的。同时,它又属于国家经济整体循环的一个组成部分。因此,客户风险也会受国家经济循环周期和政府宏观调控政策变化的影响,呈现出一定的周期性和规律性。一般说来,在国家经济的高速增长时期和政府实行宽松的经济政策时,社会需求相对活跃,影响企业经营活动的不利因素较小。企业的生产经营活动也就较易取得预期的成效,企业所面临的风险也就较小。但这期间的客户风险也往往容易被忽视或掩盖,客户风险的显现相对滞后。反之,在国家经济处于经济周期的波谷时期和政府实行从紧的调控政策时,国家经济的结构性矛盾暴露出来,影响企业经营的不利因素增强,企业经营所面对的风险便接踵显现,进入风险的爆发期。

**6. 可控性**

从企业角度看,经营者总可以根据其在经营过程中对市场与环境以及企业动作的感觉预先察觉到一些迹象;从金融企业角度看,通过对企业外部环境的追踪研究和对企业内部经营问题的持续性诊断,也会及时发现问题的症结所在。虽然客户风险往往由偶然因素引起,表现出突发性或偶发性的特点,但由于其产生与发展又都有一定的规律可循,所以它又是可以防范和控制的。只要能够实现金融企业与企业之间的通力合作,是可以找到合理的策略方案来防范和化解这些风险的。

## 二、客户风险预警信号

在业务往来中,一旦发现客户存在以下所列的不良情况,往往意味着客户已经存在着现实的风险,金融机构在从事风险较高的业务时,必须保持警惕或采取相应的风险对应措施。(见表 6-2)

**表 6-2　财务预报警信号**

| 资产负债表 | 利润表 |
|---|---|
| 1. 银行不能按时得到报表 | 1. 销售下降 |
| 2. 应收款在途期延长 | 2. 销售迅速扩大 |
| 3. 客户的现金状况恶化 | 3. 毛销售额和净销售额之间的差距较大 |
| 4. 应收账款户的金额或比例激增 | 4. 成本提高,收益减少 |
| 5. 存货激增 | 5. 销售上升,利润下降 |
| 6. 存货的周转速度放慢 | 6. 呆账增加 |
| 7. 流动资产占总资产的比例下降 | 7. 相对销售而言,间接费用增加过快 |
| 8. 流动资本状况恶化 | 8. 经营亏损 |
| 9. 交易账户严重混乱 | 9. 相对于销售额(利润)而言,总资产增加过快 |
| 10. 固定资产集中迅速变化 | 10. 应收款的平均时间延长 |
| 11. 准备金大量增加 | 11. 赊销政策发生变化 |
| 12. 除固定资产以外的非流动资产集中 | 12. 延长期限 |
| 13. 无形资产高度集中 | 13. 用应收票据替代应收款 |
| 14. 短期债务的增加失当 | 14. 销售集中 |

续表

| 资产负债表 | 利润表 |
|---|---|
| 15. 长期债务大量增加 | 15. 放弃应收款 |
| 16. 资本与债务的比例低 | 16. 逾期账户过于集中 |
| 17. 资产负债表结构发生重大变化 | 17. 在附属公司有应收款 |
| 18. 对股东和职员有债务 | |
| 19. 审计不合格 | |
| 20. 账户变动 | |

## 三、客户风险的管理机制

客户风险管理,是指在对政策、法律、市场、决策、管理等可能性因素进行考察、预测、分析的基础上,发现客户运营过程中的不确定性,并按照一定的方法进行评估,制定并实施防范风险的对策。对风险进行管理,将有利于避免或降低因各项业务活动的开展而带来的损失。

为防范和化解客户风险,除了加强与客户的协作,建立客户风险的联合防范与控制机制之外,金融企业还充分利用自身优势,从保障金融企业利益出发,建立起自己的客户风险管理机制。金融企业内部的客户风险管理机制应主要包括以下环节。

### (一)建立客户档案

建立客户档案的目的是为了对公司客户实行连续的动态监控,即通过接触客户、收集和整理客户系统信息,建立起完备系统的客户档案,为金融企业提供分类客户风险最为直接、可靠的资料,使金融企业能够在进行售后服务的同时对客户进行连续的动态监控。

### (二)及时把握客户需求的变化

**1. 关注客户对新产品需求的变化**

由于客户的经营规模、经营内容等总体处于一种不断的变动状态,故客户在金融产品方面将不断产生新的需求。金融企业的客户经理应在连续的追踪之中敏锐地把握客户需求的变化趋势,及时主动地向客户提出合理的改进建议,并向客户提供金融企业的其他金融产品与服务,使客户在经营方面面临的新问题能够得到及时解决,保证其经济效益的实现。

**2. 关注客户对风险规避的需求**

当客户的经济效益面临风险时,金融企业的客户经理应主动帮助其进行诊断分析,并优选出最佳的风险规避方案,与此同时,还应为金融企业制定出解决相关风险的方案。

### (三)建立客户风险管理负责制度

金融企业要根据市场经济的规律和利益驱动的原则,内部实行责权明确、合理确定职能的客户风险管理奖惩责任制,使防范与化解客户风险由外在压力的强制要求变为内在利益驱动追求的目标。

### (四)建立信息与风险研究机构

金融企业应在完备的客户档案基础上,利用自身的资源优势,建立自己的信息与风险研究机构，培养经济环境、经营与营销和风险等方面的研究专家。这些专家随时都可以针对客户的基本情况，协助客户经理帮助客户分析市场状况，把握行业竞争的总体态势，作客户的市场顾问，帮助客户预见、规避和化解风险。

## 四、客户风险的处理

客户风险管理不外乎两种方式：预防和化解。预防，即在客户风险发生前采取相关的措施避免风险的发生，把可能的风险控制在最低限度。风险预防显然是一种积极的风险处理方式。它是通过识别、分析和消除可能导致客户风险发生的各种直接因素和间接因素，达到防患于未然的目的。化解是在客户风险发生后金融企业必须帮助客户采取措施，设计和实施风险化解方案，通过各种财务处理工具来尽量减少风险所造成的损失。化解是一种相对消极的风险管理方式，但却又是最为重要的管理方式。

具体而言，金融企业对客户风险的处理包括风险安排和风险控制两个方面。

### （一）风险安排

风险安排又称风险分配，是指把各种风险在涉及风险的各方之间进行合理安排，使收益与风险保持一个科学合理的关系。在绝大多数情况下，客户风险都应由客户直接承担。但由于金融企业与客户之间存在利益一致与风险共担的关系，客户风险所造成的损失有可能会连带地使金融企业承担一定的风险和损失，所以风险安排对金融企业来说就显得特别重要。为了做好风险安排工作，金融企业应在风险识别、分析、评估的基础上慎重处理风险自留问题。

### （二）风险控制

金融企业化解客户风险的策略主要有以下几种。

**1. 规避风险策略**

规避风险策略是指考虑到风险事件的存在与发生的可能性，金融企业应协助客户事先采取措施回避风险因素，或主动放弃和拒绝实施某项业务可能导致风险损失的经营方案。

**2. 分散风险策略**

分散风险策略是指客户在经营过程中，将风险分散到彼此独立、关联较小的不同性质、不同类别的业务上，或不同特点的业务品种上，一旦由于主客观因素的影响，其中某些业务出现风险时，其他业务收益不受影响，而把风险控制在客户能够承担的范围内。

**3. 消减风险策略**

消减风险策略是指对无法预见和分散的风险采取适当的措施来减少风险的损失，乃至消除风险。例如，针对客户可能面临的利率风险和汇率风险，金融企业可帮助客户通过期货交易、期权交易、无期协议及套期保值等交易方式来消除和减少风险。

**4. 转移风险策略**

转移风险策略是指金融企业通过一定的交易方式和业务手段，将风险尽可能转移出去。

## 【典型案例】6－1

### 清户！为什么？

“主任，通达公司的人今天又来电话了，让我们尽快解决停车场的问题。”一回办公室，小张就喋喋不休地冲着他汇报了一通。“好好好，知道了。”他挥挥手，让小张出去了。

今天在外面跑了一天，一无所获。赛银的票据业务没有能力争取到，代收税款的事被彻底否决了，区政府的领导告诉他那些退休的老人投诉他的网点服务不好……今天是什么日子，怎么这么背呢？见小张站在那里还没走，他问了一句：“怎么，还有事？”“主任，通达的人今天在电话里发了好一通脾气，说关于这个停车场的问题他们已经反映了好多次了，如果再不解决的话，他们就不在这里办业务了。”

“好，我知道了。”这个通达，在这里起什么哄，停车场不是我一个人说了算的，客观现实就是这个样子，在这条拥挤的商业街上，能容我这小小的办事处就很不错了，还能有什么停车场？他在烦躁的同时夹杂着一丝怨气。不过，通达的事情并没有放在心上，因为通达是他们多年的老顾客，想当年，他们都是骑单车过来办业务，也从没要求过什么停车场，现在日子过好了，开上小汽车了，就摆起谱来了。人啊人！他笑着摇摇头：“打个电话跟他们沟通一下吧，安抚安抚就好了。”电话打过去没有人接。他放下电话，心里想着：明天一定给他们打个电话。可是后来一连几天都在忙，把这事给忘了。又过了一个星期，客户经理告诉他：通达公司要清户。他本能地问了一句；“清户！为什么？”这才想起通达多次要求停车场的事儿来。就为这一件小事儿清户？太不讲情面了！他很生气，也很无奈，最后说了一句：“唉，都怪我们自己。”

## 【典型案例】6－2

### ××银行对公客户经理的任职条件与聘任办法

银行对公客户经理应具有良好的职业道德和敬业精神，无违法违规和不良从业记录，同时具备以下基本条件。

一、见习客户经理

(1)具备大专以上学历。

(2)基本了解我行对公资产、负债、投资理财(含短期融资债券、年金业务)、中间业务(含网银等)、国际业务等业务，能够承担一定的业务营销工作。

二、五级客户经理

(1)具备大专学历、从事商业银行工作1年以上，或具备本科学历、从事商业银行工作半年以上。

(2)至少熟悉我行对公资产、负债、投资理财(含短期融资债券、年金业务)、中间业务(含网银等)、国际业务等5类公司业务中的某一类对公业务，能够独立承担该项业务的营销工作。

(3)能够承担本级客户经理的岗位职责,按时完成本级客户经理的工作任务。

三、四级客户经理

(1)具备大专学历、从事商业银行工作2年以上,或具备本科学历、从事商业银行工作1年以上。

2. 至少熟悉我行对公资产、负债、投资理财(含短期融资债券、年金业务)、中间业务(含网银等)、国际业务等5类公司业务中的某一类对公业务,能够独立承担该项业务的营销工作。

3. 能够承担本级客户经理的岗位职责,按时完成本级客户经理的工作任务。

四、三级客户经理

(1)具备大专学历、从事商业银行工作3年以上,或具备本科学历、从事商业银行工作2年以上,或具备硕士研究生学历、从事相关工作1年以上。

(2)至少熟悉我行对公资产、负债、投资理财(含短期融资债券、年金业务)、中间业务(含网银等)、国际业务等5类对公业务中的某两类业务,并精通其中对公业务,具备该类对公业务的从业经验1年以上。

(3)能够承担本级客户经理的岗位职责,按时完成本级客户经理的工作任务。

五、二级客户经理

(1)具备大专学历、从事商业银行工作4年以上,或本科学历、从事商业银行工作3年以上,或具备硕士研究生以上学历、从事相关工作2年以上。

(2)熟悉我行对公资产、负债、投资理财(含短期融资债券、年金业务)、中间业务(含网银等)、国际业务等5类对公业务中的某3类,并精通其中的某2类对公业务,具备这2类业务的从业经验合计3年以上。

(3)能够承担本级客户经理的岗位职责,按时完成本级客户经理的工作任务。

六、一级客户经理

(1)具备大专学历、从事商业银行工作7年以上,或具备本科学历、从事商业银行工作5年以上,或具备硕士研究生学历、从事商业银行等相关业务3年以上。

(2)熟悉我行对公资产、负债、投资理财(含短期融资债券、年金业务)、中间业务(含网银等)、国际业务等5类对公业务,并精通其中的3类对公业务,具备这3类对公业务的从业时间合计5年以上。

(3)能够承担本级客户经理的岗位职责,按时完成本级客户经理的工作任务。

七、高级客户经理

(1)具备大专学历、从事商业银行工作10年以上,或具备本科学历、从事商业银行工作8年以上,或具备硕士研究生学历、从事相关业务工作5年以上。

(2)在一级客户经理岗位工作满3年,年度考核连续3年为"称职"以上。

(3)熟悉我行对公资产、负债、投资理财(含短期融资债券、年金业务)、中间业务(含网银等)、国际业务等5类对公业务,具备这5类对公业务的从业经验合计在6年以上,并至少从事其中2类业务的经历分别在2年以上。

(4)胜任本等级序列客户经理的岗位职责,按时完成本等级序列客户经理的工作任务。

# 本章小结

1. 客户经理是金融企业专司拓展黄金客户和优质客户，以拓展优质资产、推广金融产品、组织资金、收集和反馈市场信息、宣传企业形象为主要职责的市场营销队伍，是金融企业为客户提供全方位现代化金融服务，建立全新金融企业与客户的主要力量。客户经理的职责是连接金融企业与客户之间的纽带。客户经理可以为客户办理授信业务、个人理财、财务顾问、业务咨询等一揽子服务。

2. 客户经理要具有良好的综合素质，包括品德素质、业务素质、心理素质等；同时要具备优良的吸引顾客的整体形象和很强的沟通能力与艺术；要精通金融业务和营销管理理论与实务，熟知金融企业的营销战略策略与技巧。

3. 金融服务就是通过关注顾客的消费时间、职业特征、等待时间、礼貌、注意程度、正确性与能力等 7 个因素，满足顾客对于金融产品的要求，在顾客需要的时候能够得到其所需要的金融产品与服务。金融服务质量是金融服务体系的核心，构建完善、高效、现代化的金融服务质量管理系统是保证金融企业在激烈的市场竞争中立于不败之地的根本。

4. 客户金融服务是金融企业在其全部营销服务过程中，能够满足顾客明确的或隐含的需要、愿望和追求的能力总和，是企业各种构成要素的质量的综合，是顾客心目中的价值。服务质量是维持竞争优势的重要工具，也是金融企业的营销策略。

5. 客户经理绩效考核激励机制是金融企业根据客户经理的工作情况和营销业绩，对其进行分配和奖励的体系。考核是根据金融企业事先预定的目标，确定客户经理的营销业绩。分配是在考核的基础上按照制定的规则进行收益分配。建立和健全银行客户经理考核管理制度，是银行加强客户经理队伍建设，提高银行素质的一项重要任务。客户经理考核分配的原则：公平性、合理性、科学性和全面性。客户经理考核的重点是对实绩的考核。

6. 客户风险管理，是指在对政策、法律、市场、决策、管理等可能性因素进行考察、预测、分析的基础上，发现客户运营过程中的不确定性，并按照一定的方法进行评估，制定并实施防范风险的对策。对风险进行管理，将有利于避免或降低因各项业务活动的开展而带来的损失。为防范和化解客户风险，除了加强与客户的协作、建立客户风险的联合防范与控制机制之外，金融企业还充分利用自身优势，从保障金融企业利益出发，建立起自己的客户风险管理机制。

# 知识结构

- 金融客户经理
  - 金融客户经理的职业素养
    - 金融客户经理的职业定位
    - 金融客户经理的职业素养
    - 推行客户经理制的意义
  - 客户金融服务的种类
    - 金融服务的含义
    - 客户金融服务内容
    - 客户金融服务的种类
  - 客户经理的绩效考核
    - 客户经理的考核
    - 客户经理的激励
  - 客户风险管理
    - 客户风险的类型、特点
    - 客户风险预警信号
    - 客户风险的管理机制
    - 客户风险的处理

# 思考题

1. 金融企业客户经理的职责包括哪些?
2. 简述金融企业客户经理应具备哪些综合素质。
3. 金融企业客户经理绩效考核的内容是什么?
4. 简述客户风险管理的特点和处理方法。

# 营销实战

1. 请选择一家银行或证券公司,调查其客户经理的业务职责和范围。

2. 工作中,金融企业客户经理遭遇的第一个问题是:我的客户在哪里?以"我的客户在哪里?"展开讨论。

# 第七章 客户沟通与产品推广

**学完本章后,你应该能够:**

- 了解沟通的内涵和目的;
- 掌握沟通的专业步骤和技能;
- 掌握产品推广中的沟通技巧;
- 深刻理解客户关系建立与维护的价值;
- 能够运用所学提升个人沟通的技能。

**案例导入**

**沟通细节的作用**

一天,一位顾客突然闯进花旗银行,要求得到一张100美元的新钞票,准备在当天下午作为奖励送给下属。

银行职员不厌其烦地打电话联系,终于弄到一张崭新的100美元钞票。

这位职员还向这位顾客送上一张注有"谢谢你想到了我们"字样的名片。

不久,这位顾客就来开设了账户,不到9个月,该账户在花旗银行存款高达36万美元。

## 第一节 客户沟通的内涵

### 一、客户沟通的含义与特征

"沟通"一词,可以说是现代工作生活中经常用到的词汇。在金融营销过程中,如果缺乏有效沟通,要想成功缔结合约是不容易做到的。金融营销的过程,可以说是成功沟通的过程。高超的沟通技巧,决定着金融营销的成败。

**(一) 沟通的含义**(Communication)

简言之,沟通就是信息交流。即我们把某一信息(或意思)传递给客体或对象,以期取得客体相应的反应和反馈的整个过程称为沟通。

——[美]迈克尔 E.哈特斯利《管理沟通原理与实践》

沟通过程中心理因素发挥重要因素。信息发出者和接受者之间要考虑对方的动机和目的。沟通结果会改变人的行为。沟通中由于客体的反应不同会出现障碍,没有问题不会主动沟通,障碍的出现既是沟通的前提,也是沟通中的必然现象。

**(二)客户沟通(Customer communication)**

在市场营销中,客户沟通是指信息在个人与客户或机构与客户之间,以及机构内外之间的传递过程。

——[英]艾莉森·吉斯曼　吉尔·伍德《营销客户沟通》

在市场营销中,沟通是一个整体,是营销专业人士每天都要使用的核心技术,营销人员将客户视为"与己有关的人",理解自己和谁沟通,为什么与之沟通以及如何改进沟通是很重要的。这个过程中包含以下3个基本要素。

(1)信息的发送者(信息源)——营销人员。

(2)信息的接受者(接受源)——客户。

(3)所传送的信息内容——有关公司及产品的信息。

**(三)沟通的方式**

沟通有很多种方式,包括一对一的沟通、一对多的沟通、多人之间的相互讨论,从沟通的载体而言,有口头、书面、肢体语言,包括面对面、电话、网络、电视、广播等各种途径。但是所有这些沟通方式,无论多复杂,实际上都可以简化成一对一的沟通这种形式,在相互沟通的两个人之间,一个信息发出者,一个信息的接受者,二者的双向交流决定沟通的效果。

**(四)有效沟通的特征**

**1. 准确**

当接近听众时,隐含之意是在寻求信任。准确的传递会使听众有效了解信息内容,减少偏差,增加双方可信度。

**2. 清晰**

清晰是很难达到的。为达到清晰,让它简单易懂,你必须要总结、理解和组织,实现逻辑清晰和表达清晰要求。

**3. 简洁**

良好的沟通追求简洁,追求以较少的字传递大量的信息。商务沟通中,简洁更是一个基本点。每一个人的时间都是有价值的,没有人喜欢不必要的繁琐的沟通。

**4. 活力**

活力意味着生动和易记,部分来自于准确、清晰、简洁,部分来自于对词语的选择、构思和句式。生动的语言有助于理解和记忆,更易传递信任和决心。

## 二、客户沟通的目的

沟通的目的是为了两个人之间的交流,达到交换信息、拓宽思路和统一认识。在市场营销中,你需要与机构内外的各种人进行沟通,要以不同的方式向你的同事、供应商和客户传递蕴涵各种目的的信息,同时也要从他们那里获取信息。一般来说,沟通可能出于以下目的。

(1)通过沟通向交往对象提供行为建议。

(2)通过沟通以积极或消极的方式激励或约束他人行为。

(3)通过沟通向上司、下属或合作单位提供与决策制定或执行有关的各种信息。

(4)通过沟通获得与组织的活动相关的各种信息。

沟通一定是有目的的,一定是有某种需要或想得到某种结果。我们应该知道,交易一定对双方有好处。沟通时必须清晰、高效。只有当沟通者对沟通所要达到的目的或目标十分清楚时,才会有成功的沟通。

## 三、沟通的障碍

### (一)主观障碍

沟通的主观障碍具体包括以下几个方面。

(1)个人在性格、气质、态度、情绪、见解等方面存在差异,这会使信息在沟通过程中受个人主观心理因素的制约,不能完整畅通地传递和交流。

(2)在沟通过程中,如果双方在经验水平和知识结构上差距过大,信息在传递的过程中常常受到个人的记忆、思维能力的影响而发生遗漏或失真现象,沟通效率也会降低。

(3)每个人对信息的态度可能不完全相同,有些人会忽视对自己不重要的信息,也不关心组织目标、决策等信息,只重视、关心与自身利益密切相关的信息,从而使沟通发生障碍。

(4)上下级之间缺乏信任,这种相互不信任会影响到沟通的正常进行。

### (二)客观障碍

沟通的客观障碍具体包括以下几个方面。

(1)沟通双方如果在空间上相距太远,接触机会可能会很少,这可能也会造成沟通障碍。

(2)社会及文化背景的差异、种族差异等也会影响到沟通效果。

(3)当企业机构过于庞大、中间层次太多时,信息从最高决策层到下级基层单位时易失真且费时,从而影响到信息的及时性,这是由企业组织架构所造成的障碍。

## 四、沟通的作用与步骤

了解有效沟通的作用,在人与人的交流中明晰沟通的目的,从而有效减少沟通中的障碍,提高沟通效果。

### (一)沟通的作用

美国著名的普林斯顿大学曾对1万份人事档案进行分析,发现“智慧”、“专业技术”和“知识”在个人的社会成功中只起25%的作用,影响个人成功的其余75%的因素与良好的个体间沟通有关。

哈佛大学就业指导小组在2005年的一次调查结果显示,在500名被解雇的员工中,因人际沟通不良而导致工作不称职者占82%。

《圣经》旧约“创世纪”中记载着这样一件事:诺亚领着他的后代乘着方舟来到一个地方,居住在这块平原上,他的子孙打算造一座通天庭的通天塔以扬名显威。上帝知道后深为不悦,他并非直接阻止他们造塔,而是搅乱他们的语言,使他们彼此语言不通,结果由于缺乏共同语言，无法协作配合，通天塔始终未能建成。这个故事充分道出了语言及沟通在人们交往中的重要功能。

**（二）沟通的步骤（PASS 结构图）**

了解了沟通的过程与规律，如何确保在沟通中清晰、高效，避免沟通障碍，关键是掌握沟通的步骤，见图 7－1PASS 结构图。

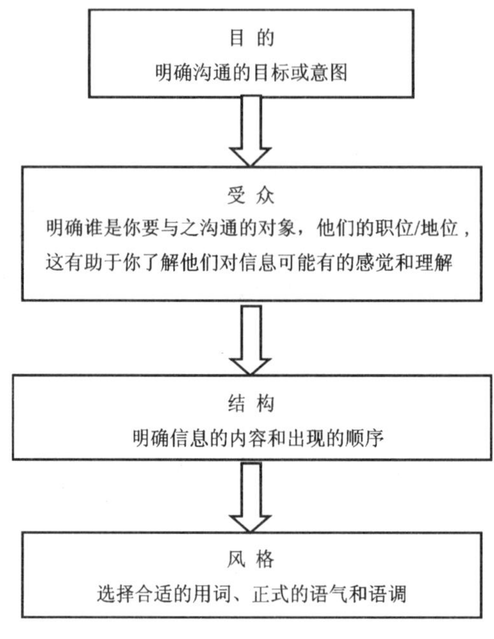


图 7－1　PASS 结构

**1. 目的（Purpose）**

沟通时明确沟通的目标或意图。在商业中会出于多种原因需要进行沟通。大概来说，在内部沟通环境中，你要就某事通知同事、部门经理或下属；对前次沟通做出回应，获得一个决定或要求采取一个行动；在外部市场中可能会劝说客户购买产品或者回应客户的问题。

**2. 受众（Audience）**

你要沟通的对象的职位和你对他的了解程度会决定你采取的沟通风格，如细节、复杂程度和用词。此外，沟通的目的和事件的紧急程度也会决定你选择不同的沟通方式和媒介。

**3. 结构（Structure）**

在明确了为什么要沟通和与谁沟通后，就要考虑要说些什么以及如何组织要传递的信息内容。信息组织得应该细致还是简捷，是个复杂的问题，要根据目标和问题确定。

**4. 风格（Style）**

你采取的传递售息的风格是由你使用的词汇、组织句子的方法和你的语气共同决定的。词汇的选择是个人的选择，语言非常丰富，你可能经常需要从意思相同的词语中进行选择，但要考虑到你的受众和他们对这些词的熟悉程度；通过改变句子结构你可以强调某些词语，而通过调换词语的顺序你可以使句子更连贯、更通畅;任何沟通的语气都决定着沟通的整体效果。

## 第二节 客户沟通的技巧

### 一、基本沟通技巧

沟通意味着与别人的意见交流或是共享,这需要更高的技巧。与人交流要求我们巧妙地听和说,而不是无所顾忌地谈话。

有效的语言沟通、非语言沟通和聆听技巧是市场营销的基本要求,因为要进行大量的面对面的沟通和电话交流,这时就需要使用良好的语言技巧并且能够听懂对方的语言信息或者看懂对方的非语言暗示。

**(一)语言沟通**

语言沟通能力是营销人员的首要技能。当与客户交谈时,无论是面对面的交谈还是通过电话交谈,掌握语言艺术,就为营销人员打开成功之门提供了钥匙。

**1. 直言**

弗兰西斯·培根曾说过:"人与人之间最大的信任就是关于直言的信任。"直言是销售人员真诚的表现,也是和对方关系密切的标志。

**2. 委婉**

某些话语虽然完全正确,但对方往往碍于情感而难以接受,这时,直言不讳的话就不能取得较好的效果。但如果你把话变得巧妙委婉一些,也许对方既能从理智上,又能在情感上愉快地接受你的意见,这就是委婉的妙用。

**3. 模糊**

在销售过程中,有时会因某种原因不便或不愿把自己的真实思想暴露给别人,这时,就可以把你输出的信息"模糊化",以便既不伤害别人,又不使自己难堪。

**4. 沉默**

在某些双方对峙时适时沉默一会儿,这是自信的表现。"沉默是金"就是这个道理。因为沉默能迫使对方说话,而羞怯、缺乏自信的销售人员往往害怕沉默,要靠喋喋不休的讲话来掩饰心中的忐忑不安。

**5. 幽默**

恩格斯认为:"幽默是具有智慧、教养和道德上的优越感的表现。"在人们交往中,幽默更是有许多妙不可言的功能。

美国前总统罗斯福当海军军官时,有一次一位好友向他问及有关美国新建潜艇基地的情况,罗斯福不好正面拒绝,就问他:"你能保密吗?""能。"对方答到,罗斯福笑着说:"你能我也能。"

### (二)非语言沟通

非语言沟通的作用:创造一种积极、主动的印象;传递热情和信心。

通过捕捉别人非语言沟通中的含义,可以理解别人的真实感受,发现潜在的问题,更好地理解当前状况并相应地修正传递的信息。

哈佛大学曾经对人的第一印象做了行为研究报告,报告指出:在人的第一印象中,55%来自肢体语言,37%来自声音,8%来自说话的内容。

其中肢体语言和声音都视为非语言交往的符号,那么人际交往和销售过程中信息沟通就只有8%来自语言沟通,92%取决于非语言沟通。

非语言沟通包括有以下6方面:①眼神交流;②面部表情;③身体姿势;④手势;⑤身体距离;⑥声调。

## 二、聆听技巧

曾经有个小国的人到中国来,进贡了3个一模一样的金人,把皇帝高兴坏了。可是这小国的人不厚道,同时出一道题目:这3个金人哪个最有价值?皇帝想了许多办法,请来珠宝匠检查,称重量,看做工,都是一模一样的。怎么办?使者还等着回去汇报呢。泱泱大国,不会连这个小事都不懂吧?最后,有一位退位的老大臣说他有办法。皇帝将使者请到大殿,老大臣胸有成竹地拿着三根稻草,插入第一个金人的耳朵里,这稻草从另一边耳朵出来了。第二个金人的稻草从嘴巴里直接掉出来,而第三个金人,稻草进去后掉进了肚子,什么响动也没有。老臣说:第三个金人最有价值!使者默默无语,答案正确。最有价值的人,不一定是最能说的人。老天给我们两只耳朵一个嘴巴,本来就是让我们多听少说的。善于倾听,才是成熟的人最基本的素质。

实际上,在每天的沟通过程中,倾听占有重要的地位,我们花在倾听上的时间,要超出其他沟通方式如读、写、说等。

**【资料阅读】**

**沟通行为比例**

美国明尼苏达大学Nichole教授和Stevens教授经过分析认为,一般人每天有70%的时间用于某种形式的沟通。在报告中还特别提到,我们每天用于沟通的所有时间中,45%用于倾听,30%用于交谈,16%用于阅读,只有9%用于书写。

良好的聆听技巧在市场营销中非常重要,因为要经常使用它,如在面谈、会议、谈判、销售现场等场合。

需要提高聆听技巧,确保能够掌握所有必要和相关的信息,避免浪费时间,但要区分"听到"(hearing)和"聆听"(listening )。聆听意味着你要开动你的思想和记忆,积极地选择、组织、解读和储存信息。

1. 聆听障碍

人类思维的速度比大多数人说话的速度快4倍,因此在听别人说话的时候你可能感到无聊且容易走神。

倾听者本人在整个交流过程中具有举足轻重的作用。倾听者理解信息的能力和态度都直接影响倾听的效果。除了环境的障碍外,来自倾听者本身的障碍有:①急于发言;②排斥异议;③厌倦;④消极的身体语言;⑤选择倾向;⑥注重演讲方式和个人外表等。

2. 倾听技巧

良好的倾听技巧包括内部的思想状态和外部的举止特征等各个方面。任何一个客户都愿意跟一个对自己所说的每句话都认真倾听的人交流,而不愿意跟一个对自己说话漫不经心的人进行交流。

在营销过程中,一个善于倾听的人应做到以下几点。

(1)眼:保持与客户的视线接触。

(2)耳:认真听客户讲的话,尤其是客户没有说出来的话。

(3)头:经常地点头,表示对客户的同意,鼓励客户多说。

(4)手:适当地做笔记,表示你在意客户的讲话,也为以后做出对客户说话内容的回忆做准备。

(5)口:经常提问,确认自己理解的成果,引导客户多表示自己的情况,控制交流进程,保持交流不偏离主题。

(6)头脑:思考客户为什么这么说,或为什么不这么说。

(7)姿势:身体稍稍向前倾,保持警觉的身体姿势,不可使后背靠住椅背。

3. 倾听步骤

学会倾听是非常重要的,如果心不在焉、听而不闻,就很可能漏掉一些很重要的信息,以致失去成交的机会。

1)确认

在客户讲话过程中,可能会有一些词语你没有听清,也可能有一些专业术语你不懂,这就特别需要向客户进行确认,进一步明确客户所讲的内容。同时,你跟客户交流时一定要注意自己的术语使用问题,你不能运用太多的术语,以免给客户造成理解上的障碍。

2)澄清

对容易产生歧义的地方,要及时地与对方沟通,以便充分了解客户的真正想法。客户说的某一句话可能存在着两种或多种理解,如果自以为是,只按照自己的好恶去理解,就必然容易产生误解。所以一定要及时地与客户进行交流,澄清事实。

3)反馈

在倾听的过程中,要积极地向客户及时进行反馈。你要不断地让他意识到你始终都在认真地听他讲话。如果你只顾自己长时间的讲话而听不到回应,势必会给客户造成心理压力,他自然就不愿意继续讲而只想尽快地结束谈话了。

4)记录

在进行交流时要做好记录。一个人不能过于相信自己大脑的能力,你往往很难记住客户需求的所有关键点,最好的办法是随时把客户提到的重点及时地记录下来。

5)判断客户的性格

通过交流可以判断出客户的性格,然后根据其特点注意自己的言谈策略达到沟通的目的。

## 三、客户沟通技巧实务

### (一)电话沟通的技巧

**1. 适可而止**

电话沟通切忌时间太长,语言应该尽量简练。第一次拜访时最好只问候一下对方,告知对方你是谁就好了。

**2. 表述清晰**

自我介绍一定要简短清晰,突出主题,让对方在很短的时间里很轻松地理解你所表达的内容。

**3. 心态从容**

在与客户的第一次通话时要有充分的心理准备,要从客户朋友的角度出发保持平和的心态。

### (二)电子邮件沟通的技巧

**1. 电子邮件沟通方式的特点**

(1)不受时间限制。

(2)表达更加充分。

(3)更容易引起对方的兴趣。

**2. 选择使用电子邮件需要考虑的问题**

(1)你的沟通是不是有时间性。

(2)你的客户是不是非常忙。

(3)你的客户是不是难以接近。

(4)你的语言表达能力是否较弱。

(5)对方是不是习惯使用电子邮件。

**3. 使用电子邮件的技巧**

(1)要有一个明确的主题。

(2)内容简洁、语句通顺流畅。

(3)格式规范,内容严谨。

(4)经常浏览收件箱。

(5)不要过分依赖电子邮件。

### (三)手机短信沟通的技巧

手机短信最早只是年轻人互相传递信息和交流的一种方式。而如今越来越多的人开始接受手机短信这一沟通方式。手机短信被广泛应用于人与人之间的交流甚至一些商务活动。发手机短信主要注意以下几个问题。

**1. 选择适当的时机发送**

如果最初与客户沟通时恰逢节日,或遇客户特殊的日子,如客户生日等,你可以适时地发送一条祝福信息,让客户在这种特殊的方式中感受你的特殊沟通。这不失为一种让客户加深印象的好办法。

**2. 保证内容的健康**

一定不要给你的客户发送一些格调不高的笑话、俏皮话,那样会引起客户的反感。要选择与客户有关的内容,编发简短信息的祝福或问候语。

**3. 注意发短信的频率**

不要经常给客户发短信。频繁发送短信会给客户带来不必要的麻烦,干扰客户的正常生活,引起客户不快,从而适得其反,发挥不了和谐沟通的作用。

**4. 记得署名**

在最初与客户交往时,客户对于你的手机号码比较陌生,因此,你一定要在信息后面署上自己的姓名,让对方知道是谁给他发的信息。

**(四)面对面沟通的技巧**

这是营销过程中不可缺少的环节,是最具实际效益的营销活动。与客户面对面接触是视觉感受和知觉感受的综合过程。在这个过程中,金融机构营销人员展示的是个人的风采和企业的形象,传达的是金融企业文化。作为金融营销人员,与客户接触时一定要注意自己的仪容仪表,注重自己综合素质的表现。

1. 自我介绍

(1)营销人员在作自我介绍的时候不要怯场,态度要不卑不亢,既要有自信,又要尊重对方。自信是营销成功的关键。

(2)自我介绍时要介绍自己的全名,不可给自己冠以“先生”、“女士”等称呼。也不能介绍自己的头衔,可以告诉对方自己的职业。

(3)不能只介绍自己的名字,还要向客户提供有用的信息,这样双方就比较容易继续下面的话题,不至于太尴尬。

**2. 确定合适的谈话主题**

(1)避免过多谈及产品,那样很容易给别人造成一种推销的印象。可以以自己的执业为主线,选择一些相关的话题。

(2)就地取材。如果你对客户的偏好不是太了解,客户案头的东西就很有用,它能泄漏主人的性格、爱好、兴趣和风格。

(3)避开敏感性话题。敏感性话题很容易引起争议,即使对方不表露,也会破坏和谐的气氛,造成客户心理上的抵触。

(4)话题内容宽泛。选择一些容易引发评论和讨论并能拓展到其他领域的话题。

**3. 与客户第一次交谈的技巧**

(1)学会说客套话。套话是较为陌生的人在见面时,为避免冷场而作的过渡。在第一次见面时,谈论双方共同熟悉的人是一种效果最好的套话,这样双方很快就有了共同话题。

(2)少说多听。通过有意识的引导,让客户多说,自己做一个倾听者。与客户交谈时,眼睛要注视对方的鼻翼处。

(3)善于提问。在倾听时要善于提问,激发客户谈话的动力,表示你对客户的谈话感兴趣。

(4)不要泛泛空谈。与客户谈论切忌说大话空话。要通过切合实际的主题,表现出营销人员诚恳、稳重的风格,给客户以踏实的感觉。

(5)不要就某一问题谈得太深入。如果谈论的话题太深入,会给营销人员带来危险:一是暴露自己对于这个问题的知识匮乏;二是有可能造成和客户看法的不一致;三是可能偏离自己的最终目标。

(6)不要固执己见。与客户意见有分歧时,可以选择巧妙地引开话题,切忌与客户斤斤计较,甚至发生争执。要时刻记住,你是做营销的,不是验证真理的。

(7)谈话方式要与客户的个性和情绪相适应。有的客户比较保守,你就不要表现得很随便。对较为外向的客户,可以适当表现出一点幽默,但切不可过分,因为这只是认识阶段,而不是马上要建立友谊。

**4. 向客户告别的技巧**

(1)一般第一次会面时间不要太长,选择恰当的时候和方式向客户告别,会使客户产生好感。

(2)当客户有其他客人来访的时候要提出告别,除非你与客户的交谈非常紧急和重要,否则即使你与客户的话题没有谈完,也应立即向你的客户告别。

(3)在你所准备的话题结束后,要主动提出告别,防止出现谈论的空白,同时也避免客户提出新的话题令你措手不及。

(4)当对方有倦怠情绪时,应提出告别,即使你不知道倦怠的原因,也不应该继续与客户交谈。如果是你的原因造成客户的倦怠,这样做可以弥补自己在谈话中的过失,客户还会觉得你不是一个很讨厌的人;如果不是你的原因,客户心理上会有一种愧疚感,为下一次沟通奠定基础。

(5)与客户告别时不要拖泥带水,告别时的语言要简洁。对客户的起身送别表示感谢,并婉阻客户送出室外。

# 第三节　产品推广基本流程

## 一、客户开拓技巧

### (一)挖掘潜在客户

如果想做一名好的营销人员,必须有一个清晰的头脑,在日常生活中要做一个有心人,注意搜索资料和培养关系。有些关系在平时可能并不在意或者联系不太密切,但是所有关系都隐藏着商机,都有可能成为开拓市场的通道。所以,作为一名营销人员,关系是至关重要的,有些关系是原本就存在的,如亲戚关系,有些关系是可以通过各种途径去创造的。

**1. 亲戚关系**

亲上加亲,只要你有心,他们就有可能成为你的客户。

**2. 朋友关系**

值得注意的是,朋友关系没有血缘关系约束,一定要投入相当高的感情成本,要付出一片真情,让你的朋友认为你是一个值得交往的、值得他们为你付出的朋友。

**3. 师生关系**

在中国人心目中,师生之情甚至重于亲情。"一日为师,终身为父",千百年来的古训,影响了一代又一代人。

**4. 同事关系**

你曾经与他们在一起工作,你们互相了解,互相信任。他们或许现在已经是原来公司的主管或负责人,或许已经成了私营企业老板,但不管他们成为什么,可以肯定地说,他们一定有需求,只要与他们叙旧聊天,他们中就一定有人可能成为你的客户。

**5. 老乡关系**

老乡关系是一个范围非常广的概念,外延弹性较大,又很符合中国人的性格特点。营销人员在适当的时候可充分运用这一概念为建立关系找到一个有效的工具。

**6. 客户关系**

不管别人是你的客户,还是你是别人的客户,这种客户关系一旦确立,你就有机会与他们沟通、相识并进而发展下一步的客户关系。

### (二)分类和筛选

根据不同标准对客户进行分类如下。

(1)按照客户创造价值的大小划分:产生的利润较大,产生的利润较小,不产生利润等。

(2)按照关系客户的需求划分:金融需求一般,金融需求较小,金融需求大等。

(3)按照关系人员的权限划分:没有决策权,有参与决策权,有决策权等。

(4)按照关系人员的性格划分:性格内向、不擅交往;性格平和、交往一般;性格开朗、擅交往等。

(5)按照关系的密切程度划分:联系密切、交往深;很少联系、关系较差;联系不多、关系一般等。

(6)行业竞争优势分析:竞争对手对等,竞争对手强大,竞争对手较弱等。

(7)其他因素分析:按照能够给银行带来利润的多少和营销难度等因素划分。

## 二、产品说明

### (一)产品说明含义

向潜在客户介绍、说明或演示产品的性能、用途、价格等。

每个销售代表在与客户进行沟通的时候都试图把产品的相关信息作尽可能详细的说明，但往往事与愿违或适得其反。

**（二）产品说明的作用**

（1）产品说明是达成销售的必经阶段。

（2）产品说明能促进准客户对公司产品或服务的了解。

（3）产品说明能进一步探明准客户的需求。

**（三）产品说明的四个阶段——AIDA 模式（“爱达”公式）**

1. AIDA **模式的基本含义**。

AIDA 模式也称“爱达”公式，是国际推销专家海英兹・姆・戈得曼（Heinz M Goldmann）总结的推销模式，是西方推销学中一个重要公式，它的具体含义是指：一个成功的销售人员必须把顾客的注意力吸引或转变到产品上，使顾客对推销人员所推销的产品产生兴趣，这样顾客欲望也就随之产生，尔后再促使采取购买行为并达成交易。AIDA 是 4 个英文单词的首字母。A 为 Attention，即引起注意；I 为 Interest，即诱发兴趣；D 为 Desire，即刺激欲望；最后一个字母 A 为 Action，即促成购买。

2. AIDA **模式的四个步骤**

AIDA 模式代表传统推销过程中的 4 个发展阶段，它们是相互关联、缺一不可的。应用“爱达”公式，对推销员的要求具体如下。

（1）设计好推销的开场白或引起顾客注意。

（2）继续诱导顾客，想办法激发顾客的兴趣，有时采用“示范”这种方式也会很有效。

（3）刺激顾客购买欲望时，重要的一点是要顾客相信，他想购买这种商品是因为他需要，而他需要的商品正是推销员向他推荐购买的商品。

（4）购买决定由顾客自己做出最好。推销员只需不失时机地帮助顾客确认他的购买动机是正确的，他的购买决定是明智的选择，就已经基本完成了交易。

“AIDA”模式的魅力在于“吸引注意，诱导兴趣和刺激购买欲望”，3 个阶段充满了推销员的智慧和才华。

3. AIDA **模式的拓展**

认识：知名度、对产品存在的意识、产品认知。

情感：对产品和品牌的好感，对形象的影响，对产品、品牌的偏爱。

意动：确信（购买意愿）、购买。

**（四）产品说明的步骤和实施方法**

1. **实施步骤**（FUN—FAB OPTIC **法则**）

步骤一：列出产品功能——FUN—First Uncover Needs 先了解需求。

步骤二：告诉准客户此功能能为顾客做些什么——FAB—Features（特征）、Advantages（优点）、Benefits（利益）。

步骤三：向准客户解说此产品如何利于使用并试探促成——OPTIC—Objections（反对意见）、Proving（证实）、Trial Closing（试探促成）、Insuring（确认）、Closing（促成交易）。

**2. 产品说明的7种方法**

(1)记忆法:销售人员牢记标准的产品推销说明内容。

(2)自由法:根据自己的理解自由发挥。

(3)组织法:统一组织、安排。

(4)视听法:借助图片或推销辅助器材。常见的推销辅助器材:①产品;②照片与插图;③广告作品;④图表;⑤图形;⑥资料夹;⑦产品目录;⑧推销道具;⑨视听辅助器材;⑩仿制品。

(5)顾客操作法:让顾客操作,参与体验、试验产品。

(6)效用法:象征地位效用;快感、享受等效用;功能、经济的效用;完成社会、家庭、公司的责任效用;满足虚荣心效用;替代其他物品效用;增加收益效用。

(7)形象法:运用拟音、感情用语等。

**3. 注意事项**

(1)在进行产品说明时,还应该注意保持良好的产品说明氛围。

(2)选择恰当时机作产品说明。

(3)产品说明过程中不得逞能与客户辩论。

(4)适当运用销售辅助器材,如:幻灯片、产品广告报道、产品宣传手册及其他有助于销售的辅助物。

## 三、异议处理

### (一)异议的含义

客户对销售员在销售过程中的产品、服务或行为的不赞同、质疑或拒绝。

“销售是从拒绝开始的”。当客户提出异议时,销售人员应当积极对待,此时如果能够消除客户的异议、满足客户的合理需要,就意味着获得客户的认可,从而促成销售或赢得客户的满意,为下次交易打下基础。

### (二)异议处理的作用

对异议进行处理,起到的作用如下。

(1)异议处理是达成销售前必不可少的重要环节。

(2)异议处理是增进准客户对公司产品或销售人员了解的大好时机。

### (三)常见的异议及其表现

**1. 常见的异议**

在销售过程中,营销人员通常会遇到以下异议。

(1)价格异议:这是销售人员最常遇到的异议,即通常所说的“讨价还价”。

(2)质量、包装和规格等方面的异议。

(3)服务、维护和运输方面的异议。

销售人员应该在问题出现前考虑好如何应对、处理。

#### 2. 客户异议的表现信号

当客户有异议的时候，有时候可能会直接表现出来（比如："你们的产品价格太高了，我们接受不了"）；有时候客户会用比较隐含的方式（比如："如果买你们的一件产品我们可以买其他品牌两件产品"）表现；还有的时候会采取敷衍的方式（比如："这件事情，我们先研究一下再说"）表现出来。

以下是客户表现异议的常见信号。

（1）不愿收取名片、不愿给自己的名片或不愿留电话。

（2）不愿拿产品说明资料。

（3）销售人员在进行产品说明时，客户心不在焉或忙于其他并不重要的事情。

（4）邀请对方参加公司的活动或要求单独沟通时，客户推辞或拒绝。

### （四）客户异议的处理

#### 1. 事前做好准备

"不打无准备之战"是处理客户异议应遵循的一个基本原则。销售人员在进行客户拜访前就要将客户可能会提出的异议列出来，然后根据每种异议考虑一个较圆满的答案，这样在面对拒绝、异议时可以从容面对，做到胸有成竹。

编制标准应答语是一种行之有效的办法。具体程序如下：①把每天遇到的客户异议写下来；②进行分类统计，依照每一异议出现的次数多少排列顺序，出现频率最高的异议排在前面；③以集体讨论方式编制适当的应答语；④销售人员熟记；⑤由老销售人员扮演客户，和团队伙伴轮流练习标准应答语；⑥在练习过程中发现不足，通过讨论修改和提高；⑦对修改过的应答语进行再练习，并最后定稿备用。

#### 2. 选择适当的时机

研究调查表明，优秀的销售人员所遇到的客户严重反对的机会只是较差销售人员的1/10。这是因为优秀的销售人员对客户提出的异议不仅能够给予一个比较满意的答复，而且能够选择恰当的时机进行答复。对客户异议答复的时机选择有 4 种情况：①在客户异议尚未提出时解答；②异议提出后立即解答；③过段时间答复；④不回答。

#### 3. 要给客户留"面子"

优秀的销售人员尊重客户的意见。客户的意见（异议）不管是对还是错、是深刻还是浅显，销售人员都不能表现出轻视的样子，如不耐烦、轻蔑、走神、东张西望、绷着脸等。销售人员要正视客户，面带微笑，表现出全神贯注和很重视的样子，并且不能用生硬的语气回答客户，更不能与客户发生争执、辩论。

## 三、销售中的成交

### （一）成交时机的选择

#### 1. 成交（Closing）的含义

成交是指帮助及鼓励客户做出购买决定，并协助其完成购买手续的销售环节。成功成交的三大关键因素：心态、意念、热诚。心态就是一个人对待事物的态度。意念是人的潜意识里反映出来的感觉，它会感染给他人。成交是一场意念的交战，你使客户购买意念改变的强弱，往往是成功与否的关键。热诚能提升且能感染客户。真心诚意地帮客户光靠技巧是不够的，“意念加热诚”，才是销售的灵魂。成交就是要帮客户最后下决心。

## 【资料阅读】

### 乔·吉拉德的教训

有一次，一位顾客来跟乔·吉拉德商谈买车。乔·吉拉德向他推荐了一种新型车。一切进行顺利，眼看就要成交，但对方突然决定不买了。乔·吉拉德百思不得其解，夜深了还忍不住给那位顾客打电话探明原因，谁知顾客回答说：“今天下午你为什么不用心听我说话？就在签字之前，我提到我的儿子即将进入密歇根大学就读，我还跟你说他的运动成绩和将来的抱负，我以他为荣，可你根本没有听我说这些话！你宁愿听另一位推销员说笑话，根本不在乎我说什么！我不愿意从一个不尊重我的人手里买东西！”

从这件事，乔·吉拉德得到了两条教训：第一，倾听顾客的话实在太重要了，自己就是由于对顾客的话置之不理，因而失去了一笔生意；第二，推销商品之前，要把自己推销出去，顾客虽然喜欢你的产品，但如果不喜欢你这个推销员，他也可能不买你的产品。

**2. 成交的时机的选择**

销售过程中，当客户行为上或者语言上发生一些变化时，说明客户已经决定签约，销售人员可以帮客户下定决心，把握心理瞬间的时机，达成成交。

1）准客户行动上发生变化

（1）准顾客认真听取商业合作书解释时。

（2）准客户沉默思考时。

（3）准客户倾听时。

（4）准客户翻阅资料时。

（5）准客户态度明朗，明显赞同时。

（6）准客户招待你吃东西时。

（7）准客户关掉电视或把音响关小或其他类似行动时。

（8）准客户反对意见减少时。

（9）准客户与别人商量时。

2）准客户言语上发生变化，提出各种问题

（1）合作签约程序是什么？

（2）如果我改变主意呢？

（3）如果以后产品有使用方面的问题，能找到你吗？

（4）公司的售后服务有哪些？

（5）如果你离开公司不干了呢？

(6)价格能否优惠一点?

### (二)成交方法与技巧

【资料阅读】

**标准的3个问题**

美国一位推销女士总是从容不迫、平心静气地提出3个问题:“如果我送给您一小套有关个人效率的书籍,您打开书会发现十分有趣,您会读一读吗?”“如果您读了之后非常喜欢这些书,您会买下吗?”“如果您没有发现其中的乐趣,您可以把书重新塞进这个包里给我寄回,行吗?”这位推销女士的开场白简单明了,使顾客几乎找不到说“不”的理由。后来这3个问题被该公司的全体推销人员采用,成为标准的接近方法。

**1. 请求成交法**

请求成交法是指销售人员直接要求顾客购买其产品或者服务的一种成交的方法。这是一种最简单、最基本的成交方法。下列3种情况常用请求成交法完成成交。

(1)对老顾客时。例如:你好,最近生意可好?昨天有新货运到,你打算要多少?

(2)顾客已经发出购买信号时。一位顾客对销售人员推荐的热水器感兴趣,反复询问安全性和价格,销售人员可采用请求成交法:“这种热水器既实用又美观,买下它吧,给您打9折,希望您能向亲友做个宣传。”

(3)提醒顾客做出购买决定时。推销人员往往在回答完顾客的提问或详细地介绍完产品后接着说:“产品质量没问题,我们实行三包,看什么时候给您送货?”

**2. 假定成交法**

指销售人员假定顾客已经接受建议,只需对某一具体问题做出答复,从而要求顾客购买的一种方法。假定成交法人为地提高了销售人员与顾客洽谈的起点。销售人员表现的对销售的自信心,也会感染顾客,增强顾客的购买信心。例如:“您喜欢哪一种颜色,请填在这张订单上”;“两种饮料口味都很好,每种给您半箱吧”。

**3. 选择成交法**

指销售人员为顾客提供一个有效的选择范围,并要求顾客立即做出抉择的成交方法。选择成交法又叫二选一法,是假定成交法的发展。销售人员在假定成交的基础上,向顾客提供成交决策的比较方案,先假定成交,后选择成交,无论顾客做出何种选择,结局都是成交。例如:“这种酒有两种包装,您要精装的还是简装的?”“王先生,我们提供送货上门,您看第一批货是今天送还是明天送?”

**4. 小点成交法**

小点成交法是指销售人员通过次要问题的解决来实现成交的一种方法。小点,即较小的、次要的成交问题。从顾客购买心理来讲,进行重大成交决策时心理压力较大,往往导致拖延购买，而处理小问题时则往往比较果断。销售人员在这种情况下采用先小点成交，再大点成交，从而促使成交实现。例如，有位空调营销员拜访某单位领导人，介绍情况后，领导说："空调是很不错，但维修你们怎么办？"营销员说："我们公司有专门的维修部，随时上门修理，这是我的名片，有问题随时通知我，接下来的事由我处理。"

**5. 从众成交法**

从众成交法是利用顾客的从众心理来促成顾客购买的一种方法。从众成交法利用人们的心理创造出一种争相购买的气氛，促使顾客做出购买的决定。但这方法对喜欢标新立异的顾客不合适。这里的"众"一定要合适，如果顾客对所提示的顾客无好感，就会效果相反。例如："这是今年流行的休闲装，和你年龄相仿的人都爱穿，穿上一定能体现您的风度。"

## 第四节　客户关系管理与维护

### 一、客户的概念和分类

#### （一）客户的概念

客户是相对于产品或服务提供者而言的，他们是所有接受产品或服务的组织和个人的统称。但客户又不同于顾客。

唐纳利是服务营销领域的资深专家。他从服务的角度准确地区分了顾客与客户。他认为顾客对企业来说往往是一次交往，因此他可以没有名字，不用专人服务；而客户则意味着长期的交往，因此，他必须有名字，必须由专人服务。

#### （二）客户的分类

**1. 从管理的角度划分**

从管理角度看，客户可划分为以下几个类型（见表 7－1）。

**表 7－1　客户分类**

| 客户类型 | 比重（%） | 档　次 | 利润（%） |
|---|---|---|---|
| 关键客户（大客户） | 5 | 高 | 80 |
| 潜力客户（合适客户） | 15 | 中 | 15 |
| 常规客户（一般客户） | 80 | 低 | 5 |
| 临时客户（一次性客户） | | | |

（1）关键客户：又称头顶客户或大客户。他们除了希望从企业获得直接客户价值外，还希望从企业那里得到社会利益。他们是企业比较稳定的客户，虽然人数不占多数，对企业的贡献却高达 80% 左右。

（2）潜力客户：又称合适客户。他们希望从与企业的关系中增加价值，从而获得附加的财务利益和社会利益。这类客户通常与企业建立一种伙伴关系或者"战略联盟"。这类客户是企业与客户关系的核心，是合适客户中的关键部分。

（3）常规客户：又称一般客户。他们希望从企业那里获得直接好处，获得满意的客户价值。他们是经济型客户，消费具有随机性，讲究实惠，看重价格优惠，是企业与客户关系的最主要部分，可以直接决定企业短期的现实收益。

（4）临时客户：又称一次性客户。他们是从常规客户中分化出来的。这些客户可能一年中会跟企业订货或购买一两次，但他们并不能为企业带来大量收入。

**2. 从营销的角度划分**

从营销的角度看，客户可划分为以下几个类型。

（1）经济型客户：这类客户希望投入较少的时间和金钱得到最大的价值。他们往往只关心价格，可能这次因为便宜买这个商品，下一次因为搞促销就会买另外一个品牌的商品，他们是“便宜”的重视客户。

（2）道德型客户：这类客户觉得在道义上有义务光顾社会责任感强的企业。那些在社区服务方面具有良好声誉的企业可以拥有这类忠实的客户。

（3）个性化客户：这类客户需要人际间的满足感，诸如认可和交谈。

（4）方便型客户：这类客户对反复比较后再选购不感兴趣，方便是吸引他们的重要因素。方便型客户常常愿意为个性化的服务额外付费。如，送货上门服务的超市常常吸引他们。

## 二、客户关系建立

价值是留住客户的最基本因素。客户认为你提供的产品或服务越有价值，他们就越忠诚。因此，进行客户管理首先要搞清楚客户与你的公司建立业务关系的价值何在，各种类型的客户需要什么样的增值服务。

### （一）客户信息管理

为了最大限度地获得并维系客户资源，企业必须推行科学的客户管理。对客户进行科学管理是掌握客户需求、获得并维系客户资源的重要方法。在21世纪里，客户竞争其实就是信息竞争。企业都已经深切体会到信息的重要性，知道如何从数据中获得有用信息。

建立客户数据库，以便我们在对目标客户进行推销的时候更主动、更有效率。推销、挖掘数据、经常性的营销手段、客户忠诚计划、锁定客户等等，这些营销手段和营销技巧，可能有一些或者全部会成为真正的客户关系中恰当的组成部分，但是对建立真正的客户关系来说，这些仅是构成客户关系的技术层面。只有真正树立以客户为中心、为导向的理念，再配以这些技术和工具，真正的客户关系才能得以建立。

客户信息管理的方法包括以客户资料卡为核心的客户数据库、对各类客户的需求及经营状况等内容开展的调查研究、将客户信息初步划分为3个方面。

**1. 建立客户数据库**

进行客户管理，必须建立客户档案资料，实行建档管理。建档管理是将客户的各项资料加以记录、保存，并分析、整理、应用，借以巩固客户关系，从而提升经营业绩的管理方法。其中，客户资料卡是一种常用工具。

建立以客户资料卡为核心的客户数据库是客户管理的基础。除了应列入客户的基本资料,关于客户需求、经营状况等方面的调研资料也是客户资料卡的重要内容。

**2. 客户调查**

认识、了解客户是销售人员的重要工作。客户调查过程中,主要需要了解以下内容。

(1)客户的需求和期待是什么?对客户来说,最重要的是什么?

(2)对于这些需求和期待,我们能满足多少?竞争对手能满足多少?

(3)如何才能做到不只单纯地满足客户需要,还要真正满足客户所追求的价值?

**3. 将客户信息进行初步划分**

一个地区少则几十、多则几百甚至更多客户。如何管理好众多客户是一项十分重要的工作。客户信息初步划分,就是这样一种化繁为简、行之有效的管理方法。

1)按客户对待商品的态度进行信息管理

按照客户对待商品的态度,可将客户分为忠诚客户、品牌转移客户和无品牌忠诚客户3类。客户管理的重点,就是培养对本企业产品忠诚的客户和率先使用者。

2)按客户购买商品金额进行信息管理

在客户管理中,就是把全部客户按购买金额的多少,划分为3类,具体如下。

(1)大客户:购买金额大,客户数量少。

(2)一般客户,介于大客户和小客户之间。

(3)小客户:购买金额小,客户数量大。

管理重点是抓好大客户,照顾一般客户。

在客户数据搜集以后,接下来要面对的第二个环节是如何储存和管理这些来之不易的“宝贝”。

**(二)客户分级管理**

企业要正确地实施客户关系管理,就必须根据需要对其拥有的客户进行合理的分级,并通过分级建立起一对一的客户服务体系,实行差异化客户管理。客户分级管理是先按客户对企业的价值贡献将其分为若干个等级(即分类),再根据每个等级上的客户特点具体地设计和提供差异化的服务。

客户分级管理需要掌握下列技能点。

**1. 评估客户价值**

评估客户价值是客户分级管理的基础工作,即根据客户利润、客户份额、客户自身发展潜力等指标对客户的价值进行评估。

**2. 根据客户价值将客户分级**

根据客户价值评估结果,将客户分为若干个等级。分级可依据企业的业务量、企业客户数等。比如,航空公司通过乘客的旅行历史记录,可以有效地区分“白金级”、“黄金级”、“白银级”等客户,从而用不同的营销、服务方式来吸引他们的业务,增加他们的忠诚度。

**3. 进行有的放矢的服务**

针对不同级别的客户,明确不同客户的需要,进行差别化管理等,以便企业对某一群体提供更贴切的服务。如,美国的证券公司像嘉信和信诚通过特制的 CRM 技术,只要客户给客服中心打电话,CRM 技术会自动识别客户的级别,然后将该电话转接给相应的部门接听,高价值的客户会直接转至经纪人或金融顾问。

表 7-2　客户满意追踪调查和衡量的方法

| | |
|---|---|
| 投诉和建议制度 | 一个以客户为中心的组织应该为其客户投诉和提建议提供方便。商业银行应该在其营业所内设置投诉台,并开设电子信箱、免费电话等投诉通道。有的银行还在营业厅的每一个窗口都安装电子计时器,如果办理业务的时间超过一定限制,顾客便有权投诉。这些投诉和建议不但可以满足消费者的心理,还可以为银行带来大量信息,对其合理的过滤和利用也可以帮助银行解决问题并提供创意。 |
| 客户满意调查 | 一些研究表明,客户每 4 次消费中有 1 次不满意的话,只有不到 5% 的客户会抱怨,其他的则会选择减少购买,或者选择其他银行。因此,银行不能仅仅以抱怨或投诉水平来衡量顾客满意度,还需要配合其他方法,如从客户中随机抽取样本,定期通过打电话或发送问卷(见附录)的方法进行调查,以了解客户对其服务以及企业形象等方面的评价,还可以了解到客户的需要和要求,以及再购买和向其他客户推荐该行的可能性。 |
| 佯装购物者 | 假扮潜在客户以切身体验自己银行的服务质量也是一种很好的调查方式。调查者可以在服务过程中故意提出一些问题,甚至故意制造一些麻烦,测试银行职员是否能够及时、恰当地处理问题,还可以打电话到自己银行的投诉部门,看员工如何处理;经理们还应该走出办公室,进入其竞争者的实际销售环境,体验作为他们的顾客的感受以及竞争对手处理问题的方法,与自己所在的银行作比较,并从中吸取经验。 |
| 分析流失的顾客 | 对于已经流失的客户,银行不应该就此罢手,但在多数情况下,设法挽回已经行不通了,所以银行可以做的就只有调查了解他们选择其他银行的原因,并向客户道歉,以挽回银行的形象和声誉。银行对调查得到的数据应该进行科学的统计分析,尽量避免类似情况的发生,以控制该银行的客户流失率。 |

## 三、吸引与维系客户

我们先来看这样一些事实:

获取一个新客户的成本是保留一个老客户的成本的 5 倍;

拉走一个竞争对手的满意客户需要付出更大的成本和努力;

公司平均每年流失 10% 的老客户;

一个公司如果将客户流失率降低 5%,利润就能上升 25% ~85%;

顾客利润率主要来自于老客户的寿命期限。

作为特殊的金融公司,银行为了增加利润和销售额,必须花费大量的时间和资源寻找新的客户。与此同时,银行也必须花费时间和资源维系现有的客户,尽量降低客户流失率,两者是同样重要的。从上面的事实可以看出,吸引新客户往往比挽留现有的客户要困难得多,成本也高得多,而要做到挽留客户,实际上只需要做到一点——让他们满意。

产品是因为客户而存在的,让客户满意,客户就会让你满意。据调查:再次光临的客户可为公司带来 25% ~85% 的利润,而吸引他们的首先是服务的质量,其次是产品本身,最后才是价格。满意的客户会重复购买,并向他人推荐,同时,他们也会购买该银行的其他产品,并且不受该银行竞争对手的广告或竞争性品牌的吸引;而不满意的客户则会带来高的成本,平均来说,一个满意的客户会向3个人讲述,而不满意的客户则会向11个人进行抱怨。调查表明,企业失去的客户有68%是因为对服务质量不满意而造成的。每一位投诉的客户背后都有26位同样不满却保持沉默的客户,而他们会把自己的感受传达给8到16个人,所以走掉一位老客户的损失是需要争取10多位新客户才能弥补的。

## 【资料阅读】

### 花旗银行的"5 A"活动

花旗银行为了维系客户,开展了"5 A"活动。

(1) Acquainting——认识和熟悉客户,建立人际关系,进行良好的沟通,了解他们的需要、动机和行为,深入了解客户,发现有价值的客户群,然后在信任关系发展的基础上再谈业务。

花旗银行成立了客户俱乐部之类的储户组织,其成员主要是现有客户和潜在客户,俱乐部为其会员提供各种特制服务,如新产品情报、优先销售、优惠价格等。客户俱乐部可以加强银行与客户之间的相互了解,培养客户的忠诚,通过客户的情报反馈系统,了解客户需求;通过其会员宣传银行的产品和服务。这些都给客户提供了方便。

(2) Acknowledging——通过答谢顾客,让他们知道自己受到银行的重视。

为了答谢客户,花旗银行经常不断地为其客户举办招待酒会、宴会以及邀请少数大客户周末滑雪或者去观看运动会等。花旗银行的客户说,任何一家银行都没有花旗银行那样对客户殷勤。

(3) Appreciating——欣赏客户以及他们为银行提供的业务。对客户在众多的同业竞争者中选择花旗银行表示欣赏和感谢。

花旗银行从开始和客户接触时,就积极、细心地推进这层关系,展开持续的、完善的沟通规划,使客户一直感受到真正的重视与欣赏,客户也会推荐更多的潜在客户。这种行为的战略意义很大,它使得花旗银行拥有一批稳定的、忠诚的客户,这从一个侧面反映了花旗银行的竞争优势以及丰厚的利润。

(4) Analyzing——提供客户交流机会,并对提供的信息、客户意见和感受深入分析,确定银行未来客户服务的方向。

花旗银行的营销人员经常拜访客户,倾听客户的需要,了解他们的问题和困难,并增进与客户之间的任何联系。花旗银行还设有一系列论坛,以便定期与客户沟通信息。

(5) Acting——为客户的满意而行动。通过实际行动努力改善产品、服务和经营,更好地提高客户满意度。

花旗银行改变了传统的方式,将更多地努力解决由于互不信任而产生的种种问题。它致力于成为客户的关系银行,减少内部人员,增加与客户接触的人员,投入了更多有价值的直面沟通。无论是在咨询、办理业务,还是投诉的处理方面,花旗银行都让客户能充分感受到以他们的利益为重的诚意。

实际上,由于不同客户的性格和需求的不同,即使银行使尽浑身解数,也不可能使他们中的每一位在每一次都高度满意。也就是说,投诉和客户的流失是客观存在的,在事件发生前,银行可以通过提高客户满意度来尽可能避免,而一旦事件发生,银行所能做的并且必须做的就是妥善地处理。

据调查,如果投诉能够得到解决,54% ~70% 的顾客还会再次维持和银行的业务;而如果银行让客户感到投诉很快就得到了解决,并且结果很满意,那么上述的数字就会上升到95%。

对于流失的客户,银行应该主动、诚恳地和他们联系,即使没有挽留的可能,也要弄清楚他们离开该银行的原因是出在服务、产品性能、价格等方面,还是客户的个人原因,如家庭经济状况不景气、地址变动等。从这些调查中,银行可以确定出不同原因造成的客户流失率,在这些方面加以调整和改善,同时也应分别估算降低每种原因造成的流失率所需花费的成本,衡量其可行性和必要性。

【资料阅读】

**提高服务质量和客户满意度的5 S 原则**

所谓5 S 原则,具体如下。

(1)速度(Speed):这包括物理上的速度,也包括行动上的速度。

(2)微笑(Smile):包括健康、体贴、心灵上的宽容。

(3)诚意(Sincerity):这是人与人之间不可或缺的润滑剂,是一切事物的基本。

(4)机敏(Smart):要有敏捷、漂亮的接待方式和充分的准备及认识。

(5)研究(Study):要经常研究客户的心理和接待技术,更要研究商品知识。

这5 个原则,就是提高服务品质、获得客户认同和满意的手段。

## 三、大客户维护

### (一)大客户的概念(VIP Customer)

在管理学界有一个熟知的“80/20 法则”,即80% 的价值来自于20% 的客户,其余20% 的价值则来自于80% 的客户。也就是说,企业大部分的销售量来自于一小部分客户,而这部分客户就是企业的大客户。

### (二)识别大客户的方法

识别大客户是大客户管理中最重要的一环。

#### 1. 客户信息收集

需要收集的客户信息包含客户个人信息,客户的消费频率和消费金额,客户对企业产品的功能、品种、规格、价格等方面的需求,客户对产品或服务不满的投诉信息等内容。

#### 2. 客户信息分析

客户信息分析主要包括对消费金额的分析、对消费频率等的分析。

在进行大客户管理过程中，应意识到识别大客户是一个动态的、连续的过程。一方面现有的大客户可能因为自身的原因或企业的原因而流失，另一方面又会有新的大客户与企业建立关系。企业应对大客户的动向做出及时的反应，既避免现有大客户的流失，又及时对新出现的大客户采取积极的行动。

**3. 确定目标**

通过对客户资料的收集、分析，找出大客户，实施对大客户的个性化管理，并对大客户的服务进行跟踪，及时改进服务，保持大客户对企业的忠诚。所需收集的资料有：客户最近一次的消费、消费频率、消费金额。

**4. 遵循“抓大放小”原则**

应认识到客户管理不能“一把抓”，而是应该“分开抓”。采取差异化的客户管理，让客户中的忠诚者得到回报，让若即若离者得到激励，让潜在客户产生消费欲望并付诸行动，让损减企业利润的客户远离。

### （三）大客户关系管理

**1. 大客户服务定位**

在确认了企业的大客户后，就有必要具体地回答两个问题：如何为大客户提供服务及提供哪些服务。

鉴于大客户的特殊性、重要性，企业往往要针对大客户开展特殊的服务或个性化的服务，如建立VIP俱乐部等。所以大客户服务定位十分重要，需要企业整体协调一致地为大客户提供个性化、差别化的服务，并保证服务质量。

大客户服务定位的基本环节如下。

（1）确认大客户。这是大客户服务定位的基础，只有在确认了企业的大客户后，才有可能针对这些大客户提供个性化、差别化的服务。

（2）确定如何为大客户提供服务。确定大客户的服务方式，目前较普遍的做法是建立大客户服务部，专门负责大客户的咨询、投诉受理等事情。

（3）确定为大客户提供什么样的服务。这是大客户服务的中心环节，即制定给大客户提供服务的内容，如航空公司为其大客户提供最低的打折机票。

**2. 大客户关系管理**

（1）保证大客户货源充足。大客户的销售量较大，优先满足大客户对产品的数量及系列化的要求，是首要任务。

（2）充分关注大客户的一切公关及促销活动、商业动态，并及时地给予支持，或协助大客户是生产企业营销的重要一环。对大客户的一举一动，都应该密切关注，利用一切机会加强与大客户之间的感情交流，如对客户的开业周年庆典、客户的重大商业举措等，都应及时给予支援或协助。

（3）经常征求大客户对企业和营销人员的意见。从大客户的意见反馈中，不断地提高企业和营销人员的服务质量，保证销售渠道畅通。

（4）给予大客户适当的奖励政策。奖励政策如各种折扣、返利等，可以有效地刺激客户的积极性和主动性。

(5)防止大客户叛离。“得大客户者,得天下”已是不少企业的共识。过度竞争的市场环境驱使大客户成为众多企业的必争之地。

要想在激烈的市场中获得客户的广泛认可并获得客户的忠诚不是一件很容易的事情。在客户服务管理中,只有树立品牌观念,塑造和保护服务品牌,才能提高客户的忠诚度,使企业立于不败之地。在服务品牌建设中,大客户服务品牌建设是至关重要的环节。

【资料阅读】

### 客户感受价值

某客户(小王)欲开设一个个人理财账户,其所居住的社区附近有两家银行的分支机构(分别称 A 银行和 B 银行)。这两家银行到社区的距离相当,他们都有自己的理财品牌,但是服务内容雷同,收费也相同,这时小王会如何选择呢?小王分别到 A 银行和 B 银行咨询了一下,他发现,到 A 银行咨询时,有专门的个人理财咨询室,并且客户经理的态度和专业水平都很让自己满意。她先仔细询问了小王的具体需要,然后对应地介绍了 A 银行的理财产品,让小王感觉该产品仿佛是量身定做的。更值得一提的是,整个咨询过程更像是在自己家里进行的一样,非常轻松愉快。

而 B 银行只是在营业大厅的一角设立了咨询台,客户经理在自己等待了近 5 分钟后匆匆赶来,整个咨询过程几乎都是她在介绍 B 银行的理财品牌功能,却没有主动询问小王的个人想法和要求。

经过这样的对比,小王理所当然地选择了 A 银行,这是因为在需要付出的成本相同时,A 银行可以为他提供更高的价值。

**(四)创建客户信息库**

**1. 客户信息来源**

创建客户信息库的中心工作在于信息收集。信息的来源主要包括:①通过银行客户经理与顾客之间的相互交谈获得的谈话性信息;②通过观察顾客接受银行产品或服务的全面活动,或者直接考察客户实际情况而获得的观察性信息;③通过分析、预测获得的预测性信息。

**2. 创建客户信息库的步骤**

创建客户信息库一般有 4 个步骤:①把顾客分类,比如可以分为现有顾客、预期顾客和流失顾客;②把各类顾客的最近购买情况与购买服务的频率等数据分别输入数据库;③把每位顾客在 1 年左右的时间内与银行发生的各种联系的细节输入数据库;④输入顾客的其他信息。

通过建立信息数据库,就可以研究分析顾客的现实、未来变化等。

### 3. 建立健全客户信息档案(Customer information Facility,CIF)

建立健全客户信息档案,是奠定客户关系管理的基础。客户信息档案是以顾客为中心的大型顾客资料数据库,集顾客个人基本信息、客户单位基本信息和他们的业务资料(各类账户)于一体。如在银行方面的客户信息包括以下内容。

1)账号

账号包括客户号、货币代号、业务产品代号等。

2)个人资料

个人资料包括个人资料信息和账产资料信息两个方面。

(1)个人资料信息,如姓名、性别、出生年月、出生地、工作单位、职务、收入来源、年薪、身份证号、通讯地址、联系电话、家庭情况、开户时间、签字、指纹、照片、音频等。

(2)账户资料信息,一是开户时间、账面余额、可使用余额、应付利息、应收利息、信用等级、信用额度、贷款、透支利息关联账户、对账单邮寄周期等。二是账户目录及余额,如本外币存款账户、本外币贷款账户、信用卡账户、消费贷款账户等;三是各账户明细单,如交易发生日期、交易内容、交易编码、交易发生金额、交易余额、历史交易等;四是每笔交易明细单,如交易编码、借方账户、定期(上一定期、本定期)编号、本金、利息、利率、起存日、到期日等。

3)客户单位资料

客户单位资料包含:客户基本资料,如单位名称、所有制性质、地址、合法性、行业领域、经营方向、主导产品、生产规模、市场规模、固定资产余额、技术水平与结构、人力资源结构、首席执行官情况、管理体制与制度等;客户运营资料,如历史信用记录、管理水平、资金运作情况、科技开发与创新、市场发展前景、赢利水平与增长率等。

4)客户资料分析

客户资料分析包含:根据客户需求筛选客户群,如年龄、职业、存款余额、存款时间等;根据产品需求筛选客户群,如各类存款、信用卡、消费信贷等;根据信用需求筛选客户群,如信用较好、风险较大等;分析各个客户的贡献,如利差、收费等。

## (五)维系客户关系的技巧

### 1. 保持沟通与交流的连续性

与客户之间的沟通是一个连续的过程,不是一年一次,而应该是经常性的。在与客户第一次接触时,要有意识地为进一步接触埋下伏笔,为建立长期的客户关系创造条件和机会。

### 2. 与客户建立学习型关系

学习型关系是牢固建立长期客户关系的坚实基础。通过一些有效的方式在业务、需求等方面与客户建立关联,形成一种互助、互求、互需的关系是稳定客户的一个重要手段。

### 3. 培养成长型客户的技巧

客户是需要成长的,由小到大,由少到多。因此,银行营销人员在营销中对客户关系要进行长久的呵护和耐心的关注,要注意对客户的培养,使之最终成为自己永久的客户。

## 【典型案例】7－1

### 杰克的“一对一”营销实践

辛普森太太忽然预约要提一笔10万美元的现金。

杰克打开计算机，进入系统，发现辛普森太太上个月刚存入一笔16万美元的现款，这是她今年获得全美时装设计大赛的奖金，其中6万美元一次性还清了她的汽车消费贷款。

系统资料还显示，辛普森太太是一个思维超前的人，一如她的时装设计风格。系统根据这些资料进行分析，认为她将有新的大宗消费。她的住宅是7年前买下的，据分析，她极有可能要买一处新的房子。

杰克很快与辛普森太太进行了沟通，得知她果然想要买一处房子，并将在房产商那里直接办理一笔房屋贷款。

杰克很快搜集了一些住宅的资料，按照辛普森太太的性格和职业，选择了其中较合适的几款住宅资料交辛普森太太进行筛选，并成功地为她办理了本银行的房屋贷款。

一些成功的关键在“人”，没有杰克的分析和有效沟通，银行很可能就会轻易失去一名老顾客，而沟通的技巧自然是最为重要的技能之一。

## 【典型案例】7－2

### AEON公司的客户关系管理系统

AEON信贷财务公司是日本AEON集团下属的一家以信用借贷业务为主的财务公司，主要为客户提供分期付款和信用信贷消费服务。公司成立于1987年，2000年开始实施CRM系统，2001年业务呈腾飞的趋势，2002年上半年利润已过亿元港币。该公司在香港地区的业务状况和客户关系管理系统实施的基本情况如下。

**1. 业务情况**

AEON公司的主要业务是信用借贷和分期付款，在香港约有80万客户。该公司并不吸收存款，而是通过同业拆借管理头寸，其利润来源主要是信用借贷的透支利息（年息高达18%）和供应商的折扣分成。AEON公司在香港有将近30家分行，其分行并不是主要的分销渠道。公司主要依靠呼叫中心或者互联网直接和客户取得联系，能通过电话推介并处理业务，因此营销的成本比较低。

**2. CRM系统运用情况**

AEON公司的营销效率很高，其电话推销的成功率达20%，这主要得益于CRM系统。CRM系统通过对客户资料的分析，筛选出一部分有潜在需求的客户，并针对他们的需求设计相应的服务，在客户认为方便的时间内进行电话促销。当呼叫中心的工作人员在给客户打电话或接听客户电话时，客户所有的关键资料都显示在屏幕上。由于CRM系统的后台客户管理系统已经根据市场的情况，找出了目标客户并设计了相应的产品，电话促销相对就比较机械化了，因此，系统通过自动拨叫的系统来控制呼叫中心人员的工作方式。每天当呼叫中心员工坐到显示器前，首先登录系统，然后CRM系统的客户服务系统开始启动拨号，自动将电话拨给目标客户，对于客户来说，他所体会到的是个性化的主动服务，而对于AEON公司来说，工作方式则是大规模的生产。可以说，CRM是呼叫中心成功的关键，呼叫中心则是CRM的火车头，二者结合使工作效率和运作成本问题都得到了很好的解决。实施CRM系统以后，AEON公司信息的开放和共享程度相当高，所有的公司人员都可以看到公司客户的情况。举个例子，客户的询问在公司第一个接电话的员工那里必定会得到解决，而且所有员工的回答也必然一样，因为所有的员工都能共享企业的信息。电话中心的员工可以根据自己所得到的信息及时更新客户资料。

**3. 项目实施**

2000年，该公司与著名的CRM软件供应商ORACLE公司、日本富士通公司合作，实施CRM项目，仅用6个月的时间，花费近500万元港币，其日本母公司实施该系统花费达3～4亿元，为企业初步建立了客户关系管理系统CRM系统，包括前台客户服务系统和后台客户管理系统。目前AEON公司仍然长期雇佣ACCENTURE公司(安达信咨询公司)，根据市场和竞争对手的变化不断升级CRM系统，以保证公司的领先优势。AEON公司使用基于大型数据仓库的客户资料分析系统，通过先进的数据仓库技术和数据挖掘技术，分析现有客户和潜在客户相关的需求、模式、机会、风险和成本，从而最大限度地提高了营销的效率，赢得了市场。从该公司的成功我们可以看出，信息技术对企业绝不仅仅意味着“B 2 B”、“B 2 C”、“第三方物流”、“市场链改造”等新名词或者所谓“新经济”，其实所有的行业都必须面对信息技术的发展。成功的经验告诉我们，实施该CRM项目可能会有一定的风险，但是不实施CRM则更容易被淘汰出局。

# 本章小结

1. 本章学习了沟通的概念，了解了沟通是一种人际交往的能力，掌握了其本质，明晰了其特征、目的和作用。

2. 在各种人际交往中，学会按照沟通步骤、运用沟通技能处理和思考问题，有效防止沟通障碍的产生，这不仅可运用在营销工作当中与客户的沟通，还可以运用到工作生活的各个方面。

3. 销售中的步骤源于大量的客户开发，继而是产品说明，处理异议和销售成交。产品的推广销售就是为了成交，销售过程中，当客户行为上或者语言上发生一些变化时，说明客户已经决定签约，销售人员可以帮客户下定决心，把握心理瞬间的时机，达成成交。

4. 在激烈的市场中获得客户的广泛认可并获得客户的忠诚不是一件很容易的事情，做好客户关系的维系也是企业永续经营的根本。

# 知识结构

- 客户沟通与产品推广
  - 客户沟通的内涵
    - 客户沟通的含义与特征
    - 客户沟通的目的
    - 沟通的障碍
    - 沟通的作用与步骤
  - 客户沟通的技巧
    - 基本沟通技巧
    - 聆听技巧
    - 客户沟通技巧实务
  - 产品推广基本流程
    - 客户开拓技巧
    - 产品说明
    - 异议处理
    - 销售中的成交
  - 客户关系管理与维护
    - 客户的概念和分类
    - 客户关系建立
    - 吸引与维系客户
    - 大客户维护

# 思考题

1. 试说明下列因素为什么可能导致沟通障碍,并分别用不同的例子说明如何减少这些障碍的影响。

(1)缺少诚信 (2)偏见 (3)信息超载 (4)导致矛盾的非语言信息

2. 请比较以下3种表达方式:①“我不喜欢你这身打扮”;②“你的这身打扮与公司的衣着规定不符”;③“大家希望你能系上领带上班”。分析这3种表达方式可能引起的沟通效果。

3. 简述与客户沟通的各种技巧。

4. 营销人员要做到维持客户关系,从哪几方面考虑?

# 营销实战

1. 请引用一种金融产品进行产品说明,两人一组进行角色演练,体会产品说明技巧和沟通技巧。

2. 讨论生活中的沟通是怎么四处渗透的,这些沟通哪些是必要的,哪些是不必要的?

# 第八章 金融网络营销

**学完本章后，你应该能够：**

- 了解金融网络营销的含义；
- 熟悉金融网络营销的优势与作用；
- 掌握银行、证券、保险网络营销的营销策略；
- 能够具备一定的金融产品网络营销能力

## 案例导入

### 招商银行“一招鲜，吃天下”

招行作为一家中小股份制商业银行，在全国的营业网点较少，网点总数还不到四大银行任何一家的零头，但是招行利用网上银行系统克服了网点较少的弱势，使相当一部分业务实现了非柜台操作。据不完全统计，从2000年至2003年，“一网通”网上银行系统给招行带来的直接收益接近2亿元。

招行在网上银行领域屡创佳绩的秘密武器就是技术领先、市场领先。招商银行总行地处改革开放最早的深圳特区，他们早在很多人还不知网上银行为何物的1997年2月28日正式建立自己的因特网网址，推出招商银行网上主页及网上银行业务，让客户足不出户就能通过与招行联网的电脑终端处理银行业务，这是国内最早的网上银行的雏形；1998年招行又率先建立了自己的网站，为开通网上银行建立了良好的平台；1999年招行正式开通了网上银行，招行的“一网通”品牌从此打响。拥有“一网通”的客户，可在网上直接注册完成交易，技术要求不高，查询、交易速度快捷，使用方便；无须另外申请；对交易安全问题，招行数据传输采用先进的多重加密技术，安全可靠，同时客户电脑上不存储个人账户信息和交易信息，防止了他人窃取。

招商银行“一网通”的技术优势及其雄厚的技术力量成为吸引客户的法宝。

随着信息技术的广泛应用，原来以产品为中心的银行业务逐渐转向以客户为中心。这种转变将通过银行产品的多样化和服务的个性化具体表现出来。因此，金融业与IT业应该加强合作，实现资源的优化配置和双方利益的共同化。招商银行的成功，也是应验了那句俗话——“一招先，吃天下”。

# 第一节　金融网络营销概述

## 一、金融网络营销的含义与特点

### （一）金融网络营销的定义

金融网络营销是建立在互联网络的基础上，并借助联机网络、电子通信和数字交互式媒体的威力来实现营销目标的一种全新的营销方式，是企业和客户之间即时反应交互式的信息交流系统。互联网本身具备许多营销特质，是一种功能最强大的营销工具，同时兼具渠道、促销、电子交易、互动顾客服务以及市场信息收集分析与提供的多种功能。网络营销具有客户主导、成本低廉、操作方便、沟通充分、营销市场无限、营销环境开放以及营销方式多样交互等特性，能将营销管理的“4P ”（产品、价格、渠道、促销）与“4C ”（顾客、成本、方便、沟通）进行充分的结合。

网络金融营销的竞争是一个以顾客为焦点的竞争形态。争取顾客、留住顾客、扩大顾客群体、建立亲密顾客关系、分析顾客需求等都是网络金融营销的关键。企业要强化网络营销观念，进行营销手段的创新，通过网络摆脱地域的限制，以最快的速度、最大范围内的促销，向全球推出自己的产品，掌握网络技术带来的新机遇，这是增强企业竞争能力的有效途径。开展成功的网络金融营销将是金融业营销的新课题。

### （二）网络营销的产生

近年来，随着互联网的迅速发展，世界各大企业纷纷利用互联网进行电子广告发布、开展产品的电子销售、提供各种信息服务。一种建立在互联网基础上的全新营销方式——网络营销得到了广泛应用和推广，成为网络时代企业竞争优势的新来源。

随着竞争的日益激烈，市场正由卖方垄断向买方垄断演变。为了能在竞争中占优势，各个企业不断地推出各种营销手段来吸引顾客。传统营销已经很难有新颖独特的方法能帮助企业在竞争中出奇制胜。而开展网络营销，在更深层次的经营组织形式上的竞争，可以方便采集客户信息，使经营规模不受场地限制；可以使企业经营成本和费用降低，运作周期变短，从根本上增强企业的竞争优势。

网络营销是运用因特网和相关的数字技术来实现营销目标和支持现代营销观念的一门新学科。这些技术包括了因特网媒介和其他数字媒介，例如无线移动电话、电缆和卫星媒介。实际上，网络营销一般是通过公司的网站与在线促销技术结合起来，例如搜索引擎、标题广告、直接电子邮件和来自其他网站的链接与服务，通过这些技术获得新的顾客以及向现有顾客提供服务，从而有助于建立顾客关系。

### （三）金融网络营销的特点

与传统营销方式相比，网络营销在降低成本、促进销售、提升企业形象方面有明显的优势。作为一种新型的营销方式，与传统营销活动相比具有以下特点。

#### 1. 传统营销风貌的改变

传统营销采用层层严密的渠道，并以大量的人力和广告投入市场，这在网络时代将成为过去式。市场调查、广告促销、经销代理等传统营销手法将与网络相结合，并充分运用网上的各项资源，形成以最低成本投入获得最大市场销售量的新型营销模式。

**2. 营销渠道的改变**

传统营销产品渠道的环节一般与中间商联系较多，不直接面向消费者；而网络金融产品的营销渠道短而直接，一般都直接面向客户节省掉中间环节，这使得网络金融营销可以最直接进行营销传播，提高效率。

**3. 营销战略的改变**

由于互联网所具有的平等性、自由性和开放性等特征，使得网络时代企业的市场竞争是透明的，人人都能掌握竞争对手的产品信息和营销行为。金融机构之间可以相互模仿、采用，从而缩短了网络金融产品的生命周期，加剧了竞争。因此胜负的关键在于如何适时地获取、分析、运用这些在网络上获得的信息，研究并采用具有优势的竞争策略。要长期维持网络金融产品和服务的特色优势，就需要不断创新。

## 二、金融网络营销策略

随着中国金融市场买方市场的初步形成，金融机构特别是商业银行客户将越来越成为最重要的资源。金融机构过去以网点和人际关系为主，对客户不加选择地竞争，今后将过渡到以客户为中心的竞争模式和发展策略，具体表现为细分客户价值，针对不同客户群体进行市场定位，并借助于先进的信息技术工具，提供符合客户需求的金融产品和服务，发展高效益的客户群体。

**（一）网上市场调查策略**

市场调查是营销的基础。网络金融产品的推出与一定时期的经济形势、经济周期、居民收入是密不可分的，还要对一定数量或一定范围的客户在一定时期内资金使用、透支额度、信用状况有全面的了解，才能找出准确的市场空白点，进行市场细分，确定目标客户群。金融机构在网络服务页面设置调查按钮，进行网上调查可以了解客户真实想法和需求；另外还可以设立 24 小时客户服务电话银行系统，不断收集客户意见，对客户需求进行分析，及时调整营销战略。相对于传统的市场调研，网络上的市场调研有如下优势：①网络信息的及时性和共享性；②网络调研的便捷和低成本耗费；③网络调研结果的客观性。

同时金融机构要有较为完整的客户数据库，市场调查活动的开展就会更有针对性，可以从客户数据库中筛选合适的样本进行调查，有效地节省调查的时间和费用，提高调查的准确性。客户数据库的建立与完善是关系公司成败的重要因素。

**（二）市场细分策略**

金融网络营销更重视的是客户的贡献率、客户心理、客户行为等现象，以此来确定目标市场，制定符合实际的客户战略。金融机构在细分市场时，既要考虑自身的实力，又要考虑竞争对手的情况。金融市场细分情况见表 8－1。

表8－1 金融市场细分

| 细分市场 \ 金融 | 年龄 | 收入水平 | 金融产品需求 |
| --- | --- | --- | --- |
| 学生 | 18岁以下 | 主要靠父母资助，经济来源有限 | 简单方便的储蓄账户 |
| 年轻人 | 18～22岁 | 离开学校或继续接受高等教育 | 现金传递业务、透支、简便的储蓄账户、旅行贷款 |
| 年轻夫妇 | 24～28岁 | 双方都有工资收入，生活安定，为家庭开支制订计划 | 共同账户、预算贷款、消费贷款、保险、旅行服务 |
| 有子女家庭 | 28～45岁 | 工资收入不断增加，孩子成长，购买耐用消费品 | 共同账户、抵押住房贷款、教育储蓄、保险、消费贷款 |
| 中年人 | 45～退休前 | 工资收入高，个人可支配收入增加 | 储蓄和投资非经常性贷款、重置和更换住房、耐用消费品贷款、财务咨询服务 |
| 老年人 | 60岁以上 | 拥有较为可观的财产和收入 | 现金收入管理、信托服务、服务咨询 |

金融机构在市场细分时要将对机构贡献率大、业务量大的客户放在第一位，也就是"二八理论"中那20%的客户。另外还要充分考虑客户心理和客户行为，尽量满足客户的心理偏好，让客户容易产生购买意愿。对于金融网络营销，市场细分的重点如下。

**1. 中青年消费者市场**

这部分群体观念开放、接受新事物快，容易接受新的消费观念，应作为重点营销对象。

**2. 具有较高文化水平的群体**

这部分人群主要包括教师、科技人员、学生、政府官员、金融从业者、企业高级管理者等等。调查发现，大专以上学历者有65%表示愿意使用电子货币，因为这部分群体对科学技术的推广应用理解力强，电脑操作比较熟练，更容易接受网络金融产品。

**3. 中高收入阶层市场和城市消费市场**

按照我国经济发展情况，金融网络营销的重点应该放在城市地区，特别是沿海城市和中心城市。

**（三）目标市场策略**

与传统营销管理一样，网络金融营销管理同样首先需要设置明确的营销目标。只有确定了营销目标，才能对网络金融营销活动做出及时的评价。金融企业应防止没有明确目标的网络营销。一窝蜂地挤进网络，正是目前上网企业常犯的错误。由于网络金融营销尚处于"尝鲜阶段"，无论是理论上还是实际操作上均有很多不完善的地方。金融企业在引入网络营销的时候可根据自身的特点，设定相应于不同效应的明确的目标。这包括网络营销管理模型的选择和量化指标的确定，如通过网络营销向潜在顾客提供有用信息使之成为购买者、提高品牌知名度、建立顾客的忠诚度、支持其他营销活动、减少营销费用和时间等。

**（四）整合营销传播策略**

整合是网络营销成败关键之所在。它指的是一切事上的统一，包括目的、过程、目标与行动的统一，在不受任何部门管辖的前提下，与现有的和潜在的消费者、顾客、投资人和其他利益关系集团进行一致性的互动。金融业务应该采取整合营销传播策略，将各种传播工具和方式进行一元化整合，并采取“一个声音、一个面目”的表现手法和宣传声势，塑造企业形象和产品形象，向消费者宣传本公司的销售主张。一个金融企业愈趋整合，它的互动就愈一致，形象就愈鲜明，消费者对它的忠诚度就愈高。整合策略之所以能创造完整性，是因为一家统一的企业，比由各个不同独立功能拼凑而成的企业更为健全且值得信赖。

传统金融企业要开展网络金融服务与营销，必须将“网络”与“实体”有机地整合在一起，首先要学习网络公司的做法，利用现代网络技术拓展金融服务市场与业务，改造传统服务流程；同时，必须将各种金融业务融合到网络中去，以客户需求为导向加强营销宣传策划，要做到“注意消费者”而不是“消费者注意”，以避免将金融网站做成空洞的“花瓶”。

#### （五）网络金融的安全性

网络安全是进行网络金融的基本保证。对于网络安全的基本需求是：①保密性；②身份真实性；③数据完整性；④不可抵赖性。网上金融营销的安全性取决于网上金融企业网络运行的安全性。黑客的猖獗加之愈演愈烈的计算机病毒已使人们对网上金融交易的运作安全性疑虑重重。安全问题是网上银行面临的一大难题。据权威咨询机构的抽样调查，不愿使用互联网进行金融交易的消费者中，有6成以上是出于安全的考虑。

针对这个问题，金融企业要下大工夫来保证网络交易的安全，采用防火墙技术、数字签名技术、身份证明和认证技术、网络加密技术、网络安全协议等技术来消除客户的顾虑，加速网络金融的发展。

### 三、金融网络营销的作用

#### （一）拓宽金融服务领域

网络金融能够融合银行、证券、保险等分业经营的金融市场，支持多种形式的资本混业经营，减少各类金融企业针对同样客户的重复劳动，拓宽金融产品开发和综合创新的渠道，向客户提供丰富的、多层次的、个性化的金融服务。网络金融还可借助自身的网络优势，联合其他实体网络，开展金融业以外的相关业务。例如，发布银行信息、下载用户账户信息、收集分析最新金融资讯信息并传递给网络金融用户，为用户提供个性化的信息服务等。

#### （二）提高金融服务效率

网络金融是以计算机作为基本运作工具，业务处理程序化、规范化，其精度和准确度毋庸置疑。同时由于其强大的网络技术支持，业务处理“零在途”。网络金融不需要固定的营业场所和指定的终端，经营上也不受地域和时间的限制，因而被称为“全天候”银行。客户可以在任何地方，只需拿起电话或使用计算机终端，就能立即办理各种金融业务。

#### （三）获得竞争优势

由于电子化技术的应用，金融业务成本大大降低。统计资料表明，网络银行的经营成本仅占经营收入的15％～20％，而传统银行经营成本约占经营收入的60%左右。在我国，利用网络转账交易的成本只为电话银行的1/4。经营成本的降低，使网络金融机构有能力通过让利于客户来争取更多的客户和市场。

# 第二节　网络银行营销

## 一、网络银行的定义

国际巴塞尔银行监管委员会曾定义，网络银行是指那些通过电子通道提供零售与小额产品和服务的银行，这些服务包括存贷、电子商务、账户管理等。从广义上看，利用电子网络为客户提供产品与服务的银行均可以称为网络银行。这里的“电子网络”包括电信网、内部封闭式网络、开放型网络（如互联网）。“产品与服务”包括3个层次：①一般的信息和通信服务，包括银行的宣传广告、接入服务等；②简单的银行交易；③所有银行业务。狭义的网络银行是指利用网络，为通过使用计算机、网络电视、机顶盒及其他一些个人数字设备连接上网的消费者提供一类或几类银行实质性业务的银行。这里的“网络”一般指开放性网络，“实质性业务”是指涉及银行基本职能的产品与服务。

虽然广义上和狭义上的定义有很大区别，但在核心内容上基本一致。网络银行是以银行的计算机为主体，以银行自建的通信网络或公共互联网络为传输媒介，以单位或个人计算机为网络终端的“三位一体”的新型银行。网络银行为用户提供了全天24小时随时可用的便利。网络银行作为一种新技术产品，其应用包括查询利率、汇率、客户账户余额、发生额及利息明细账、存取款和代收代付、投资和理财咨询等等。银行网络化过程中，网络银行一般都执行了传统银行的基本业务职能，同时又在此基础上进行了突破和发展。

## 二、网络银行营销现状

中国因特网发展较晚，但却是世界上发展速度最快的国家之一。目前我国网上银行已经取得了比较大的发展，但也发现一些问题，具体情况如下。

### （一）发展较好的方面

#### 1. 网络环境逐步改善

2006年7月19日，中国互联网络信息中心（CNNIC）发布了第十八次“中国互联网络发展状况统计报告”。调查结果显示，截至2006年6月，大陆拥有1.23亿网民，占我国13亿总人口的9.4%，我国经常上网购物的人数已达3 000万人，即已经有1/4的网民经常在网上购物；在支付方式上，网上支付的比例呈逐年递增趋势。我国正加快金融电子化基础设施的建设，网络环境逐步改善，这为商业银行的网络营销发展创造了有利条件。

#### 2. 网上银行取得了长足发展

近年来，随着网络环境的逐步改善，网上银行在我国取得了长足发展，快捷方便的网上交易越来越为人们所接受，网上银行业务的需求日益凸显。经过几年的发展，我国网上银行开展交易性银行业务的数量骤增，网上银行业务量迅速增加，网上银行业务种类、服务品种也迅速增多。

### (二)目前存在的问题

#### 1. 宣传力度弱

目前,由于对网上银行的宣传力度不够,因此人们对网上银行的认识不够清楚,还有比较大一部分人不知道有网上银行服务,知道有网上银行的也弄不清楚是怎么回事,该如何操作。

#### 2. 网站形象不统一,网站功能不完善

网站形象不统一,网站功能不完善;在线客户服务水平比较低,交互性差,部分银行有多个网址(分、支行网址)同时出现在搜索引擎中,整体性不强;缺乏专业的网页优化设计;网页内容更新较慢甚至一成不变;网站设计人性化不足,使用不方便等。在线帮助不能满足需要,用户需要的信息难以查找;没有采取有效方式与客户进行直接沟通、获取客户的需求信息和开展市场调查。

#### 3. 银行网络营销内部环境有待加强

1)品牌形象没有得到充分重视

营销是品牌的战争,拥有市场必须首先拥有一个占市场优势的品牌。但就目前的情况看,我国的商业银行还没有意识到品牌形象的重要性。例如,有的商业银行各个分行、支行各自为政,纷纷设立、推广自己的网站,各分支行的网站之间又相互孤立、互不关联,这些都不利于商业银行整体品牌形象的建立。

2)网络营销方式没有充分被利用,尚未开始运用先进的网络营销手段

大多数银行仅仅将网站作为展示企业形象的一个平台,而没有充分利用各种网络营销方式积极寻找客户群,开展主动的产品推介和促销。交换链接、电子邮件、网页广告等多种已经成熟有效的网络营销方式在商业银行营销中尚未得到充分运用。有的银行网站上竟然找不到邮箱地址、服务热线、交换链接电子邮件、网页广告等,这也说明我国商业银行的主动营销意识还有待加强。

3)不能提供个性化的服务

向客户提供个性化服务是网络营销的一个本质特点。但就目前情况看,商业银行不能利用网络快捷、便利的特点,及时、准确地收集客户的消费信息,了解、把握客户的个性化需求。同时,商业银行网络营销的业务种类还比较单一,主要是业务介绍、账目查询等,网上结算和贷款的功能还比较弱。另外,各商业银行在业务种类上趋同现象严重,在服务的内容方面也不能满足客户的不同需求、提供个性化的服务。

#### 4. 国内信用机制不健全,市场环境不完善

我国的信用状况不容乐观,不管是企业还是个人普遍缺乏信用意识,信用的透明度低,信息不对称,个人的消费信用状况长期空白。这些都会严重影响和制约我国商业银行网络营销的开展。互联网具有充分开放、管理松散和不设防护等特点,网上交易和支付的双方互不见面,交易的真实性不容易考察和验证,因此,在网络经济中,获取信息的速度和对信息的优化配置将成为银行信用的一个重要方面。目前我国商业银行网上支付系统各自为政,企业及个人客户资信零散不全,有关的信息资源不能共享,其整体优势没有显现出来。

### 5. 网络营销法律法规不健全

目前我国还没有专门针对商业银行网络营销的法律法规，而网上银行的客户范围可以是全国甚至全球的，且网络本身或者人为因素导致的纠纷是不可避免的。由于法律上的空白，主管部门实施监管职能时，没有可依据的法律条款，在具体的实施过程中也会遇到很多难以解决的问题。为了保障商业银行网络营销健康有序地发展，制定网上银行、金融结算电子交易、电子合同等相关法律，显得尤为迫切。

【资讯导航】

**中国银行的网上电子银行服务**

## 三、网络银行营销渠道

### （一）ATM机

普通百姓接触最多的自助银行设备是ATM，也就是自动取款机，英文Automatic Teller Machine的缩写。ATM的功能主要有向持卡人提供存取款、查询余额、更改密码等服务。ATM不仅能接受各家银行的本地卡，还可以通过网络功能接受异地卡、他行卡，同时为持卡人提供全天24小时的服务。

**（二）销售点终端机**

销售点终端机也就是我们平常说的POS机。POS机的主要功能是为持银行卡消费的客户提供刷卡消费的渠道。

**（三）网上银行**

网上银行又称网络银行、在线银行，是指银行利用因特网技术，向客户提供开户、销户、查询、对账、行内转账、跨行转账、网上证券、投资理财等传统服务项目，使客户可以足不出户就能够安全、快捷地管理活期存款和定期存款、支票、信用卡及个人投资等。可以说，网上银行是在因特网上的虚拟银行柜台。

**（四）电话银行**

电话银行是商业银行运用电话和计算机联网向客户提供的一种现代金融服务方式，客户只需通过拨打电话银行号码，根据语音提示即可完成金融业务。它突破了传统的柜台服务方式，将金融服务延伸到客户住所、办公场所，扩大了营业范围。

**（五）手机银行**

手机银行是由电信运营商和商业银行共同推出的，利用手机终端办理现金类银行业务、各类远程支付业务以及移动电子商务等业务的简称，具有金融理财、移动支付、移动电子商务等功能。使用者可以利用手机对自己的银行账户进行理财活动，还可用手机来办理各项银行交费业务，如交水费、电费、煤气费、交通费等。

除了上述和银行业务息息相关的自助设备之外，很多用途广泛、功能强大的服务设备也会不断出现，这些设备主要通过银行卡来运作。

**【资料阅读】**

### 汽车ATM现身交通银行

为迎接即将到来的“汽车时代”，国际ATM巨头德利多富公司特意发行了驾车专用自动柜员机ProCash2250，特别适合在加油站等场所使用。除了一般ATM所具有的功能以外，它还专门根据司机使用的特点，对操作键盘、屏幕、出钞口等进行了人性化的设计，驾车人不用下车，根据屏幕上的指示就可以进行方便、流畅的操作，举手之间即可轻松存取款，完成全部自助交易。其不仅可以安装在加油站，还可以广泛地应用在大型超市、商场、储蓄所等地。

交行率先开始了汽车ATM在中国的设置。2004年5月，全球最大的金融设备制造商之一NCR公司宣布，交通银行郑州分行安装的中国第一台自动式、全功能汽车ATM正式投入使用。这台ATM安装在加油站附近，为行车取款提供了很大便利。该ATM的功能还能不断拓展，通过与其他信息服务网络的联网，还能提供网络信息查询、费用代交、网上订购机票和车票等；NCR公司与北京的各商业银行也在积极协商，不久，汽车ATM还将现身北京等城市。

银行服务正向着越来越人性化的目标发展，正如NCR金融系统部中国区副总裁陈振强所说的那样："银行发展离行业务是不可避免的趋势，汽车ATM是这个趋势的重要一环。"

## 四、网络银行营销发展模式

按照发展模式可以将网络银行划分为基于传统商业银行的外挂式网络银行和纯粹的网络银行两类。对于基于传统商业银行外挂式网络银行而言，网络银行通常是该银行集团一个独立的事业部或者是银团控股的子公司。大银行可以通过两种方式发展网络银行业务，一是收购已有的纯网络银行，二是组建自己的网络银行分支机构，从而构建自己的网络金融王国。

纯网络银行是在没有传统银行机构的基础上建立的、完全基于网络经营的、通过网络为客户提供金融服务的金融机构。对于纯网络银行的发展模式而言，也有两种不同的理念，一种是以印第安纳州第一网络银行为代表的全方位发展模式，另一种是以休斯敦的康普银行为代表的特色化发展模式。

## 五、网络银行营销策略和发展趋势

网络的互动特性使顾客真正参与到整个营销过程中成为可能，顾客不仅仅参与的主动性增强，而且选择的主动性也得到加强。在满足个性化消费需要的驱动下，金融企业必须严格遵照以消费者需求为出发点，以满足消费者需要为归宿点的现代市场营销思想来开展网络银行营销。

### （一）品牌形象策略

品牌策略一直是被各商家视为争夺市场份额的制胜法宝。品牌资产能够为企业带来巨大的收益，并已成为企业最重要的资产。网络金融品牌一旦在用户心中树立了良好的形象和声誉，会大大提高网络金融品牌的附加价值和金融机构的商誉，这对金融机构整体形象的提高有着不可低估的作用。

#### 1. 品牌规划和定位

商家若没有一个良好的品牌，将会不战而败。创立网络金融品牌是一项长期工作，品牌规划开发要有步骤、有计划地进行品牌推广。网络金融品牌要准确击中目标客户的内心需求和情感，应着重强调品牌的优势、特色，加深客户对这一品牌的印象，并引导其了解、接受和喜欢，形成网络金融品牌定位。

#### 2. 品牌延伸

品牌延伸是企业利用自己的品牌来发展其他新兴业务，是一条金融产品线、一系列产品品种的延伸。新开发的网络金融产品可以在各自的产品群中进行品牌延伸，扩大网络金融品牌的影响，增加品牌效益，最终达到规模效益。

#### 3. 品牌促销

网络金融品牌需要被用户认可、熟悉并喜欢。金融机构应该进行很好的促销活动，积极推广网络品牌。因为即便是一个知名度很高的品牌，如果长时间没有促销活动的话，也会被消费者逐渐忘记。这就是为什么“脑白金”持续高密度打广告的原因。

**4. 注意品牌保护**

未来的竞争是品牌的竞争。上市后的国有商业银行将会被完全推向更大的市场,面临更激烈的竞争,这时商业银行自身的品牌保护与推广尤其重要。用客户喜爱的域名可以巩固目标市场,确保品牌在市场中的权益,同时能够展现其网上形象的特色。对于我国各大商业银行来说,采用中文域名是银行网络品牌保护的必备措施。2005 年 10 月,交通银行、中国银行、建设银行、农业银行、工商银行等国内各大商业银行纷纷注册并启用中文域名。网络用户只要在地址栏中输入诸如“农业银行”、“建设银行”等,便可以直达各大银行网站。同时,各大银行还采取了多个域名注册的方式,除了注册与自身名称相关的中文域名之外,还纷纷注册了多个与品牌相关的中文域名,有的甚至高达 100 多个,如交通银行。

**(二)客户策略**

**1. 了解现有顾客与潜在顾客**

首先,尽快找出谁是最终顾客与潜在顾客。在互联网时代,可以透过网站、电子邮件与会员卡等清楚地界定目标顾客群。例如,顾客只要上网注册成为网站的会员,并留下亲友生日等资料,网站便会在合适的时间,提醒顾客该寄卡片或礼物给亲友。因此,必须尽最大努力认识并服务好消费者。一般地说,通过提供免费或特别优惠的方法,可以让消费者透露他们的身份。一旦顾客认为企业诚心实意,他们甚至会主动提供许多资料。但应注意,不要主动寄给顾客未曾索取的资料。尽管这些提醒服务是善意的,但是顾客却可能因为你的疲劳轰炸而生气,甚至认为是侵犯了他们的隐私权。

**【资料阅读】**

### 世界上资产规模最大的网络银行——Telebank 的营销策略

Telebank 是一家纯粹以“无分行方式”经营银行业务的网络银行。该行在早期主要是应用电话、ATM、传真等各种电子渠道模式,代替传统的模式来传递和营销银行产品和服务。互联网兴起后,该行的营销渠道扩大至互联网络。与“安全第一”网络银行一样,它的产品获得美国存款保险局 FDIC 的保险。主要银行产品是各类存款、存款证、支票账户、账单支付等,理财服务有投资、自动贷款、按揭贷款、保险等。

Telebank 采取主动进取的策略来扩大客户范围和市场占有率。它通过全国性的“品牌建设”活动和有个性的客户营销,使存款客户迅速增加。1999 年其营销总额、资产以及账户数目均较 1998 年上升一倍,增幅惊人。Telebank 还通过成立策略联盟和合作伙伴关系,扩大客户占有率。目前该行已与全美房地产商协会、雅虎、SamsClub、the National Council of Senior Cenior 、Peoplefirst 等拥有各自业务优势和广泛客户的机构合作建立长期伙伴关系,为客户提供一站式理财网页,通过交叉销售争取多种收益,并不断拓展市场。

这种营销策略取得了巨大成功。到 1999 年,该行的资产规模超过 50 亿美元,其中股东资本 5 亿美元,贷款 24 亿美元,按揭抵押债券 20 亿美元,发售证券 11 亿美元。1999 年净利息收入6 464万美元,净利润211万美元,比1998年增长一倍。这种业绩使Telebank成为“无分行方式”网络银行的一个奇迹。

2. 找出最能让金融企业赚钱的顾客

网络金融商机无限,因此,应找出最能让企业获利的顾客。在分析企业的获利能力时,不仅应关心每个顾客所带来的收益,而且应考虑顾客的服务成本以及顾客的终身价值。试想:在一个服务不断增加、营运成本持续下降、高毛利,同时顾客会主动带来其他新顾客的金融企业,顾客终其一生,将为企业带来多少利润?

3. 找出会主动带来新顾客的顾客

老顾客说企业一句好话,能顶企业自己宣传的百句好话,因此要重视你的老顾客,通过老顾客去发展新顾客,“满意的顾客往往是网站最好的推销员”。

(三)产品策略

1. 消费者第一位策略

网络金融营销传播的出发点和终结点均是“消费者导向”,这是整合营销传播的基本要求,即要使顾客这一角色在营销过程中的地位得到提高,思考“消费者想要的是什么”,而不是寻求“我们想要的消费者”。“消费者导向”不仅要体现到网络金融营销传播的每一个环节中,而且还应当持续不断地贯穿于下一轮网络营销传播的始终。金融企业要与消费者和其他利益人进行互动式双向沟通;要以顾客需求为导向,为客户创造价值;也要根据经常使用网上银行的客户的需要有选择地区分个人和企业客户,区别对待。

2. 客户交易成本更低策略

在网络营销的实践中,成本策略不但包括以降低价格为手段吸引消费者、使用电子货币结账的积分优惠、赠送礼物和国外旅游,同时要以“上流阶层”、“身份象征”等效应来淡化昂贵的价格,使消费者认为物超所值,认为所付出的钞票仅仅是成本的一小部分。要实现这样的成本策略,要求金融企业及时了解经常使用网络银行的消费者为满足自己的需要所愿意付出的成本价值。

3. 多为顾客创造产品体验的机会

银行的产品是一种可以在网上传递的服务,极易让顾客试用和体验,无须言语即可让顾客体会到产品的好处。而且在网络上提供银行产品的试用,成本很低,几乎可以忽略不计。产品体验也是银行与顾客沟通的一种方式,在客户体验产品的同时,银行可以听到顾客对产品使用的反馈意见,从而可以帮助银行改进产品。

(四)多渠道并存策略

银行应该把传统营销渠道和网络营销渠道紧密结合起来,发挥优势,弥补不足。将传统渠道和网络渠道结合起来,可以通过演示光盘、在线问答、热线电话等方式。这些渠道交叉使用效果会更好,如在在线问答的页面上标示热线电话或网上预约,在顾客的问题没有得到及时回复或顾客没有耐心等待的时候,可以直接打电话求助或等待银行人员上门服务。例如,花旗银行在网站上向现有顾客和潜在顾客提供网上预约服务,银行专业人员会在一个工作日内按照顾客所预约的时间上门为顾客提供咨询、办理业务等。

银行还应该和其他金融机构合作。我国实行分业经营,银行、保险、证券、信托业务是分开的,但顾客的需求又是多种多样的,商业银行可以和其他金融机构的网站进行联合,与各金融机构的交易系统建立网站链接。银行还要将网络渠道与其他电子渠道聚合起来,如电话、手机、数字电视等。发展"多渠道"营销方式,不仅可以利用网络创新服务手段维护现有客户资源,还有助于提高网上银行的发展起点。实践已经证明,不搞网上银行的传统银行必将面临困境,而单纯的网上银行也不是最佳选择。

## 第三节 网络证券营销

### 一、网络证券的定义

网络证券业务,是指券商利用因特网网络资源,包括公用因特网、局域网、专用网、无线因特网等各种电子方式手段传送交易信息和数据资料,并进行与证券交易相关的活动,包括网上证券发行、提供证券实时行情、网上委托交易、相关市场信息和投资咨询等一系列服务。从广义上讲,网络证券业务包含在线开户、在线委托、在线清算交割及其相关的研究咨询,以及其他增值服务业务。但在我国,由于受到特殊的政策法律的限制,一般网络证券业务概念仅属于在线委托及增值服务,仅是网络委托业务的概念。

20 世纪 90 年代以来,因特网的发展大大推动了全球电子商务和网络证券业务的发展,世界各国券商纷纷借助因特网这种便捷、高效、低成本的手段开展网络证券业务。美国无疑是网络证券交易业务发展最为迅速的国家,现在网络证券交易已在全美普及。在我国,最早开展网上交易的券商是中国华融信托投资公司湛江营业部,该部于 1997 年 3 月推出"视聆通"多媒体公众信息网上交易系统,象征着中国证券网上交易的开始。随着网上证券交易日益规范和上网股民比重的日益提高,证券网上交易规模也有了较大幅度的提高。

### 二、网络证券交易的主要模式

在我国,根据设立者的背景,证券网站可分为以下两类。

**(一)券商设立的证券网站**

传统券商设立的证券网站有较强的信用基础,有熟悉证券业务的专业人才和 IT 人才,有较强的风险防范和控制能力;但是在网络技术的开发与维护方面的专业技术和经验不足;网上客户群没有那些专门搞网络信息服务和信息咨询的 IT 企业多。如图 8－1 所示。

**(二)非券商设立的网站(如 IT 企业设立的网站)**

非券商设立的网站在因特网技术上占有明显优势,网上原有客户量大,容易形成客户数据库;但是网络业的 IT 方面的人才和技术实力在实际应用到证券经济业务时有劣势,并且 IT 企业证券市场风险防范的意识和控制能力还不强。

另外从网上交易的发展状况看,网上交易的发展模式主要有两种:一种是证券公司在发展传统业务的同时积极拓展网上交易的模式;另一种是专门从事网络证券交易的经纪公司模式。

【资讯导航】

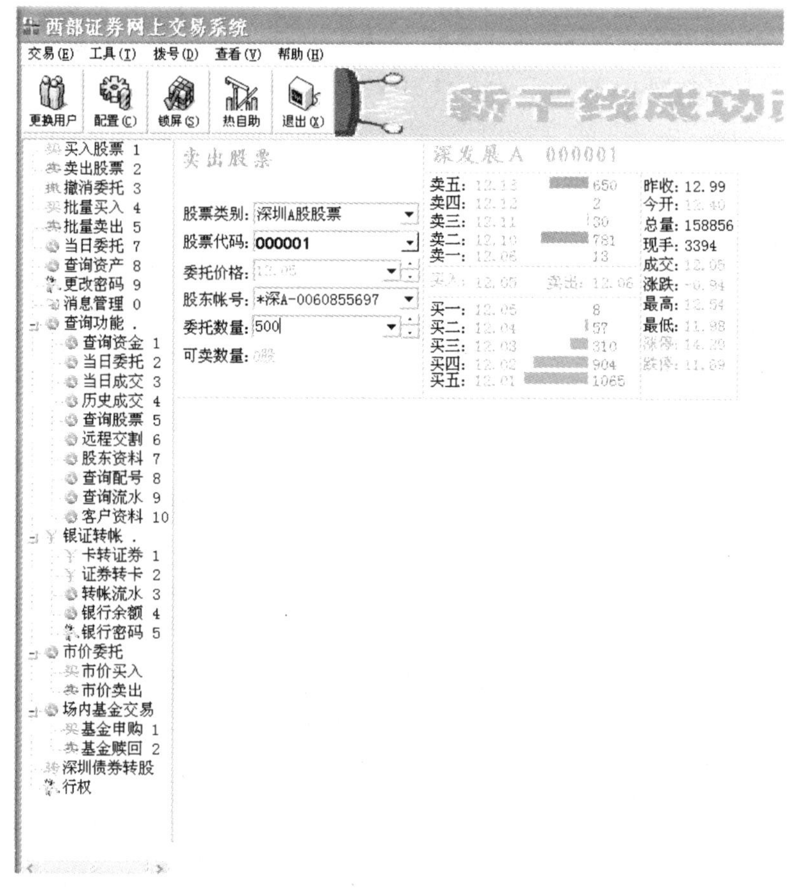


图 8－1　券商设立网站交易系统

## 三、网络证券业务发展的优势

网络证券交易发展之所以如此迅速，关键在于网络提供了一个全方位金融服务的平台，不管是券商还是投资者，借助网络都可以在最短时间获取尽可能多的商业信息。

### （一）信息优势

通过因特网，客户随时可以便捷地查询有关券商、证券市场、板块、个股等所有信息，掌握全面的背景资料。券商也可以通过因特网发布信息和电子邮件发送信息，可以在很短时间内向所有客户传递几乎没有数量限制的信息。

### （二）时空优势

投资者可以不受空间、时间限制。网上交易不再受制于固定的营业场所或渠道。投资者可以在全球范围内任何能上网的地方完成交易，换句话说，任何能上网的投资者都可以成为潜在客户。

**（三）成本降低，无限扩张趋势**

低成本是国外网上交易迅速发展的直接原因。据美国经验表明，网上交易的推广可以使交易成本降低到传统方式的1/10到1/15。

我国网上证券交易的发展速度是比较快的，但是目前仍然处于起步阶段，还有较多的问题需要解决，比如在我国股民中有相当数量的中小投资者由于年龄和收入限制，缺乏资金购买电脑，对电脑怀有恐惧心理，不了解因特网，总觉得“面对面”交易才踏实等。

## 【资讯导航】

### 国泰君安证券综合网站

## 四、网络证券的营销策略

**(一)有形与无形的关系**

以网上交易为代表的非现场交易是未来的发展方向。就证券公司而言,在业务发展初始阶段必须充分依托有形来发展无形,尽量降低有形网点的固定成本投入,通过加强资源配置,调整人力资源结构,大力发展证券经纪人,将有形网点转化为证券经济营销中心,依托无形交易的发展增强市场辐射力,扩大客户规模,使规模经济效益逐步显现。

**(二)证券公司与银行等单位合作**

目前大多数银行都与证券公司进行了银证转账,有3种方式:①通过银行卡进行银证转账;②用银行卡直接进行证券交易;③通过联名卡进行证券交易。银证合作业务的开展,为投资者进行证券交易提供了便利,并且在银行业与证券业之间建立了一个桥梁。通过银行卡作为银行与券商之间的合作纽带,就可以充分利用银行的网点优势、电子支付优势,通过柜员机、电话和网上证券等多种手段,开展国债、企业债券、开放式基金等金融产品的销售。这可使银行卡的功能增加,从存取款和消费功能扩展到理财功能,以满足民众的全方位金融服务需求。

**(三)客户关系管理**

网上证券公司要进行客户关系管理,首先要对客户的基本概况进行分析,明白到底谁是当前的客户,谁是大客户,谁是潜在客户;针对大客户的具体需要重点设计个性化服务,提高公司服务水准。网上客户操作要尽量提供最简单的模式,不能让客户学习半天才会基本操作。证券公司必须安装最完善的安全防护措施,不断采用最新技术来完善,以消除客户的后顾之忧,保障客户的资金、信息安全。

# 第四节　网络保险营销

## 一、网络保险营销的含义与发展现状

网络保险营销,也叫做网上保险或保险电子商务,是指保险公司或保险中介机构以信息技术为基础,通过因特网进行保险经营管理活动的经济行为。狭义的网络保险营销是指保险公司通过因特网为客户提供有关保险产品和服务的信息并实现网上投保、承保等保险业务,直接完成保险产品的销售和服务,并由银行将保费划入保险公司。广义的网络保险营销还包括保险公司内部基于因特网技术的经营管理活动,对公司员工和代理人的培训,以及保险公司之间和保险公司与公司股东、保险监管、税务、工商管理等机构之间的信息交流活动。

国外经验表明,网络保险在降低经营成本、创造新的营销手段和合作关系等方面的优势正变得越来越明显。美国是发展网络保险的先驱者。在美国,几乎所有的保险公司都已上网经营,更有不少网络公司将各大保险公司的各种保险产品集合起来,用户可以反复比较后轻松地做出选择。因此,网上保险受到了广大用户的青睐。例如:美国加利福尼亚州的一家网络保险服务公司——INSWEB公司,由于其提供28家保险商的费率咨询,用户已从1997

年的66万户迅速增加到了2007年底的550万户。

美国国民第一证券银行首创通过因特网销售保险单;安泰、友邦等国际保险网站建设颇具规模。通过互联网向客户出售保单或提供服务要比传统方式节省58%~71%的费用。据美国独立保险人协会的预测,未来10年内商业保险交易的31%和个人险种的37%将通过互联网进行。因此,保险业向网络营销方式转型已经不是要不要"转"的问题,而是"早转"与"晚转"的问题。美国个人网络保险发展状况如表8-2所示。

**表8-2 美国个人网络保险发展** 单位:百万美元

| 险种 | 1997年 | 2001年 | 增长(%) |
|---|---|---|---|
| 汽车保险 | 21 | 850 | 4 076 |
| 定期人寿保险 | 17 | 108 | 635 |
| 家庭财产保险 | 1.1 | 152 | 13 800 |
| 总计 | 39.1 | 1 100 | 2 800 |

我国的网络保险业务起步较晚。1997年,中国保险学会和北京维信投资顾问有限公司就已经共同发起成立了我国第一家保险网站——中国保险信息网。同年11月28日,由中国保险信息网为新华人寿公司促成的国内第一份网络保险单,标志着我国保险业才刚刚迈入网络的大门。随后其他保险公司也纷纷推出了自己的网络保险业务,网络保险迅速发展。

【资料阅读】

**全球网络保险统计数据**

保险网络营销是指借助联机网络、电脑通信和数字交互媒体来实现营销目标。1995年10月,全世界最大的6家保险公司宣布建立世界网络有限公司。该公司将采用第一个全球电子网络系统等现代技术来促进整个保险业的发展完善。保险网络营销形式一出现,就对占据世界保险营销市场中心地位的伦敦保险市场构成强大威胁,影响着伦敦市场的业务和收益。

据美国著名的咨询公司安德森和美国人寿保险管理协会对全球213个人寿保险公司、银行、证券、经纪人、资产管理师和互联网用户的最新调查显示,在未来5年的全球人寿保险新保单中,将有16%~19%通过互联网销售。另据共同保险行业协会分析,在未来10年内,超过三成的商业保险险种和近四成的个人险种将通过互联网在线交易。

1997年1月,中国保险信息网正式成立。在此之前,国内一些保险公司及地方分支机构如中国人民保险公司厦门分公司、太平洋保险公司北京人寿保险公司、平安保险公司、泰康人寿保险公司都已在国际互联网上推出了自己的主页。现在各家保险公司都纷纷推出了自己的网页，介绍产品、公司的背景，并与客户进行网上交流，宣传自己，扩大影响。由于保险产品具有网上销售的可操作性，作为一种全新的经营理念和商业模式，其前景非常光明。保险业内的中外专业人士都确信，随着中国国内保险公司纷纷“触网”，保户通过网络购买保险将指日可待。但是，由于国内在对实现网上交易至关重要的货币结算和网上签名等方面还没有满意的解决方案，出现完全意义上的网上保险还需假以时日。

**中国平安网上车险自助服务**

## 二、网络保险营销的优势

网络保险的发展之所以如此迅速，是因为保险公司和保险业务自身具有的特点，对于开展网络保险具有一定优势，具体如下。

**（一）保险合同的标准化适合于在网络中开展营销**

保险合同中的费率是经过保险精算师的科学估算得到的，其内容和条款也是经过法律专家等精心设计的，能够适用于一般的保险业务。保险合同形成之后，客户对于保险条款一般只有接受或者拒绝的选择权，没有修改的权利。保险业务也不同于其他商业行为。其他的商业行为需要进行实物的交换，而合同的签订是保险业务成立的重要标志之一。网络的数字化特征决定了适合进行标准化合约的交易活动。

**(二)有利于公司与客户之间的交流和沟通**

在进行传统保险业务推销时,业务员往往需要一定规模的陌生拜访。由于城市居民住房结构的封闭性以及居民对陌生访客的戒备心理,业务员吃闭门羹的现象会经常出现,使展业难度加大。另据资料显示,在购买保险的用户中大多数为白领阶层,他们的收入较高,文化程度较高,投保意识也比较强,但是他们却不愿意被经常打扰,因此,上门推销并不十分适用于白领阶层,而随着网络保险的推出,通过网络推销各种类型的险种,并进行咨询、销售、索赔等业务是比较适合的。相对于传统的销售模式,网络由于具有互动性,可以发掘更多的潜在保险购买者。

**(三)有利于规范保险营销业务**

目前在我国经常可以听到身边有人说“保险都是骗人的”,这反映出保险公司目前的一个现状。保险公司招聘业务员时门槛太低,造成业务员的良莠不齐,有些业务员本身对保险业务或条款不清楚,使客户产生不信任;而有些业务员为了提高自己的业绩,就故意避重就轻地对客户宣传,甚至有蒙蔽消费者的现象发生,往往只说保险条款有多好,而对理赔条件和比例等却不提,在客户发生保险事故需要赔偿时往往因不符合理赔条件而无法获得赔偿,这都会让消费者产生上当受骗的感觉。网络保险营销则可以完全规避上述这些问题,保险公司可以全方位地展示产品与服务,可以对保险的一些基本知识、保险公司的产品和服务以及相应的法律法规等进行比较全面的介绍,并可以动态地更新,提供及时的最新消息,这对保险公司的品牌形象建设可以发挥很大的作用。

**(四)网络保险营销可降低成本、提高效率**

网络保险可以减少保险推销的中间环节,省去保险代理人、经纪人等中介环节,节省了不少中介费用,从而有效降低保险公司的经营成本,提高运作效率。

## 三、网络保险营销的形式

网络保险营销有多种类型,并具有相应的运作内容。

**1. 无站点网络营销与基于站点的网络营销**

从保险公司有无网站的角度看,可把网络营销分为无站点网络营销与基于站点的网络营销。

无站点网络营销是保险公司不建立自己的网站,而是利用互联网上的资源,如电子邮件、邮件列表和新闻组等,开展保险网络营销活动,这属于初级网络营销。

保险公司一旦建立了自己的网站,就进入了真正意义上的保险网络营销阶段。保险网络营销主要内容包括两大块:一是网站营销,包括公司网站的规划、建设、推广和维护;二是基于公司网站的网上管理和维护内容,包括公司网上信息沟通(包括大量定制信息)、网上市场调研、网上直接销售、网上客户服务、网上营销集成等。其核心内容是以互联网为工具的网上信息收集和传播,协助产品或服务与消费者接触的过程。

**2. 网站营销与网上营销**

从公司性质看,有网络公司和传统公司之分,它们的网络营销内容有所差异,前者开展网络营销的基础在于网站营销，不断扩大网站用户是生存之本；后者开展网络营销往往与传统营销相结合。网络营销的落脚点在于网上营销，保险网站营销就属于网上营销。

**3. 从营销主体和对象上划分**

从营销主体和对象上划分，保险网络营销可分为商业对商业、商业对消费者、商业对政府，消费者对消费者等多种模式。

（1）商业对商业是网络营销和电子商务的重头，主要是指在各工商企业贸易伙伴之间进行的，利用网络进行营销、沟通和交流的模式，典型地表现为“网上商业社区”、“网上采购”等概念。

（2）商业对消费者是商业企业利用网络对消费者开展的营销模式，表现为“网上商店”的概念。

（3）商业对政府是企业与政府机构之间开展营销活动，典型地表现为企业对政府采购计划的营销。

（4）消费者对消费者是以网站为中介开展的消费者与消费者之间的营销活动，典型地表现为“网上拍卖”的概念。

## 【资料阅读】

### 网络保险营销趋势

网络（电子商务）应用于保险业，便赋予了保险新的形式，从而产生了网上保险。从狭义上讲，网上保险是指保险企业通过网络开展电子商务，如通过因特网买卖保险产品和提供服务。

在西方发达国家，随着互联网的高速发展，近几年来网络保险逐渐被人们接受。美国由于在网络用户数量、普及率等方面有着明显的优势，成为发展网络保险的先驱者。美国国民第一证券银行首创通过互联网销售保险单，营业仅一个月就销售了上千亿美元的保单。现在美国几乎所有的保险公司都已上网经营。早在 1998 年美国就有 86% 的保险公司在网上发布产品资料信息，有 6 196 个保险站点提供代理商地址咨询，并有 43% 的保险公司已把发展互联网业务作为战略规划的重要组成部分。欧洲各国的网络保险发展势头也相当可观。美国独立保险人协会发布的“21 世纪保险动向与预测”报告显示：今后 10 年内，在世界保险业务中，将有 31% 的商业险种交易和 37% 的个人险种交易将通过全球互联网进行。

与西方发达国家相比，我国的网上保险起步比较晚，它的应用可以追溯到 1997 年由中国保险学会牵头开办的中国保险信息网的正式开通，该网涉及保险业的培训、咨询、销售、投诉等内容。在信息网开通的当天，中国内地第一份由网络促成的保单在新华人寿保险公司诞生。我国目前在网络上进行保险销售可以说尚处于初级阶段，多数保险公司对于网络保险的认识处于摸索阶段。目前各商业性保险公司已纷纷推出了自己的网站来介绍产品、介绍公司的背景，并与客户进行网上交流，提供在线投保服务，宣传并扩大影响。

## 四、网络保险的营销策略

### （一）投入资金进行保险公司主页建设

网络保险对于我国的大部分保险公司来说还是新生事物。目前网站应该满足访问者和客户的需求，如可以开辟“保险学习”专栏，提供有关保险的基本常识、法律法规、投保技巧、索赔程序等，从客户的角度，帮助消费者选择最适合的保险产品。此外，还可以通过与一些知名的网络热线等网络服务公司进行交互连接，便于客户链接到公司的网站。

在保险业务营销主页制作前，涉及市场定位问题，即网络营销对象是谁，也就是哪些人是潜在的市场对象，保险营销主页的风格取向、包装以及运用哪些技术手段来实现等。保险营销主页的内容一定要充实、富有新意，并且要不断创新，好的保险营销主页只有一个标准，那就是当访问者访问这个主页时被深深地吸引。网络在线投保如图 8－2 所示。

泰康人寿在线投保网页

### （二）广告宣传

为了吸引尽可能多的人访问保险营销主页，就要将这个网上保险的网址和主页进行广泛的宣传推广。宣传推广主页的典型方法有两种:一种是在公众媒体上推荐,比如当地的日报、晚报、杂志等,也可以在本公司的各种宣传资料上印刷,比如信封、保险建议书等;另外一种是在国内外的著名搜索引擎上注册,搜索引擎是指一种专门为人们搜索网络主页的站点,比如人们非常熟悉的Google、Baidu。这样,通过以上两种方式,人们就可以了解到保险公司的营销主页,进而成为这个站点的访问者。

保险公司还可以通过网上主页进行保险产品宣传。美国一家保险公司的做法是:在主页上搭载一个名为“长寿游戏”的游戏,用户只要输入个人生活方式,游戏便告诉他生命里剩下的年数,用户若想在游戏里长寿,就要设计出一种较合理的生活方式。

**(三)转变营销观念,真正以客户需求为导向**

保险公司要强调“市场和客户需要什么,就提供什么”,应组织专门的人力、物力配合网络营销活动,及时对网上客户的访问和咨询做出反馈,做好营销服务工作。同时,要密切关注网上客户的需求、留言、意见和访问次数的变化情况,适时分析情况,及时调整网上营销策略。根据客户需要进行服务的开发,提供客户愿意购买的保险产品。谁能不断开发和推出适合市场与客户需求的险种,谁就能取得较高的市场份额,赢得更多的客户。在保险创新方面,要善于根据不同客户的个性要求,及时推出新的服务品种。

**(四)强化保险公司与客户的沟通,树立保险公司的良好形象**

网络作为一种媒体给予了参与者充分的自由空间,使保险公司与客户之间能自由交流。但如果管理不当也容易产生混乱,公司应该设立专门的网上监督人员,并赋予他们删除有害信息的权力,确保网上不会出现过时的信息,与企业宗旨、目标相违背的信息。保险公司还可以在自己的网站上设置相关机构的网站链接,如保险监管机构、保险评估机构等,通过客户自己的甄别、判断,达到宣传保险公司的目的,使网络真正成为保险公司与客户沟通的平台,树立保险公司的良好形象。

**(五)提高风险防范意识,加强内部控制制度**

对网络保险中存在的风险,保险公司作为提供风险保障的专门机构,应有更清楚的认识。对于信用不足的风险,目前只能实施一个过渡的方法,采用并轨制,即传统的方式和网络方式的结合。对于来自外部的风险,保险公司应尽力做好网络的安全工作,如防火墙的设置、保存好访客的记录等。对于来自内部的风险,在加强对员工进行道德教育的同时,实施更为有效的内部控制制度,防止“祸起萧墙”。

因此,现阶段随着21世纪金融行业“混业经营”趋势的发展,银行、保险、证券作为金融行业的三大支柱行业,也必然会在网络银行、网络保险、网络证券之间发生更多的联系和交叉,可以预见网络金融营销将会成为金融企业营销的一种重要方式。

【典型案例】8-1

**安全第一网络银行营销策略**

1995年10月18日,安全第一网络银行(SFNB)作为世界上第一家网上银行对公众开放。迄今为止,SFNB 可以算得上是最成功的网上银行,已成为网上银行的典范。

SFNB 采取的主要营销策略如下。

**1. 客户服务代表弥补了缺乏分支机构支持的缺陷**

SFNB 缺乏分支机构的支持。为了弥补这种不足,SFNB 给客户提供了一种新型的金融服务支持模型。事实证明这种新的营销渠道使得互联网银行比传统银行更易访问、更加个性化。SFNB 通过真实的、活生生的客户服务代表来提供每周 7 天、每天 24 小时的客户支持,从而使客户感受到这一切并不虚无缥缈。事实上,很多客户与特定的代表建立了联系。通过互联网,客户服务代表可以为更多的客户提供更好的定制服务。随着互动视频技术等新技术的广泛应用,客户服务代表和客户之间的关系会得到进一步的加强。

**2. 为客户提供免费的基本支票账户**

网上银行业务诞生之初,多数人对其安全性持怀疑态度。绝大多数客户往往最初只保持较少的账户金额,直到他们对互联网银行感到满意为止。SFNB 向客户提供免费的基本支票账户,从而使客户能够在毫无风险的情况下对互联网银行业务进行尝试,以此来推进这一试验阶段并吸引更多的客户来尝试网上银行业务。SFNB 甚至建议客户保留开设在其他金融机构的活期账户,直到他们完全适应了这种新形式的银行。事实上,在 2 ~4 个月的销售周期中,客户通常会存入 100 美元(开户的最低要求)并支付一些账单。一旦他们认识到这种做法如此容易,就大多建立了直接存款账户,把 SFNB 作为他们首选的金融机构并开始利用各种不同的账户服务。

**3. 通过技术手段与客户保持密切联系,为客户提供个性化服务**

通过现代技术手段,SFNB 创造性地开拓了一些与客户进行联系的营销渠道。例如,在 SFNB 的 Web 站点上有一个常设栏目,名字叫做“来自保管箱的故事”。该栏目为客户提供了有关个人财务管理的有用信息,其中包括全国的不收费的 ATM 列表(位于美国各地的客户都可以不断地更新列表)。该栏目还关注个体客户,并且讨论互联网银行为他们提供服务的不同方式。例如,有个栏目收集了某个客户在维尔京群岛参加锻炼时利用 SFNB 账户管理个人财务的情况,该栏目甚至还包括该客户在海滩上使用手提电脑的照片。另外,工作人员还定期给客户有关新特色、新功能和新产品的电子邮件通告。SFNB 的工作人员正是通过这些创新性的营销手段,与客户保持着良好的联系,客户也乐意向 SFNB 反馈自己的意见和建议。这样,SFNB 可以更方便地为客户提供更具个性化的服务。

**4. 让客户给服务定价**

与普通的金融服务客户相比,互联网客户在很多方面倾向于更多的要求(特别是价格方面)。如何更合理地给服务定价呢? SFNB 通过其 Web 站点对潜在客户进行调查,以确定收费标准。SFNB 要求用户从 5 种不同的利率和收费组合中呈报他们最能接受的选择。通过让客户决定如何对服务进行收费,SFNB 更进一步地培育了与客户之间的牢靠关系。

## 【典型案例】8－2

### 网上售“险”渐成规模——太平洋保险公司的网络营销

如果你想购买太平洋保险公司的产品，现在可以通过网络平台进行以下操作。首先是手机短信激活环节。当购买到太平洋保险公司的保险卡后，按短信平台格式要求，输入卡号、密码、姓名、身份证号等信息，发送手机短信到太平洋保险公司在中国移动和中国联通的短信特服号，经对特定信息进行基本核保和判定后，短信平台即给出保险卡激活成功、正式承保的短信回复，整个过程简单而快速。其次是网站查询环节。短信激活成功后，可通过电子商务网站的信息服务板块功能，按卡号、密码和身份证信息，查询激活的保单在业务系统中的详细信息和状况。这就是太平洋保险公司实现的短信平台、电子商务网站与业务系统的双向信息交互。这对投保人来说非常方便。

能有今天的便捷，得益于太平洋保险公司在电子商务领域中多年的开拓。

**1. 率先“触摸”电子商务**

2008 年 8 月，太平洋保险电子商务网站正式开通，标志着中国保险业第一个贯通全国、连接全球的保险网络诞生。其后，国内其他保险公司纷纷开设自己的电子商务网站，进行网络营销的积极探索。从此，保险电子商务的网络营销渠道功能逐步显现。

从国内外的实践经验看，发展保险电子商务，有利于保险公司业务创新能力的提高，提高保险公司展业水平和解决当前保险业存在的突出问题。

电子商务是保险公司潜在的一条重要销售渠道。国外研究资料表明，在未来 10 年有超过 30 % 的商业保险业务和近 4 成的个人保险业务将由电子商务方式来实现。2005 年，中国上网人数突破 1.2 亿，保险电子商务客户群的总量在扩大，建立基于开发网络保险产品的电子商务销售渠道必将成为保险公司具有良好效益的业务增长模式。

5 年来，太平洋保险电子商务以发展解决保险业高效、诚信、规范经营问题为目标，整体推进电子商务在公司内的发展，形成了具有自身特色的发展模式和风格。目前太平洋保险网能够实现信息发布，产、寿险产品网上销售，在线支付和客户自助等诸多功能。2003 年 5 月 25 日，北京的一位客户在线购买安居理财保险，成功通过太平洋保险网的网上支付功能支付了 10 万元保费，成为太平洋保险网开通以来网上交易的最大客户。太平洋保险网还先后在搜狐、新浪上开展网络营销，扩大了太平洋保险品牌的知名度，培养了网上消费的习惯。现在很多人想看保险就会到太平洋保险网上查阅或投保。客户通过网站提出的投诉、咨询和理赔申请，都能够快速得到来自网站后台的响应。20 多年来，太平洋保险的客户服务中心电话 95500 被评选为中国呼叫中心十大满意品牌。电子商务已经成为弘扬太平洋保险“诚信天下、稳健一生”企业核心价值观的重要平台。

**2. 收入每年增长 100 %**

互联网由于其自身的开放性、个性化和跨时空的性质，通过网络提供的客户服务具有无可替代的优越性，将促进保险公司客户留存率以及客户满意度和忠诚度的提高，是公司开展客户关系管理的重要基础，并最终反映到保险公司的经营效益上来。

太平洋保险电子商务的业务收入几年来一直以每年100 %的速度增长,2005 年上半年的业务收入更是比上年同期增长了237 % ,电子商务业务收入的突飞猛进带动了整个太平洋保险全系统业务增长效益的变化。

太平洋保险的产、寿险 BZB 系统(包括车险、货运险、银行保险、邮政保险等系统),应用范围已经覆盖到全系统69 家分支机构,充分显示出强大的业务现场处理能力、完善的电子化、自动化销售支持和单证管理功能。由于主要业务环节实现了网络化,大大提高了业务处理效率。

**3. 构筑立体网络结构**

在电子商务上,太平洋保险为自己树立的目标是,将太平洋保险网打造成知名的保险电子商务品牌。2004 年太平洋保险集团公司向全系统颁发并实施了《电子商务三年行动纲要》,从战略上规划了电子商务未来的发展蓝图。目前太平洋保险集团及产、寿险总公司已分别建立了电子商务推广领导体制,将从战略、人才、投入、产品、管理几个方面加大工作力度,充分发挥电子商务在市场策划、产品销售和客户服务方面的作用,使太平洋保险客户可以通过由网站、95500 电话、短信等构成的电子商务平台,真正体验到便捷、安全、可靠、人性化的保险服务。

业内人士认为,目前太平洋保险公司推出的最新电子网络销售方式,相对于传统的销售方式,运用短信投保方式销售保单,可降低销售过程中出现的道德风险,如代签单和代签名等。同时,在应用形式上,无须到指定地点、无须排队,只要所在地区有中国移动和中国联通的信号覆盖,就能完成投保流程,大大简化了过去来来回回签署保单的烦琐过程。特别是对意外险的销售,降低了业务成本和时间成本,也消除了原来手工出单的种种弊端,进一步拓宽了保险营销渠道。

## 本章小结

1. 随着互联网的迅速发展,一种建立在互联网基础上的全新营销方式——网络营销得到了广泛应用和推广,成为网络时代企业竞争优势的新来源。网络金融是20 世纪金融业最具影响力的创新。如同其他金融创新一样,网络金融的形成也经历了一个不断演变的过程。与传统营销相比,网络营销具有自己的特点:改变传统营销风貌,改变营销渠道,改变营销战略。

2. 金融网络营销的营销策略包括:网上市场调查策略、市场细分策略、目标市场策略、整合营销传播策略、网络金融的安全性。

3. 网络银行是以银行的计算机为主体,以银行自建的通信网络或公共互联网络为传输媒介,以单位或个人计算机为入网终端的“三位一体”的新型银行。银行网络化过程中,网络银行一般都执行了传统银行的基本业务职能,同时又在此基础上进行了突破和发展。按照发展模式可以将网络银行划分为基于传统商业银行的外挂式网络银行和纯粹的网络银行两类。网络银行营销策略包括:品牌形象策略、客户策略、产品策略、多渠道并存策略。

4. 网络证券交易的主要模式:一是券商设立的证券网站,二是非券商设立的网站(如 IT 企业设立的网站)。网络证券的营销策略包括:有形与无形的关系、证券公司与银行等单位合作、客户关系管理。

5. 网络保险的营销策略包括：投入资金进行保险公司主页建设；广告宣传；转变营销观念，真正以客户需求为导向；强化保险公司与客户的沟通，树立保险公司良好形象；提高风险防范意识，加强内部控制制度。

# 知识结构

- 金融网络营销
  - 网络营销概述
    - 网络营销的产生
    - 金融网络营销的含义和特点
    - 金融网络营销的营销策略
    - 金融网络营销的作用
  - 网络银行营销
    - 网络银行营销的定义和现状
    - 网络银行营销渠道
    - 网络银行营销策略和发展趋势
  - 网络证券营销
    - 网络证券的定义和发展优势
    - 网络证券交易的发展模式
    - 网络证券的营销策略
  - 网络保险营销
    - 网络保险营销的含义与优势
    - 网络保险营销的形式
    - 网络保险的营销策略

# 思考题

1. 何为网络金融营销？
2. 网络金融营销的特点有哪些？
3. 网络银行营销的发展模式是什么？
4. 网络保险营销的营销策略是什么？
5. 网络证券营销的主要模式和营销策略是什么？

# 营销实战

1. 请自选一家保险公司的企业网站，调查其开展网络营销的发展状况。

2. 教师给出一家银行的网络经营背景资料，请学生对该银行的网络营销进行 SWOT 分析。

# 第九章　金融营销创新

☞学完本章后，你应该能够：

- 了解金融机构的国际营销战略；
- 掌握银行业、证券业和保险业的营销创新策略；
- 能够简单分析我国金融营销的创新发展趋势。

**案例导入**

**相片信用卡**

相片信用卡是花旗银行在香港的一种产品创新。随着信用卡的普及，一个负面的效应就是信用卡诈骗、盗用的案例呈现出日益增多的趋势。虽然银行设有专门的信用卡反诈骗部门并采取多种形式的保护措施，但是调查表明，安全仍是信用卡用户最关心的问题之一。相片信用卡就是这样应运而生了，仅仅是把会员本人的相片加印在信用卡卡面上这样一个简单的做法，就可以大大减少信用卡盗用案件的发生率，更重要的是解除客户的忧虑。相片信用卡服务一经推出便大受欢迎。

## 第一节　金融企业的国际营销

### 一、经济全球化中的国际金融一体化

人类进入 21 世纪后，以金融一体化为代表的经济全球化和以数字化信息革命标志的知识经济的迅速兴起，正日益深刻地影响和改变着当今世界经济的方方面面。

金融一体化既是经济全球化过程的核心内容，也是经济全球化趋势的集中体现。因此，国际金融市场一体化，已成为金融全球化的重要载体。国际金融市场一体化趋势起源于 20 世纪 70 年代末。在此之前，虽然国际金融活动的规模和性质已经发生了重大变化，但由于绝大多数国家不同程度地存在着外汇管制措施和各种金融管理条例，各国金融市场间的联系是不充分的，阻隔国际金融市场一体化的障碍依然存在。从 20 世纪 80 年代开始，伴随着各国放松金融管制，国际金融市场逐渐趋于一体化。国际金融市场一体化发展趋势的主要标志是银行业务一体化、证券市场一体化、金融创新市场一体化和国际金融中心一体化。

### (一)银行业务一体化

银行业务一体化是国际金融市场一体化的重要标志之一。所谓银行业务一体化,是指银行在全球范围内调度资金,经营各种业务,并无国际与国内之分,不受国界的限制。银行业务一体化是与跨国银行的扩张活动密切联系在一起的。跨国银行早在第二次世界大战后就开始了其发展的历程,到了 20 世纪 60 年代,与产业跨国公司一样,跨国银行的发展与 20 世纪 80 年代银行业务一体化发展尚不能相提并论,因为在这之前各国金融市场开放程度不高,跨国银行在海外的银行业务基本上都要受到东道国严格的外汇管制和金融管理条例的限制。跨国银行在全球范围内调度资金以及渗入一国国内市场的能力都有限,其在国外的业务主要集中在与贸易相关的业务上。从 20 世纪 70 年代中期开始,西方发达国家相继放松了资本流动限制和外汇管制,开放金融市场,取消了对非常项目的管制,其跨国调度资金的能力大大增强,所从事的国际、国内业务的差异越来越小。

而比一般外汇管制和资本控制管制对跨国银行影响更大的其他金融管制措施,在 20 世纪 80 年代也发生了较大的变化。例如,西方各国都取消了最高利率限定,开放了国际银团贷款,允许国外银行发行各种金融衍生工具。于是,跨国银行越来越多地参与所在国国内的金融业务,与所在国银行起相同的作用。跨国银行还通过其在国外分支机构办理其总行所在地不能经营的证券业务,使得国内业务国际化,从而促使国内外市场更趋于一体化。

目前,发展中国家的银行也越来越多地涉足跨国经营,虽然其跨国经营的规模与深度尚不能与发达国家的跨国银行相提并论,但伴随着越来越多的跨国银行在全球范围内调度资金,必然会在客观上使货币和资本的国际流通规模扩大,促使不同国家金融与资本市场的联系程度更加紧密,推动金融市场更趋于一体化。

### (二)证券市场一体化

国际金融市场一体化的另一重要标志是证券市场一体化。证券市场的发展促使国内证券市场与国际证券市场日益连结为一体。在多数发达国家中隔离国内和国际证券交易的障碍已逐渐消除,如美、英、德、日等国均取消了外国证券机构进入国内证券市场的限制,英国、法国、德国还相继废除了对非居民征收利息预扣税的规定,非居民发行本国货币债券以及居民购买国外证券的限制也已被取消。这一切促使证券市场趋于一体化,使得越来越多的股票在他国交易所报价交易。据统计,约有 1 000 家公司在国外证交所挂牌上市,尤其是在纽约、伦敦和东京这 3 个股票交易所上市的外国股票种类和数量正日益增多。证券市场一体化的具体表现如下。

#### 1. 在国际浮动利率证券领域中各种利率正趋于一致

由于逐渐使用其他一些参考利率,这就使国内、国际证券的收益率比以前更紧密地联系起来。此外,美国发行的长期债券的国内利率也越来越接近欧洲债券市场利率。利率趋同的现象进一步促使发行成本一致化,使得国际债券与国内债券同质化,并促使债券市场更趋于一体化。

#### 2. 投资银行与证券公司正日益国际化

从事证券交易中介与服务的投资银行与证券公司正日益走向国际化,开展跨国证券交易和投资。例如,美国的美林公司、高盛公司、摩根斯坦利公司,日本的大和证券等投资银行和证券公司几乎在全球主要的证券市场上都可以见到其分支机构。正是这些跨国证券商的经营活动促使全球证券市场日益联结为一体。如今只要通过电话线、互联网,就可以非常方便地买卖任何一个国家上市的有价证券。

**3. 证券市场的合并和联合**

2000 年 3 月,欧洲的布鲁塞尔、巴黎和阿姆斯特丹股票市场宣布了合并计划,法兰克福与伦敦股票市场的合并计划也已在酝酿之中。更大胆的设想是建立横跨大西洋的欧美联合证券市场,从而将美国与欧洲的股票市场联为一体。这样,证券市场一体化就不仅是功能上的一体化,而是迎来机制上的一体化。

**(三)金融创新市场一体化**

金融创新市场一体化也是国际金融市场一体化的一个重要标志,因为四大金融创新市场从一开始就是国际性的。其具体表现如下。

(1)货币掉期交易的广泛使用,显著促进了贷款者和借款者进入市场的数量,借贷双方因此能够进入那些因外汇管制或成本过高而无法进入的市场。掉期交易对一些非广泛交易的货币和市场尤其重要,因为有了货币掉期的可能性,无疑会鼓励借款者选择他们通常难以进入或不愿进入的市场,这不仅增加了国际借款者进入市场的数量,并且还将一些相对不重要的货币和市场与主要的国际金融中心相连接。

(2)利率掉期使借款者获得了一种在其他情况下可能不适用于借款者的融资方式,从而将各个市场连接起来。利率掉期是克服国内市场和世界其他地区之间市场壁垒的重要桥梁与纽带,通过使不同利率级差和风险相互均衡,从而导致国内和国外市场的一体化。

(3)票据发行便利将美国的备用银行引入欧洲市场,致使国际银团可在全球范围内提供备用信贷,从而大大推动了国际金融市场一体化。由于票据发行便利为那些从未进入过国际市场的借款者提供了一条进入国际市场的有效途径,从而为他们成功开辟了一条通向全球性短期票据市场的道路。

(4)期权交易推动金融市场一体化的作用显著。首先,不同金融市场上的客户买卖期权为各自的交易风险进行冲抵保值,如欧洲银行从美国证券交易所买进期权来冲销自己出售给客户的期权,结果促使不同市场间的联系更为密切;其次,银行要一天 24 小时地调整其期权头寸,就必须在全世界范围内不间断地进行套期保值交易,这也在客观上促进了各个市场之间的联系,使得各个交易所逐渐趋向一体化。

可见,金融创新市场从一开始就是一个全球一体化的市场,其所面对的客户是世界性的,交易范围是国际性的,而广泛运用创新的后果是使得银行业务与证券市场更趋于一体化。

**(四)国际金融中心一体化**

国际金融市场一体化还体现为国际金融中心一体化。国际金融中心不仅仅经营所在国或地区货币的信贷和证券业务,是所在国或地区的金融中心,而且也是离岸金融中心,经营欧洲货币信贷和债券业务。由于离岸金融中心所要求的货币资金运动必须不受国界的限制,资金的供应与需求必须是国际性的,因而使得国际金融中心有机联系在一起,成为覆盖全球的一体化市场,而不受某一个国家货币管理当局的管制和限制,这就促使国际金融市场一体化程度不断提高。

## 二、全球化背景下金融企业的国际营销

金融企业的国际营销是指金融企业为了满足国际金融市场需要,实现企业的战略任务和目标,而在全球范围内将可赢利的金融产品和服务提供给目标客户的经营管理活动。

伴随着金融全球化的崛起,金融营销亦从原先某一特定的经营区域迅速扩展到世界范围,从而形成了金融企业国际营销的新趋势。可以说,金融企业的国际营销是国际金融市场一体化发展的必然结果。

### (一)国际营销的实施环境

国际金融发展中的一体化趋势是当前世界经济领域的显著特点,它对于国际金融营销环境的影响是多方面的。由于国际营销的对象是国际市场和客户,这就大大增加了营销的复杂性,因而金融企业必须认真研究国际金融市场环境,并制定出适宜的金融营销方案。可见,国际营销要比国内金融营销更复杂、更困难,需要金融企业解决更多问题、做出更多决策。这些问题对我国金融企业而言主要有以下 4 个方面。

#### 1. 预示着我国金融业全面竞争时代的到来

这主要表现为:①金融竞争从区域走向世界;②金融企业经营模式从传统型发展为现代型;③经营区域从有形场所扩展为有形场所和无形场所并存,且无形场所发挥着愈来愈重要的作用;④金融业务范围从管制转为开放;⑤金融业态由分业经营逐步向混业经营演变;⑥金融监管从单一监管发展为综合监管。

#### 2. 金融一体化

金融一体化将有实质性的体现,世界各国和各地区在金融业务、金融政策等方面相互交往和协调、相互渗透和扩张、相互竞争和制约已发展到较高水平,具体表现为以下 5 个方面:①金融业务和金融企业的跨国发展;②资本在国际范围内大规模流动;③金融政策趋于一体化;④金融市场一体化;⑤金融电子商务在世界范围内迅猛发展。

#### 3. 各国金融业务的运作和监管日趋规范化

经济全球化要求各国金融业务的运作应统一规范、高效便捷。

#### 4. 金融企业更多地依靠资本市场

资本市场作为融资手段和融资场所的功能对金融企业的影响日益加深。金融企业的发展、壮大除了自身经营过程中的正常积累以外,将更多地依靠资本市场来筹集和扩张经营规模,提高企业自身的抗风险能力。

### (二)国际营销的主要特征

金融企业的国际营销具有以下 4 项特征。

#### 1. 金融产品国际化

某金融产品只要不是专为特定的国家、特定的区域或特定的金融消费者而开发设计,该金融产品就具有国际化特征。金融产品国际化程度的高低取决于该产品在多大程度上适合国际金融消费者的需要。

**2. 产品定价国际化**

由于各国、各地区的情况不同,如在金融产品的定价环境(通货膨胀、利率水平等)、定价原则、定价方法以及价格弹性等方面会有很大差异,因而金融产品定价也有很大不同。然而,在国际金融市场上,只有当金融产品定价被广大国际金融消费者接受时,金融企业的国际营销目标才能实现,这就要求国际金融营销者在金融产品定价上必须遵循国际金融市场的定价标准。

**3. 分销渠道国际化**

由于当某一金融产品投放国内金融市场销售时,就是国内金融产品,而投放国际金融市场销售时,就是国际金融产品,因此只有通过国际金融市场分销渠道,才能把金融产品推向世界。

**4. 促销手段国际化**

这要求国际营销者在把金融产品推向国际金融市场时,更多地运用人员推销、广告宣传、营业推广、公共关系等促销手段来树立企业形象和产品形象。

**(三)国际营销的发展动因**

由于国际金融市场的一体化发展,金融企业处于国际金融市场的激烈竞争之中,金融企业为了能适应国际金融市场的竞争环境并获得成功,就必须根据国际金融市场的发展趋势,积极开展国际金融营销活动,这也正是金融全球化的后果之一。金融企业开展国际营销的发展动因,具体包括外部动因与内部动因。

**1. 外部动因**

外部动因即金融企业只是对营销环境的变化做出适应性反应,从而被动地参与国际营销,而不是在环境变化出现前就主动出击。外部动因主要包括以下5个方面。

(1)国内市场竞争加剧,抑制了企业利润增长,而开展国际营销将有效地拓展金融企业在国际金融市场的发展空间。

(2)国际金融市场一体化使得许多金融业务具有跨国特性,这就迫使金融企业必须开展国际金融营销活动。

(3)宏观经济周期性波动要求金融企业积极开展国际金融营销。由于经济周期有其自身规律,政策调控仅能减轻周期性波动对于宏观经济的负面影响,因而金融市场作为经济活动的重要载体也会与经济周期同步变化。当金融市场步入衰退期时,金融企业亦会遭受损失甚至倒闭,而开展国际金融营销则成为金融企业生存的必需选择。

(4)国内金融需求下降,促使金融企业开展国际营销。国内金融市场饱和使得投资回报率下降,实施国际金融营销的金融企业则可以在全球范围内销售产品,而无须担心国内市场金融消费能力的不足。

(5)跨国经营推动国际营销的发展。当某个金融企业的主要客户开展跨国业务时,必然会相应提高其对于金融产品和服务的要求,金融企业如果仅提供国内金融业务,就难以维系住大客户,从而动摇金融企业生存和发展的基础。这就促使金融企业开展国际金融营销,推动国际金融业务的发展。

2. **内部动因**

金融企业积极开展国际营销的内部动因首先是利润驱动性，因为利润是金融企业追求的重要经营目标之一。当金融企业将产品推向国际金融市场能有效提高其赢利水平时，它就会积极主动地开展国际金融营销活动。其次是比较优势性。企业品牌、业务传统以及高新技术的应用构成了金融产品或服务的比较优势。然而，金融一体化趋势及金融创新缺乏专利保护使得比较优势受到了极大的制约。再次是规模经济性。开展国际营销可使金融企业增加其产出，更有效地使用自有资源，提高其产品在国内外市场的竞争力。一般出于内部动因而开展国际金融营销的金融企业多为进攻型企业，这类企业具有较强的开拓精神，愿意承担风险并且敢为人先。相反，具有外部动因的金融企业则多为防御型企业，它们不愿承担风险，即使进入国际金融市场后，更多的也是采取保守的经营策略。当然，在金融企业开展国际金融营销的过程中，外部动因与内部动因的划分亦非泾渭分明。

**【资讯导航】**

**招商银行纽约分行开业**

在华尔街深陷金融危机之际，纽约当地时间2008年10月8日，招商银行纽约分行正式开业。招商银行纽约分行位于纽约曼哈顿麦迪逊大街535号18楼，毗邻花旗银行、摩根大通银行总部。招商银行纽约分行于2007年11月获得美国金融监管当局批准，但与1年前招行获得美联储批准设立纽约分行时境况迥异，如今的曼哈顿正在经历200多年历史上最艰难的时刻。招商银行纽约分行在此时开业，获得了美国政要和金融高管们的认可和赞赏。

招商银行纽约分行行长方辉告诉记者，这是自1991年美国实行《加强外资银行监管法》以来，中资银行获准在美开设的第一家分支机构。招商银行纽约分行行长方辉向记者描述了招商银行纽约分行未来的8年规划：首先致力于依托招行国内资源，将纽约分行打造成专业的美元清算和贸易融资银行；在更长远的将来，纽约分行将参与到中美投资的时代潮流中，分享和推动中美间的国际投资项目。

## 三、金融企业国际营销的发展战略

### （一）国际营销的发展思路

金融企业开展跨国经营应认真分析世界经济贸易及国际金融市场的主要特点，据以下发展思路实施国际金融营销经营战略。

1. **寻求比较优势**

金融企业进入国际市场开展跨国经营，必须考虑如何寻求比较优势，以弥补在不同社会文化环境中企业经营所需支出的额外费用。比较优势主要包括业务优势、规模优势、区位优势、资本优势和管理优势。

2. **精选目标市场**

金融企业在海外建立分支机构并有效占领目标市场通常需要花费数年时间,而在激烈竞争的环境条件下要保持其海外市场份额,更是耗资巨大。因此,金融企业在实施国际营销经营战略时,应精心选择其目标市场。精选的内容具体包括:①预测目标市场潜力;②分析跨国经营环境;③评估本企业自身实力。

3. **平衡经营风险**

由于金融企业开展跨国经营时所面临的风险比仅开展国内业务要大得多,因而要求其对于开展经营活动所需的资金,在投放上要顾及重点、量力而行、稳扎稳打,以免发生经营风险。

4. **控制拓展进度**

合理的进度是金融企业开展跨国经营的又一关键因素,一旦企业把握不好就会严重制约其进入国际金融市场的进程,遭受意想不到的损失。

**(二)国际营销的发展战略**

根据迈克·波特的竞争理论,企业发展战略一般可分为3种:成本领先战略、差异化战略和专业化战略。对于进行国际营销的金融企业而言,考虑到一般会受到一些政策条件的限制和其他因素的影响,因此确定成本领先的发展战略可能并不太适合。因此,金融企业国际营销的发展战略一般可分为以下两种。

1. **差异化战略**

差异化战略一般可以分为以下几种。

1)形象化差异策略

形象化差异策略就是金融企业通过营造特殊的营销氛围,推行有特色的金融产品和服务,设计出融合企业文化和企业个性的金融企业标志,创造性地树立金融企业的企业形象的战略。这个战略是一个策划、运行、传递的全过程,需要金融机构长期不懈的努力,才能塑造出独到的企业形象。

2)服务差异化策略

服务差异化策略是金融企业针对其所经营的金融产品和金融服务的同质性与易于仿效性的特点,将金融产品和金融服务的售前服务、销售服务过程以及售后的配套服务进行创新和完善,使客户在获得所需服务的同时,还获得特殊的感受,进而与金融企业产生更为紧密的营销关系的策略。在选择网络进行国际营销的全理念化、全无纸化的条件下,应该采取服务差异化策略作为主要的竞争策略。

3)人员差异化定位策略

人员差异化定位策略是金融企业为了在激烈的市场竞争中获得竞争优势,而聘用具有特殊技能的人才作为主要工作人员的特殊竞争策略。这些具有特殊技能的人才,应具备以下几种素质。

(1)能力:具备所需要的金融知识和金融技能以及特殊的业务技能。

(2)可靠:应始终如一、准确无误地完成好本职工作。

(3)诚实:具有值得客户信赖的品质。

(4)责任心强:对客户的要求和困难能迅速做出反应,并愿意进行解决。

(5)善于沟通:善于努力地去了解客户,并将有关信息准确地传递给客户。

(6)以顾客为中心:做到以满足顾客需要为出发点,真正为顾客着想。

**2. 专业化战略**

专业化战略是指关注于某一特定的目标市场而为其提供产品及服务。进行国际营销的金融企业,可以通过对该国市场上消费者的需求分析,找出一些未得到当地金融企业重视、需求尚未被完全满足的市场,为其提供优质的服务,从而牢牢抓住这一细分市场。

## 第二节 金融营销创新谋略

### 一、金融营销瓶颈

在中国金融理财市场供需高速发展的同时,随之而来的一些金融理财业务发展深入过程中也产生了一些问题。这些问题是挡在中国金融理财市场发展和升级道路上的"拦路虎",需要中国金融理财机构引起注意,并深入研究、探索解决办法。

第一,金融理财产品丰富,但营销不到位。简而言之,即"有产品、无营销"。2007 年,中国金融理财市场的人民币理财产品和外币理财产品数量接近 2 000 个。但调查发现,人民币理财产品和外币理财产品在消费者中的选择度和渗透率却不高。中国的金融理财机构虽然推出了大量的理财产品,但其中很大一部分产品却没有真正地传达给消费者,没有真正获得消费者的青睐。可见,理财产品的营销推广做得不够深入,或者说理财产品的设计还不够好,因为消费者对投资理财整体的满意度不高,特别对个性化需求的满意度是不高的。

第二,银行的规模与服务满意度不相匹配。通过研究,我们发现规模越大的银行,其满意度也越低;而像招商银行、广发银行等新兴的股份制银行,其满意度反而很高。因此也显示出,银行业的格局和消费者的需求发生很大的变化。那么,在面对外资银行的竞争时,中国的银行如何去更好地向消费者传递其服务和品牌,通过全方位的升级,提升消费者的满意度,将非常重要。

第三,银行卡的拥有率和使用率不成比例。调查发现,很多消费者都属于"多卡族",但是很多卡都没有被他们使用。消费者钱包里面会有很多卡,但是要么很多人的卡都没有被使用,要么是拥有多卡却只用其中一张卡,更有甚者从来就不刷卡。这说明,针对一个金融产品,金融服务商对消费者的教育还是不够的。比如信用卡,调查中,我们发现,很多消费者都认为,有密码的信用卡比没有密码的信用卡安全;但当他们被告知,现在信用卡公司提供的是 48 小时甚至 72 小时免责时,也会觉得没有密码的信用卡安全,因为此时他们才明白,无密码的信用卡丢了之后的 48 ~ 72 小时内,如果信用卡上的钱被盗取,银行可以赔付卡主,如此的服务业务和道理,大部分消费者并不清楚,因为很多发卡行此前并没有把这一点当成一个重要的差异化服务的特点去向消费者进行传播。

第四,银行网站的点击率与电子化服务的渠道使用率不成比例。目前来看,银行网站的点击率很高,但电子化服务渠道的使用率并不是很高。而在日本和美国,由于电子化的服务渠道使用率很高，银行就成为金融消费者经常接触的一个网络平台。电子服务渠道使用率的提升对于降低未来的服务成本以及提高银行网站的访问量都有很大的帮助，这里有很多值得我们去思考的地方。

第五，股票和基金因操作简单而成为主力投资渠道，但是其他理财产品却遭遇冷落。从主流金融消费者的投资理财行为来看，股票和基金依然是囊括主力消费群体的两大投资产品，最主要的原因是这两大产品的操作相对简单。很多买股票的人，只要认识几个朋友，跟他们讲一讲，他们就可以进股，虽然想赚到钱比较难，但是进入门槛并不高。相比此两项产品，其他大量的金融产品却是比较复杂的。很多金融产品在营销宣传中，或者销售员在与消费者沟通的时候，不能够从消费者的角度去了解需求和传播产品的特性，导致金融产品面临消费者心理上的理解和沟通障碍。

结合挡在中国金融市场发展和升级道路上的“拦路虎”看，中国的金融服务机构在对消费者人群的研究和沟通方面还有很大的漏洞需要修补。产品线和服务层次的丰富不等于最终的消费。消费者的消费行为和热情需要被调动。而调动消费者的消费行为和热情就需要不断深入地研究消费者的生活形态，或者说近距离地了解消费者知道和不知道的地方、热衷和不热衷的地方。金融企业一方面需要对消费者进行有效的教育和辅导，让消费者对金融产品的理解由朴素转向专业，另一方面还需要利用各种媒体和传播手段加强金融产品的营销推广力度，以让产品真正地走近消费者。

【资讯导航】

国家统计局的数据表明，这几年来中国居民的收入水平每年都在不断地增加。有了更多的收入之后，中国消费者的消费也在不断地升级，消费的升级同时带来了消费者投资热情的高涨。中国消费者每个人都对财富增值有着自己的梦想，而金融消费无疑成为消费者实现财富梦想的重要手段和工具。因此，信用卡、金融理财产品、保险、股票和基金等都受到越来越多消费者的青睐。但是，还有一组数据却与这种高涨的热情形成鲜明的对比，那就是中国不断上升的储蓄总额，越来越多的人把钱存在银行而不是投资理财。因此，对于中国的金融行业而言，如何帮助消费者把这些钱盘活，提供更多的理财方式，为消费者的钱带来更多收益，成为中国金融营销创新的关键话题。

## 二、金融营销的创新形式

### （一）观念营销

“观念营销”是把新的消费理念、消费情趣等消费思想灌输给消费者，使其接受新的消费理念，改变传统的消费思维、消费习俗、消费方式，使消费更上一个新的层次的营销行为。企业要取得消费者的认同，使消费者接受产品与服务，“产品营销”是低层次的被动销售，而“观念营销”则是快于市场一拍、引导市场消费的主动营销行为。因为消费观念决定着消费取向，左右着消费行为，消费观念是巨大的消费动力。只要让消费者接受了一种新的消费观念，就能出现一股新的消费热潮，实现消费的快速增长。法国每年都按季举行国际水准的时装展，旨在向全球消费者推销时装的最新美学观念，制造和引导市场接受流行趋势。

国内金融企业尤其是商业银行在金融品牌运营中，可通过观念营销来倡导科学的理财方式，向客户介绍最新理财知识，创造和引导需求，进而让客户自觉消费自己的金融产品。招商银行金融产品“一卡通”推出后，将诉求点放在“个人理财方式的革命上”，即以一张小小的卡片代替沿用上百年的存折和存单，实现个人理财方式的一种突破；与此同时，简化了存取款手续，带动储蓄业务领域的又一次革命。其实，这是倡导一种新的理财方式。该产品一经推出立即引来关注，发卡量一路攀升，目前“一卡通”发卡已近 3 800 万张，成为国内知名的金融品牌。

**（二）竞合营销**

对于传统的营销思维来说，营销就是竞争，就是要通过多种营销方式和手段击败竞争对手。在全球化经营中，精明的企业经营者们更乐于接受“营销竞合”、“营销共享”的新理念，寻求营销业绩和效益的不断扩大。20 世纪 90 年代初，美国苹果公司提出“营销竞合”新理念，成功地挑战市场，制定了转向战略，强调建立“苹果生态联盟系统”，提出要像“生态链”那样集成企业产销群体，充分发挥销售商、供应商等协作者们的积极性，从而使苹果公司率先走出困境，实现了高速发展。

世界著名经济战略伙伴研究专家詹姆斯·穆尔在《竞争的消亡》一书中说：“企业竞争不是要击败对手，而是要联盟广泛的共同力量创造新的优势。”企业“营销竞合”就是强调集成经营，整合聚变，突出协同与创新，不断聚合出新的市场竞争能力，共同创造一块更大的蛋糕，来实现“双赢”或“群赢”。IBM 在 1999 年先与戴尔公司达成了价值 160 亿美元的巨额交易，后又与网络存储设备制造商 EMC 公司签订 30 亿美元的合作协议，并与亚洲最大的电脑公司 ACER 集团签订了一项为期 7 年、总金额达 80 亿美元的战略联盟协议，使合作伙伴之间在技术、产品方面相互“取长补短”，以提高各自的竞争力。

金融企业如银行、保险、证券、基金间存在共同的利益和竞争，不仅可以采取合作的态度改善与竞争对手的关系，同时应更重视整个价值让渡系统的良好协作，以共同创造更多的价值，追求整个价值让渡系统的群赢结果，并充分挖掘出蕴藏在各金融机构之间的巨大生产力，以提高整个价值让渡系统的整体竞争力。

金融企业还可以采用捆绑营销方式，与同自己有共同目标客户群的企业结盟，共同开展营销活动。如在前几年的网络热潮中，招商银行为推广自己的网上银行，多次与国内知名网站联手举办营销活动，推介同一价值链上的不同产品，由此实现了双赢。

**（三）休闲互动营销**

传统的媒体广告、产品目录等只是企业单向地把产品信息输送给消费者，消费者完全被动地接收商品信息，而企业也不能及时获得消费者的反馈信息，使得距离成为企业与消费者之间交流的障碍，企业难以及时、准确地了解顾客的个性化需求。随着消费意识的成熟以及消费理念的转化，差异消费、个性消费成为时尚，互动营销强调企业和消费者间交互式交流的双向推动，改变了传统营销中企业对消费者的单向推动。

而人的本性是好娱趋乐的。面对紧张的工作压力和激烈的社会竞争，人类渴望回归天性，通过娱乐找回人生的价值和尊严。经济的独立和强大的消费能力使得现代青年人有条件表达这份天性，更有能力和必要去实现这份天性——欢乐消费、休闲消费。麦当劳、肯德基的欢乐生日会、欢乐舞蹈，吸引了无数的消费者；百威啤酒、科罗那啤酒的迪吧欢乐劲舞，风靡了全球的青少年；韩国的 PALAPALA 舞为众多品牌推广助威，轻松、娱乐在品牌推广中表现出的自由和无拘无束，是任何一种广告手法所无法比拟的。

休闲互动营销是品牌个性的表现手法，也是品牌在创意及执行过程中表现出来的一种手段。通过新颖、形象的创意思路，通过丰富多彩、生动有趣的执行手段，来演绎品牌的风格，表达品牌的主张，达到与消费者的沟通。休闲营销的核心是吸引消费者的参与，并借参与产生互动，让消费者真正成为品牌的主人，从而促使消费者接受品牌所传递的信息，并产生消费的引力。这种品牌的全新演绎方式也可以称为品牌生动化。

在休闲消费时代，作为传统行业的银行业，可以改变在人们印象中严肃、凝重的一面，把那些能够让人们快乐、享受的道具都搬上企业的舞台，如广告不再枯燥无味，创意不再单调，促销活动变得稳重而时尚，从而为品牌注入流行、时尚、亲切、柔情或众多的人类情感，使得品牌的个性更加突出、形象更加丰满、表现更为活泼生动，真正地赋予品牌以人性，从而达到和消费者的充分沟通。银行业的广告类型见表 9－1。

【资料阅读】

表 9－1　银行业的广告类型

| 名称 | 广 告 | 类 型 |
|---|---|---|
| 工商银行 | “您身边的工商银行，可信赖的工商银行” | 银行形象 |
| | “中国工商银行，心系万家住房” | 住房贷款 |
| | “汇款直通车，跨越时空，快捷轻松” | 个人汇款品牌 |
| 建设银行 | “中国建设银行，建设现代生活” | 银行形象 |
| | “买住房，找建行” | 住房贷款 |
| | “储得钱儿多，置个安乐窝” | |
| 农业银行 | “选择农业银行，生活充满阳光” | 银行形象 |
| | “存款到农行，可靠又吉祥” | 存款业务 |
| 中国银行 | “选择中国银行，实现心中理想” | 银行形象 |
| 华夏银行 | “选择华夏银行，前程无限辉煌” | 银行形象 |

**（四）一对一营销**

大众营销是开发出一种产品后努力去为之寻觅顾客，而一对一营销则是培育出一位顾客后努力为其搜寻产品。一对一营销是满足顾客个性化需求的活动，要求一切从顾客需要出发，通过设立“顾客库”，与库中每一位顾客建立良好关系，开展差异性服务。例如，一家干洗店不是千方百计地寻觅城中尽可能多的干洗顾客，而是要从现有的每一位顾客中获取更多的生意，确保为他们每一个人永远地做好所有的干洗、修改、特质洗涤等各项服务，同时赢取到直接推荐来的生意。

一对一营销模式的创始者是美国 Dick's 超市的高级营销副总裁肯·罗布，他十分了解他的顾客想要什么,这一点连同超市所提供的优质服务的良好声誉,是该连锁超市对付低价位竞争对手及类别杀手的主要防御手段。如今,一对一营销实际上是在以各种方式影响着全世界的每一家企业、每一个行业、以技术驱动的一场运动,美国航空、第一联合银行、通用电气、戴尔、惠普、甲骨文等知名公司也正在逐步运用这种营销模式。

商业银行实施一对一营销,要管理客户,而非仅仅产品。如设立客户经理职位,直接负责某些主要客户。品牌经理则从担负着"卖出更多产品"和"提高市场份额"的职责,转变为支援客户经理发展有助于提高顾客份额的产品。如让客户参与对话,增进沟通,并区分出最佳顾客,给予奖励和最好的服务;注重产品和服务的品质,将顾客抱怨视为额外的商机,创造与顾客合作的机会。

招商银行开发对公业务就采用这一营销模式,针对集团公司资金集中这一趋势,提出总对总的营销,即把企业看成一个总体,实现银行总部对企业总部。根据客户的特性和需求,开发个性化的产品。此举不仅打破了分支机构进行合作时的壁垒,而且促使资源大大优化。如今,中石化、爱立信等客户都成为招商银行总对总营销结下的硕果。

## 三、银行业创新营销策略

随着我国金融企业不断开放和国际化进程的加速,我国商业银行应深入分析国际市场的环境变化,特别要重点研究汇率变动、利率走势、资本流动、政治风险以及外资监管等关键因素,积极探索和完善其国际化发展战略。

### (一)寻找市场机会,明确目标市场定位

#### 1. 向经济发达国家及国际金融中心倾斜

经济发达国家及国际金融中心的基础设施高度发达,集中了世界上最先进的金融交易手段,具有高度发达的市场信息网络,经营环境十分优越。中国商业银行进入这些金融市场,可获得区位优势和比较利益,能够从这些市场中吸取金融信息的技术、管理知识及资金等资源,可以更直接地与国际金融机构进行密切合作以扩大业务范围。

#### 2. 向业务量大的国家或地区倾斜

我国的外资资产大多数以美元为主。我国海外债券的发行也以美元为主。在美国设立机构对管理我国现有的外汇资产十分方便。另外,我国商业银行大量的国际业务是与我国香港的银行或国际大银行集团在香港设立的分行进行的,因此在我国香港设立机构尤其是设分行,比在其他地方更有业务方面的必要和便利。

#### 3. 向重要的贸易国家和地区倾斜

我国的跨国企业、外贸企业和外商投资企业,是我国对外贸易的主要推动者。我国的外贸带有一定的集中性,主要集中在美国、欧洲和东南亚地区,而外贸业务的发展是银行提供国际化业务的一个重要需求。因此,在那些主要的贸易国家和地区设立分支机构,可以支持国内外贸的发展,也会受到当地政府的支持与帮助,有利于银行业务的开拓和发展。

#### 4. 向华人聚居地倾斜

由于语言、文化背景的关系,海外华人是我国商业银行最容易发展的客户。在华人聚集

地设立分支机构，可以减少我国商业银行进入经营的障碍，迅速打开局面。这些地区有东南亚华人聚集区、北美华人聚集区和欧洲华人聚集区等。

**（二）针对目标市场环境的变化，推出多元化产品和服务**

我国商业银行应根据国际市场汇率、利率等因素的变化，适时推出金融产品的创新组合，开发有效率的综合性业务，提供专业的理财咨询服务，以满足客户投资、理财、避险等各项需求。目前应积极开发和推出的新型业务及产品，包括：①利率互换、货币互换和长期利率协议等锁定风险型衍生业务；②联动国外股价指数的投资型外汇定期存款；③指定用途外币信托资金投资国外有价证券；④金融资产证券化业务；⑤发展跨国资金划拨结算服务；⑥与证券公司合作办理买卖国外有价证券；⑦发展电子支票、网络银行业务；⑧开办资产管理账户及综合性代客理财；⑨发行联名卡，发展银行卡信用贷款并开办余额代偿服务；⑩保险金信托、全权委托投资业务及投资型保单的保管业务。

**（三）顺应国际市场变化，灵活运用定价和促销策略**

跨国商业银行的定价策略不是对一种服务单独定价，而是把所有服务相互协调，制定一个价格结构体系，该结构体系随着国际市场条件的变化而相应改变。目前，我国商业银行的任务，首先是深入研究金融产品的价格形成机制，规范定价决策程序，提高价格对汇率、利率、需求等市场因素的敏感度，体现跨国银行赢利和持续成长目标的需要。其次，要在提高服务效率和产品质量的前提下，压缩经营成本特别是非生产性行政管理费用支出，拓宽价格调整的空间。最后，要提高定价的灵活性，促进对国际营销目标的主动配合作用。

**（四）改变营销模式，全面推行客户经理制**

国际业务技术含量高、政策风险大，在业务操作过程中需要一批受过专业培养、具备必要知识结构、富有业务经验的人员进行集中处理。参照外汇资产和外汇利润规模配备国际业务专业人员和市场营销人员，使国际业务人员比例与资产规模相适应。对重要岗位、重点分行需要的人才，可以引进“人才市场化、收入市场化”机制。

在总体架构方面，形成国际业务部负责政策把关、业务营销支持和业务集中处理，公司业务部、零售业务部负责全面营销，信贷管理部负责客户风险管理的三位一体、协同作战的经营模式，全行各部门、各机构网点都要积极营销国际业务，对大公司、大项目和高端客户，分行要直接营销；对区域客户主办行牵头营销；对一般客户和柜面业务，可以由基层网点负责营销。

同时，完善对客户经理的考核机制，将国际业务的营销纳入客户经理的任务目标，设置专门的指标体系，将外汇存款、外汇贷款、国际结算、结售汇、代客理财、个人外汇买卖、外汇新业务等业务指标与客户经理绩效挂钩考核。

**（五）运用高新技术，大力发展网络营销**

2007 年，全球网络交易额突破了 10 000 亿美元，预计 2012 年将达 23 000 亿美元，约占全球贸易总额的 45%。电子商务的迅速发展已为跨国银行发展网络营销奠定了坚实的基础。与此同时，我国商业银行受自身资本资产规模偏小、跨国网点偏少等因素的制约，难以按照传统的机构扩充模式迅速占领市场，尤其是在东道国地域管制较严、客户需求较分散的情况下，其国际市场开拓将面临巨大压力。而网络化营销不仅具有低成本、高覆盖和无边界的特征,还有助于体现银行以客户为中心的经营理念,培养东道国客户资源,因而我国商业银行借助网络实现突破将是非常有效的渠道。

首先,我国商业银行要建立统一的数据中心和网络平台,科学规范地管理营销信息的采集、处理与分析以及市场调研与经营决策等活动,从而极大地降低运营成本,并改善银行业务创新模式,提高产品创新对国际市场环境变化的反应速度。其次,利用网络加强银行与东道国客户之间的深度沟通,与客户充分讨论其个性化需求,做好客户信息挖掘,并致力于全面满足客户显性和隐性的需求,从而迅速拉近银行与客户的情感距离,赢得国际市场竞争的主动权。此外,银行还应加大科研力度,完善电子签名、用户认证、银行加密、资金划账等技术措施,尽快实现网上安全支付,同时借助国际法、东道国法律来保障网上交易的安全。

**(六)银行业进行银行卡的创新营销策略**

随着我国经济的高速发展,信用卡正以几何级数增长。据中国银联统计,全国已发行银行卡9.6亿张,由最初以北京、上海、广州、深圳等国内发达城市为中心向全国各级城市迅速发展,信用卡业务已经成为银行主要赢利模式之一,成为中产阶级主流消费群体支付的重要方式,现已经逐步形成银行、特约商户和持卡人共赢的商业模式。中国银行卡市场竞争已经由最初的产品战、地域战、价格战、宣传战发展到与国际巨头竞合的全面营销阶段,当前阶段迫切需要营销创新。

**1. 要有差异化的产品定位**

目前,每个银行在发行信用卡的时候,普遍都说自己的用卡环境好,刷卡方便,服务好,国际通用等,更多的是从功能角度出发,没有从消费者的可感知的特色价值点来进行产品定位。应该说,这和当前银行的市场定位是一样的,未来银行不仅面临品牌差异化的问题,同时作为个人业务比较重要的银行卡业务,也需要考虑差异化的营销策略。例如新加坡华侨银行,汇票为一年存款2万美元以上的顾客的家中安装“灵敏的”屏幕触摸式电话,使他们能获得现有银行信息、转账和其他银行服务,这种特色服务赢得了很多消费者的认可。国内的招商银行,就是依靠鲜明的业务特色和新兴银行中的领先者地位,能很好地锁定一部分目标用户。

国内以广东发展银行、招商银行为代表的部分发卡机构则利用消费和生活形态细分,在信用卡核心产品概念之外,挖掘信用卡有形产品属性,突出用户利益诉求,推出了真情卡、MINI卡等特色卡产品。

**2. 激活信用卡的服务**

尽管消费者银行卡持有率较高,而在刷卡消费方面,消费者的行为却较为谨慎,盛世指标的调查显示,即使是较为富有的消费群体,也仅有31.3%每周刷卡消费一次或以上,收入相对较低的大众消费群体刷卡消费的频次亦较低。

如果要把信用卡的营销作一个阶段上的划分的话,先期的时候是市场的占位或者是“圈地”阶段,也就是要让信用卡拥有大范围的目标消费群体。但是,更重要的工作是如何让这些拥有信用卡的消费群体能够多使用信用卡。因此,如何“激活”人们使用更多的信用卡服务,是目前信用卡营销面临的重要问题。

银行卡的收益一是来源于卡的年费收入,二是卡消费交易利润,三是卡透支(贷款)利息收入,四是卡沉淀存款运用的利差收入和代理业务的手续费收入。在这些收益来源中,卡的年费收入、利差收入和代理业务收入都属于比较稳健的业务,只能依靠发卡量以及存款额等来实现,但是卡消费交易利润和卡透支(贷款)利息收入却是具有高贡献率的业务,消费者刷卡消费频次和透支频次越高,银行的收益就会成倍增长,而从目前看,不论是富人还是大众消费者,都没有形成良好的刷卡消费意识,这值得国内的商业银行深思。银行在银行卡业务上不仅要重视“发卡量”的积累,同时也要鼓励消费者刷卡消费,或者围绕银行卡开发更多消费者需求度高的业务。反观国外商业银行,鼓励信用好的客户透支、贷款,POS 设备在商户中的广泛投入都为消费者刷卡创造了良好的环境,这都是国内的银行可以借鉴的。

**3. 整合型信用卡产品的创新**

很多银行为了追求绝对数量,在发行信用卡时推出一种套卡,比如很多联名卡,比如和航空公司、旅行社等,或者给一个人发好几张信用卡,而很多张卡的背后实际只有1 个用户,这不仅造成空卡非常多,效率很低,而且并不能保证很多消费者会来使用所有的银行卡业务。

从扩张发卡的数量来说,银行期望是发越多的卡似乎越好,但是从消费者的角度来看,消费者更希望是卡的整合,比如一张信用卡是不是可以解决更多的和生活相关的问题。例如,在国外,一张银行信用卡可能会渗透到这个用户几乎所有的生活细节中:超市、商场、租车公司、加油站等等,而这也是未来中国的银行卡需要认真考虑的问题。如何能够从消费者的生活需要来整合信用卡的服务,让一张信用卡可以承担更多的交易功能和消费手段,是产品创新的关键点。比如招商银行的信用卡就提供了很多消费者需求的服务,比如提供免费订机票、订酒店,甚至推出“分期免息付款 + 惠普”的业务,即用招行信用卡可采用免息分期付款的方式购买惠普的 PC 产品和掌上电脑产品,而且手续非常简单易操作。

## 四、证券业创新营销策略

### (一)积极开展创新的营销方式

过去我国证券业的营销模式比较普遍的是借鉴保险公司的营销模式和直销模式,推崇由“坐商”到“行商”的理念,重视市场的开发、占有,如“平安模式”、“大鹏模式”、“富友模式”等,这些模式由“坐”到“行”可以说是方式的变革。这些模式都注重客户资源“量”的开发、占有,但忽略了为资源提供“质”的服务,比如提高资金的使用效率,使其保值增值。如果没有“质”的后续服务,不能使客户满意,不能促使客户交易,就不会在国际市场中站稳脚跟,不能带来利润或使利润最大化。如果不能使客户的资产增值保值,资金套牢缩水,客户就有可能转走,造成资源“量”的减少,长期下去,整个市场的资金量会越来越小,客户也越来越难开发,客户不是流失就是不动,营销难免会走入死胡同。

随着证券市场的逐步市场化和国际化,国内券商的竞争日益激烈,过去的营销模式已不能满足形势发展的需要,这就需要券商改变过去的营销模式,建立新的营销模式。一方面,必须大力开发客户资源,扩大市场占有率,使资金总量增大达到一定规模;另一方面,也必须加强后续质量的服务,为客户提供投资理财服务,以满足客户的需求,真正做到使客户的资产增值保值,提高客户资金的使用效率。只有两方面的结合,才是一个可持续高效的营销管理模式。因此我国证券业在扩大客户量、资金量和交易量,以保持较低的收费水平的同时,必须走高度专业化的营销模式,按照需求将客户细分为不同的群体,按照客户的不同需求提供不同的专业服务,收取不同的服务费用,重新进行市场定位。

**(二)大力降低经营成本,提高具有相对成本优势的能力**

证券企业要压缩营业部面积,大力发展以网上交易为主的低成本场外交易方式,积极采取有效的营销,争揽非国内交易客户;发展集中交易及集中报盘模式,减少席位及相应的计算机、通信设备投资和相关人员成本;调整营业部人员的工资结构,增加绩效挂钩的工资比重,降低行情低迷情况下的工资成本。此外,充分利用现有的营业部资源,以网上交易为手段,在营业部所在地区形成网上业务辐射网,在挖掘传统业务潜力的同时,利用网上交易铸造品牌、开拓新的国际业务,建立包括客户管理、理财、营销、咨询等在内的高质量的服务体系。

**(三)逐步普及证券经纪人制度**

海外券商经纪业务的前台运作基本上是无形化的,业务开展依靠的不是有形网点,而是活跃于投资者群体的证券经纪人。从海外市场的实践看,美林证券的财务顾问(Financial Consultant,FC)制度堪称经纪人制度的典范,美林证券重要的金融产品"综合性选择"的主要内容也是借助 FC 制度实施完成的。证券经纪人制度也将是顺应我国证券市场潮流发展的必然选择。证券经纪人在稳定客户、减少非现场客户、降低交易成本、提供专业化服务等方面具有明显优势,在经济业务中将会逐步承担现有证券营业网点的职能。营业部的发展方向之一,应当从为客户提供标准化服务上升到为客户提供经纪人服务。要建立经纪人制度,必须改革现有的客户服务方式,打破营业部、咨询部、交易部、客户管理部等业务各部门之间,以及营业部员工和证券经纪人之间的界限,建立客户开发、专业服务、基础服务一体化的服务模式。其具体做法为:①尝试进行"现场客户非现场化"改革;②以项目组的形式重点辅导几家营业部的转型工作;③依托现有的营业部,尝试运作完全以"非现场客户"为服务对象,建立以经纪人为主体的新型营业部。同时,从激励机制、风险控制及提高经纪人素质等方面对经纪人制度不断进行探索。

**(四)在业内外广结策略联盟,实现跨越式营销**

必须打破长期依赖形成的思维定式的束缚,坚持走策略联盟的发展之路。

**1. 与商业银行合作**

商业银行在网点分布及网点间的网络建设方面具有券商无法比拟的优势。券商可在策略许可的情况下,充分利用商业银行的储蓄网点资源和券商的专业优势,方便客户、共同开发和占领当地证券交易市场。

**2. 与 IT 公司合作**

券商应打破技术与资源限制,消减固定费用,获得信息处理的专业服务,从而推动网上证券交易的发展。

**3. 与国际金融机构合作**

在证券市场国际化及券商国际化的大背景下,投资者、券商、交易品种与交易方式等也将融入国际化的浪潮，与海外金融机构广泛合作，是国内券商实现业务创新、拓展市场空间的重要途径。

4. 打造金融超市

与银行、保险、信托公司实行资源共享，通过银行、保险业的网点及营销网络，使经纪业务的经营范围更广，辐射能力更强。

## 五、保险业创新营销策略

### （一）加强保险宣传，强化保险意识

中国的保险市场虽然潜在需求量为世界之最，但真正推动市场的是市场需求而不是潜在需求。由于我国受东方文化的影响，中华人民共和国成立前的经济长期以自给自足为主，人们的保险意识很淡薄；中华人民共和国成立后的几十年中，又长期实行计划经济，人们有着时时处处依赖国家的心理，对保险这种现代化的经济补偿制度认知度很低。这就需要保险公司加强宣传，大力普及保险知识，使全社会进一步认识和理解保险作为风险保障手段的必要性，以及这种服务性商品的特殊性，树立健康的保险消费观念和消费心理，使保险意识深入人心。

### （二）通过产品创新、服务创新拓展业务

1. 产品创新方面

（1）开发有利于提高市场占有率、便于投保人投保的险种。如英国保险公司推出的疯牛病保险、艾滋病保险、绑架保险等一些前所未有的保险险种，使保险业充满了活力。

（2）开发具有储蓄性的险种。这个险种既有保险的性质，又有储蓄的性质，不论在保险期内是否发生保险事故，被保险人均能收回其交纳的保险费。保险费实际上相当于被保险人的长期存款。例如，日本开办的储蓄性保险险种是国际市场上最走俏的险种之一。

（3）开发具有投资性的险种。投资联结险是一种融保险与理财于一体的新型保险险种。参保人在享受人身保险保障功能的同时，还由保险公司的专业理财队伍为客户的保费进行投资，参保人可同时享受投资收益。投资联结险成为西方保险市场上占主导地位的险种，目前占据了英国寿险市场份额的50%、美国寿险市场份额的30%。如今，中国经济的发展和金融市场的日益成熟，使这一险种在中国的发展成为现实，这将十分有助于中国保险资金投资渠道的进一步拓展。

2. 服务创新方面

目前，我国保险市场上各家公司的产品差异及价格差异已经很小，要想赢得市场，主要是靠稳健经营和服务提供的产品附加值。为此，保险公司要充分重视客户服务工作，全面树立以客户为中心的经营理念，并加大软硬件两方面的投入。一方面，培育全员服务意识，改善服务态度，提高服务技巧；另一方面，使用现代信息技术，如设立电话专线24小时为客户提供咨询申述服务，建立以客户为中心的信息体系，逐步实现电话和网上投保、保全服务，售后服务人员和售后服务部门定期与客户保持联系等。通过优质的售前、售中、售后服务，提高客户忠诚度和保险品牌的美誉度。

【资料阅读】

### 国寿推出全球医疗保险产品

2007 年 6 月 8 日，中国人寿推出国内首款获保监会批准的全球健康险高端产品——“国寿康优全球医疗团体保险”，这也是国内第一款可用双币(人民币、美元)购买、保额最高达 1 280 万元人民币的针对外籍人士和中国驻外人士的产品，从而有效应对了长期以来“地下保单”的挑战，填补了中国该领域内的一个空白。

中国人寿健康险部副总经理刘代春向记者表示：“有数字显示，目前超过 40 万名外籍人士未能在中国获得合适的医疗保障。同时，越来越多的中国企业高管在全球范围从事商务活动或派优秀员工到境外工作，也迫切需要全球医疗保险产品。”

而目前国内提供的产品不能提供全球医疗保障服务，签发的保单医疗保障责任通常仅限于境内，中国全球医疗保险市场领域基本处于空白。由于中国保险机构目前的产品结构尚不能满足外籍人士的需求，这类人群通常只能在境外购买全球医疗保险产品。而一些国外保险公司借机通过境外非法代理点销售“地下保单”，导致大量保费资源流向境外。据保守估计，每年全球医疗保险产品保费流失量超过人民币 10 亿元，严重影响和干扰了中国保险市场秩序。

中国人寿健康险部副总经理王旭向记者介绍说：“‘康优’的突出优势在于保障额度高，且医疗服务网络覆盖世界众多国家和地区。其保险金额最高可达 1 280 万元，超出了目前市场上一般医疗产品的风险承受范围；保险责任涵盖住院责任、门诊责任、特殊医疗保险责任、医疗救护转运责任、牙科责任、慢性疾病和生育保障 7 大领域，并对其医疗消费行为限制较少，这些优势足可以和欧美健康险市场最好的产品相媲美。”

“值得一提的是，凭借与英国健康管理供应商 GOODHEALTH 的合作，这一产品拥有遍布美国、英国、阿联酋等多个国家和地区的客服网点，以及全球 4 000 多家支付医院网络，切实将保障责任扩大到了境外，真正为客户提供全球范围内的保障。”王旭介绍称，上海作为该款产品的首个试点城市，中国人寿上海分公司专门成立了“康优客户服务中心”。

“作为国内唯一一款可用双币购买的医疗保险产品，目前人民币产品已经上市，美元产品也将在近期投入市场。”王旭称，该款产品在保单设计、费率厘定、售后服务、医疗网络建设等环节引进了国际先进的健康险运作模式，进一步完善了公司产品链，有助于为客户提供一揽子员工福利解决方案，并进一步巩固中国人寿在高端市场和外企市场的领导地位，最终实现打造世界顶级金融服务集团的目标。

**(三)改进保险营销方式**

当前，我国保险业的营销策略大多是为全面扩充业务规模和应付不规范的业内竞争需要而进行的，靠的是几十万营销员去促销、直销的人海战术，形成的是保险营销员行销一条腿走路的单一模式。保险营销只处于低级阶段,其表现为:①重视广告促销而忽视整体营销;②重关系营销,轻知识营销;③过于依赖个人代理、个人营销,忽视其他代理形式的采用;④重视保险的国内营销,而忽视在国际范围内开展保险营销等。

面对国内市场的国际化和世界保险市场的全球化,中国保险业要在国内市场立稳脚跟,并在国际市场有所拓展,目前落后的保险营销方式显然滞后于中国保险业进一步展业的需求。因此,必须对现行的推销手段与方法进行改革,如推行银行代理,以期形成以银行为主的代理业务网络,以便充分利用银行结算业务量大、网点多、信息网络系统完善、客户广泛等优势。再如,试行网上销售,争取在以高技术支持的销售领域不落伍或占据有利地位。这些改革将使我国保险业的营销方式由上门推销和关系营销向真正的服务营销、创新营销、整体营销等更高阶段的营销方式迈进。

**(四)以人为本,塑造企业文化**

要建立一个开放式的保险市场体系,并使我国保险业在国际竞争中长久立于不败之地,关键在于大力培养保险专业人才,加快国内保险人事、用工、分配制度改革,营造公平竞争、长期发展的良好环境。

**1. 建立科学的认识考核评价体系**

考核结果不仅要与工资晋级、分配系数挂钩,还应作为企业提高管理水准的重要依据。

**2. 建立公平合理的薪资报酬体系**

薪资构成中固定比例要相对缩小,活的部分比例要加大,对有突出贡献者要实行特殊奖励,与绩效挂钩。公平合理的薪资报酬体系同时也应作为企业员工职务晋升和岗位调整的依据。

**3. 建立切实高效的教育培训体系**

制订教育、培训的中长期计划,实施全员培训、终身教育。中国平安保险集团提出的"一个品牌(创立卓越的'平安'品牌);两个终身(客户终身服务,员工终身规划);三个机制(竞争、激励、淘汰);四个责任(对客户负责,对股东负责,对员工负责,对社会负责);五个最好(最好的机制在平安,最好的人才在平安,最好的管理在平安,最好的服务在平安,最好的产品在平安)"的经营理念,为塑造企业文化提供了宝贵的经验。

## 第三节 我国金融营销发展趋势

### 一、21 世纪金融业发展趋势——银行业的并购

**(一)银行并购的类型**

银行并购是指两家或几家银行合并为一家更大的银行,或者一家银行购买另一家或几家银行的股份或资产以达到控股的目的。

银行并购可以划分为银行之间的并购、商业银行对非银行金融机构的并购和商业银行对工商企业的并购 3 种类型。

1. **银行之间的并购**

企业并购是现代市场经济国家企业发展战略的一个极其重要的组成部分,而且商业银行的发展,也大都把合并、收购与兼并作为开拓市场、扩展业务、增强自身实力的一种重要的扩张发展战略。据资料显示,1997年排名世界前列的大银行中,多数都有通过并购战略来扩张规模的历史。从并购的一般理论中可以看到,银行通过并购战略,能比重新建立分支行等措施在更短的时间里渗透到目标市场,而且能够运用被兼并银行原有的客户资源及服务领域,有利于迅速地扩张业务、增强实力。目前,银行间的并购不仅体现在大银行对中小银行的并购,更多的是中小银行之间的合并和大银行之间的合并,即强强联合。并且银行之间并购的形式主要采取合并方式,这反映了世界金融市场发展的深化。银行间的合并可以开拓市场,减少业务重叠,实现优势互补,降低交易成本和应用成本,增强竞争力。

2. **商业银行对非银行金融机构的并购**

商业银行对非银行金融机构的并购,即商业银行对证券公司、保险公司和投资公司等非银行金融机构的并购。商业银行对这些非银行金融机构的并购,目的主要是扩张生存空间,实现交叉销售,从而增强赢利能力和竞争力。

21世纪将是金融业的综合化经营时代,全球银行业已从传统银行时代进入超级银行时代。有别于传统银行的发展战略,超级银行将不再严守银行业与证券业分业经营的界限;相反,超级银行认为商业银行参与证券市场,并不一定就伴随着高风险,风险之源不在于所参与的业务领域,而主要在于商业银行自身的管理水平。同时,全球快速发展的直接融资使商业银行的赢利空间大幅降低。如果继续禁止商业银行进入证券市场和保险市场,商业银行业务将不断萎缩,最终陷入困境。从银行业看,借贷需求减少的趋势和保险业赢利的诱惑等,都是银行业竭力进入保险市场的动力。在美国,银行能提供的贷款额明显衰减,而构成借贷主体部分的借贷者正从消费信用市场开始转向保险市场,使得借贷需求逐渐减少,银行不得不寻求更为稳定的资金来源,收取固定费用的保险业务也就自然成为其选择的目标之一。同时,银行开展保险业务有着自身的优势,如具有较好的信誉、广泛的客户基础、强大的经营网络、丰富的投资经验和投资渠道等。商业银行在降低保险产品成本和运用资金方面拥有比保险业更多的优势。正如英国保险市场调查报告所表明的,银行经营保险的成功率往往是单纯经营保险的保险公司成功率的4倍。同时,高度的竞争限制了国际金融市场上的高赢利机会,而保险业的赢利对银行业的吸引力也就不言而喻了。

因此,金融全球化、自由化和电子化推动着世界银行业的结构整合及并购,并使"金融同质化",即各类金融机构提供相同或近似的金融产品与服务。目前,世界上以美国和日本为代表的国家逐渐放松了对金融业务经营的管制,这为金融机构的跨业经营开了绿灯,促进了金融业的横向并购。例如,美国从限制银行持股公司的证券收入不得超过总收入的5%,到现在已将该比例扩大到25%。1996年,纽约信贷银行以17亿美元收购美国最老的股票经纪公司布朗公司,瑞士银行以6亿美元收购纽约投资公司狄龙德公司。另外,英国西敏士银行以1.3亿美元收购美国的投资银行格里奇公司,法国巴黎银行收购香港百富勤投资银行的大中华业务,以及日本住友银行与大和证券公司结盟,都是商业银行对非银行金融机构的并购。商业银行除了并购证券公司和投资公司外,还对保险公司进行并购,形成"银行保险一体化”。

【资料阅读】

花旗金融集团的形成

花旗集团(Citi group)是当今世界资产规模最大、利润最多、全球连锁性最高、业务门类最齐全的金融服务集团。它是由花旗公司与旅行者集团于1998年合并而成并于同期换牌上市的,成为美国第一家集商业银行、投资银行、保险、共同基金、证券交易等诸多金融服务业务于一身的金融集团,也是世界上规模最大的全能金融集团之一。合并后,花旗集团通过花旗公司下的花旗银行提供传统的银行业务、消费者贷款和信用卡服务;通过旅行者公司的保险机构提供财产保险和人寿保险服务;通过旅行者公司旗下的所罗门史密斯巴尼证券集团提供投资银行业务、零售经纪业务和资产管理业务,为客户提供全方位的金融服务。

花旗银行成功地将自己定位为“全球银行”和“全能银行”,终于成为世界上最有竞争力和赢利能力的国际银行。

3. **商业银行对工商企业的并购**

商业银行对工商企业的并购即金融资本与产业资本的融合。银行业务的扩张离不开企业需求的扩张,银行的经营业绩也与企业的生产经营和管理状况紧密相连。因此,很多世界大银行都希望能够对企业的经营管理实施监督或直接参与,而借助收购企业的股权,便是一种常见的战略。银行在成为企业的股东后,与企业的关系就在资本利益的基础上联合在一起了。银行作为股权持有人,将派出自己的人员进驻企业,参与企业的管理,以确保银行的信贷资产和股权收益。例如,德意志银行拥有西门子公司19.41%的股票投票权;在曼内斯曼公司的股东大会上拥有26.65%的股票投票权。另外,日本兴业银行也很注意对企业的持股和派员参与经营。1985年,该行向11家公司派遣了156人,而且在派遣人员中担任总经理或有代表权者就有25人。从国外经济发展看,大型企业集团和跨国公司一般都是生产、流通和金融的结合体,银行在其中起着巨大的支持作用,这是一种规律性的现象。因为在世界金融市场上进行竞争,没有银行资本作后盾,工业资本是很难获得成功的。并且,银行与企业从债权交易转变到股权交易是一种必然的经济趋势。

**(二)全球银行并购的特征**

随着知识经济的来临,全球金融一体化的迅猛发展、政府放松金融管制,以及亚洲金融危机加剧了世界银行业的合并浪潮。在世界范围内掀起的银行并购浪潮,具有一些与以往不同的特点,主要表现在以下5个方面。

**1. 并购的目标:以银行为主体的多元化**

20 世纪末银行并购的一个重要特征是除了大银行之间的合并、收购和兼并,从而形成巨大而有效率的金融机构外,商业银行为了扩大生存空间和拓展业务领域、增加利润来源,也向证券、保险、投资、信托等金融机构展开并购。各国政府为了使本国的金融业在 21 世纪具有竞争力,也顺应全球经济一体化的潮流,放松了金融管制,并默认和鼓励跨业合并。例如,美国花旗银行与旅行者公司的合并,其意义不仅是资产规模上出现了“航空母舰”,而是向世人揭示了美国商业银行与投资银行之间的壁垒正在消除。目前,商业银行对非银行金融机构的并购主要采取商业银行直接经营、设立子公司、设立控股公司、下设各金融子公司或相关金融机构间互相投资等形式。以银行为主体的多元并购,将导致 21 世纪金融业经营的综合化时代。

**2. 并购的形式:从收购到合并**

世界银行业的并购形式以美国为代表经历了以下两个阶段。

(1)20 世纪 80 年代主要以收购为主,是以扩张资产规模、增加营业网点为目的,以大银行收购小银行为手段。据统计,自 1983 年以来,这种类型的收购数量达 3 100 多家。

(2)20 世纪 90 年代以来,银行进入了合并阶段,即从“大鱼吃小鱼”的收购模式转向大银行之间的强强自主联合,实现优势互补,并因此缔造出一系列的超级银行,其中以花旗银行和旅行者公司的合并为典型代表。

**3. 并购的目的:以获取控制权及新技术从而增加收益、提高国际竞争力为主**

新的经济和金融环境要求银行业必须不断增强竞争实力并大规模涉足新的市场,银行业的合并为本国银行与大的国际性商业银行进行竞争提供了现实可能性。21 世纪前夕,银行并购的目的不是为了追求短期效益,而是为 21 世纪的全球竞争做战略准备。因此,各国银行业尤其是美国银行业,展开了空前的银行并购,准备在全球金融业竞争中,稳执牛耳,取得控制权。同时,知识经济的发展,使银行业务成为一个资金含量和科技含量很高的行业,技术进步成为银行力图巩固目标、获取竞争优势的一个重要手段。出于争夺先进技术的需要,一些银行为了避免在技术方面耗费巨额投资与同业竞争,必然会走上合并道路,而且并购具有高新技术和电子化程度高的银行也成为银行掌握高新技术的一条捷径,同时还可以降低成本、增加收益。所以,由此形成的并购类型也是多种多样的,如扩充实力型并购、调整结构型并购、获取高新技术型并购、寻求规模经济型并购、降低成本型并购、开发新产品型并购以及构造全球经营网络型并购等。

**4. 并购的规模:强强合并组成超级银行**

一般认为,银行具有规模递增性质,规模巨大的银行可以降低运营成本、提高效率,并且能增强银行的抗风险能力。从各国银行业的发展史看,银行业持续地推行规模化、集约化经营。在当今金融风险日益加大的情况下,银行合并的步伐越来越快。因此,近年来银行并购的一个重要特征是大银行合并成为超级银行。例如,1996 年,日本三菱银行与东京银行合并后的核心资本达到 278 亿美元,总资产达 7 030 亿美元,国内机构 388 家,海外机构近 200 家;1995 年 8 月,美国化学银行与大通曼哈顿银行合并,其核心资本达 200 亿美元,总资产超过 3 000 亿美元;1998 年 4 月 6 日,美国花旗银行与旅行者公司合并为世界最大的金融服务公司,其资产总额达7 000亿美元,年营业收入达500亿美元;1998年4月13日,美国国民银行与美洲银行合并成为美国最大的商业银行,其合并金额高达648亿美元,资产总值超过5 700亿美元;在同一天,仅隔数小时,美国第一银行与第一芝加哥银行也宣布两家银行联姻,合并金额达298亿美元,总资产达2 300亿美元,成为美国第五大银行和第二大信用卡发行公司;1998年1月,美国国民银行和巴耐特银行合并,金额达146亿美元;1996年4月,美国富国银行和第一洲际银行合并,金额达142亿美元;在欧洲,1997年,瑞士联合银行和瑞士银行合并,资产总值达到9 222.84亿瑞士法郎,成为仅次于日本东京三菱银行的世界级大银行。这些大银行的合并不仅仅是业务规模的简单相加,而是形成强强联合、优势互补,并且反映了21世纪世界银行业竞争格局的战略调整态势。

**5.并购的结果:银行大型化、综合化和产融结合**

当前,以美国为首的银行并购浪潮最直接导致了两个结果,即大银行之间的强强联合,大大扩大了现有银行的实力规模,形成了美国银行史上罕见的"超级银行"。同时,大银行的合并还突破了美国20世纪30年代大萧条以来对银行业实行的不得同时兼营保险、经纪和证券业务的禁令。美国国会在有关金融机构的疏通下,对这种"突破性的兼并"采取了默认的态度,从而使银行走向大型化和经营多元化,并促进了产融结合,使金融资本与工业资本相互融合,形成强大的金融合力,支撑并推动经济的持续稳定发展。

**(三)银行并购的终极目标:全能银行**

所谓全能银行,简单地说,就是商业银行可以跨业合作,不仅可以经营银行业内的所有业务,也可以与证券业、保险业混业经营,实现服务的全方位。目前,全能银行正成为金融市场的一种发展趋势。

**1.全能银行发展的背景**

在20世纪的大部分时间里世界各地的金融中介都受到了严格监管,也得到了强有力的保护,结果形成了各不相同的金融体制。就银行制度而言,有的实行的是全能银行制,有的是分业经营下的专业银行制。但20世纪80年代以来,随着金融市场的自由化,不同的金融体制开始相互竞争,这就引起了关于哪种金融制度更有效率的争论。一般来说,在实行分业经营的国家对银行特别是商业银行的限制更多一些,因此,它们强烈要求放松管制,取消对业务范围的限制,走全能银行的发展之路。其提出的理由主要有:①全能银行在国际竞争中处于有利的地位;②全能银行享有规模收益和范围经济;③全能银行能够更好地分散风险等。

为了简化起见,可把金融体制大致分为两类,一类是以金融市场为主导的体制,另一类是以银行为主导的体制。全能银行是后一种体制的特例。当然这只是理论上的抽象。关于银行,也可分成两类,一类是专业银行,主要包括商业银行、信托银行和投资银行;另一类是全能银行。全能银行是银行主导的金融体制的典型代表,承担着证券市场的许多职能。

**2.全能银行与专业金融中介的成本收益比较**

1)规模经济和范围经济

全能银行从理论上有两大成本优势,可以带来规模收益:在费用或投资水平一定的情况下,某一种业务量越大,效率越高,还可以在不同的业务单位间分摊成本。当不同的业务由一个机构来提供时,如果其成本比多个机构提供时的成本小,就具有了所谓的范围经济。专业金融中介如专业银行主要是在一些特定的产品或服务上具有优势,享有专业化的声誉。全能银行和专业金融中介谁的优势更明显,这个问题要靠实证研究来回答。可以用统计研究和案例研究两种论据来回答这一问题。从对全能银行规模经济的统计研究的结果看,没有明确的答案。从方法论上,在全能银行里应该把每一种银行业务的规模收益区别开来。例如,全能银行的规模经济可能表现在投资银行业务上,而不是传统的商业银行业务上。但多数文献却把重点放到商业银行业务上去了。许多研究似乎证实,商业银行的规模收益在存款水平还很低时(不到 1 亿美元)就枯竭了。而在研究北美的银行(不包括当地的小银行)时,发现当资产超过 6 亿美元时存在一定的规模经济,但是规模经济存在的证据十分有限。然而,这些研究存在明显的缺陷,如 Clark(1988)的研究,只有少数样本是真正的全能银行。而在美国进行这些研究的意义并不大,因为监管上的限制,它并没有欧洲那样真正意义上的全能银行。进一步说,这类实证研究没能揭示全能银行中规模经济产生的原因。

关于范围经济的证据也是模棱两可的。全能银行在实现规模经济中面临的基本问题是管理协调问题,全能银行使这一过程变得非常复杂。也正是因为全能银行的管理极其复杂,所以范围经济不容易观察到。欧洲的一些银行,如英国的巴克莱银行变成全能银行之后,经营状况明显好转。当然,这种好转并不能完全归功于全能银行模式。但是,新的业务增加的收益确实对整体经营的改善起了至关重要的作用,因此不能排除范围经济的因素。把上面的概念与实际生活做一对比可以发现,一方面有许多成功的全能银行和经营得一塌糊涂的专业化金融中介;另一方面也有经营得很出色的专业化金融中介和委靡不振的全能银行。这样看来,好与不好主要还是取决于银行经营的质量及其他因素,而不在于其是全能化还是专业化。因此,虽然从理论上全能银行有成本优势,但从现实情况看则不能得出全能银行具有成本优势的一般性结论。在有些情况下,前者的表现比后者好,如德意志银行。但是人们也看到像里昂信贷银行这样的全能银行的严重问题。在另一种情况下,也有许多成功的专业银行的例子。在银行业中要找出一些经营不善的全能银行的例子是不困难的,同样也可以找到大批业务范围很窄的专业化的金融中介,由于经营不善而被挤出市场或者被其他机构所吞并。因此,很难推出一般性的结论。有成功的专业化金融中介和不成功的全能银行,也有非常成功的全能银行和经营不善的专业化金融中介。然而,讨论不能到此为止,还必须加上两条:金融中介是走专业化的道路还是走多元化的道路,要视其经验、资源和能力而定,如果一个金融组织有能力从事别的金融业务,专业化的问题就不重要;专业化金融中介比全能银行面临着更大的替代风险,原因是其业务基础有限,应对金融服务业急剧变化的能力更加脆弱。而全能银行由于提供几种或多或少互不相关的产品和服务,能够依靠内部资源和竞争的冲动来重新平衡其业务。

2)提供全方位金融服务的优势

全能银行的一个论点是能向客户提供各式各样的金融产品和服务,使客户省却了依赖于多家金融机构的麻烦。也就是说,由于全能银行能向客户提供综合性金融服务而比专业化的金融中介具有更大的吸引力。如果全能银行在产品和服务创新方面不如专业金融中介,它就很难吸引新客户留住老客户。由于投资基金的迅猛增长,全能银行也不得不进入这一新领域。为了抵消传统业务的下降,它必须超越仅仅吸收存款的模式。因此,对一些金融机构来说，如果不想失去业务和客户的话，全能银行就是应效法的榜样。在这点上应该指出的是，在现实生活中，企业通常同时与多家银行有业务往来。这表明全方位银行服务的概念可能不符合实际情况。但是，全能银行确实比专业金融中介更能满足其公司客户的大量金融需求。这不是指规模经济或范围经济，而是指全能银行吸引顾客的能力。这种观点的另一种说法是，全能银行通常比专业金融中介的规模更大。在客户看来，规模大意味着支付能力更强。规模是给投资者的一种信号。信誉或声誉在吸引新客户留住老客户方面特别管用。另外，专业化金融中介在某些金融业务的运作方面则给人以经验老到、业务精湛的印象。例如，在私人银行业务、证券管理、组合管理和大公司的融资操作领域，声誉卓著的专业银行比全能银行更能吸引对这些服务感兴趣的任何潜在的客户，如高盛萨克斯、信孚银行、华宝公司等在这些方面都享有传统声誉。专业金融中介预测需求变化和引导这些变化的能力可以部分抵消它们的不利条件，如果不能做到这一点，其适应变化的能力就要比全能银行差。

当然，这同样也是要看专业金融中介各自的资源、能力和管理质量。如果其具有能力适应环境的变化，那么它是专业金融中介还是全能银行就不重要，适应起来是困难一些还是容易一些要视情况而定，但它将能在正确的方向上行动。关于后一点，组织经济学认为，庞大的机构很难改变或者对变动过程的管理太复杂。这在某些条件下是有道理的，但并不是在所有情况下都正确。确实，有时船小好掉头，但不要忘了是人而不是组织在管理和推动变革。最后，从收益上看，全能银行是有优势还是有劣势，这要视环境而定，要看全能银行不同业务单位间的相关程度。相关程度高，全能银行的风险就大。一个单位的业务下降，整个形势就会恶化。因此，经营状况是不稳定的。

3）创新和替代

当需求改变时，专业金融中介会面临替代风险问题，它对金融创新和全能银行业务多样化会产生巨大影响。对新的金融服务（如投资基金）替代成熟的金融产品（如银行贷款）现象的研究，包含着相互补充的两个方面：针对业务多元化的研究和针对产品创新的研究。尽管前一种方法在战略管理的文献中讨论得很充分，但很少被用于解释全能银行的性质和其进入新业务领域的原因。同样的问题在产品创新的方法中也存在着。这 方法在产业组织理论中有大量的论述，但是其结论很少被用于说明在金融体制中新兴产品取代旧产品的问题。

## 二、金融创新浪潮

从世界金融市场的发展历程看，可以发现金融市场创新和金融市场全球化是互为因果、共同发展的产物。从全球金融行业的发展轨迹看，金融市场创新是金融全球化的重要驱动因素。金融市场创新、金融技术创新均不断出现，为金融全球化提供了必要的载体；而且金融市场创新能够为投资者提供低成本、高效率的规避风险手段，能够提高金融体系的运作效率，增强了金融业的可持续发展能力，从而也对金融全球化产生了重要的推动作用。

**（一）混业经营将成为主流**

世界各国的金融体系一般分为两部分：一个是大陆系国家，如德国、法国等，20 世纪至今一直实行混业经营；另一个是以美国为代表的国家，包括英国、加拿大等，都经历了混业—

分业—混业的转变。目前,世界主要国家金融业混业经营的趋势越来越明显,这种混业经营的态势表现为以下几个方面。

**1. 银证合作**

许多国家的银行正加大从事证券业务的力度,不再严格区分商业银行业务与投资银行业务,许多银行还设立附属证券机构。

**2. 银行已经进入保险领域**

目前银行所从事的保险业务大多是国内业务,银行作为兼业代理人从事银行保险产品的代理销售,业务范围一般限定在代理销售保单和代理收取保险费上。

**3. 银行进入资产管理业**

银行通过设立自己的资产管理机构和兼并独立的资产管理企业,全面进入资产管理业。

**4. 银行业实施大规模重组**

银行业进行大规模重组,以增加其在国内和国际市场上的竞争优势。

**5. 非银行金融机构与银行激烈竞争**

非银行金融机构如共同基金、退休基金和保险公司,与银行展开激烈的竞争。

(1)非银行金融机构逐渐在银行传统资产方面获得了竞争优势,其主要竞争手段是为融资证券化提供条件以及从事原来仅由银行经营的金融服务。

(2)基于非银行金融机构可以更好地分散风险、降低税负的背景,居民纷纷绕过银行存款和证券公司,将资金存入其他金融机构。

从微观的经营层面看,金融分业经营和金融混业经营是反映一种经营状态;从经营策略看,金融分业经营与金融混业经营是金融经营的专业化策略和一体化策略的一种,属于企业微观决策范畴。作为市场主体,金融机构要依据市场环境及自身优势,立足比较成本的考虑,以决定是采取专业化策略还是多元化策略。

从宏观层面看,从金融分业经营到混业经营本质上是一种制度选择和制度变迁。从制度选择角度分析,无论金融企业还是政府部门都由不同利益集团构成,金融结构从混业—分业—混业的变化是多种利益博弈下的制度变迁的结果。市场结构、监控资源积累状况、人文因素等都影响制度结构安排和变迁路径。不同国家、地区采取同一经营模式,但在金融政策和金融制度选择以及经营模式的运作机制等方面还是各具特点。

随着中国金融市场的进一步开放，中国金融业最终将融入全球竞争之中，将面对着世界各国集银行、保险、证券等金融业务于一身的金融巨头的竞争，实行混业经营是大势所趋。从金融分业经营到混业经营实际上是金融体系结构打破传统行业分工模式，重新配置金融功能的结果。这种金融功能的重新配置符合效率原则，推动金融体系不断向高级化演进。

【资料阅读】

中国银行业将受到保险业挑战

中国银行业在金融行业中的主体地位将受到保险业的巨大挑战，中国银监会官员在近日举行的“银行保险”国际研讨会上这样说。

中国银监会业务创新监管协作部主任李伏安说，目前中国银行业资产占全部金融机构资产的90%以上，据统计大约40%的银行存款是用于养老、教育和医疗，而这些业务在成熟市场中大多是保险行业在做，因此中国银行业面临巨大挑战。

他认为银行与保险是一个事物的两个方面，银行着力于经济行为的确定性，而保险则着力于其不确定性，要将两者结合起来探索发展道路。

中国工商银行机构业务部副总经理席德应说，银行保险是银行与保险公司共同提供的客户服务，现阶段有三个问题需要研究解决，即合作模式、银保产品和技术系统问题。

中国人民银行金融市场司副司长沈炳熙认为，银行保险的概念需要进一步探讨，二者融合是今后发展的趋势，但它们具备的不同特征在融合以后仍然存在，应该采取代理、股权等多种方式融合。

研究表明，目前中国银行保险主流的业务模式是代理协议模式，即通过银行柜台销售以保险公司名义开发的储蓄替代型趸交产品，银行按照一定比例收取手续费。中国保监会2008年2月公布的2007年保险中介市场发展报告显示，银行、车商、邮政、航空等行业代理保险业务保持快速增长，这些保险兼业代理机构去年共实现保费收入1 593.36亿元，同比增长26.1%，占全国总保费收入的28.24%。

代理业务的快速增长给这些行业带来了可观的代理手续费收入。报告显示，2007年全国保险兼业代理机构共有72.76亿元手续费收入“进账”，增长28.55%。其中，银行类32.16亿元，占44%。

**（二）金融工程化发展趋势**

自20世纪90年代以来，大规模、大范围地运用金融的技术、方法和手段来解决日益复杂的金融、财务问题的金融工程化趋势已不断加强，金融科学已从传统的描述性和分析性的阶段过渡到工程化的阶段，开始大规模地创造出经济和社会效益。金融工程化的关键是金融领域中思想观念和分析范式的创新，表现为或者是对已有观念重新解释与运用，或者是对已有的金融产品进行分解和重新组合。金融工程就是应用金融工具将现存的金融结构进行重组以获得人们所希望的结果。在这个意义上，金融问题的解决就可以看作是一种金融产品。金融工程化也对全球的金融市场发展产生了极其深远的影响。

金融活动的永恒主题是流动、获利和避险，一般介入金融市场的经济主体追求的目标不外乎这3个方面。然而这3个目标之间是一种悖论，尤其是利益与风险目标。但它们之间又不是绝对互相排斥，而是可以通过适当的组合管理技术，在一定程度上得以兼顾。

无论环境怎样变化，有两个基本点是确定的。首先，为了更好地管理金融风险，金融市场的波动日益要求更加有效的金融产品的出现；其次，当前的科技水平也使得金融机构能够创造新的金融工具对其进行定价和风险预警。

金融工程技术的应用可以概括为 4 个主要的方面：套期保值、投机、套利与构造组合。套期保值是指一个已存在的风险暴露的实体力图通过持有一种或多种与原有风险头寸相反的套期保值工具来消除该风险。完全的套期保值是不多见的，有的做法是只对原有风险暴露超过一定水平的不利波动进行抵补，但对其有利波动不加干预。投机是指一些人希望利用对市场某些特定走势的预期来对市场未来的变化进行赌博，并因此制造出一个原先并不存在的风险暴露。所谓的套利，是通过将大量有着内在联系的金融产品组合起来以保证这种组合无风险地获得利润。所谓的构造组合，是指对一项特定的交易或风险暴露的特性重新进行构造。

金融工程的核心是利用金融工具的定价机制管理金融风险。金融工程化的趋势为人们创造性地解决金融风险问题提供了空间。金融工程的问世，使金融作为一种产业得到了支持其发展的工程学科。金融工程的出现标志着高科技在金融领域内的应用，它大大提高了金融市场的效率。但人们应当认识到，金融工程同时也是一把双刃剑。20 世纪末发生的东南亚金融危机中，国际炒家正是利用它来设计精巧的套利和投机策略，作为金融危机的导火索；反过来，在金融市场日益开放的背景下，各国政府和货币当局也借助于这类高科技的手段，以保持经济和金融体系的稳定。

一方面，金融产品设计技术是金融产业化的基础。人类的认识规律决定了任何一门学科的发展必然经由从定性描述到定量描述，从孤立研究到综合发展的过程。人类的认识目标则决定了工程化是任何一门应用学科发展的必经之路。所谓工程化，就是将学科的研究成果转化为产品和服务的过程。这个过程可能导出一个新兴产业，实现产业化。金融学在经历了基于一般均衡分析的定性描述阶段，以马科维兹资产组合理论、资本资产定价模型、期权定价理论为标志的定量描述阶段之后，已于 20 世纪 70 年代进入了工程化阶段，金融工程应运而生，这标志着金融产业化阶段的来临。金融产业化就是要形成专门从事金融产品开发、设计和标准化乃至销售的一批企业，其必要条件之一就是具备低成本提供这些产品的技术手段。

另一方面，金融产品设计是金融中介功能的替代和再造手段。金融市场的交易支付、融资、经济资源的转移、风险管理与控制、价格信息发现、减少信息不对称和提供激励机制的功能，既可以通过市场上金融产品的交易来提供，也可以通过金融中介来实现。市场主体接受哪一种方式，最终取决于功能实现成本的高低。这样，金融工具创新可以对金融中介产生两方面的影响：一方面，若金融产品和手段经过标准化，达到投资者可接受的价格透明度，就会形成对某些中介功能的有效替代；另一方面，许多金融产品是量体定做的，是非标准化的，需要专门的复杂技术，这给投资者造成很大的理解困难和信息不对称，形成交易障碍。这就赋予金融中介一种专利性功能，即创造与检验新产品，并为之提供信用担保，以减少这类产品交易的难度。

### (三)金融市场融资新模式

结构融资(Structured Financing)可以追溯到20世纪60年代末70年代初美国推出的住房贷款证券化,之后迅速发展成为一种非常重要的融资方式。在国际金融市场上,结构融资已演变成一种较为有效的筹资方式。长期以来,证券化构成了结构金融的基础与核心模式。此外,结构金融产品将具有更多复杂的模式,如利率联结产品、股权联结产品、信用联结产品、外汇联结产品、商品联结产品、保险联结产品等,从而突破了传统的证券化范式。

结构金融本质上是对已有金融产品进行再加工的过程,企业将拥有未来现金流的特定资产剥离开来,并以该特定资产为标的进行融资。具体来说,就是以现金资产将企业特定资产从其资产负债表中替换(资产置换)出来,在资产负债率不变的情况下,增加高效资产,以达到融通资金的目的。结构融资多是短期融资行为,利用其为金融机构提供了一条新的解决流动性不足问题的融资途径。

## 三、我国金融营销创新战略展望

随着金融市场的不断开放,我国金融业将面临着严峻的竞争挑战。金融业同业间人才、服务、网点、电子化、中间业务以及传统业务的竞争日趋激烈。同时,中国加入WTO后,外资金融机构的进入对我国本土银行业务产生了强烈的冲击,对未来金融业营销战略的研究也是非常迫切的。西方金融业营销的未来发展趋势随着社会的进步,也在不断发展,各金融机构每天都在创造新的营销策略和竞争方法,尤其是西方发达国家的金融业营销的竞争将会愈演愈烈,促使这种行业营销发展达到空前的地步。近年来,西方提出了“关联、反应、关系、回报”的营销新理论,阐述了一个全新的营销四要素。对照这个理论,借鉴社会发展和市场营销的发展方向,今后金融业营销的发展战略如下。

### (一)关注顾客忠诚度的营销战略

要提高顾客的忠诚度,赢得长期而稳定的市场,就需要通过某些有效的方式在业务、需求等方面与顾客建立关联,形成一种互助、互求、互需的关系,把顾客与企业联系在一起,这样就会大大减少顾客流失的可能性。特别是企业的营销与消费市场营销完全不同,更需要靠关联。为顾客提供一揽子解决方案,然后在更大范围内系统集成和优化组合,这样可以保证方案和各个集成部分的质量,从而形成整体最优。此外,还有与产品需求的关联,要提高产品与需求的对应程度,提供符合顾客特点和个性的、具有特色或独特性的优质产品与服务。

### (二)关注顾客需求的营销战略

在相互影响的金融市场中提高市场反应速度,对金融机构来说最现实的问题不是如何控制、制订和实施计划,而是如何站在顾客的角度及时地了解顾客的需求,及时答复并给予满足。当代先进企业已从过去的推测性商业模式,转移成为高度回应需求的商业模式。面对迅速变化的市场,要满足顾客的需求,建立关联关系,金融机构必须建立快速反应机制,提高反应速度和反应能力,这样可最大限度地减少抱怨,稳定顾客群,减少顾客转移的概率。

### (三)关系营销战略的实施

关系营销越来越重要。在金融机构与顾客的关系发生了本质性变化的市场环境中,抢占市场的关键已转变为与顾客建立长期而稳固的关系。现代市场营销的一个重要思想和发展趋势是从交易营销转向关系营销,不仅强调赢得顾客,更强调长期地拥有顾客;从着眼于短期利益转向重视长期利益,从以产品性能为核心转向以产品或服务给顾客带来的利益为核心,从不重视顾客服务转向高度承诺。所有这一切的核心是处理好与顾客的关系,把服务、质量和营销有机地结合起来,通过与顾客建立长期稳定的关系,实现长期拥有顾客的目标。

**(四)以回报为核心的战略**

回报是营销的源泉。对金融机构来说,金融服务营销的真正价值是其具有为金融机构带来短期或长期收入和利润的能力。一方面,追求回报是营销发展的动力;另一方面,回报是维持市场关系的必要条件。一切营销活动都必须以为顾客及股东创造价值为目的。金融机构要满足顾客需求,为顾客提供价值,以获取应有的回报。

## 【资料阅读】

### 花旗银行京穗深三地推广国内首本儿童理财教育漫画书从小树立正确理财观念

继2007年在上海首发取得巨大反响之后,花旗银行携手非政府组织 The Learning Society 将把国内首本儿童理财教育漫画书《神探贝妮和威力哥哥历险记》进一步推广至京、穗、深三地少年儿童。

该书旨在向8~12岁的孩子们推广少年理财教育以及灌输对金钱的正确观念。为了让书中涉及的理财观念更加浅显易懂,花旗银行特别编排了形式活泼的儿童话剧,将在9月、10月的数个周末里在北京、广州和深圳的三家剧院中陆续上演29场次,为近18 000名少年儿童带来丰富的精神大礼。

在这本首创的理财漫画书中,主角神探贝妮和威力哥哥将带领读者一起游历包括财务预算、储蓄等知识的理财世界。他们用发生在孩子身边的真实事例,生动形象地演绎了储蓄和财务预算等重要概念。

这本书是在花旗基金会赞助下花旗为亚洲不同年龄的青少年设计的理财教育活动系列中的一部分,目的是让青少年从小就明白个人理财的重要性,为其一生形成正确的理财观和金钱观打下基础。

对此,花旗银行(中国)有限公司董事长欧兆伦表示:“随着中国经济的持续增长和国民金融意识的不断增强,全社会对系统的金融知识和正确的理财观念的需求也越来越强烈。作为全球理财教育的领导者,我们认为金融教育不单纯是一种知识传递,更是一种价值观和人格的培养,而最好的培养时期是在小学和初中阶段。”

欧兆伦表示:“通过漫画的方式,能使看似枯燥的理财观念变得栩栩如生,再加上生动的表演形式,小朋友们能更容易理解一般被认为只属于成年人世界的理财观念,例如未雨绸缪、个人理财以及设定预算等。”

希望获得比普通定期存款更高的收益率，却又不想失去随时动用资金的灵活性？花旗活利账户——外币协议储蓄，让您从此不再顾此失彼，将获享更高收益和灵活支配账户完美结合。您只需持有账户 13 个月期满，便可稳获比普通定期存款更高的年利率，更可在开立账户 1 个月后，自由支配您的账户资金，以备不时之需。

## 四、我国金融营销创新策略展望

对我国金融业营销的展望从西方金融服务营销的发展看，是把以质量为中心的发展战略演变到以顾客服务为中心的发展战略。根据市场不断成熟和竞争日趋激烈的形势，着眼于金融机构与顾客互动与双赢，不仅要积极地适应顾客的需求，而且要主动地创造需求，运用优化和系统的思想去整合营销，通过关联、关系、反应等形式与顾客形成独特的关系，把金融机构与顾客联系在一起，形成竞争优势。具体到金融机构的措施有以下几方面。

### (一)学习先进的战略营销理念，注重引导客户进行消费的营销业务

战略营销理念要求运用战略管理的思想和方法对市场营销活动进行管理，强调企业要在选定的市场环境中，通过战略管理创造竞争优势，向包括顾客在内的所有参与者提供最大的利益。我国金融业在经营实践中，应该借鉴西方先进的营销管理理念，转变落后的产品推销理念。在提供金融服务产品的同时，更应该注意引导客户进行消费。要结合改革进程，研究消费者心理和需求，做到有针对性地营销，以引导消费者进入市场。以前，推出一项新的金融产品，往往采取在街头、闹市区发宣传资料和打横幅，设咨询点接受客户垂询等方式，这样做不仅缺乏针对性，而且也缺乏整体设计和有效性，缺乏新意，感染力不强。

### (二)确定以提供产品组合为目标的产品发展策略

在积极开展金融产品创新的同时，依靠整体产品竞争取胜。金融产品创新是商业银行参与激烈市场竞争的着力点，金融业应确实转变观念，不断为客户提供新的金融产品。这项工作是金融业开展市场营销的前提和基础。

### (三)通过为客户提供优质服务吸引客户

产品的同质性客观上使银行产品竞争的重点必须放在附加产品上。需要指出的是，银行必须纠正优质服务等同于“微笑服务”的做法，使优质服务不仅表现在为客户提供一个舒适的消费环境，更要考虑为客户提供包括理财、咨询结算等方面的配套服务。另外，随着市场经济改革的进程，人们的金融意识增强，产生了更多的投资需求，这就要求银行不仅要为客户提供投资咨询服务，更要结合客户的需要，不断创造新的金融产品、提供产品组合，为客户提供更多的投资机会，也为银行自身的业务发展寻找市场。

### (四)分析市场机会，确立最佳目标市场

首先，要立足现有市场，把现有营销力量渗透到现有目标市场，巩固原有市场份额；其次，要开发新的金融产品服务，开拓多元化经营，从中确立新的目标市场。同时，根据不同的市场寻求细分市场作为目标市场，银行要提供针对性强、特色鲜明的金融服务，扩大市场份额，塑造鲜明的企业形象。市场定位就是针对本银行现有的资本实力和业务能力，以及其在市场上所处的位置，针对金融服务需求者的某种特征和特殊要求，努力塑造出本银行的金融服务特色，给人以鲜明的印象，并把这种形象通过丰富的营销渠道生动地传递到顾客中。现

代企业纷纷导入形象设计,这对金融业很有启发。塑造全新、健康、文明的金融机构形象,必将成为今后金融营销的重要策略。

**(五)市场营销是企业与营销对象发生互动作用的过程**

关系营销认为市场营销是企业与客户、竞争者、政府机构等一系列营销对象发生互动作用的过程。因此,应维持和发展与客户的信任、互利、长期稳定的良好伙伴关系。要开展关系市场营销,一方面,应开展维持和发展忠诚客户的营销业务,以公平的价格、优质的产品、良好的服务进行交易,并通过对客户和环境的利益承诺及兑现,来换取客户的长期惠顾、认可与忠诚;另一方面,应发展与竞争者的合作关系。此外还必须重视对政府的营销活动,使金融业的经营活动取得政府的理解和支持。

**(六)建立高效的金融营销内部运行机制**

由于各金融机构规模不同,其营销运行体制不强求一致,但一般应包括营销决策层、营销管理层和营销执行层3个部分。营销决策层根据当前金融市场变化与自身条件制定整个金融机构的营销目标、战略,作为市场营销决策和制订营销计划的依据;营销管理层包括金融机构内部的资金营运部等,依据营销战略进行具体的银行营销设计,如分析市场机会、选择目标市场、进行市场定位、设计营销组合方案;营销执行层包括各基层行、处、所的营销工作人员,主要进行一系列市场调查、分析、预测,进行与营销有关的具体活动。只有建立完善的市场营销体系,才能开展高效的市场营销活动。同时,应注重金融机构"内部营销"。"内部营销"就是企业的决策层和领导层必须帮助下属做好工作,这对金融机构来说更为重要。从事第一线工作的广大员工与顾客直接广泛地打交道,对顾客会产生重要的影响。这就要求企业必须重视和抓好对内部员工的培训,使广大员工树立营销服务观念,熟悉其提供服务的特点,认识员工与顾客交流反应过程对本企业经营业务成败起重要作用。

**(七)设计并不断调整金融业营销组合策略**

根据不同细分市场,应设计并实施不同的银行营销组合策略。例如,银行可以将个人客户划分为大众市场、中层人士和较富裕者3个层次。对于只要求基本银行服务的大众市场要实现金融服务电子化;对于教育程度较高的中层人士除提供基本银行服务外,还要提供私人信贷、按揭贷款、代理保险、信用卡、电话理财等业务;对于较富裕阶层则通过开设综合理财专户提供更贴身的金融服务,以显示客户的尊严、与众不同的地位和使用服务所带来的便利。综合理财专户提供外汇买卖、基金投资、市场分析等特种服务。对于大公司客户,则应根据企业经营和发展不同阶段的实际情况,分析其潜在金融服务需求,提供一系列配套服务,如在开业阶段,实施银行启动贷款计划;在扩张分销网络阶段,提供信用零售服务和厂房、设备租赁服务;在生产扩张阶段,提供厂房、设备投资贷款;在产品升级换代时,提供产业发展咨询和技术改造贷款;在出口贸易中,提供出口融资和信用证业务。对企业员工提供保险和退休计划服务;对企业的收购活动提供财务顾问服务和股本融资等。

当前,为适应金融改革与竞争的需要,应不断提升自身营销组合策略,创新一套独特的行业实务营销。金融业独特的服务方式决定了其营销应根据行业特点,创造出适合自己特色的营销活动,如服务营销。金融机构作为金融服务业,其营销特点就是服务加服务。超值营销就是在产品质量、特征、价格等方面增加产品的额外价值。例如,建设银行提出"双大战略”,即营销重点向大行业、大企业倾斜,向投资环境好、经营管理强的地区倾斜;既在稳存、增存上花大力气,也在争夺效益好的大贷款项目上下苦工夫;既积极支持效益好的企业,也不放过有发展潜力的企业。时至今日,电子货币、计算机网络化、汽车银行、全能柜台、个人支票、一本通、自助银行等各种特色服务已成为银行新的营销手段,银行业的竞争已由网点竞争转向服务竞争、技术竞争、营销策略竞争,谁能在银行营销手段的创新上领先一步,谁就能赢得市场。虽然我国金融业营销起步比较晚,与美国金融业的金融产品与服务营销相比,我国金融业特别是国有商业银行市场营销体系的建设还停留在比较低的层次,对市场营销的认识也是不系统、非理性和非专业化的,但是随着我国金融业对营销重视程度的日益提高以及各金融机构本身的不断努力,我国的金融业营销一定会得到迅猛的发展。

## 【典型案例】9-1

### 台新银行玫瑰卡品牌个性塑造

台新银行玫瑰卡在上市的短短一年半时间里发卡量突破了10万张,并以独特的诉求建立了其女性的认真的品牌个性,一跃成为台湾女性信用卡的领导品牌。

**1. 品牌命名**

长久以来,玫瑰即代表女性对爱情浪漫的憧憬,尤其在女人最重要的日子“情人节”中,玫瑰花更代表爱情永恒的誓言。玫瑰好听、好记,是日常生活中经常购买的花种,除了女性喜爱之外,男性也非常欢迎。因此台新银行将产品命名为玫瑰卡,为其品牌个性的建立预埋了管线。

**2. 市场区隔**

在台新银行加入发卡行列之前,台湾的信用卡市场几乎是花旗银行与中信银行的天下,他们以雄厚的财力及大笔媒体预算为后盾,建立了很高的知名度并迅速地占领了大部分市场。但在当时的状况下,所有的发卡银行都将整体市场视为单一市场经营。

然而有关资料显示,女性持卡人拥有较好的信用历史,工作稳定,发生呆账的情形少,女性消费者较容易被感性诉求打动,进而产生认同。加上女性消费能力的不断提升,台新银行预测女性的信用卡市场将有很大的发展空间,因此将女性确定为台新银行信用卡的主要目标市场。

**3. 个性塑造步骤**

步骤一:最女人的信用卡

玫瑰卡第一阶段的定位是“最女人的信用卡”,清楚地表达了玫瑰卡的属性。

广告以展现玫瑰卡的气质并且塑造玫瑰卡独特的个性来取得目标群的认同,让目标消费者接触到广告时会被诉求打动,相信自己便是那一位拥有玫瑰卡的独特女人。电视以首创普通卡附加400万旅游平安险为主题,传达都市女性对现代爱情、生活、两性关系的看法,建立玫瑰卡为都市女性代言人的形象。

步骤二:认真的女性最美丽

第二阶段则对“最女人的信用卡”进行升华，以“认真的女人最美丽”为个性写真，因为“认真”是一种生活态度、消费主张，而“美丽”则是女人热衷追求、喜爱被赞美的心理。

**4. 个性塑造策略**

品牌个性一经设定，所有的营销广告活动便围绕其展开。为此，台新银行采取了以下策略。

策略一：产品优势建立

第一代玫瑰卡发卡初期为 VISA ONLY，因 VISA 卡的市场接受度远较万事达卡高。第二代玫瑰卡则重新规划玫瑰卡卡面设计，发行玫瑰卡万事达卡，以区别第一代玫瑰卡。增加持卡权益：旅游平安险，全卡免费道路救援服务，全球购物保障，代交电费、电话费及交通罚款等。

策略二：直效行销

直接针对目标女性现场办卡。通过业务员在全台湾人流集中处，如百货公司、电影院等门前摆设摊位，直接与目标对象接触，缩短犹豫期，成功率非常高。七夕情人节当天，在百货公司门口布置摊位，由各地业务人员针对玫瑰卡目标对象送出红玫瑰及玫瑰卡申请书。

策略三：与女性杂志结合

参与《美丽佳人》杂志 3 周年庆，由《美丽佳人》引进法国巴黎名模，展现当季流行秀，并举办《美丽佳人》杂志音乐会。后又由《美丽佳人》杂志邀请台湾知名音乐家举办演奏会，邀请玫瑰卡会员欣赏。

此外，台新银行还采用辅以成功事件的方式行销运作。例如：与女人最爱的“情人节”紧密结合，创造持续的情人节活动；针对应届毕业的大专女学生，寄发 DM，可以年费 6.6 折优惠申请等。这些策略的运用使得玫瑰卡成为台湾女性信用卡的领导品牌。

## 【典型案例】9－2

### ACE 在美推出天气保险

美国 ACE 保险集团（安达集团）是全球最大的金融集团之一，提供保险、再保险及其他金融服务。美国 ACE 保险集团成立于 1985 年，总部设在百慕大群岛，现总资产高达 370 亿美元。

在保险产品创新方面，ACE 美国分公司曾经正式推出了一项名为“天气保障”（Weather Backer）的保险产品，为那些活动举办者因意外的天气变化而造成的损失提供保险。

尽管天气保险日益成为国际保险领域的时髦字眼，但像 ACE 这样推出成熟产品，还是首创。这项产品的销售范围包括全美国 50 个州。保单所列内容具体，比如说，因雨量过多造成会议出席人数减少，会议筹办方可以依据事前签订的保单获得经济赔偿。

ACE 集团公司的总部位于百慕大，从事保险和再保险业务。在中国，ACE 在 2002 年成为华泰财产保险公司的外资股东。ACE 美国分公司从事零售业务。

该公司有关人士表示，“美国国庆日即将到来，各种大型活动特别是户外庆祝活动必将增加，我们在这个时候推出这个保险产品是再好不过了。我们将帮助那些活动举办者在财务收支上更加稳健。”

ACE公司的特殊产品开发部门负责人称，这是一个为客户度身定做的解决方案，事先作详尽的天气风险评估，对活动的举办地点、持续时间以及总体财务预算都作具体调查。高级副总裁 RaVi Nathan 说：“我们围绕天气保险正在开发一系列的产品，行业涉及农业、能源、建筑、交通以及娱乐业。”

## 本章小结

1. 经济全球化带来的金融创新市场一体化和国际金融一体化，使得金融企业营销开始面对国际市场，运用国际创新营销战略在激烈的市场竞争中赢得一席之地。

2. 为适应国内和国际金融领域竞争机制，金融企业只有不断创新营销策略，从营销模式、营销方式和服务形式等方面创造差异化品质。

3. 在全球性的金融业综合经营发展趋势下，银行、证券和保险业的交叉融合越来越广泛，促进了我国金融企业注重创新营销战略和策略，更新营销理念、创造客户需求、提升客户满意度，增强金融业的可持续发展能力。

## 知识结构

- 金融营销创新
  - 金融企业的国际营销
    - 经济全球化中的国际金融一体化
    - 全球化背景下金融企业的国际营销
    - 金融企业国际营销的发展战略
  - 金融营销创新谋略
    - 金融营销瓶颈和创新形式
    - 银行业创新营销策略
    - 证券业创新营销策略
    - 保险业创新营销策略
  - 我国金融营销发展趋势
    - 21 世纪金融业发展趋势
    - 金融创新浪潮
    - 我国金融营销创新战略展望

## 思考题

1. 金融企业的国际营销战略包括哪些方面？
2. 简述银行业的创新营销策略。
3. 我国金融营销创新发展的战略和策略是什么？

## 营销实战

1. 试选择某一金融企业，搜集其近期的营销方法和手段资料，在课堂上做汇报评价。
2. 讨论在国内外错综复杂的金融营销环境下，如何实现我国金融营销的成功？

# 附　　录

## 附录一　主要银行行标

| 银行名称 | 行标 | 银行名称 | 行标 |
|---|---|---|---|
| 人民银行 | | 华夏银行 | |
| 国家开发银行 | | 兴业银行 | |
| 农业发展银行 | | 上海浦东发展银行 | |
| 中国进出口银行 | | 中国信合 | |
| 中国银行 | | 中国邮政 | |
| 工商银行 | | 香港恒生银行 | |
| 建设银行 | | 香港东亚银行 | |
| 交通银行 | | 世界银行 | |
| 农业银行 | | 美国花旗银行 | citibank |
| 招商银行 | | 英国汇丰银行 | HSBC |
| 光大银行 | Bank 中国光大银行 | 瑞士银行 | UBS |
| 民生银行 | | 德意志银行 | |

# 附录二　2007年亚洲银行竞争力排名十佳商业银行

**最佳品牌形象奖——中国工商银行**

学术委员会评语　上市两年,中国工商银行创造了两个第一:2006年刷新历史上最大规模的IPO纪录,2007年一举成为全球最大市值商业银行。仿佛一夜之间,工商银行便成为了世界金融市场的焦点,一扫中国国有商业银行在海外投资者眼中的传统保守形象。在2007年亚洲银行竞争力研究中,工行主观系数指标得分上升了几乎两倍,所谓功到自然成,最佳品牌形象可谓实至名归。

**最佳风险管理奖——渣打银行**

学术委员会评语　全亚洲不良资产比率最低的银行——渣打银行(香港)有限公司,截至2006年年底的不良资产比率仅约0.4%,资产质量远远领先于亚洲平均水平。在2007年美国次按风波席卷全球金融市场之时,它也成为几乎未被提及的少数幸运者之一。最佳风险管理银行,渣打无疑配得上这个称号。

**最佳投资回报奖——中国建设银行**

学术委员会评语　被称为"亚洲最赚钱的商业银行"的中国建设银行,素以其出类拔萃的赢利能力为同行称道。与相同监管环境和市场环境下的同类银行相比,建行的净利息收益率稳定地保持着30~40个基点的优势,其收益指标评分连续两年在亚洲银行竞争力研究的大型样本银行中名列前茅。赚钱才是硬道理,中国建设银行深知这一点。

**最佳财富管理奖——交通银行**

学术委员会评语　在2010年之前,建立800个专门针对高端客户的沃德财富中心——交通银行的这一宏伟规划不仅深得"二八定律"之精髓,更充满了令人钦佩的创新和冒险精神。在中国居民金融资产日益膨胀的今天,最具经营价值的20%的高端理财领域乃兵家必争之地,交通银行悄然间已经取得了战略上的领先。

**最佳金融服务奖——招商银行**

学术委员会评语　中资商业银行最为人诟病的是什么? 服务。招商银行最为人称道的是什么? 也是服务。只此一点,已经令招商银行在110米栏的跑道上率先跨过了第一个栏杆。在亚洲银行竞争力研究中,招商银行的主观竞争力指标连续两年名列中国内地第一,显示其优质的金融服务已然得到了同行们的普遍赞许。

**最佳公司业务奖——日本瑞穗金融集团**

学术委员会评语　瑞穗金融集团旗下包括瑞穗实业银行和瑞穗银行等金融机构,是全球最大的金融服务集团之一,在日本商业银行中拥有数量最多的法人客户,其中90%以上是大企业,日本70%以上的上市公司都与其保持着良好的业务联系。如何做好公司业务? 瑞穗金融集团无疑是值得它的竞争对手学习的一个范本。

**最佳在华子银行奖——东亚银行**

学术委员会评语　东亚银行也许算不上亚洲商业银行的第一梯队——综合竞争力排名第36位,的确不值得炫耀。但是,因其专注,东亚银行在中国内地的业务却跻身在华外资银行第一梯队,与汇丰、花旗、渣打等国际大行并驾齐驱。最佳在华子银行奖,是对其高度重视中国市场的战略眼光的一种肯定。

**最佳稳健经营奖——上海浦东发展银行**

学术委员会评语　不是最炫目的，但也绝不会是最沉默的——这就是上海浦东发展银行，一如上海人的特色。成立十多年来，浦发银行一步一印，近两年贷款损失准备金对受损贷款比率高达150%以上，以其稳健经营的风格跻身于股份制银行前列。在“2007年亚洲银行竞争力排名”中，浦发银行名列亚洲第24位，中国第5位。

**最佳贸易融资银行奖——中国民生银行**

学术委员会评语　什么样的流程决定什么样的服务，在中国商业银行流程再造的大潮中，民生银行被许多人视为最具雏形也最具条件的流程银行，今年成立八大金融事业部后，更将其公司业务的流程进行了彻底重组。其中，贸易融资作为推进改革的一个桥头堡，被视为民生银行的得意之作。

**最佳中小企业服务奖——新加坡星展银行**

学术委员会评语　中小企业贷款是最不好做的，因为它带来的单笔利润太少；中小企业贷款做好了也是最令人嫉妒的，因为它能给银行带来稳定而低风险的收入。新加坡星展银行在中小企业融资领域的积极实践，在为其带来利润的同时，更赢得了良好的社会声誉。

# 附录三　中国银行业协会会员单位客服和投诉电话一览表

| 银行名称 | 电话 |
|---|---|
| 国家开发银行 | 010－68307716 |
| 中国进出口银行 | 010－64099178 |
| 中国农业发展银行 | 010－68081951 |
| 中国工商银 | 95588 |
| 中国农业银行 | 95599 |
| 中国银行 | 95566 |
| 中国建设银行 | 95533 |
| 交通银行 | 95559 |
| 中信银行 | 95558 |
| 中国光大银行 | 95595 |
| 华夏银行 | 95577 |
| 广东发展银行 | 95508 |
| 深圳发展银行 | 95501 |
| 招商银行 | 95555 |
| 上海浦东发展银行 | 95528 |
| 兴业银行 | 95561 |
| 中国民生银行 | 95568 |
| 恒丰银行 | 0535－2118023 |
| 浙商银行 | 0571－87659090 |
| 上海银行 | 021－962888 |
| 北京银行 | 96169 |
| 天津银行 | 022－28405999 |
| 广州银行 | 020－37590680 |
| 深圳银行 | 0755－961202 |
| 重庆银行 | 023－63792082 |
| 成都银行 | 028－86160444 |
| 昆明银行 | 0871－3131518 |
| 西安银行 | 029－96779 |
| 兰州银行 | 0931－4600197 |
| 南京银行 | 025－96400 |
| 乌鲁木齐银行 | 0991－8805308 |
| 北京农村商业银行 | 010－96198 |

续表

| 银行名称 | 电话 |
|---|---|
| 华融资产管理公司 | 010-63267901 |
| 长城资产管理公司 | 010-68054068 |
| 东方资产管理公司 | 010-66507900 |
| 信达资产管理公司 | 010-64181266 |
| 国家邮政局邮政储汇局 | 010-66599111 |
| 中央国债登记结算有限责任公司 | 010-88087899 |

资料来源：中国银行业协会

# 附录四　保险公司经营列表

## 1. 2007 年 1—12 月保险业经营数据

单位:万元

|  |  |
| --- | --- |
| 原保险保费收入 | 70 357 598. 09 |
| 1. 财产险 | 19 977 363. 42 |
| 2. 人身险 | 50 380 234. 66 |
| (1)寿险 | 44 637 521. 00 |
| (2)健康险 | 3 841 660. 53 |
| (3)人身意外伤害险 | 1 901 053. 13 |
| 养老保险公司企业年金交费 | 855 461. 40 |
| 原保险赔付支出 | 22 652 149. 38 |
| 1. 财产险 | 10 204 703. 46 |
| 2. 人身险 | 12 447 445. 92 |
| (1)寿险 | 10 644 498. 66 |
| (2)健康险 | 1 168 645. 51 |
| (3)人身意外伤害险 | 634 301. 75 |
| 业务及管理费 | 9 476 193. 44 |
| 银行存款 | 65 162 588. 18 |
| 投资 | 202 056 853. 78 |
| 资产总额 | 290 039 208. 73 |
| 养老保险公司企业年金受托管理资产 | 840 101. 90 |
| 养老保险公司企业年金投资管理资产 | 797 369. 90 |

注:1. “原保险保费收入”为按《企业会计准则(2006)》设置的统计指标,指保险企业确认的原保险合同保费收入。

2. “原保险赔付支出”为按《企业会计准则(2006)》设置的统计指标,指保险企业支付的原保险合同赔付款项。

3. 原保险保费收入、原保险赔付支出和业务及管理费为本年累计数,银行存款、投资和资产总额为 12 月末数据。

4. 银行存款包括活期存款、定期存款、存出保证金和存出资本保证金。

2.2007 年 1—12 月财产保险公司原保险保费收入情况表

单位:万元

| 资本结构 | 公司名称 | 原保险保费收入 |
|---|---|---|
| 中资 | 人保股份 | 8 859 179.83 |
| | 大地财产 | 1 002 839.62 |
| | 出口信用 | 336 030.99 |
| | 中华联合 | 1 831 098.47 |
| | 太保财 | 2 343 304.36 |
| | 平安财 | 2 144 953.03 |
| | 华泰 | 256 362.66 |
| | 天安 | 732 519.84 |
| | 大众 | 128 014.81 |
| | 华安 | 83 140.00 |
| | 永安 | 553 349.26 |
| | 太平保险 | 341 355.51 |
| | 民安 | 46 224.30 |
| | 中银保险 | 50 841.39 |
| | 安信农业 | 27 662.41 |
| | 永诚 | 150 560.55 |
| | 安邦 | 575 220.54 |
| | 安华农业 | 140 842.42 |
| | 天平车险 | 117 250.06 |
| | 阳光财产 | 415 346.19 |
| | 阳光农业 | 53 637.31 |
| | 都邦 | 267 529.49 |
| | 渤海 | 74 245.58 |
| | 华农 | 2853.73 |
| | 国寿财产 | 78 585.06 |
| | 安诚 | 9 801.14 |
| | 长安责任 | 0.00 |
| | 小计 | 20 622 748.56 |

续表

| 资本结构 | 公司名称 | 原保险保费收入 |
| --- | --- | --- |
| 外资 | 美亚 | 83 025.62 |
| | 东京海上 | 36 548.45 |
| | 丰泰 | 6 329.47 |
| | 皇家太阳 | 14 345.45 |
| | 联邦 | 8 834.43 |
| | 三井住友 | 24 951.55 |
| | 三星 | 22 026.83 |
| | 安联 | 18 181.63 |
| | 日本财产 | 8 233.33 |
| | 利宝互助 | 6 608.42 |
| | 安盟 | 1 065.06 |
| | 苏黎世 | 7 081.71 |
| | 现代财产 | 4 155.37 |
| | 中意财产 | 442.68 |
| | 爱和谊 | 265.64 |
| | 小计 | 242 095.64 |
| | | |
| 合计 | | 20 864 844.20 |

注:1. 原保险保费收入为本年累计数,数据来源于各产险公司报送保监会月报数据。

2. 原保险保费收入为各产险公司内部管理报表数据,未经审计,各产险公司不对该数据的用途及由此带来的后果承担任何法律责任。

3. 美亚包括美亚上海、美亚广州、美亚深圳。

3. 2007 年 1—12 月人寿保险公司原保险保费收入情况表

单位:万元

| 资本结构 | 公司名称 | 原保险保费收入 |
| --- | --- | --- |
| 中资 | 国寿股份 | 19 661 064. 67 |
| | 太保寿 | 5 068 682. 45 |
| | 平安寿 | 7 917 749. 68 |
| | 新华 | 3 260 625. 97 |
| | 泰康 | 3 423 666. 72 |
| | 太平人寿 | 1 584 206. 81 |
| | 民生人寿 | 321 762. 96 |
| | 生命人寿 | 655 966. 06 |
| | 国寿存续 | 2 077 600. 25 |
| | 平安养老 | 9 931. 82 |
| | 合众人寿 | 306 661. 63 |
| | 华泰人寿 | 70 512. 79 |
| | 太平养老 | 0. 00 |
| | 平安健康 | 276. 63 |
| | 人保健康 | 260 500. 12 |
| | 华夏人寿 | 15 553. 60 |
| | 正德人寿 | 30 943. 72 |
| | 信泰 | 1 521. 26 |
| | 嘉禾人寿 | 257 369. 19 |
| | 长城 | 150 248. 28 |
| | 昆仑健康 | 52. 14 |
| | 瑞福德健康 | 1 588. 19 |
| | 人保寿险 | 435 875. 68 |
| | 国寿养老 | 0. 00 |
| | 长江养老 | 0. 00 |
| | 英大人寿 | 19 323. 01 |
| | 泰康养老 | 0. 00 |
| | 幸福人寿 | 44. 60 |
| | 阳光人寿 | 0. 00 |
| | 小计 | 45 531 728. 23 |

续表

| 资本结构 | 公司名称 | 原保险保费收入 |
| --- | --- | --- |
| 外资 | 中宏人寿 | 112 704.40 |
| | 太平洋安泰 | 70 755.60 |
| | 中德安联 | 300 058.40 |
| | 金盛 | 90 102.88 |
| | 信诚 | 301 166.65 |
| | 中保康联 | 29 580.57 |
| | 恒康天安 | 12 732.07 |
| | 中意 | 330 449.65 |
| | 光大永明 | 166 454.65 |
| | 友邦 | 889 649.81 |
| | 海尔纽约 | 37 231.61 |
| | 首创安泰 | 125 686.20 |
| | 中英人寿 | 353 601.65 |
| | 海康人寿 | 122 491.28 |
| | 招商信诺 | 239 756.94 |
| | 广电日生 | 7 501.76 |
| | 恒安标准 | 139 869.12 |
| | 瑞泰人寿 | 186 098.64 |
| | 中美大都会 | 170 760.56 |
| | 中法人寿 | 3 728.20 |
| | 国泰人寿 | 53 138.74 |
| | 联泰大都会 | 208 557.43 |
| | 中航三星 | 3 414.45 |
| | 中新大东方 | 2 461.70 |
| | 小计 | 3 957 952.94 |
| 合计 | | 49 489 681.18 |

注:1. 原保险保费收入为本年累计数,数据来源于各寿险公司报送保监会月报数据。

2. 原保险保费收入为各寿险公司内部管理报表数据,未经审计,各寿险公司不对该数据的用途及由此带来的后果承担任何法律责任。

3. 友邦合计包括友邦上海、友邦广州、友邦深圳、友邦北京、友邦苏州、友邦东莞和友邦江门。

4. 由于计算的四舍五入问题,各寿险公司原保险保费收入可能存在细微的误差。

5. 本表反映各公司开办的保险业务,因太平养老、国寿养老未开办此类业务,故表中不反映上述两家公司数据。

# 附录五　2007 年净资本排名前 11 位证券公司

| 券商名称 | 公司标志 |
|---|---|
| 中信证券 | 中信证券 CITIC<br>www.cs.ecitic.com |
| 国信证券 | GUOSEN 国信证券 |
| 光大证券 | 光大证券股份有限公司<br>EVERBRIGHT SECURITIES CO.,LTD. |
| 国泰君安证券 | 国泰君安证券<br>GUOTAI JUNAN SECURITIES |
| 银河证券 | 中国银河证券股份有限公司<br>CHINA GALAXY SECURITIES COMPANY LIMITED |
| 东方证券 | 东方红<br>集合资产管理 |
| 广发证券 | 广发网<br>www.gf.com.cn |
| 海通证券 | 海通证券 |
| 申银万国证券 | 申银万国在线<br>Shenyin & Wanguo Online |
| 招商证券 | 招商证券<br>CHINA MERCHANTS SECURITIES |
| 华泰证券 | 华泰证券<br>HUATAI SECURITIES |

# 附录六　××银行客户经理制实施办法(暂行)

## 第一章　总则

第一条　为了适应商业银行经营发展的需要,确立“以市场为导向,以客户为中心,以效益为目标”的经营理念,建立高素质的客户经理队伍,规范客户经理的经营行为,特制定本办法。

第二条　客户经理制是以客户经理为主体所进行的组织结构设计和营销制度安排。内容包括客户经理的基本条件和任职方法,客户经理的经营目标和工作内容以及客户经理的管理和业绩考核等一系列规范。

第三条　客户经理制下的客户经理是指岗位职务,区别于行政职务和技术职称,专用于在××银行客户部门和客户岗位工作的人员。本办法中所称客户经理是指在农业银行客户经理制的组织形式和经营管理体制下,为客户提供综合金融服务的专职客户管理人员。

## 第二章　客户经理的基本条件和产生方法

第四条　客户经理必须具备以下基本条件。

(一)良好品德。具备较高的政治思想素质和职业道德修养,爱岗敬业,遵纪守法,廉洁自律。

(二)业务能力。熟悉国家经济金融政策、金融法规和规章制度;熟悉和掌握银行资产、负债和中间业务产品的运作方式;具备一定的金融产品营销能力。

(三)公关能力。具有较强的组织协调能力及分析问题、解决问题的能力,掌握相应的公关技巧,讲求营销艺术,注重服务质量,融洽银企关系。

(四)创新能力。在合规合法的前提下,开发出能为农行带来效益的金融新产品或提出新产品开发需求,供决策行参考。

第五条　客户经理的产生办法。

(一)客户经理的产生采取推荐和竞聘两种办法。

1. 推荐。对于符合客户经理任职基本条件的人员,各级行根据客户部门的推荐予以聘任。

2. 竞聘。各级行根据本办法,制定竞聘实施方案,组织考试、答辩,采取竞争上岗的方式产生客户经理。

(二)客户经理必须在本行现有员工内产生,各级行客户经理产生后均需报上级行人事部门备案。

第六条　客户经理的职级分类。按照客户经理的工作能力和工作业绩,对客户经理实行等级管理,设置不同档次。按从高到低顺序,客户经理分为高级经理、客户经理、客户经理助理三个等级。具体划分标准如下。

(一)高级客户经理。具备丰富的经济、金融、管理、法律知识,熟练运用外语和计算机;熟练掌握和综合运用银行业务经营规章制度和操作流程,文字综合能力较强;熟悉相关企业的财务和经营情况;具备特别强的市场营销能力和金融创新能力;工作业绩特别突出;具备大学本科以上学历并且在客户经理岗位工作3年以上。

(二)客户经理。具备比较丰富的经济、金融、管理、法律知识,具备相应的外语和计算机水平;熟悉银行的业务知识、规章制度和操作流程,市场营销能力和金融创新能力较强;工作业绩比较突出。

(三)客户经理助理。具备一定的经济、金融、管理、法律知识;初步掌握银行的基本业务知识和业务操作流程,能办理一般性金融业务,具有一定的市场营销能力,能够从事信贷管理和新业务推广等前台工作;具有一定的工作业绩。

第七条　客户经理的编制。各级行根据本行客户管理需要及人员实际情况对客户经理岗位进行定编,确定相应的客户经理人数,其中高级客户经理不超过客户经理总数的20%,客户经理不超过客户经理总数的50%。

## 第三章　客户经理的工作内容

第八条　客户管理。

(一)市场调研。主要内容如下。

1. 客户经营情况、发展状况、所处行业情况、主要产品、产品市场占用情况、产品生命周期及产品市场预测。

2. 客户信用情况、资金使用情况及结算方式。

3. 客户领导层能力及股东组成情况。

(二)开发客户。根据市场调研结论制订客户发展计划,对拟开发的客户确定拓展目标、拓展策略、拓展措施以及所需的资源支持等,并根据客户的发展变化情况和新的产品需求及时调整计划。

(三)制定业务合作方案。客户经理按照商业化经营原则,与客户洽谈合作内容,起草银企合作协议,报有权审批人批准,签订合作协议。

(四)客户服务。建立优良客户定期联系制度,及时掌握客户需求,为客户度身定做个性化金融产品,完善服务,提高效率;对优良客户提出的特殊服务和要求当地行不能满足时,要及时向上级行报告,做好客户维护与管理工作。

(五)客户监测。了解国家产业政策、产品市场信息,密切跟踪客户的经营情况,及时发现客户风险,分析风险产生原因,适当调整客户营销方案,制定相应的风险防范措施。

第九条　金融产品管理。

(一)产品营销。积极向客户推荐银行产品和金融服务,提供完善的咨询服务和高层次的理财服务,利用现有金融产品,为客户设计最合适的金融产品组合和最佳的资金结算方式。

(二)产品适应性调查。调查现有金融产品的营销状况、市场份额占有情况,掌握客户对各种金融产品的满意程度,测算金融产品效益,加强对高效、适销产品的营销。

(三)开发新产品。研究市场变化和客户需求,提出新产品开发方案,上报有权人审批,并协调有关部门推广新的金融产品。

第十条　客户经理的工作制度。

(一)日志填报制度。客户经理根据工作情况每日填写《客户经理日志》,人员变动时要及时办理移交手续,各级行客户部门要定期检查并负责保管。

(二)访客报告制度。定期探访客户,与客户的主要成员直接见面,将探访情况填入访客报告表，纳入客户管理，客户发生重要情况变动要及时报告。

（三）例会制度。各级行客户部门定期组织客户经理召开工作例会，总结通报前期工作情况，交流市场动态，研讨工作重点和工作方向，并形成会议纪要备案。

（四）大型客户立项制度。各级行客户经理对拓展的大客户要及时报告本行客户部门，并报主管行长批准立项，需上级行联合营销的大客户，要上报上级行客户部门。立项后，成立项目小组着手营销。

（五）客户档案管理制度。客户经理对每个所管客户建立翔实完备的档案，全面掌握客户的基本情况、管理层状况、客户分类情况等，并保证档案的连续性。

（六）信息共享制度。上下联动营销的客户，各级行客户经理要加强协作，及时传递信息，保证信息的对称性和营销的统一性。

## 第四章　客户经理的管理

第十一条　客户经理由各级行客户部门协助人事部门进行管理，管理内容包括客户经理的职级分类、资格认定及业务培训等。分行、支行客户部门对每个客户经理建立管理档案，包括个人的基本资料和业绩考核等内容。

第十二条　客户经理的资格认定。县支行以上各级行客户部门组成客户经理评定小组，每年根据客户经理的综合考核和考试，进行资格认定。助理客户经理升至客户经理的，由本级行考核并报上级行备案；客户经理升至高级客户经理的，要报上级部门审查认定并进行备案。

第十三条　客户经理的待遇。客户经理按级别享受等级岗位工资，对客户经理的奖惩要充分体现“绩效挂钩、多劳多得、动态考核”的原则。各级行可根据本行实际确定客户经理的岗位工资系数，按客户经理的工作业绩实行不同等级的系数工资和奖惩，对突出贡献者给予特殊奖励。

第十四条　客户经理的聘期。客户经理由各级行人事部门和客户部门组成考评委组织聘任，被聘任的客户经理一般聘期为一年。到期后，由本人述职，考评委评定，根据考评结果确定职级、续聘及解聘。

第十五条　客户经理的培训。

（一）培训方式。各级行客户部门和培训部门共同组织客户经理的培训工作，采取外出学习培训、专家授课、典型案例研讨、内部经验交流等方式进行。

（二）培训的组织。二级分行以下各级行负责组织助理客户经理的培训，一级分行负责组织客户经理的培训，总行负责组织高级客户经理的培训。各级行必须分期分批对所辖客户经理进行必要的经济、金融以及其他业务知识的培训。

## 第五章　客户经理的考核

第十六条　客户经理的考核方法。

（一）各级行客户部门每年初根据每位客户经理岗位职责及客户基础（含客户质量和数量），确定其考评年度内应完成的任务，与客户经理签订《客户经理工作任务书》，年末进行年终考核。

（二）如有阶段性的特殊任务下达，则根据客户经理所承担的相应责任，对客户经理的工作任务进行适当调整。

（三）客户经理的任务完成情况由本人填报，客户部门复评、认定，提出初步的考核意见，考核意见包括优秀、称职、基本称职和不称职四类，报各级行主管行长审定。

（四）客户经理年度考核不称职的，高级客户经理、客户经理下调一个等级，助理客户经理解聘；连续2年考核优秀的客户经理晋升上一等级或适当提薪；对于给本行带来巨大经济效益的客户经理除一次性奖励外，晋升上一等级或适当提薪。

第十七条　客户经理的考核内容。包括定量考核和定性考核，其中管理行以定性考核为主，经营行以定量考核为主，各行根据实际情况确定考核重点和考核权重。

（一）定量考核：包括管理业绩和拓展业绩，主要考核对现有存量客户的维持与管理业绩，对新客户的拓展及开发新产品的业绩等。

（二）定性考核主要包括工作态度和工作能力等。

（三）对有重大价值的信息反馈、重大项目研究开发的酌情加分；对违反规章制度或因工作失职给农业银行带来损失，经查实扣分。

第十八条　定量考核指标：主要包括资产指标、负债指标以及中间业务指标的考核，各级行根据本行客户任务和工作目标进行细化。

**第六章　附则**

第十九条　各分行根据本办法，制定客户经理制具体实施办法或细则，并报总行备案。

第二十条　各分行根据本办法进行考评时，应结合本行情况，确定考评重点，并制定具体的指标计算方法。

第二十一条　本《办法》由中国××银行总行制定、解释和修改。

第二十二条　本《办法》自发布之日起执行。

# 参 考 文 献

[1] 加里·阿姆斯特朗,菲利普·科特勒.科特勒市场营销教程[M].6版.俞利军,译.北京:华夏出版社,2004.
[2] 张昊民.营销策划[M].北京:电子工业出版社,2005.
[3] 邹亚生.银行营销导论[M].北京:对外经济贸易大学出版社,2006.
[4] 赖丹声.银行营销实战原理[M].北京:清华大学出版社,2006.
[5] 徐诺金.银行营销实战案例[M].北京:清华大学出版社,2006.
[6] 章金萍.现代商业银行客户经理[M].杭州:浙江大学出版社,2006.
[7] 马蔚华.银行个人业务营销技巧[M].北京:清华大学出版社,2008.
[8] 李宏.证券服务营销[M].上海:上海财经大学出版社,2005.
[9] 葛文芳.保险营销管理理论与实务[M].北京:清华大学出版社,2006.
[10] 辛树森.个人金融产品营销[M].北京:中国金融出版社,2007.
[11] 郑方华.客户服务技能案例训练手册[M].北京:机械工业出版社,2006.
[12] 艾莉森·吉斯曼,吉尔·伍德.营销客户沟通[M].李毅,黄昊宇,译.北京:经济管理出版社,2005.
[13] 余世维.有效沟通[M].北京:机械工业出版社,2006.
[14] 杨天翔,邵燕华,薛誉华.网络金融[M].上海:复旦大学出版社,2004.
[15] 吕英斌,储节旺.网络营销案例评析[M].北京:清华大学出版社,2004.
[16] 戴夫·查菲.网络营销战略、实施与实践[M].吴冠之,译.北京:机械工业出版社,2004.
[17] 万后芬.金融营销学[M].北京:中国金融出版社,2002.
[18] 王方华,彭娟.金融营销[M].上海:上海交通大学出版社,2005.
[19] 徐晟.金融企业营销理论与实务[M].北京:清华大学出版社,2008.
[20] 孙国辉.金融企业营销管理[M].北京:北京大学出版社,2008.